Berufsfelder der Geographinnen und Geographen:

Nach dem Studium eines geographischen Studiengangs stehen Geographinnen und Geographen spannende Berufsfelder offen. Eine Auswahl bietet die folgende Übersicht:

Mögliche Berufsfelder, Tätigkeitsbereiche und Arbeitgeber

Ämter und Behörden
Bundesministerien und -ämter, z. B.:
- Bundesministerium für wirtschaftliche Zusammenarbeit und Entwicklung
- Bundesamt für Bauwesen und Raumordnung
- Bundesanstalt für Geowissenschaften und Rohstoffe

Landesministerien und -ämter, z. B.:
- Ministerium für Umwelt, Energie, Bauen und Klimaschutz
- Landesamt für Geoinformation und Landesvermessung
- Landesamt für Bergbau, Energie und Geologie

Stadt- und Kreisverwaltungen, z. B.:
- Wirtschaftsförderung/Regionalentwicklung
- Umwelt-, Natur- und Klimaschutz
- Stadt- und Verkehrsplanung

Internationale Zusammenarbeit/ Entwicklungszusammenarbeit
- Vereinte Nationen, z. B. United Nations Environment Programme, UNEP; United Nations Human Settlements Programme, UN-HABITAT; United Nations Development Programme, UNDP
- Deutsche Gesellschaft für Internationale Zusammenarbeit, GIZ
- Kreditanstalt für Wiederaufbau, KfW
- Politische Stiftungen

Nichtregierungsorganisationen (NGOs)
Umwelt- und Naturschutz, z. B.:
- Germanwatch e. V.
- Greenpeace e. V.
- Deutsche Bundesstiftung Umwelt, DBU
- Bund für Umwelt und Naturschutz Deutschland, BUND
- Naturschutzbund Deutschland, NABU
- Lokale Agenda 21 e. V.

Entwicklungszusammenarbeit, Menschenrechtsorganisation, z. B.:
- Amnesty International
- Care International
- Deutsche Welthungerhilfe e. V.

Bildung, Wissenschaft und Forschung
Universitäten
Schulen
Forschungseinrichtungen, z. B.:
- Potsdam-Institut für Klimafolgenforschung, PIK
- Institute for Advanced Sustainability Studies e. V., IASS
- Deutsches Institut für Entwicklungspolitik, DIE
- Akademie für Raumforschung und Landesplanung, ARL
- Wuppertal Institut für Klima, Umwelt, Energie

freie Bildungseinrichtungen, z. B.:
- Umweltbildung und Globales Lernen, u.a. an BNE-Standorten
- Entwicklungspolitische Bildungsarbeit

Freie Wirtschaft
Planungsbüros, z. B.:
- Raum-/Umweltplanung
- Stadtentwicklung
- Verkehrsplanung

**Marktforschung
Immobilienbranche
Consulting und Beratung
(Rück-)Versicherungen, z. B.:**
- Geo-Risiken-Analyse
- Hazard-Forschung

Gutachterbüros, z. B.:
- Boden-/Wasser-/Luftqualität
- Erosionsmodellierung
- Schafstoffanalysen
- Umweltschutzkonzepte
- GIS, Fernerkundung
- Kartographie
- Statistik

Verlage, Medien, Presse, z. B.:
- Redaktion
- Journalismus

Tourismus, z. B.:
- Potenzialanalysen
- Markterschließung
- nachhaltiges Destinationsmanagement
- Reiseleitung
- Umweltbildung z.B. Ökotourismus in Geoparks

Master-Studiengänge

Geographie (M.Sc., M.A., M.Ed.), Angewandte Geographie, Wirtschaftsgeographie, Humangeographie, Stadtentwicklung und Regionalforschung, Angewandte Humangeographie – Raumanalyse und Raumentwicklung, Tourismus und Regionalentwicklung, Sozial- und Bevölkerungsgeographie, Sustainable Urban Technologies, Historische Geographie, Geographische Entwicklungsforschung, Culture and Environment in Africa, Raumkonflikte – Raumplanung – Raumentwicklung, Global Change Ecology, Sustainable Development, Geographies of Global Change: Resources, Markets and Development, Globale Transformation und Umweltveränderungen, Umwelt/Naturschutz und Nachhaltigkeitsbildung, Naturschutz und Landschaftsökologie, Ressourcenanalyse und -management, Klima- und Umwelthandel, Geography of Environmental Risks and Human Security, Katastrophenvorsorge und -management, Geographische Umweltforschung, Physische Geographie, Landschaftswissenschaften, Prozessdynamik an der Erdoberfläche, Geoökologie, Klima- und Umweltwissenschaften, BioGeoWissenschaften, Umweltsysteme und Nachhaltigkeit – Monotoring, Modellierung und Management, Geoinformatik, Kartographie/Umweltfernerkundung, Geo-Spatial-Technologies

Bachelor-Studiengänge

Geographie (B.Sc., B.A., B.Ed.), Angewandte Geographie, Humangeographie, Kulturgeographie, Geographische Entwicklungsforschung Afrikas, Physische Geographie, Geowissenschaften, Geoökologie, Ökosystemmanagement, BioGeoWissenschaften, Umweltgeowissenschaften, Geoinformatik

Weitere Informationen zu geographischen Studiengängen sind auf der Webseite des Verbands der Geographen an Deutschen Hochschulen verfügbar: http://vgdh.geographie.de/studium-forschung

37071EX

Diercke Erdkunde

Einführungsphase
Niedersachsen

Moderatorin
Prof. Dr. Christiane Meyer, Hannover

Autorinnen und Autoren
Andreas Eberth, Hannover
Martin Häusler, Hannover
Prof. Dr. Christiane Meyer, Hannover
Steffen Reblin, Wolfsburg
Dr. Yvonne von Roux, Hannover

unter Mitwirkung der Verlagsredaktion

westermann

Ⓦ Wahlaufgaben

Je nach Interesse kann hier eine Teilaufgabe wahlweise bearbeitet werden. Die Teilaufgaben werden jeweils mit einem Großbuchstaben vor der jeweiligen Teilaufgabe versehen.

Ⓩ Zusatzaufgaben

Die Aufgaben festigen das vorhandene Wissen und können zusätzlich zu den vorangehenden Aufgaben bearbeitet werden.

◖?◗ Unterstützungssystem

Impulse und Hilfen zu komplexen Materialien finden sich im Anhang. Sie dienen als Unterstützungssystem und der selbstständigen Erschließung komplexer Aufgabenstellungen.

→ wichtige **Grund- und Fachbegriffe** werden unterhalb der Aufgaben aufgeführt.

www.diercke.de |
100800-240-01
Durch Eingabe des Web-Codes unter der Adresse **www.diercke.de** gelangt man auf die passende Doppelseite im Diercke Weltatlas. Dort erhält man Hinweise zu ergänzenden Atlaskarten mit Informationen zu den Karten sowie weiterführende Materialien.

westermann GRUPPE

© 2017 Bildungshaus Schulbuchverlage
Westermann Schroedel Diesterweg Schöningh Winklers GmbH, Braunschweig
www.westermann.de

Druck A³ / Jahr 2018
Alle Drucke der Serie A sind im Unterricht parallel verwendbar.

Redakteurin: Julia Reiswich
Druck und Bindung: westermann druck GmbH, Braunschweig

ISBN 978-3-14-144703-3

FSC
www.fsc.org
MIX
Papier aus verantwortungsvollen Quellen
FSC® C009717

I. Nachhaltigkeit in Raumnutzung und Raumentwicklung 6

Dem Raum kommt eine bedeutende Stellung im Fach Erdkunde zu. Als Anschauungs- und Untersuchungsobjekt dient er der Raumbeobachtung und Raumerkundung. Die hieraus abzuleitende Raumentwicklung soll auf den Ansprüchen von Nachhaltigkeit beruhen.

II. Herausforderungen für eine nachhaltige Raumnutzung 20

Die Herausforderungen einer nachhaltigen Raumnutzung spielen in unserer heutigen Zeit eine bedeutende Rolle. Die Auswirkungen der Raumnutzung vergangener Jahrzehnte werden uns tagtäglich vor Augen geführt: u.a. steigende Temperaturen, verschobene Vegetationsperioden, weltweiter Meeresspiegelanstieg und erhöhte Emissionswerte in der Atmosphäre. Die Erde krankt – das wird an verschiedenen Syndromen deutlich.

III. Maßnahmen zur nachhaltigen Entwicklung von Räumen 64

Maßnahmen zur nachhaltigen Entwicklung von Räumen müssen getroffen und umgesetzt werden, damit für das Wohl unserer Erde sowie ihrer Bewohnerinnen und Bewohner heute und in Zukunft gesorgt ist.

IV. Geographisches Basiswissen   106

Dieses Kapitel bietet Ihnen einen Überblick über ausgewählte geographische Grundlagen aus der Sekundarstufe I, die erlernt wurden. Lerninhalte lassen sich auf diese Weise im Selbststudium wiederholen.

V. Anhang

Anforderungsbereich I:

Bei solchen Aufgabentypen geht es vor allem um das Reproduzieren und Reorganisieren von Inhalten. Nachfolgende Operatoren gehören dazu:

Operator	Beschreibung
(be-)nennen	Informationen ohne Kommentierung angeben
beschreiben	Materialien und/oder Sachverhalte strukturiert und fachsprachlich angemessen darlegen
darstellen	Sachverhalte detailliert und fachsprachlich angemessen aufze...
gliedern	einen Sachverhalt, einen Raum bzw. eine Karte, einen Zeitraum selbst gewählten oder vorgegebenen Kriterien systematisiere... ordnen
wiedergeben	Sachverhalte, Fachbegriffe, Daten, Fakten oder Modelle und/e... (Teil-) Aussagen mit eigenen Worten strukturiert und unkomm... zum Ausdruck bringen
zusammenfassen	Sachverhalte auf wesentliche Aspekte reduzieren und wieder... (s. o.)

Anforderungsbereich II:

Diese Aufgabentypen umfassen das selbstständige Erklären, Bearbeiten und C... bekannter Inhalte sowie das Anwenden von gelernten Inhalten, Methoden und ... ren auf andere Sachverhalte (Transfer). Dieser Aufgabenbereich baut auf den A... rungen aus dem Anforderungsbereich I auf. Nachfolgende Operatoren gehöre...

Operator	Beschreibung
analysieren	Materialien, Sachverhalte oder Räume bzw. Karten kriterienor... oder fragegeleitet erschließen und strukturiert darstellen
charakterisieren	Sachverhalte in ihren Eigenarten beschreiben, typische Merkm... kennzeichnen und diese gegebenenfalls unter einem oder me... bestimmten Gesichtspunkten zusammenführen
einordnen, zuordnen	Materialien, Sachverhalte oder Räume bzw. Karten oder eine F... einen Sachverhalt begründet in einen Zusammenhang stellen
erklären	Sachverhalte, Strukturen oder Prozesse – gegebenenfalls unt... fenahme von Theorien bzw. Modellen – so darstellen, dass Be... gen, Ursachen, Folgen, Gesetzmäßigkeiten und/oder Funktio... menhänge verständlich werden
erläutern	Sachverhalte in ihren komplexen Beziehungen auf Grundlage ... Kenntnissen bzw. einer Materialanalyse an Beispielen und/od... rien bzw. Modellen verdeutlichen
vergleichen	Ähnlichkeiten, Gemeinsamkeiten und Unterschiede von Sachv... Theorien bzw. Modellen oder Räumen kriterienorientiert darle...

Anforderungsbereich III:

Im Anforderungsbereich III formulierte Aufgabenstellungen erfordern eine ang... ne Argumentations- und Urteilsfähigkeit, denn hierbei geht es vor allem um pro... merkennendes, problemlösendes und reflektierendes Denken. Urteile können ... Sach- und Werturteil unterschieden werden (vgl. S. 5, M 1, M 2). Aufgaben im A... setzen Leistungen der beiden anderen Anforderungsbereiche voraus. Nachfolg... Operatoren gehören dazu:

Operator	Beschreibung
begründen	komplexe Grundgedanken durch Argumente stützen und nach... bare Zusammenhänge herstellen
entwickeln	inhaltlich weiterführend und/oder zukunftsorientiert zu einem Sachverhalt oder zu einer Problemstellung eine Einschätzung, konkretes Lösungsmodell, eine Gegenposition bzw. ein Lösun... zept begründet darlegen
beurteilen	den Stellenwert von Sachverhalten, Strukturen, Prozessen od... Theorien bzw. Modellen kriterienorientiert überprüfen, um zu begründeten *Sachurteil* zu gelangen
Stellung nehmen	Beurteilung mit zusätzlicher Reflexion individueller, sachbezo... und/oder politischer Wertmaßstäbe, die Pluralität gewährleis... zu einem begründeten eigenen *Werturteil* führt
erörtern	zu einer vorgegebenen Problemstellung eine reflektierte, abw... Auseinandersetzung führen und zu einem begründeten *Sach... oder Werturteil* kommen
überprüfen	Inhalte, Sachverhalte, Vermutungen oder Hypothesen auf der ... lage eigener Kenntnisse oder mithilfe zusätzlicher Materialien sachliche Richtigkeit bzw. auf ihre innere Logik hin untersuche...

M 1 Operatoren für Arbeitsaufträge und Anforderungen für die Leistungsfeststellung

Das *Haus der Schlüsseldenkweisen* für den Erdkundeunterricht

Die Geographie bedient sich zur Raumanalyse bestimmter Denk- und Arbeitsweisen, sogenannter Schlüsseldenkweisen, da durch sie bestimmte Sachverhalte erschlossen und somit eröffnet werden können. Schlüsseldenkweisen umfassen raumbezogene, objektive Erkenntnisse, Beobachtungen oder Ereignisse ebenso wie subjektive Gefühle, Meinungen, Werte oder Handlungen. Dies wird auch anhand der vier Blicke auf einen Raum deutlich. Viele Schlüsseldenkweisen wurden Ihnen schon in der Mittelstufe vermittelt. Im Rahmen der geographischen Kontexte im vorliegenden Buch wird das Haus der Schlüsseldenkweisen mit zwei übergeordneten Schlüsseln fertiggestellt.

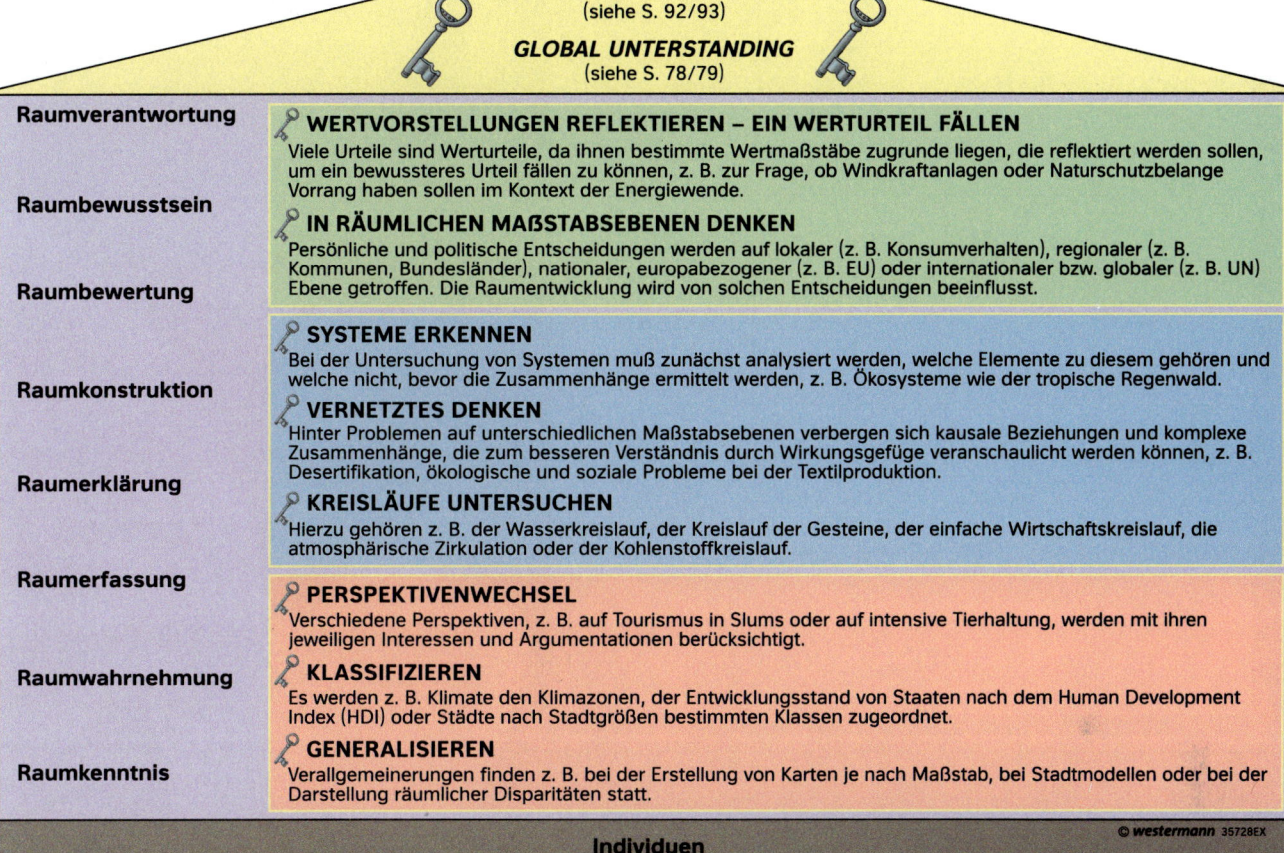

SUSTAINABILITY WORLDVIEW
(siehe S. 92/93)

GLOBAL UNTERSTANDING
(siehe S. 78/79)

Raumverantwortung

Raumbewusstsein

Raumbewertung

🔑 **WERTVORSTELLUNGEN REFLEKTIEREN – EIN WERTURTEIL FÄLLEN**
Viele Urteile sind Werturteile, da ihnen bestimmte Wertmaßstäbe zugrunde liegen, die reflektiert werden sollen, um ein bewussteres Urteil fällen zu können, z. B. zur Frage, ob Windkraftanlagen oder Naturschutzbelange Vorrang haben sollen im Kontext der Energiewende.

🔑 **IN RÄUMLICHEN MAßSTABSEBENEN DENKEN**
Persönliche und politische Entscheidungen werden auf lokaler (z. B. Konsumverhalten), regionaler (z. B. Kommunen, Bundesländer), nationaler, europabezogener (z. B. EU) oder internationaler bzw. globaler (z. B. UN) Ebene getroffen. Die Raumentwicklung wird von solchen Entscheidungen beeinflusst.

Raumkonstruktion

Raumerklärung

🔑 **SYSTEME ERKENNEN**
Bei der Untersuchung von Systemen muß zunächst analysiert werden, welche Elemente zu diesem gehören und welche nicht, bevor die Zusammenhänge ermittelt werden, z. B. Ökosysteme wie der tropische Regenwald.

🔑 **VERNETZTES DENKEN**
Hinter Problemen auf unterschiedlichen Maßstabsebenen verbergen sich kausale Beziehungen und komplexe Zusammenhänge, die zum besseren Verständnis durch Wirkungsgefüge veranschaulicht werden können, z. B. Desertifikation, ökologische und soziale Probleme bei der Textilproduktion.

🔑 **KREISLÄUFE UNTERSUCHEN**
Hierzu gehören z. B. der Wasserkreislauf, der Kreislauf der Gesteine, der einfache Wirtschaftskreislauf, die atmosphärische Zirkulation oder der Kohlenstoffkreislauf.

Raumerfassung

Raumwahrnehmung

Raumkenntnis

🔑 **PERSPEKTIVENWECHSEL**
Verschiedene Perspektiven, z. B. auf Tourismus in Slums oder auf intensive Tierhaltung, werden mit ihren jeweiligen Interessen und Argumentationen berücksichtigt.

🔑 **KLASSIFIZIEREN**
Es werden z. B. Klimate den Klimazonen, der Entwicklungsstand von Staaten nach dem Human Development Index (HDI) oder Städte nach Stadtgrößen bestimmten Klassen zugeordnet.

🔑 **GENERALISIEREN**
Verallgemeinerungen finden z. B. bei der Erstellung von Karten je nach Maßstab, bei Stadtmodellen oder bei der Darstellung räumlicher Disparitäten statt.

© **westermann** 35728EX

Individuen
mit persönlichen Zielen und Interessen, Selbstwirksamkeitsüberzeugungen und Kompetenzen im Kontext einer nachhaltigen Entwicklung

M 1 Das Haus der Schlüsseldenkweisen

WERTESYSTEM		
ETHISCHE GRUNDWERTE – Menschenwürde als...		

... Freiheit
• der Person (Religions-, Gewissens-, Meinungs-, Pressefreiheit)
• der Wissenschaft
• der Kunst
	... Gleichheit
	• Gleichberechtigung
	  • von Mann und Frau
	  • von Angehörigen anderer Kulturen, Nationen
	• Chancengleichheit
		... Gerechtigkeit
		• Einstellung (in Kombination mit Tugenden)
		• Urteile (Gericht, Erziehung, Sport...)
		• Handlungen (austeilen und ausgleichen)
		• Soziale Regeln und Verhältnisse

MORALISCHE WERTE – Gutes Leben basiert auf ...		
... persönlichen Werten Liebe, Glück, das Gute, Wahre, Schöne, Freundschaft, Selbstbestimmung/ -verantwortung, Lebensqualität, Gesundheit (phys./psych. Integrität)	**... sozialen Werten** Frieden/Sicherheit, Familie/Heimat, Geborgenheit, kulturelle Identität, Gemein-/Bürgersinn, kollektive Verantwortung, Toleranz, Fairness, Solidarität, Subsidiarität	**... ökologischen Werten** Würde der Kreatur, Rechte der Natur, Nachhaltigkeit
ÖKONOMISCHE WERTE – Freie Marktwirtschaft/Vertragsfreiheit betrifft ...		
... Arbeit/Handel	**... Güterwerte**	
Ertragswert, Tauschwert, Mehrwert, Gebrauchswert	Eigentum/Besitz, Waren, Geld	

M 2 Wertmaßstäbe für Werturteile

Nachhaltigkeit in Raumnutzung und Raum- entwicklung

- KONZEPT Unsere Erde – Warum Nachhaltigkeit wichtig ist!
- Nachhaltigkeit: Ökologie im Fokus
- Nachhaltigkeit: Ökonomie im Fokus
- Nachhaltigkeit: Soziales im Fokus
- Nachhaltigkeit: Kultur im Fokus
- Nachhaltigkeit: Politik im Fokus

M 1 Unsere Erde

Unsere Erde – Warum Nachhaltigkeit wichtig ist!

Inwieweit trägt Geographie zur nachhaltigen Entwicklung bei?

Die Menschheit steht im 21. Jahrhundert vor grundlegenden Herausforderungen: Es geht um die Sicherung natürlicher Lebensgrundlagen für heutige und zukünftige Generationen, um verantwortungsvolle Nutzung der von der Erde zur Verfügung gestellten Ressourcen und nachhaltiges Konsumverhalten. Die Entwicklung eines Bewusstseins für die Einzigartigkeit unserer Erde ist die Grundlage der nachhaltigen Entwicklungsziele der Vereinten Nationen mit den fünf Pfeilern (5 P's): People, Planet, Prosperity (Wohlergehen), Peace, Partnership.

1. a) Führen Sie ein Brainstorming zu der Frage durch: Was ist Geographie?
    b) Vergleichen Sie Ihre Überlegungen mit M 2.
2. Analysieren Sie die Wirkung des Motivs „Blue Marble" für eine nachhaltige Entwicklung (M 3).
3. Erläutern Sie die Bedeutung der fünf Dimensionen der Nachhaltigkeit sowie Ziele der nachhaltigen Entwicklung für die Erde und das Leben auf ihr (M 1).
4. Die Sustainable Development Goals (SDGs) dienen als globale Orientierung für eine nachhaltige Entwicklung.
    a) Beschreiben Sie drei der SDGs genauer. Wählen Sie dafür eines aus den Zielen in M 4 oder auf der Umschlaginnenseite hinten aus.
    b) Erläutern Sie die Ziele und Hintergründe der SDGs und der Agenda 2030 (M 4 - M 6).
    c) Ordnen Sie die drei gewählten SDGs aus a) den fünf Dimensionen der Nachhaltigkeit in M 1 zu 🔲❓.
5. Erörtern Sie, ob und inwieweit Geographie zur nachhaltigen Entwicklung beitragen kann.

→ Agenda 2030, Nachhaltigkeit, Sustainable Development Goals

Was ist Geographie?

Geographie ist eine der wenigen Wissenschaften, welche naturwissenschaftliche Fragestellungen [...] mit gesellschaftlichen Problemstellungen [...] verknüpft.

Geographie ist eine der wenigen Wissenschaften, welche die unterschiedlichen Maßstabsebenen von global bis lokal miteinander verknüpft, das heißt die globale Umweltsituation und die ökologische Zukunft unseres Planeten ebenso in den Blick nimmt wie die alltägliche Armut und deren Bestimmungsgründe [...]. Geographie handelt von der Erklärung und vom Verständnis der Abhängigkeiten und Wechselbeziehungen zwischen Standorten und Räumen [...].

Geographie lebt damit vom Perspektivenwechsel. Geographen (und Geographinnen) versetzen sich in andere Rollen; sie dekonstruieren viele Vorurteile unseres alltäglichen „Weltbildes", all die Vorstellungen des kulturell „Eigenen" und des „Fremden". Geographisches Wissen erlaubt damit eine kritische Reflexion vieler in den Medien vermittelter Vorstellungen und ermöglicht politisches Engagement. [...] Geographie ist eine der wenigen Wissenschaften, welche aktuelle Ereignisse mit langfristigen Entwicklungen verknüpft [...]. [...] Eine zentrale Rolle spielt dabei der Raum. [...] Raum ist zunächst die materielle Anordnung unserer natürlichen und anthropogenen (durch den Menschen beeinflussten) Umwelt. Auf dieser Ebene fragen Geographen (und Geographinnen) danach, warum sich wo welche Dinge ereignen, und interpretieren räumliche Muster [...]. Räume [...] haben eine Funktion, die über die physisch-materielle Struktur hinausweist. [...] Raum ist mit seiner vielfältigen symbolischen Bedeutung nicht nur ein Medium sozialer Kommunikation, er ist unverzichtbarer Baustein gesellschaftlicher Strukturierung und Identität.

Gebhardt, Hans et al. (2007): Humangeographie. 4. Auflage. Heidelberg: Spektrum Akademischer Verlag. (S. 4)

M 2   Was ist Geographie?

Nachhaltige Entwicklung: verantwortungsbewusstes Handeln

Politik
- Demokratie mit Good Governance
- kollektive Entscheidungen
- Regulierung und Steuerung des Gemeinwesens

Kultur
- ethisches Vergewissern bzw. Hinterfragen
- nachhaltigkeitsgerechte Lebensstile
- ganzheitliche Naturwahrnehmung
- traditionelles/indigenes Wissen
- Konsumentenbewusstsein
- ...

Soziales
- Förderung der menschlichen Gesundheit
- Geschlechtergerechtigkeit
- Inklusion und Integration
- Orientierung an Menschenrechten
- vorausschauendes Handeln
- ...

Ökologie
- sparsamer Umgang mit Ressourcen
- Regenerationsfähigkeiten berücksichtigen
- ökologische Kreisläufe berücksichtigen
- Vorsorgeprinzip einhalten
- ...

Ökonomie
- Kreislaufwirtschaft
- umweltverträgliche Technologien
- ökologische und soziale Wahrheit der Preise
- Verursacherprinzip umsetzen
- fairer Handel
- ...

Bewusstsein

Connectedness

Individuum
- individuelle Entscheidungen
- Partizipation
- zivilgesellschaftliches Engagement

für die Erde und das Leben auf ihr

© westermann 35727EX

M 1   Dimensionen und Ziele einer nachhaltigen Entwicklung

Am 7. Dezember 1972 [...] läuft im Kennedy Space Center der Countdown für Apollo 17, den bis heute letzten bemannten Flug zum Mond. [...] Der perfekte Moment für die Aufnahme kommt sehr bald [...]. Fünf Stunden nach dem Start, etwa 45 000 Kilometer von der Erde entfernt. [...] Blue Marble avancierte zum meistpublizierten Foto der Mediengeschichte. [...] Der starke Kontrast zwischen der Leuchtkraft der Erde (und) der schwarzen Leere des Alls [...] macht die absolute Einzigartigkeit der Erde bewusst. [...] Und auf einen Blick ist zu sehen, dass die Erde nicht dem Menschen untertan ist. Aus dem Weltraum ist zu erkennen, dass alle Systeme auf der Erde miteinander verbunden sind. Atmosphäre, Landmassen, Ozeane formen zusammen mit der Biosphäre den Raum des Lebens. Vom Menschen aber – keine Spur. Er ist zu klein, als dass sein Fußabdruck von außen wahrnehmbar wäre. Dieses „einsame, marmorierte, winzige Etwas" aus uralten Meeren und Kontinenten [...] ist unsere Heimat [...]. „Die Herausforderung an uns alle", so Harrison Schmitt, der Fotograf von Blue Marble, „ist es, diese Heimat zu behüten und zu schützen. Gemeinsam. Als Menschen dieser Erde."

Grober, Ulrich (2013): Die Entdeckung der Nachhaltigkeit. Kulturgeschichte eines Begriffs. München: Kunstmann. (S. 25-29)

M 3 *Blue Marble* – Blick auf unsere Erde aus dem Weltraum

M 4 Ziele für nachhaltige Entwicklung von den Vereinten Nationen (UN / VN) im Überblick

„Die neue Agenda ist ein Versprechen führender Politiker an alle Menschen. Sie ist eine universelle, integrierte und transformative Vision für eine bessere Welt, eine Agenda für die Menschen [...]. Eine Agenda für die Erde, unsere gemeinsame Heimat. [...]."

VN (2016): Ziele für nachhaltige Entwicklung. Bericht der VN 2016. New York. (S. 54)

M 6 Zitat von Ban Ki-Moon, VN-Generalsekretär bis Ende 2016

Was ist die Agenda 2030?

Im September 2015 haben die Vereinten Nationen eine neue Agenda für nachhaltige Entwicklung beschlossen, die bis 2030 umgesetzt werden soll. Ihr Herzstück bilden 17 nachhaltige Entwicklungsziele (Sustainable Development Goals, SDGs abgekürzt). Das Neuartige an dieser Agenda ist, dass sie die Verringerung von Armut und die Förderung menschlicher Wohlfahrt ausdrücklich an den Schutz der Umwelt bindet, und dass ihre Ziele für alle Länder verbindlich sein sollen und nicht, wie früher, nur den armen Ländern den Weg in eine bessere Zukunft weisen. [...] Es ist eine Chance, um zu vermeiden, dass (noch) mehr Wohlstand auf Kosten der natürlichen Lebensgrundlagen erreicht wird. Die Agenda reflektiert die Einsicht, dass ein Überschreiten der Grenzen des Erdsystems durch ressourcen- und emissionsintensives Wachstum die Existenzgrundlagen der Ärmsten sowie die Lebensgrundlagen zukünftiger Generationen gefährdet. [...] Für eine nachhaltige Entwicklung reicht jedoch eine herkömmliche Nord-Süd-Kooperationsagenda nicht aus, denn der grundlegende Umbau der Natur-Gesellschaft-Beziehungen muss insbesondere in den reichen Ländern, die den höchsten Umweltverbrauch haben, stattfinden.

Messner, Dirk, Scholz, Imme (2015): Gemeinsam für das Wohlergehen aller. Agenda 2030 und die Sustainable Development Goals. In: Politische Ökologie, H. 143, S. 18-26. (S. 18ff.)

M 5 Hintergründe zur Agenda 2030

Nachhaltigkeit: Ökologie im Fokus

M 1   Torfmoos

Ohne Moos nichts los!

Torfmoose (M 1) sind unscheinbare Pflänzchen, die z. B. in norddeutschen Hochmooren seit der letzten Eiszeit vor ungefähr 12 000 Jahren eine Mächtigkeit von bis zu 30 Meter erreicht haben. Obwohl Torfmoose keine Wurzeln haben, wachsen sie über die älteren vertorften Pflanzenschichten ständig weiter hinaus und bilden kompakte Torfkörper. Da jede Pflanze sowie der gesamte Torfkörper über das 20-fache der eigenen Trockenmasse an Wasser speichert, wird der Grundwasserspiegel in Moorgebieten um mehrere Meter angehoben. Torfmoose nehmen Kohlen-, Nähr- und Schadstoffe vollständig auf, sodass das Moorwasser vollkommen rein ist. Moore sind einzigartige Ökosysteme und spielen im Hinblick auf den Klimawandel (> S. 114/115) sowie im Zusammenhang mit Palmölanbau (> S. 46/47) eine wichtige Rolle.

1. a) Stellen Sie Vermutungen auf, welche ökologische Bedeutung Torfmoore haben.
   b) Beschreiben Sie die Entstehung und ökologische Bedeutung von Mooren für Niedersachsen (M 2).
   c) Überprüfen Sie Ihre Vermutungen aus 1 a (M 1 – M 5).
2. Erläutern Sie die Problematik der Rodung von Torfwäldern für Ölpalmen-Plantagen (M 6, M 7).
3. a) Analysieren Sie die Klimawirksamkeit weltweit degradierender Moorflächen (M 5, M 8, Atlas).
   b) Erläutern Sie die Folgen der Moordegradierung am Beispiel der Landnutzungsänderung in Südostasien (M 5 – M 8).
4. a) Erläutern Sie das Konzept der Ökosystemleistungen (M 9).
   b) Erörtern Sie, ob und inwieweit das Konzept der Ökosystemleistung eine nachhaltige Nutzung von Ökosystemen gewährleisten kann (M 9, Internet) ■❓.
5. „Moore sind einzigartig – und gefährdet." Beurteilen Sie diese Aussage (M 1 – M 9).

→ Ökologie, Stoffsenke

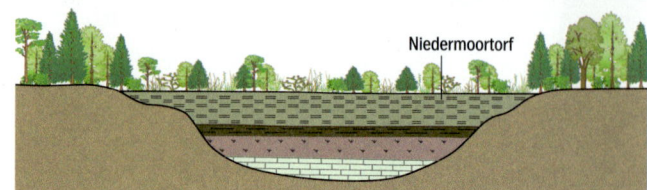

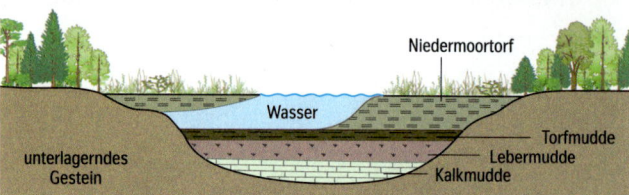

M 3   Die Entstehung und Zonierung von Mooren

Bei dauernder Vernässung des Bodens kann aufgrund des Luft- bzw. Sauerstoffmangels abgestorbenes organisches Material nur unvollständig oder gar nicht mehr abgebaut werden. Dies führt zur Anreicherung des organischen Materials in Form von Torf. [...] Zunächst bilden sich in Senken oder durch Verlandung von Seen „Niedermoore", die mit dem Grundwasser in Verbindung stehen. Bei günstigem Feuchtklima wächst das Moor durch die fortschreitende Material-Anhäufung in die Höhe und verliert den Kontakt zum Grundwasser. Die daraus entstehenden „Hochmoore" werden ausschließlich von Niederschlagswasser [...] gespeist. Bevorzugt wachsen im Zentrum des Moores wasserspeichernde Torfmoose auf, wodurch Hochmoore eine uhrglasförmig aufgewölbte Form entwickeln. [...] Moore wurden und werden verschiedentlich genutzt: Durch Entwässerung hat man früher landwirtschaftliche Nutzflächen gewonnen. Der Torf war ehemals als Heizmaterial begehrt, heute wird er vor allem für gartenbauliche und medizinische Zwecke verwendet.

www.lfu.bayern.de/geologie/geotope_schoensten/47/index.htm, Zugriff am: 08.08.2017

M 4   Entstehung von Hochmooren

Niedersachsen ist Moorland.

Moore nehmen einen Anteil von ca. 8 % der Landfläche Niedersachsens ein. Hier liegen ca. 73 % der Hochmoore (aus Niederschlagswasser gespeist) und ca. 18 % der Niedermoore (aus Mineralbodenwasser gespeist) Deutschlands. Damit trägt Niedersachsen eine bundesweite besondere Verantwortung für den Moor- und Klimaschutz, vor allem für die Hochmoore, die im Nordwesten des Landes ihren Verbreitungsschwerpunkt haben. 70 % der Fläche der niedersächsischen Hoch- und Niedermoore sind landwirtschaftlich genutzt [...]. Die Aktivitäten des Menschen, vor allem in den Bereichen Energiegewinnung und Landnutzung, führen zu globalen Klimaveränderungen [...]. Auslöser hierfür ist die erhebliche Freisetzung klimarelevanter Gase, vor allem Kohlendioxid (CO_2), Methan (CH_4) und Lachgas (N_2O). Moore haben eine besondere Bedeutung für das **globale Klima** und speichern große Mengen Kohlenstoff in ihrem Torfkörper [...]. Natürliche und naturnahe Moore können als **„Stoffsenke"** wirken, indem sie den jeweiligen Stoffkreisläufen Kohlenstoff und Stickstoff entziehen und dann in den wachsenden Torfschichten langfristig festlegen. [...]. Die dauerhafte Speicherung von Kohlenstoff (C) aus der Atmosphäre

M 2   Quellentext

liegt in natürlichen Hochmooren zwischen 200 und 300 kg pro Hektar und Jahr (ha/a), in natürlichen Niedermooren zwischen 140 kg und 300 kg C/ha/a. Dies entspricht einer Bindung des Treibhausgases Kohlendioxid von 500 bis 1 100 kg/ha/a [in Kilogramm je Hektar Fläche pro Jahr]. Wachsende Hoch- und Niedermoore stellen somit eine **Senke für Kohlenstoff** dar. [...] Entwässerte und degenerierte Moorböden hingegen verlieren ihre Funktion als Kohlenstoffsenke. Sie werden stattdessen zu einer **Quelle für Treibhausgase**, wobei die über sehr lange Zeiträume gespeicherten Kohlenstoffvorräte in vergleichsweise kurzer Zeit wieder in die Atmosphäre abgegeben werden. Durch die Entwässerung der Torfkörper und die damit einhergehende Durchlüftung kommt es zur Oxidation und fortschreitenden Zersetzung des Torfs und damit zur Freisetzung von Kohlendioxid und des besonders klimawirksamen Lachgases.

Ulrich Sippel (2016): Niedersächsische Moorlandschaften. In: Niedersächsisches Ministerium für Umwelt, Energie und Klimaschutz (Hrsg.): Programm Niedersächsische Moorlandschaften. Grundlagen, Ziele, Umsetzung. Hannover: Ministerium für Umwelt. (S. 8)

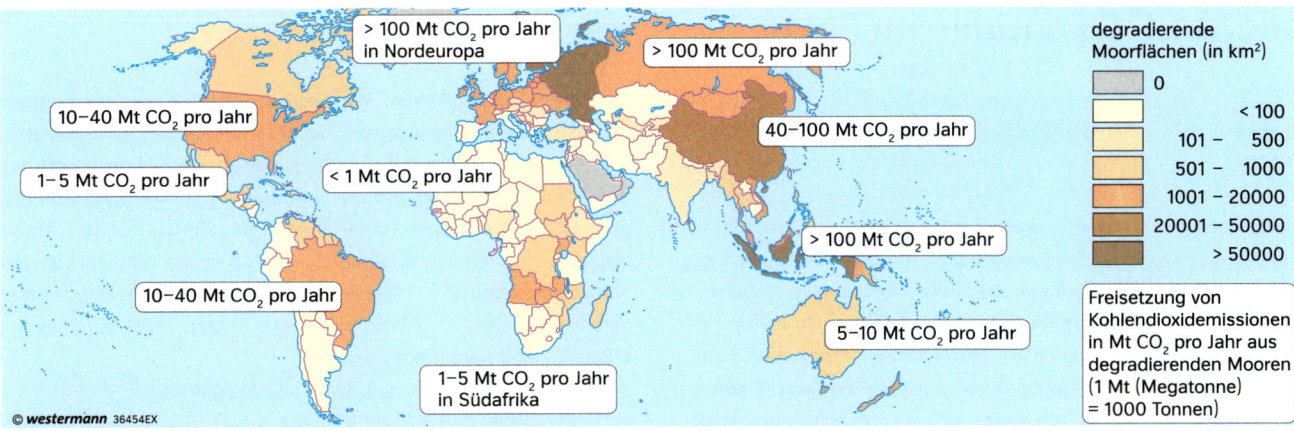

degradierende
Moorflächen (in km²)

	0
	< 100
	101 – 500
	501 – 1000
	1001 – 20000
	20001 – 50000
	> 50000

> 100 Mt CO_2 pro Jahr
in Nordeuropa

> 100 Mt CO_2 pro Jahr

10–40 Mt CO_2 pro Jahr

40–100 Mt CO_2 pro Jahr

1–5 Mt CO_2 pro Jahr

< 1 Mt CO_2 pro Jahr

10–40 Mt CO_2 pro Jahr

> 100 Mt CO_2 pro Jahr

5–10 Mt CO_2 pro Jahr

1–5 Mt CO_2 pro Jahr
in Südafrika

Freisetzung von
Kohlendioxidemissionen
in Mt CO_2 pro Jahr aus
degradierenden Mooren
(1 Mt (Megatonne)
= 1000 Tonnen)

© westermann 36454EX

M5 Zusammenhang zwischen weltweit degradierenden Moorflächen und der Freisetzung von Kohlendioxid

M6 Rodung von Torfwäldern für Ölpalmen-Plantagen auf Sumatra (Indonesien)

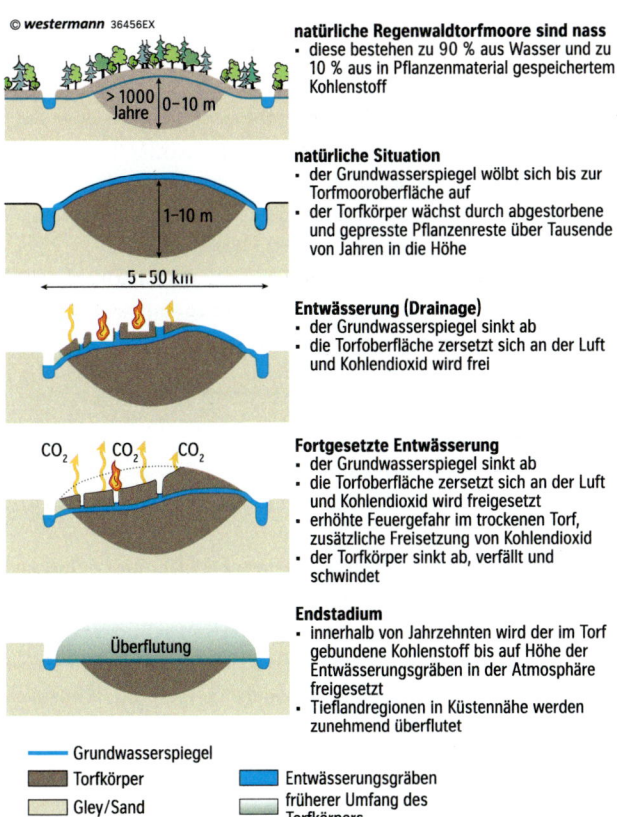

© westermann 36456EX

natürliche Regenwaldtorfmoore sind nass
· diese bestehen zu 90 % aus Wasser und zu 10 % aus in Pflanzenmaterial gespeichertem Kohlenstoff

natürliche Situation
· der Grundwasserspiegel wölbt sich bis zur Torfmooroberfläche auf
· der Torfkörper wächst durch abgestorbene und gepresste Pflanzenreste über Tausende von Jahren in die Höhe

Entwässerung (Drainage)
· der Grundwasserspiegel sinkt ab
· die Torfoberfläche zersetzt sich an der Luft und Kohlendioxid wird frei

Fortgesetzte Entwässerung
· der Grundwasserspiegel sinkt ab
· die Torfoberfläche zersetzt sich an der Luft und Kohlendioxid wird freigesetzt
· erhöhte Feuergefahr im trockenen Torf, zusätzliche Freisetzung von Kohlendioxid
· der Torfkörper sinkt ab, verfällt und schwindet

Endstadium
· innerhalb von Jahrzehnten wird der im Torf gebundene Kohlenstoff bis auf Höhe der Entwässerungsgräben in der Atmosphäre freigesetzt
· Tieflandregionen in Küstennähe werden zunehmend überflutet

— Grundwasserspiegel
◼ Torfkörper
◻ Gley/Sand
◼ Entwässerungsgräben
◻ früherer Umfang des Torfkörpers

M7 Landnutzungswandel in tropischen Tieflandmooren

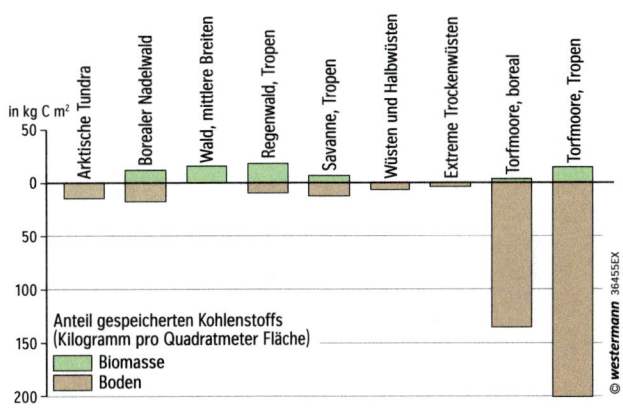

in kg C m²

Arktische Tundra
Borealer Nadelwald
Wald, mittlere Breiten
Regenwald, Tropen
Savanne, Tropen
Wüsten und Halbwüsten
Extreme Trockenwüsten
Torfmoore, boreal
Torfmoore, Tropen

Anteil gespeicherten Kohlenstoffs
(Kilogramm pro Quadratmeter Fläche)
◼ Biomasse
◼ Boden

© westermann 36455EX

M8 Beitrag einzelner Ökosysteme als Kohlenstoffsenken

Von der Natur erbrachte Ökosystemleistungen wie fruchtbarer Boden, Trinkwasser oder Schutz vor Naturgefahren werden vom Menschen genutzt, um sein Wohlergehen zu gewährleisten und seine Lebens- und Ernährungsgrundlage zu sichern. [...]
Das Millennium Ecosystem Assessment ist die bislang umfassendste Studie zum Zustand und zu den Entwicklungstrends der Ökosysteme der Erde [...]. Die Ergebnisse zeigen, dass sich [...] 60 % der Ökosystemleistungen [...] in einem Zustand fortgeschrittener und/oder anhaltender Zerstörung [befinden]. Das Millenium Ecosystem Assessment gliedert die Ökosystemleistungen in

– **versorgende Leistungen** [...], wie das Zurverfügungstellen von Nahrungsmitteln, Trinkwasser, Holz, Brennstoffen;

– **selbstregulierende Leistungen** [...], wie Klimaregulierung, Luftreinigung, Verhinderung von Überschwemmungen (z.B. durch das Wasserrückhaltevermögen von Boden und Vegetation in Flussauen), Ausgleich bei Schädlingsbefall;

– **kulturelle Leistungen** [...], wie zum Beispiel Erholung, Erleben und Bildung in der Natur, Spiritualität, Befriedigung eines ästhetischen Empfindens;

– **Basisleistungen** [...], wie Fotosynthese, Stoffkreisläufe, Bodenbildung.

[...] Das Millenium Ecosystem Assessment eröffnet die Möglichkeit, scheinbar „wertlose" und daher bisher unbeachtete Umweltleistungen in das Bewusstsein unterschiedlicher Gesellschaftsschichten zu rücken und den Wert der Ökosysteme und ihrer Leistungen an sich in der Bevölkerung zu verankern, um eine nachhaltige Nutzung von Ökosystemen zu gewährleisten.

Umweltbundesamt Österreich (Hrsg., 2011): Ökosystemleistungen und Landwirtschaft. Wien: Umweltbundesamt. (S. 9)

M9 Das Konzept der Ökosystemleistungen

Nachhaltigkeit: Ökonomie im Fokus

„Business as usual?" An welchen Zielen orientieren sich Unternehmen?

„Wirtschaft. Wachstum. Wohlstand." lautete das Credo einer 2013 vom Bundesministerium für Wirtschaft und Technologie herausgegebenen Broschüre. Aber lässt sich diese Orientierung mit den Zielen der Nachhaltigkeit vereinbaren? In „Wohlstand ohne Wachstum. [...]" (2013) kritisiert Tim Jackson, dass die Gleichsetzung von Wohlstand mit Wirtschaftswachstum nicht mehr zeitgemäß sei. Wenn eine nachhaltige Entwicklung in der Wirtschaft durch Unternehmen als Akteure umgesetzt werden soll, die verantwortungsvoll mit den natürlichen und humanen Ressourcen umgehen und somit ein gutes Gleichgewicht zwischen Produktion, Umwelt und Konsum finden, so braucht es neue Orientierungsziele in der Wirtschaft.

1. a) Beschreiben Sie die Karikatur (M 1).
    b) Erläutern Sie die Intention des Karikaturisten (M 1, M 3).
2. a) Charakterisieren Sie die Merkmale der Corporation 1920 und Corporation 2020 (M 4, M 5).
    (Z) b) Beurteilen Sie die Corporation 1920 und Corporation 2020 in Bezug auf die Ziele einer nachhaltigen Entwicklung (M 3).
3. a) Charakterisieren Sie den PUMA S-Index (M 2).
    b) Erläutern Sie, ob und inwieweit Puma die Merkmale einer Corporation 2020 sowie Ziele der Nachhaltigkeit erfüllt (M 5 – M 8, M 4 auf S. 9, Internet).
4. „Business as usual is not an option." Nehmen Sie Stellung zu dieser Aussage.

→ Wirtschaftswachstum, neue Unternehmens-DNA

M 1   Wirtschaftswachstum

Die externalisierten Kosten, also diejenigen Kosten, die Unternehmen durch ihr *business as usual* der Gesellschaft als Ganzes aufbürden, sind bekannt. Zu ihnen gehören Gesundheits- und Umweltschäden durch Verschmutzung und die Verklappung von giftigen Abfällen ebenso wie die ökonomischen Kosten der klimarelevanten Treibhausgasemissionen und die durch sie verursachte Verschärfung der Armutsproblematik. [...] Alle wesentlichen Externalisierungen – also externalisierte Kosten und externalisierter Nutzen – sollten gemessen, bilanziert und gemanagt werden.

Sukhdev, Pavan (2013): Corporation 2020. Warum wir die Wirtschaft neu denken müssen. München: oekom. (S. 24 f.)

M 3   Warum wir die Wirtschaft neu denken müssen

Die Corporation 1920 (typische Unternehmen seit Beginn der 1920er-Jahre) hat vier prägende Eigenschaften:

1. *Größe* und *Skaleneffekte**, um eine marktbeherrschende Position zu erringen,
2. aggressives *Lobbying*, um regulatorische und Wettbewerbsvorteile zu erreichen,
3. umfangreiche *Werbung* [...] zur Beeinflussung der Verbrauchernachfrage und häufig auch zur Schaffung einer Nachfrage [...], indem menschliche Unsicherheiten ausgenutzt und Wünsche in Bedürfnisse umgewandelt werden [...].
4. aggressiver *Einsatz von Fremdkapital*, um die Investitionen der Anteilseigner des Unternehmens zu optimieren [...].

> * *Skaleneffekte („economies of scale"): Abhängigkeit der Produktionsmenge von der Menge der eingesetzten Produktionsfaktoren (Arbeit, Kapital, Natur/Umwelt z. B. in Form von Rohstoffen, Boden oder Wasser). Von positiven Skaleneffekten spricht man, wenn die Produktionsmenge stärker steigt als die eingesetzten Faktoren (Massenproduktionsvorteile).*

Sukhdev, Pavan (2013): Corporation 2020. Warum wir die Wirtschaft neu denken müssen. München: oekom. (S. 27)

M 4   Merkmale einer „Corporation 1920"

Die neue Unternehmens-DNA hat zahlreiche Stränge, aber wir konzentrieren uns auf die vier wichtigsten:

1. die Ausrichtung an den Zielen der Gesellschaft,
2. das Unternehmen als Gemeinschaft,
3. das Unternehmen als Bildungsinstitut und
4. das Unternehmen als Kapitalfabrik [...], die nicht nur [das] Finanzkapital erzeugt, sondern viele andere Formen des Kapitals, nämlich Sach-, Sozial-, Human- und Naturkapital.

Sukhdev, Pavan (2013): Corporation 2020. Warum wir die Wirtschaft neu denken müssen. München: oekom. (S. 32)

M 5   Merkmale einer „Corporation 2020"

Der Puma Sustainability Index – oder S-Index – [diente als] eine interne Bezugsgröße für die Entwicklung und Herstellung nachhaltigerer Produkte. Im S-Index [wurde] festgelegt, aus welchen nachhaltigeren Materialien ein Produkt bestehen muss, um von PUMA als nachhaltigeres Produkt eingestuft zu werden. Zudem ist im S-Index verankert [gewesen], dass das Produkt aus Fabriken kommen muss, die die PUMA-Auditoren basierend auf einer guten Umsetzungsquote unserer sozialen Standards und Arbeitsnormen mit A bzw. B+ bewertet haben. Der S-Index [stellt darüber hinaus] ein schönes Wortspiel [dar]: Wir sind uns der Tatsache bewusst, dass jedes unserer Produkte – ungeachtet unseres Grades an Nachhaltigkeit – Auswirkungen auf die Umwelt hat. Daher verkaufen wir unserer Ansicht nach keine nachhaltigen, sondern ausschließlich nachhaltigere Produkte. Im S-Index („sin" (engl.) = Sünde) ist der Umfang der „Umweltsünden" [...] festgelegt."

PUMA Geschäftsbericht (2012), http://about.puma.com/de/investor-relations/financial-reports, S. 44 f., Zugriff am: 08.08.2017

M 2   Der PUMA S-Index

Nachhaltigkeitsberichte von Unternehmen geraten leicht in den Verdacht, dass sie nur dazu dienen, sich ein grünes Mäntelchen umzuhängen. Was der Herzogenauracher Sportartikler Puma nun mit der weltweit ersten ökologischen Gewinn- und Verlustrechnung präsentiert, geht qualitativ weit über solche Berichte hinaus. Die Kernbotschaft klingt durchaus negativ. In ihrer Wertschöpfungskette inklusive Zulieferern verursachen die Franken global Umweltschäden, die sich auf 145 Millionen Euro beziffern. Diese Nachricht sei eigentlich ein PR-Desaster, findet der frühere Puma-Chef und jetzige Vorstand des französischen Mutterkonzerns PPR [Pinault-Printemps-Redoute-Gruppe, 2013 in Kering umbenannt], Jochen Zeitz. Aber der Manager versteht sich als Querdenker und Puma als Pionier. [...] „Es ist Zeit, die Geschäftsmodelle zu ändern", sagt Zeitz und will im eigenen Haus anfangen. [...]

Zeitz glaubt, dass viele erst einmal im Stillen ihre Ökobilanz ziehen und dann entscheiden, ob sie sich damit an die Öffentlichkeit wagen. Denn positiv sind die so entstehenden Wahrheiten nicht. Bereits im Mai haben die Franken eingestanden, dass sie und ihre Zulieferer 2010 für den Ausstoß von Treibhausgasen und einen nach Öko-Kriterien modifizierten Wasserverbrauch im Wert von 94 Millionen Euro verantwortlich waren. Dazu wurden jetzt Kosten für Luftverschmutzung, Abfall und Landnutzung über weitere 51 Millionen Euro berechnet. Sechs Prozent davon entfallen auf Puma, 94 Prozent auf die Zulieferer vor allem in Asien. Um etwas zu ändern, müsse man branchenweit und auch mit anderen Industrien kooperieren, weil viele Branchen identische Zulieferer nutzten, sagt Zeitz. [...] „Unternehmen müssen Verantwortung für die Natur übernehmen", wirbt er.

Magenheim, Thomas (2011): Erste Ökobilanz: Puma gesteht Umweltverschmutzung ein. (16. November 2011) http://www.fr-online.de/klimawandel/erste-oekobilanz-puma-gesteht-umweltverschmutzung-ein,1473244,11155856.html, Zugriff am: 08.08.2017

M6 Erste Ökobilanz von Puma

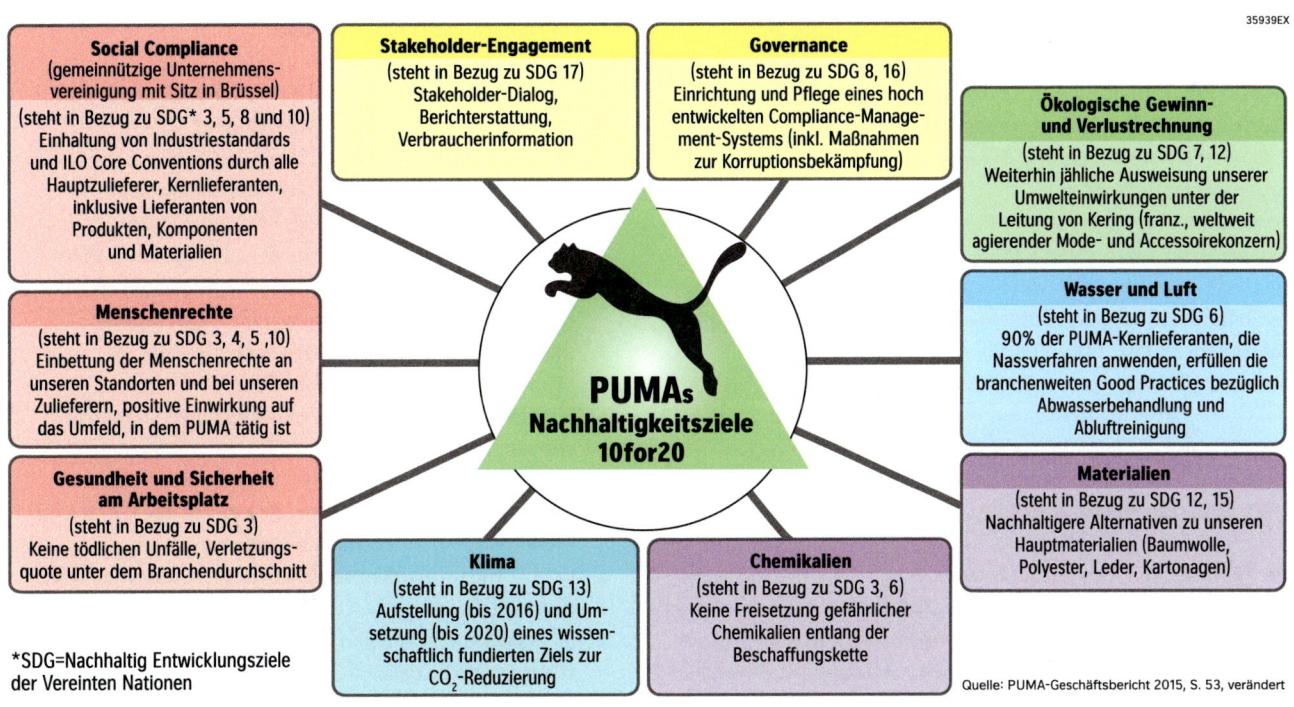

35939EX

M7 Nachhaltige Entwicklungsziele PUMAs (10 Ziele bis 2020)

Kerings ökologische Gewinn- und Verlustrechnung (Environmental Profit and Loss Account, E P&L) zeigt, dass unser ökologischer Fußabdruck größtenteils in der Herstellung und der Rohmaterialgewinnung entsteht. Aus diesem Grund macht PUMAs Umweltschutzprogramm auch nicht an den Unternehmensgrenzen Halt, sondern bezieht die Beschaffungskette mit ein. Bereits seit über 10 Jahren kontrollieren wir im Rahmen der Compliance-Audits bei unseren Zulieferern auch Arbeitsnormen, Aspekte der Gesundheit und Arbeitssicherheit sowie grundlegende Umweltschutzaspekte. Mit der Gründung der Zero Discharge of Hazardous Chemicals Group (ZDHC) 2011 und der Formulierung eines Protokolls für Umwelt-Auditierungen in Zusammenarbeit mit der ZDHC ging PUMA noch einen Schritt weiter: 2015 haben wir unsere größten Zulieferer sowie unsere Materialzulieferer dazu verpflichtet, sich mindestens einer

umfassenden Umwelt-Auditierung zu unterziehen. [...] PUMA [hat] [...] Umwelt-Auditierungen bei zwölf großen Materialzulieferern weltweit durchgeführt: vier Fabriken in China, drei in Taiwan, drei in Bangladesch und jeweils eine in der Türkei und in Guatemala. [...] Die Ergebnisse dieser Kontrollen zeigen deutlich, dass der Großteil der auditierten Materialzulieferer noch einen langen Weg bis zur Erfüllung des Protokolls für Umwelt-Auditierungen der ZDHC [...] beschreiten muss. Bei einigen Herstellern mangelt es sogar an der Einhaltung ganz grundlegender Anforderungen. Seit den Auditierungen haben alle Zulieferer bereits eine zweistellige Anzahl an Korrekturmaßnahmen durchgeführt. Unsere großen Materialzulieferer werden wir auch weiterhin auf die Einhaltung von Umwelt- und sozialen Vorgaben kontrollieren.

PUMA Geschäftsbericht (2015), http://about.puma.com/de/investor-relations/financial-reports, S. 59f. Zugriff am: 08.08.2017

M8 Ökologische Nachhaltigkeit

Nachhaltigkeit: Soziales im Fokus

Soziale Gerechtigkeit weltweit?

Obwohl es verschiedene Richtlinien und Organisationen gibt, die sich weltweit für die Wahrung gewisser sozialer Standards einsetzen, kommt es immer wieder zur Verletzung von Menschenrechten (M 2) und zur Missachtung der Rechte von Arbeitnehmerinnen und Arbeitnehmern. Die soziale Dimension offenbart sich daher als wichtiger Bestandteil des Konzepts der nachhaltigen Entwicklung.

1. a) In M 1 werden die Menschenrechte in vier Kategorien zusammengefasst. Nennen Sie spontan konkrete Rechte, die Sie mit den jeweiligen Kategorien assoziieren.
   b) Recherchieren Sie im Internet nach den 30 Artikeln der Allgemeinen Erklärung der Menschenrechte und vergleichen Sie diese mit Ihren Ergebnissen aus Aufgabe 1 a.
   c) Fassen Sie die Intention der Allgemeinen Erklärung der Menschenrechte zusammen.
   d) Erklären Sie die Bedeutung der Menschenrechte im Kontext des Konzepts der nachhaltigen Entwicklung.
2. „Menschenrechte sind kein Faktum, es sind ‚Soll-Sätze'." Erörtern Sie dieses Zitat unter Bezugnahme auf M 3, M 4.
3. Erläutern Sie die Bedeutung der Internationalen Arbeitsorganisation (ILO) (M 5).
4. Analysieren Sie die in M 8 und M 9 erhobenen Vorwürfe zur Sklaverei mit Bezug auf die Menschen- und Arbeitsrechte.
5. Beurteilen Sie, ob und inwiefern die Situation der Gastarbeiter in Katar ein auch in Deutschland gesellschaftlich relevantes Thema ist (M 6-M 8).
Ⓩ 6. Nehmen Sie Stellung zu folgendem Zitat des französischen Politikers Marie-Joseph Motier, Marquis de La Fayette: „Die Menschenrechte beginnen, wo die Vorurteile enden".

→ Arbeitsrechte, Menschenrechte

Die AEMR enthält in ihren 30 Artikeln einige allgemeine Bestimmungen (Art. 1 und 2), sodann einen Katalog der Freiheitsrechte (Art. 3-20) und politische Betätigungsrechte (Art. 21), gefolgt von Gleichheitsrechten des wirtschaftlichen, sozialen und kulturellen Bereichs (Art. 22-28). [...] Menschenrechte sind kein Faktum; es sind „Soll-Sätze", rechtliche und ethische Maßstäbe, die an tatsächlichen Gegebenheiten gemessen und angelegt werden können, mit ihnen aber keineswegs identisch sind.

Riedel, Eibe (2004): Der internationale Menschenrechtsschutz. Eine Einführung. In: Bundeszentrale für politische Bildung (Hrsg.): Menschenrechte. Dokumente und Deklarationen. Bonn: bpb, S. 14-27. (S. 14, S. 27)

M 1   Aspekte der Allgemeinen Erklärung der Menschenrechte (AEMR)

M 2   Ausstellung zu den Menschenrechten im Foyer des Hauptgebäudes der Vereinten Nationen in New York

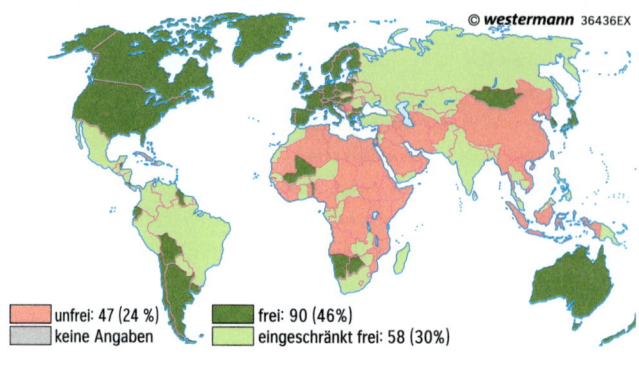

© **westermann** 36436EX

☐ unfrei: 47 (24 %)	☐ frei: 90 (46%)
☐ keine Angaben	☐ eingeschränkt frei: 58 (30%)

Menschenrechtslage weltweit: Freie, eingeschränkt freie und unfreie Staaten 2013. Ein Staat gilt als frei, wenn die Staatsbürger in freien Wahlen frei wählen und politisch partizipieren können, Religions- und Versammlungsfreiheit besteht, ein gerechtes Rechtssystem und unabhängige Medien existieren sowie soziale und ökonomische Freiheiten gegeben sind.

www.bpb.de/internationales/weltweit/menschenrechte/38804/freie-und-unfreie-staaten, Zugriff am: 20.07.2017

M 3   Zur Menschenrechtslage weltweit

- In mindestens 113 Ländern wurde die Meinungs- und Pressefreiheit willkürlich eingeschränkt.
- Mehr als 60 Millionen Menschen sind weltweit aus ihrer Heimat vertrieben worden. Viele von ihnen befanden sich bereits seit mehreren Jahren auf der Flucht.
- Mindestens 30 Länder schoben Flüchtlinge unter Verstoß gegen das Non-Refoulement-Prinzip in Staaten ab, in denen ihnen Menschenrechtsverletzungen drohten.
- Bewaffnete Gruppen begingen in mindestens 36 Ländern Menschenrechtsverstöße.
- Mindestens 156 Menschenrechtsverteidiger starben in den untersuchten Ländern in Haft oder wurden getötet.
- Mindestens 61 Regierungen hielten gewaltlose politische Gefangene in Haft – Menschen, die lediglich ihre Rechte und Grundfreiheiten wahrgenommen hatten.
- In 122 Ländern wurden Menschen gefoltert oder anderweitig misshandelt.
- In mindestens 19 Ländern wurden Kriegsverbrechen oder andere Verstöße gegen das humanitäre Völkerrecht verübt.

www.amnesty.de/2016/2/24/zahlen-und-fakten-aus-dem-amnesty-report-20152016?destination=node%2F30615, Zugriff am: 20.07.2017

M 4   Ausgewählte Fakten aus dem Amnesty International Report 2015/2016

Die Internationale Arbeitsorganisation (ILO) ist eine Sonderorganisation der Vereinten Nationen in Genf mit dem Ziel, soziale Gerechtigkeit sowie Menschen- und Arbeitsrechte voranzubringen. [...] Schwerpunkte der Arbeit der ILO sind neben der Formulierung auch die Durchsetzung internationaler Arbeits- und Sozialnormen. Dazu gehören insbesondere die Kernarbeitsnormen (u.a. keine Zwangs- und Kinderarbeit), die soziale und faire Gestaltung der Globalisierung sowie die Schaffung von menschenwürdiger Arbeit als einer zentralen Voraussetzung für die Armutsbekämpfung. Die ILO setzt sich [...] gegen Ausbeutung und Diskriminierung ein.

Lexikon der Nachhaltigkeit (2015), www.nachhaltigkeit.info/artikel/ilo_arbeitsrechte_men-schenrechte_1557.htm, Zugriff am: 20.07.2017

M 5   Die Internationale Arbeitsorganisation

www.diercke.de   www.diercke.de
100800-073-03   100800-103-03

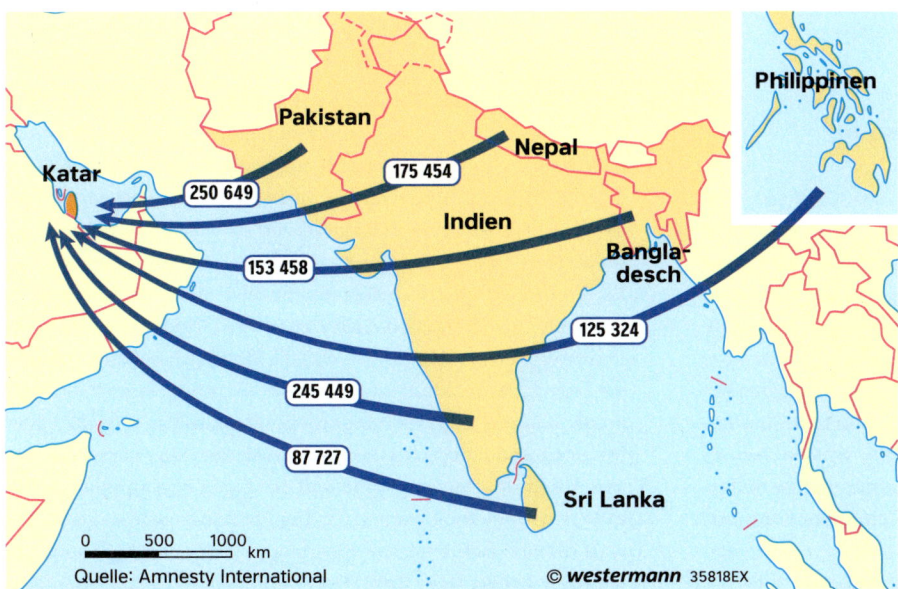

M 6 Häufigste Herkunftsländer und Zahl der Gastarbeiter in Katar (Stand: 2013)

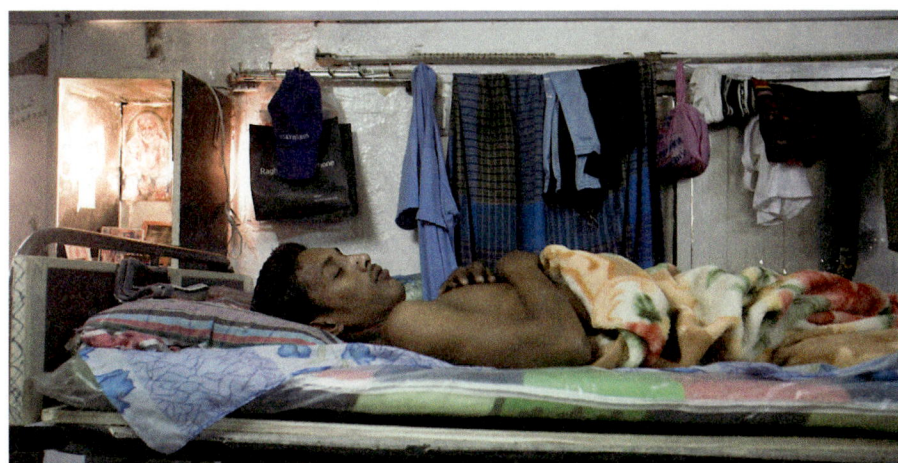

M 7 Unterkunft eines Gastarbeiters in Katar

Es gibt sie noch: Sklaverei. Man findet sie in moderner Form auf WM-Baustellen in Katar, als Kinderarbeit in Bangladesch oder Zwangsprostitution in Zentralamerika. Aber auch wenn es um Arbeitsbedingungen in Deutschland geht, fällt der Begriff der Sklaverei. Während historische Sklaverei politisch gewünscht und rechtlich geregelt war, variieren die Formen moderner unfreier Arbeit stark. [...]. Arbeitsberater Alexandru Zidaru und sein rumänischer Klient wühlen sich durch die Akten. [...] Arbeitsverträge, Lohnabrechnungen, Kündigungen. Sechs Monate hat der Rumäne in einer deutschen Schlachterei geschuftet und wurde um seinen Lohn geprellt. Berater Zidaru versucht, seinem Klienten Liviu, der weder Deutsch spricht, noch den deutschen Arbeitsmarkt kennt, zu helfen. Die Arbeiter, die ins Büro von Gewerkschafter Alexandru Zidaru kommen, können vom deutschen Mindestlohn nur träumen. Viele werden durch kriminelle Unternehmer schlicht um ihren Lohn geprellt. Andere ganz legal ausgebeutet. Denn Unternehmer haben kreative Wege gefunden, die Arbeitsmarktgesetze zu umgehen. [...] Alexandrus Klient Liviu hat in der Kühlhalle bei 3 °C bis zu 100 Stunden pro Woche gearbeitet und Fleisch für Dönerspieße geschnitten, für netto 500 €.

Charlotte Grieser (2016): Sklaverei im 21. Jahrhundert. (SWR 2)

M 9 Sklaverei in Deutschland?

Im Wüstenemirat Katar wird es in den nächsten Jahren um viel Geld gehen. Mehr als 100 Milliarden Euro will das winzige Land am Persischen Golf – halb so groß wie Hessen, aber dank seines Ölreichtums eines der wohlhabendsten Länder der Welt – in seine Infrastruktur pumpen. [...] Stadien sollen gebaut werden, wahrscheinlich zwölf an der Zahl, Quartiere, Straßenbahnlinien, ein Kongresscenter – alles für die Fußballweltmeisterschaft 2022. [...] Rund um die Welt wächst die Empörung über das, was auf den Baustellen in Katar passiert. [...] In einem einzigen Monat, zwischen dem 4. Juni und 8. August, (sind) 44 Bauarbeiter auf den WM-Baustellen wegen Herzversagens oder bei Arbeitsunfällen gestorben sind. Seit die britische Guardian diese Nachricht verbreitet hat, werden erste Forderungen laut, dem Emirat die Spiele wieder zu entziehen. Wegen Missachtung der Menschenrechte [...]. Etwa 1,2 Millionen Gastarbeiter leben schon jetzt in Katar. Bis zur WM sollen noch einmal 500 000 hinzukommen. Ohne sie würde in dem Golfstaat nichts vorwärtsgehen – sie stellen rund 94 Prozent der Arbeitskräfte des Landes. Die meisten hausen in Slums rund um die Hauptstadt Doha [...]. Vielen werden die Pässe schon bei der Einreise abgenommen, der Lohn wird monatelang nicht ausgezahlt [...]. Wie eine Arbeitsmaschine reichen einheimische Unternehmer die Gastarbeiter nach Belieben an andere weiter – ohne ihr Einverständnis einzuholen. Das erfüllt nach den Maßstäben der Internationalen Arbeitsorganisation ILO den Tatbestand der Zwangsarbeit, anders ausgedrückt: der Sklaverei. Eine Flucht von der Halbinsel ist oft nicht möglich. Für ein Ausreisevisum braucht der Arbeiter den Stempel seines Arbeitgebers. [...] Auch deutsche Konzerne bauen mit in Katar. Diese weisen die Vorwürfe aber von sich. 7,6 km lang ist die Barwa Commercial Avenue, das längste Einkaufszentrum der Welt, das Hochtief 2012 fertiggestellt hat. Das Emirat Katar ist mit mehr als zehn Prozent an dem Unternehmen beteiligt. Auf Nachfrage weist der Baukonzern darauf hin, sich bereits im Jahr 2000 als erstes internationales Bauunternehmen den Standards der internationalen Arbeitsorganisation verpflichtet zu haben. 4486 Arbeiter, die weder die deutsche noch die katarische Staatsbürgerschaft besitzen, seien auf der Center-Baustelle beschäftigt gewesen. [...] Misshandlungen wie Pass- oder Lohnentzug seien für Hochtief „absolut inakzeptabel und fanden nicht statt", heißt es in einem schriftlichen Statement. Den Arbeitern seien eine Krankenversicherung, Räume für Gebete, festgelegte Arbeits- und Pausenzeiten zugestanden worden. Man habe sich an die gesetzlichen Vorgaben gehalten, in denen ein Mindestlohn indes nicht vorgesehen ist. Auch eine Gewerkschaftsgründung habe es nicht gegeben.

Seidel, Ann-Kathrin (13.10.2013): Die Sklaven der WM 2022, www.igbce.de/sklaven-der-wm-2022/64306, Zugriff am: 26.06.2017

M 8 Zwangsarbeit im Rahmen der Fußball-WM 2022 in Katar? (Ein Beitrag der Industriegewerkschaft Bergbau, Chemie, Energie)

Nachhaltigkeit: Kultur im Fokus

„Fast Fashion" – welche Verantwortung haben Konsumenten?

Kleidung hat in unserer Kultur einen hohen Stellenwert. Dabei geht es vielen nicht mehr in erster Linie darum, durch Kleidung den eigenen Körper zu bedecken und zu schützen. Kleidung ist Ausdruck der Persönlichkeit ihres Trägers – wer mit der Mode geht, gilt als modern. Jedoch haben die schnelllebigen Modetrends gravierende Folgen für die Umwelt und das Leben der Menschen, die die Kleidungsstücke herstellen. Eingestürzte Textilfabriken in Bangladesch, vergiftete Flüsse in China oder Hungerlöhne in Kambodscha sind nur einige Schattenseiten der Modebranche. Welche Verantwortung trägt der Käufer, wie kann er durch sein Konsumverhalten helfen, die Zustände zu verbessern? Brauchen wir eine neue Kultur des Konsums?

1. Ordnen Sie Ihr eigenes Konsumverhalten in Bezug auf Kleidung in die Umfrageergebnisse ein (M1, M2).
2. Fassen Sie die Problemfelder der Fast Fashion-Industrie zusammen (M3, M4).
3. Erläutern Sie, inwieweit Fast Fashion den Prinzipien der Nachhaltigkeit widerspricht (M1–M6).
4. Stellen Sie die Einstellung deutscher Verbraucher zu nachhaltiger Mode 2016 dar (M5).
5. Erstellen Sie eine kurze Präsentation zu den Zielen der verschiedenen Nachhaltigkeitsstandards (M6, Internet).
6. Erörtern Sie, ob und inwieweit Slow Fashion eine Alternative zu Fast Fashion darstellen kann (M4–M6).

→ Fast Fashion, Slow Fashion, Kultur des Konsums

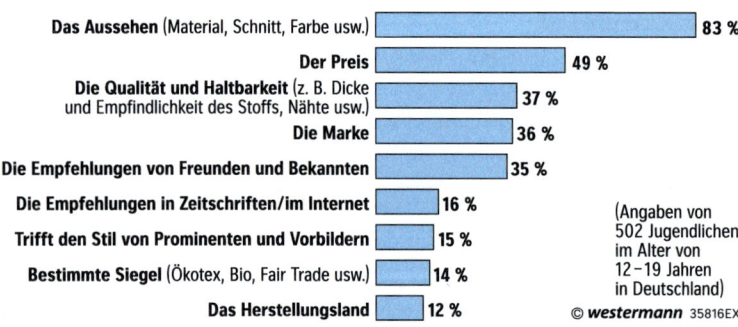

M1   Entscheidungskriterien für die Wahl von Kleidung

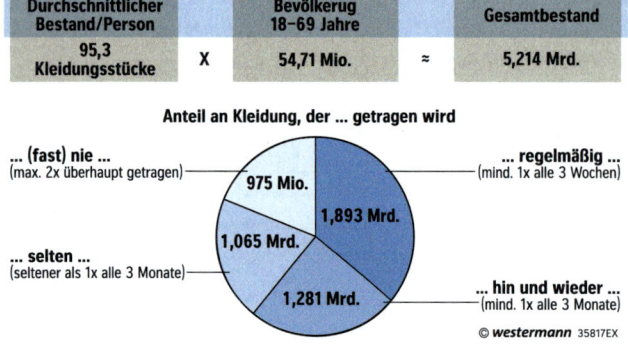

M2   Kleidungsbestand in Deutschland bei 18-69-Jährigen

Unsere zweite Haut

Material Beutestück Nummer zwei ist roséfarben und glänzt. Die junge Frau hält das Kleid in die Kamera, dreht und wendet es, Metallic-Optik sei das und habe 5,99 € gekostet. Ein Hammerpreis, sagt Funnypilgrim, wie sie sich auf YouTube nennt. Die weiteren Eroberungen der Shoppingtour: noch ein Kleid, ein Pulli, fünf Hosen, ein Oberteil, eine Strickjacke und ein Gürtel. Willkommen im Polyester-Paradies. [...] Die Konsumenten, die Polyesterkleidchen für 5,99 € und ebenso billige Baumwoll-T-Shirts kaufen, sind Teil des Systems Fast Fashion. Viele tragen ihre Kleider nur ein paar Mal, dann muss etwas Neues her – weil die Mode sich geändert hat oder die Teile schlicht kaputt sind. Modeketten produzieren Kleidung in immer kürzerer Zeit und bringen ständig neue Stücke in die Läden. Die Billigproduktion und der schnelle Modezyklus gehen zulasten von Arbeitern, Umwelt, Klima und der Gesundheit derjenigen, die die Kleider am Ende tragen. [...] Die Produktionsstrecke vom Entwurf bis zum ausgelieferten Kleidungsstück dauert heute nur noch wenige Wochen. Neue Kollektionen kommen nicht mehr wie früher zweimal pro Jahr in die Läden, es treffen kontinuierlich neue Kleider ein. So signalisieren die Anbieter den Kunden, dass sie ständig ihre Garderobe erneuern sollten – und machen dies möglich, indem ein T-Shirt oft kaum mehr kostet als ein Kaffee. Wer bei Billiganbietern wie H&M, Zara oder der gerade expandierenden irischen Kette Primark kauft, kann bei allen Trends mitmachen, ohne viel Geld auszugeben. Die Kunden spielen da gerne mit. Wegwerfen und Neukaufen wird zum Prinzip. [...] Gerade in Ländern wie China, Indien und Bangladesch, aus denen ein großer Teil unserer Textilien kommt, sind gefährliche Stoffe verfügbar. Greenpeace analysierte das Abwasser chinesischer Fabriken, die auch deutsche und multinationale Textilunternehmen beliefern, und fand langlebige giftige Chemikalien. [...] Die Organisation „Kampagne Saubere Kleidung" kritisiert niedrige Löhne und mangelnde Sicherheit. [...] Der durchschnittliche Europäer verbrauche im Jahr 20 kg Textilien, der Amerikaner sogar 35, schreibt Textil-Experte Andreas Engelhardt in seinem Buch Schwarzbuch Baumwolle. Der weltweite Fasermarkt umfasste nach Angaben der Bremer Baumwollbörse 1990 ein Volumen von 38 Mio. Tonnen im Jahr 2000 von knapp 50 Mio. und 2012 sogar von 75 Mio. Tonnen. Etwa die Hälfte dieser Fasern wird für Kleidung genutzt, schätzt Engelhardt. Die vielen chemischen Zusätze in Textilien schaden vor allem den Arbeitern, womöglich aber auch den Käufern. Einige der Textil-Chemikalien können Kontaktallergien auslösen, z. B. Formaldehyd. Damit werden Kleider behandelt, damit sie weniger knittern und ihre Form behalten. Zinnorganische Verbindungen, die Kleidung während des Transports vor Pilzbefall schützen, könnten nach Einschätzung des Bundesinstituts für Risikobewertung (BfR) die Fruchtbarkeit einschränken und das Nervensystem angreifen. Sie sind in der EU verboten. Andere Substanzen stehen im Verdacht, das Krebsrisiko zu erhöhen, z. B. einige Azofarbstoffe. [...] [...] Doch möglicherweise steht eine Ökowende bei der Textilherstellung bevor. „Die Zeiten billiger Bekleidungstextilien nähern sich dem Ende", schreibt Andreas Engelhardt in seinem Schwarzbuch Baumwolle. Er geht der Frage nach, wie man den wachsenden Stoffbedarf der Welt möglichst nachhaltig decken kann. Die Anbaufläche ist begrenzt, ähnlich wie beim Biosprit konkurrieren die Bauern mit denen, die Nahrungspflanzen anbauen. Baumwolle wird daher knapp. Gute Chancen sieht Engelhardt da für Stoffe aus Pflanzenfasern, z. B. aus Holz von besonders schnell wachsenden Bäumen. Die brauchen zwar auch Anbaufläche, aber weniger als Baumwolle. Zudem wächst, als Gegenbewegung zur Wegwerfmode, das Interesse an nachhaltig produzierter Kleidung. Die breite Masse kauft zwar, ähnlich wie bei Lebensmitteln, vor allem billig. Doch eine kleinere Gruppe hat ein

Bewusstsein für biologisch und fair hergestellte Produkte entwickelt. Ökomode ist oft so verarbeitet, dass sie länger hält als eine Saison. [...] Die Alternative zu gutem Konsum ist weniger Konsum. Bei vielen entsteht gerade eine neue Lust an Dingen, die bleiben. Die Anhänger der Werterhaltung reparieren ihre Klamotten, statt sie wegzuwerfen. Veranstalter helfen den Leuten an wechselnden Orten, ihre kaputte Kleidung oder andere Dinge in Ordnung zu bringen. Auch diejenigen, die ihre Kleider am Leben halten wollen, nutzen YouTube-Videos – nicht als Shoppingkanal wie die Modemädchen, sondern um einander zu zeigen, wie man Reißverschlüsse repariert oder Knöpfe wieder annäht. Für die Umwelt wäre es das Beste, wenn mehr neue Kleider aus alten entstünden. Altkleider gibt es ja genug, weil so viele Menschen ihre Sachen nur kurz tragen und schnell wegwerfen. [...] Die Betreiber des Ladens Redesign im Hamburger Karoviertel schneidern aus alten Pullis Röcke, aus Jeans enge Westen, aus den Ärmeln von getragenen Blazern Handytäschchen. Ein kleiner Teil von dem, was das System Fast Fashion auswirft, lebt so weiter.

Schäfer, Susanne (04.12.2012): Unsere zweite Haut. (Zeit online)

M 3 Zeitungsartikel

© **westermann** 35820EX

Standard		Was deckt der Standard ab?			Wie umfassend deckt der Standard soziale und ökologische Themen ab?		Glaub- würdigkeit und Effektivität
		Rohstoff- produktion	Textil- pro- duktion	Kon- fektion	soziale Aspekte	ökologische Aspekte	
CmiA	Cotton made in Africa	👪🌍			1,5	2,4	1,5
FLO	Fairtrade Certified Cotton	👪🌍	👪	👪	2,5	2,2	2,1
GOTS	Global Organic Textile Standards	🌍	👪🌍	👪🌍	2,0	2,7	1,9
Bluesign	Bluesign	🌍	🌍		N/A	2,7	1,3
FWF	Fair Wear Foundation			👪	3,0	N/A	2,4
ÖkoTex	ÖkoTex 100	überprüft keine Produktionsprozesse. ÖkoTex 100 testet nur das Endprodukt.					1,5

🟩 Good Practice 　🟧 Basic Practice 　👪 soziale Aspekte
🟨 Average Practice 　N/A = engl. Abk. für k. A. 　🌍 ökologische Aspekte

M 6 Bewertung von Nachhaltigkeitsstandards im Bekleidungs- und Textilsektor (2013)

Fast Fashion bezeichnet die Mode[n], die kurz nach den Modeschauen in Paris, New York, etc. in den Modehäusern erscheinen, um nur kurze Zeit später aus den Schaufenstern zu verschwinden und zu Schrankhütern werden. Pro Jahr werden um die zwölf Kollektionen von einigen Massenbekleidungsketten herausgebracht, um somit die Nachfrage anzukurbeln. [...] Unter dem Begriff *Slow Fashion* sammelt sich die nachhaltige, entschleunigte, bewusste Mode, die im Gegensatz zur schnelllebigen Massenware steht. Dazu zählen beispielsweise Kleidung, die aus Biostoffen oder recycelten Materialien zu kaufen ist, gebrauchte Sachen, Produkte von kleineren Labels, die lokal produzieren oder einfach Stücke, die länger halten und nicht aus der Mode kommen. Das Prinzip, das hier vertreten wird, nämlich seltener und bewusster shoppen zu gehen, steht ebenfalls im Gegensatz zum Prinzip des Wegwerfens und Neukaufens. Die Autorin von „Sustainable Fashion and Textiles: Design Journeys" und Forscherin Kate Fletcher von dem Center for Sustainable Fashion prägte zum ersten Mal den Begriff *Slow Fashion*, gleichnamig zu der *Slow Food Bewegung*. Carl Honoré, der Autor von „In Praise of Slowness" sagt, dass diese neue Bewegung in der heutigen Welt schon beinahe revolutionär sei. Denn es ermutigt den Menschen, sich der Qualität des Produktes zu widmen, das Produkt wertzuschätzen und es im Zusammenhang mit der Umwelt zu sehen.

www.nachhaltigkeit.info/artikel/nachhaltigkeit_in_der_modebranche_1764.htm, Zugriff am: 08.08.2017

M 4 Definitionen der Begriffe *Fast Fashion* und *Slow Fashion*

Slow Fashion Monitor 2016
Bekanntheit nachhaltiger Modeanbieter sowie Einstellungen von Verbrauchern zu nachhaltiger Mode/Slow Fashion

30% der Deutschen haben in den letzten 12 Monaten mindestens ein nachhaltig produziertes Kleidungsstück gekauft.

Wenn mir ein Kleidungsstück nicht mehr gefällt, dann …

... werfe ich es in den Altkleidercontainer	73,1 %
... spende ich es an Freunde/Bekannte/Verwandte	38,3 %
... spende ich es bestimmten Vereinen/Stiftungen etc.	34,9 %
... verkaufe ich es online z. B. auf Kleiderkreisel, eBay	29,9 %
... verkaufe ich es auf einem Flohmarkt	10,4 %
... style ich es um	8,9 %

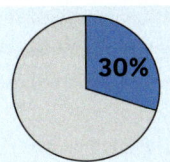

Bekanntheit nachhaltiger Modeshops – Top 5 –

w▲schbär DER UMWELTVERSAND	25,3 %
Grüne Erde	24,3 %
hessnatur	21,9 %
Mr. & Mrs. Green	13,5 %
ARMEDANGELS	8,5 %

Wie wichtig ist Ihnen Nachhaltigkeit beim Kauf von Bekleidung?

sehr wichtig	eher wichtig	teils-teils	eher unwichtig	unwichtig
24,3 %	38,9 %	20,2 %	4,4 %	2,2 %

Ein einfaches T-Shirt sollte

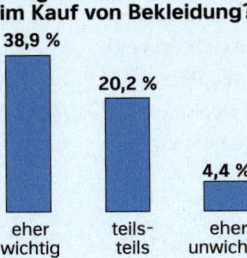

ø = 21 Monate

halten, ohne dass es nach kurzer Zeit Mängel aufweist.

© **westermann** 35819EX

M 5 Einstellung von Verbrauchern zu nachhaltiger Mode 2016 (Größe der Stichprobe: 1019 Befragte)

Nachhaltigkeit: Politik im Fokus

Wie kann Politik eine nachhaltige Entwicklung beeinflussen?

Krisen – politisch, ökonomisch, sozial, kulturell oder ökologisch – bestimmen unseren Alltag und den der Politik. Dabei ist es gerade die Politik, die auf unterschiedlichen Maßstabsebenen (Organisation, Staat, Bundesland, Kommune, Stadt) die aktuellen und zukünftigen Entwicklungen bestimmt. Der Klimaschutz und die Nachhaltigkeit stellen hierbei eine enorme Herausforderung des 21. Jahrhunderts dar, welche ausgehend vom Subsidiaritätsprinzip soweit wie möglich von der obersten bis zur untersten Ebene (z. B. vom Bund bis zur Stadt) umgesetzt werden soll.

1. a) Fassen Sie die Ergebnisse der Klimakonferenz von 2016 in Marokko zusammen (M 1).
   b) Analysieren Sie die Zeitungsmeldungen und die Karikatur hinsichtlich aktueller klimapolitischer Entwicklungen (M 2, M 3).
   c) Geben Sie den Begriff Klimagerechtigkeit sowie dessen Bedeutung mit eigenen Worten wieder (M 4).
2. Benennen Sie wesentliche Ziele und Aufgaben der Kommunalrichtlinie der Bundesregierung (M 5).
3. Erklären Sie am Beispiel Wolfsburg verschiedene Interessenkonflikte und mögliche Handlungsansätze (M 6).
4. a) Informieren Sie sich über klimapolitische Ziele, Maßnahmen und Erfolge in Ihrer Stadt (Internet).
   b) Vergleichen Sie Ihre Ergebnisse mit den dargestellten Maßnahmen und Erfolgen aus Wolfsburg.
   c) Beurteilen Sie die klimapolitischen Maßnahmen zur Nachhaltigkeit in Ihrer Stadt.
5. Entwickeln Sie für Ihre Schule mögliche Maßnahmen für eine nachhaltige Entwicklung.

→ Klimagerechtigkeit, Kommunalrichtlinie, Subsidiaritätsprinzip

M 2   Karikatur zu Rio+20-Gipfel (2012)

M 3   Zeitungsmeldungen zu vergangenen UN-Klimakonferenzen

Das 1,5-Grad-Ziel, also eine Begrenzung der Erderwärmung um höchstens 1,5 °C im Vergleich zu vorindustriellen Zeiten, ist nach der Entscheidung in den USA nicht mehr zu erreichen. Denn schon heute beobachten wir eine Erwärmung um 1,2 °C. Ob wir das 2 °C-Ziel erreichen können, hängt davon ab, ob es zu Ansteckungswirkungen in anderen Ländern und auf den Märkten kommt.

Der Klimaschutzplan 2050 der Bundesregierung [wurde] außerordentlich positiv aufgenommen [...]. Deutschland wird damit die Rolle eines Vorreiters beim Klimaschutz zugemessen. Allerdings sind überhaupt bisher nur drei Klimaschutzpläne vorgelegt worden, von den USA, Mexiko und Deutschland. [...] Allerdings ist vieles vertagt worden. Ein Beispiel sind Ausgleichszahlungen für kleine Inselstaaten, die sich an den Anstieg des Meeresspiegels nicht anpassen können. Wer und in welcher Höhe für Verluste und Schäden aufgrund des Klimawandels aufkommt, wird nun erst 2019 verhandelt werden. Konkrete Unterstützung der Länder Afrikas bei Klimaschutz und Klimaanpassung wurde erreicht durch die Initiative Frankreichs und Deutschlands. [...] Die Freiwilligkeit der Klimaschutzmaßnahmen bleibt bestehen. [...] Bei der Mittelverwendung aus dem internationalen Fonds zur Klimaanpassung gibt es Uneinigkeit zwischen den Entwicklungs- und den Industrieländern. [...]

Carstens, Peter (17.11.2016): Das sind die Ergebnisse von Marrakesch (Geo online)

M 1   Umweltökonom Prof. Schwarze: Ergebnisse der Klimakonferenz in Marokko im Jahr 2016

„Klimagerechtigkeit ist eine Art Leitbegriff geworden, sowohl für die internationale Klimapolitik wie auch die Aktivitäten vieler Akteure [...]. Es ist offensichtlich nicht gerecht, dass die Länder, die am wenigsten zum Klimawandel beigetragen haben, am stärksten von seinen Folgen betroffen sein werden. Insbesondere die kleinen Inselstaaten [...] und die am wenigsten entwickelten Länder [...] gelten als besonders verletzliche Ländergruppen. [...] Es zeigte sich [...], dass Vertrauen und Dynamik für internationalen Klimaschutz nur wachsen können, wenn das Prinzip der gemeinsamen, aber differenzierten Verantwortlichkeit [...] der internationalen Klimagerechtigkeit erweitert wird [...]."

1. die Überlebenssicherung aller Staaten, als Minimum jeder Fairness
2. die faire Lastenverteilung für Klimaschutz und Anpassung
3. die gerechte Beteiligung an den Chancen der klimapolitischen Transformation

„Die drei [Aspekte] der internationalen Klimagerechtigkeit müssen zusammengeführt werden, um eine nachhaltige Lösung durch Dynamik in der Gesellschaft, in den Kommunen und in der Wirtschaft weltweit zu entfachen [...]."

www.germanwatch.org/klima/gkw11.htm, Zugriff am: 08.08.2017

M 4   Internationale Klimagerechtigkeit als globale Aufgabe

Die Nationale Klimaschutzinitiative des Bundesumweltministeriums „Richtlinie zur Förderung von Klimaschutzprojekten in sozialen, kulturellen und öffentlichen Einrichtungen im Rahmen der Nationalen Klimaschutzinitiative" unterstützt seit 2008 zahlreiche Projekte, die einen Beitrag zur Senkung der Treibhausgasemissionen leisten. Seit 2008 profitieren Kommunen von der Förderung [...] – in den vergangenen Jahren wurden rund 3 000 Kommunen in knapp 9 000 Projekten dabei unterstützt [...]. Mit der Erweiterung der Kommunalrichtlinie [2016] wird die [...] Förderung weiter ausgebaut. Bis 2020 sollen die Emissionen von Treibhausgasen in Deutschland um mindestens 40 % gegenüber dem Stand von 1990 sinken, bis zum Jahr 2050 um 80 bis 95 %.

Einstiegsberatung und Klimaschutz-konzepte	Klimaschutzmanagement und Energiesparmodelle	
Einstiegs-beratung	Stelle für Klimaschutz-management	Energie-sparmodelle in Kindertagesstätten, Schulen u.a.
Erstellung von Klimaschutz-konzepten	Anschluss-vorhaben	
Erstellung von Klimaschutz-teilkonzepten	Durchführung einer ausgewählten Maßnahme	Starterpaket für Energie-sparmodelle

© westermann 36236EX

BMUB: Das Bildungsministerium für Umwelt, Naturschutz, Bau und Reaktorsicherheit: Das Klima schützen, Kommunen fördern. Rostock: BMUB. (S. 4)

M 5 Kommunalrichtlinie der Bundesregierung zur Förderung nachhaltiger Raumentwicklungen

Welche Bedeutung messen Sie dem Thema Nachhaltigkeit bei?

Nachhaltigkeit spielt in unserer Stadt eine wichtige Rolle – dies spiegelt sich in unseren Maßnahmen und Projekten in unterschiedlichen Handlungsfeldern wider. [...] Uns ist es wichtig, Verantwortung zu übernehmen. Der Nachhaltigkeitsansatz ist mittlerweile Bestandteil vieler Fachgesetze und Regelungen. Dazu gibt es viele kommunale Handlungsmöglichkeiten und so kann die Stadt auch auf freiwilliger Basis viel bewegen. Wolfsburg hat z. B. Ende der 90er-Jahre einen lokalen Agenda-21-Prozess gestartet und 2016 die „Wolfsburger Agenda" vom Rat beschließen lassen. Nachhaltigkeit ist damit zur Leitlinie kommunaler Stadtpolitik geworden. Das fängt beim Konsum an. Wir nutzen z. B. 98 % Recyclingpapier oder schenken nur fair gehandelten Kaffee in unserer Kantine aus. [...] Beim Thema Mobilität haben wir den ÖPNV gestärkt und setzen auf alternative Antriebsmodelle.

Wie versucht die Stadt Wolfsburg das Thema Nachhaltigkeit und Klimaschutz ausgehend von der Kommunalrichtlinie der Bundesregierung und vom Difu*-Bericht 2011 auf lokaler Ebene umzusetzen?

Der Rat der Stadt Wolfsburg hat 2009 beschlossen, die CO_2-Emissionen im Stadtgebiet bis 2020 um 20 % gegenüber dem Basisjahr 2000 zu reduzieren. [...] Hier sind z. B. Niedrig-Energiestandards für Neubaugebiete, Sanierung und Ökostrombezug für Liegenschaften, Quartierskonzepte, Solardachkataster, Solar-Checks, Förderprogramm Altbausanierung, Förderung Radverkehr und E-Mobilität zu nennen. Wir nutzen dabei auch Fördermittel, um diesen Entwicklungsprozess zu beschleunigen. [...] Seit 2016 gehört die Stadt Wolfsburg zu den geförderten Masterplan-Kommunen 100 % Klimaschutz. Ziel ist es, bis zum Jahr 2050 die CO_2-Emissionen um mindestens 95 % zu reduzieren.

Welche Konfliktfelder und verschiedenen Interessengruppen sehen Sie diesbezüglich bei der Umsetzung?

Eine nachhaltige Entwicklung findet erstmal jeder gut. Wenn dann aber konkrete Veränderungen anstehen, gibt es unterschiedliche Interessen, Ängste und in der Konsequenz auch Widerstände. Ein gutes Beispiel ist unsere Wohnbauoffensive. Sie spart Fläche, reduziert Verkehr und stärkt langfristig unsere städtischen Finanzen sowie unsere demografische Struktur. [...] Für innenstadtnahes Wohnen müssen aber auch Ackerflächen und Grünflächen weichen, die viele Menschen liebgewonnen haben. Den betroffenen Menschen zu erklären, dass ihr Opfer den Gesamtverkehr oder Gesamtflächenverbrauch in einer Region reduziert, ist nicht einfach. Ich stelle mich aber diesen Diskussionen und gehe bei Veranstaltungen wie „Mit Mohrs reden" in die betroffenen Stadt- und Ortsteile.

Welche Möglichkeiten der Partizipation zwischen Stadt und Schule sehen Sie beim Thema Nachhaltigkeit? Gibt es bereits Projekte in der Stadt Wolfsburg?

Alle Wolfsburger Schulen haben es sich zur Aufgabe gemacht, mit der Umwelt schonend umzugehen. Die Profile städtischer Schulen spiegeln ihr Engagement zur Nachhaltigkeit wider (Auszeichnungen als Umweltschule in Europa/Agenda 21 Schule, Unesco-Projektschule, Fairtrade-Schule). Dies zeigt sich in der Beteiligung und Mitgestaltung von Öffentlichkeits- und Bildungsaktionen zur Förderung nachhaltiger Lebensweisen nicht nur im Schulleben (u.a. [...] Weltwassertage, Sponsorenläufe, [...] Jugend-forscht-Projekte zu Umweltthemen, [...] Agenda- und Umwelttage, aktuell: Langer Tag der Stadtnatur). Die Stadt Wolfsburg ist Schulträger der NaturErkundungsSTation NEST. Das regionale Umweltbildungszentrum ist der Bildung für nachhaltige Entwicklung verpflichtet.

Wie bewerten Sie die bisherige und zukünftige Umweltpolitik der Stadt Wolfsburg? Welche Akzente möchten Sie fördern?

Die Stadt Wolfsburg ist ein Industriestandort und dafür ist in Sachen Umweltpolitik viel geschehen. Wolfsburg gilt als grüne Stadt und dieses Attribut möchten wir uns trotz Wohnbauoffensive erhalten, deswegen geht die Stadt mit dem Naturraum sorgsam um und nimmt ihre Verantwortung wahr. [...] Aktuell haben wir vor, die Aller im Allerpark wieder naturnäher zu gestalten. Wie in jeder wachsenden Großstadt hat Wolfsburg mit den negativen Seiten der Individualmobilität zu kämpfen. Ziel ist es, die Mobilität in Wolfsburg zusammen mit den Unternehmen vor Ort nachhaltiger zu gestalten.

* Difu=Abk. steht für Deutsches Institut für Urbanistik.

M 6 Interview mit dem Wolfsburger Oberbürgermeister Klaus Mohrs (SPD) zu politischen Maßnahmen der Nachhaltigkeit

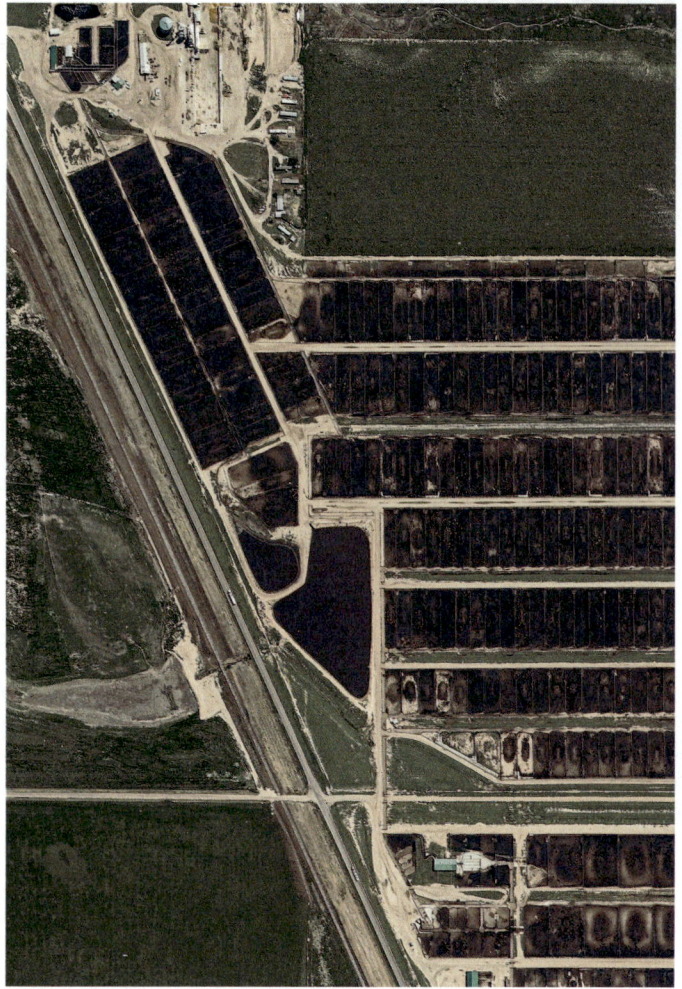

II Herausforderungen für eine nachhaltige Raumnutzung

- Willkommen im Anthropozän
- Syndrome des globalen Wandels
- Zielkonflikte im Kontext von Nachhaltigkeit
- Grenzen der Tragfähigkeit beim Verkehr
- Containerverkehr im Zuge der Globalisierung
- Ecuador: Ölfelder im Nationalpark
- …

M1 Die „menschengemachte Erde": Rinder-Feedlots (Summerfield/Texas, USA), **M2** Tagebau zur Gewinnung von Ölsanden (Alberta/Kanada), **M3** Containerhafen (New Jersey/USA), **M4** indischer Schlammläufer versinkt im Müll.

M1

M2

M3

M4

Willkommen im Anthropozän

Stehen wir am Beginn eines neuen Erdzeitalters?

M1 Hinweis auf eine Ausstellung zum Anthropozän (2014)

Der Mensch wirkt durch seine Tätigkeiten so massiv auf das Erdsystem ein, dass von einem globalen Wandel gesprochen wird. Wachstumskurven verschiedener Indikatoren zeigen, dass der anthropogene Einfluss so stark ist, dass sich Wissenschaftler veranlasst sehen, ein neues Erdzeitalter auszurufen: das Anthropozän (M1). Während in der Geologie die Erdzeitalter nach geologischen Kriterien eingeteilt werden, steht im Anthropozän der Mensch als bestimmende Kraft im Mittelpunkt.

1. Beschreiben Sie das Konzept des globalen Wandels (M2, M3).
2. a) Charakterisieren Sie die Begriffe *globaler Wandel* und *Anthropozän* (M2, M5).
   b) Stellen Sie einen Zusammenhang zwischen beiden Begriffen her.
3. a) Beschreiben Sie die Diagramme in M4.
   b) Erläutern Sie Zusammenhänge zwischen den Diagrammen in M4.
Ⓩ 4. Beurteilen Sie folgende Aussage: *Der Mensch ist zu einer geologischen Kraft geworden* (M5).
5. Nehmen Sie Stellung zum folgenden Zitat: „Das Anthropozän hat begonnen, das Zeitalter der Menschen [...]. Gerade weil wir die Natur verändern, sind wir untrennbar mit ihr verbunden. Das zu akzeptieren birgt die beste Chance, die Erde zu retten" (*Die Zeit*, 05.04.2014).

→ Anthropozän, globaler Wandel

Der „Globale Wandel" kann als der bis dato tiefgreifendste und umfassendste Transformationsprozess aufgefasst werden, der vom Menschen ausgelöst wurde und in einem noch nicht abschätzbaren Maße auf ihn und das Erdsystem rückkoppelt. Die zentrale Frage ist dabei, inwieweit und in welchen Bereichen der Mensch das System Erde derart überstrapaziert, dass seine ureigene Existenzgrundlage, sein „Lebenssicherungssystem" – basierend auf sauberer Luft und Trinkwasser, fruchtbarem Boden, einer vielfältigen Pflanzen- und Tierwelt, gesunder und ausreichender Nahrung, nachhaltiger Energieversorgung und Rohstoffsicherung – gefährdet ist. Doch damit nicht genug. Neben diese Versorgungs- treten ebenso drängende Entsorgungsfragen: Müll, Altlasten, devastierte (zerstörte) Landstriche, belastete Bäche und verbaute Flüsse, *dead zones* in Meeren und Ozeanen, Smog und Feinstaubbelastung zählen zu den virulenten Auswüchsen der unangepassten Eingriffe und Begehrlichkeiten des Menschen. Infolgedessen sind der Verlust an Biodiversität, Klimawandel, Landschaftsdegradation, Desertifikation sowie die Veränderung der Stoffkreisläufe von Ozon, Kohlenstoff und Stickstoff zu drängenden Fragen unserer Zukunftsfähigkeit geworden. Bemerkenswert sind das Ausmaß und das rasante Tempo, in welchem diese Veränderungen seit Beginn der Industrialisierung voranschreiten und wie sie sich vor allem in den letzten 50 Jahren beschleunigt haben. Der menschliche Eingriff in das System Erde ist so grundlegend, dass für die letzten 200 Jahre begrifflich eine neue geologische Epoche eingeführt wurde: das Anthropozän.

[...] Zum ersten Mal in seiner Geschichte hat der Mensch Techniken, Stoffe und Verhaltensmuster entwickelt, die einen Kollaps des Erdsystems herbeiführen könnten, welcher ihm selbst die Lebensgrundlagen entziehen würde, wenn keine Abkehr vom „weiter so" vollzogen wird. Der Mensch ist für sich selbst zum größten Daseinsrisiko geworden. Es ist eine zentrale Menschheitsaufgabe, dieses Paradox aufzulösen.

Glaser, Rüdiger, Schliermann-Kraus, Elke (2014): Global Change. Das neue Gesicht der Erde. Darmstadt: Primus Verlag. (S. 7f.)

M3 Ein neues Erdzeitalter aufgrund des globalen Wandels

Primäre Treiber
Bevölkerungsentwicklung, -struktur, -verteilung, Werthaltungen, sozio-kulturelles Wertesystem

Sekundäre Treiber
Ökonomische Prozesse, Produktion, Märkte und Konsum, Globalisierung, Urbanisierung, Austausch und Verteilungsprozesse, wissenschaftliche und technische Innovationen

Menschliche Einwirkungen
Landnutzung, Ressourcenentnahme, stoffliche Eingriffe, Emissionen, Ablagerung von Reststoffen

Änderungen im Erdsystem
Klimawandel, Ausdünnnung der Ozonschicht, Umweltverschmutzung, Landdegradation, Desertifikation, Verlust an Biodiversität, stoffliche Änderungen u. a.

zeitliche Dimensionen
- neolithische Revolution
- Kolonialismus
- Industrialisierung
- 1950er-Jahre-Syndrom „Die große Beschleunigung"
- Zeitalter der Globalisierung

räumliche Maßstabsebenen
- lokal
- regional
- national
- supranational
- global

soziale Ebenen
- Individuen
- Pioniere
- Aktivisten
- Konsumenten
- Haushalte
- zivilgesellschaftliche Gruppen
- Nationen
- supranationale Gremien
- Weltgemeinschaft

© **westermann** 35735EX

Quelle: Glaser Rüdiger (2014) Global Change. Das neue Gesicht der Erde, Dahmstedt, S. 11

Perspektive/Alternativen
1. **Wende zur Nachhaltigkeit, Suffizienz, Green Economy, Welt der Einsicht und des Ausgleichs**
2. **Milderung negativer Einflüsse und Anpassung**
3. **Weiter wie bisher**

M2 Das Konzept des globalen Wandels

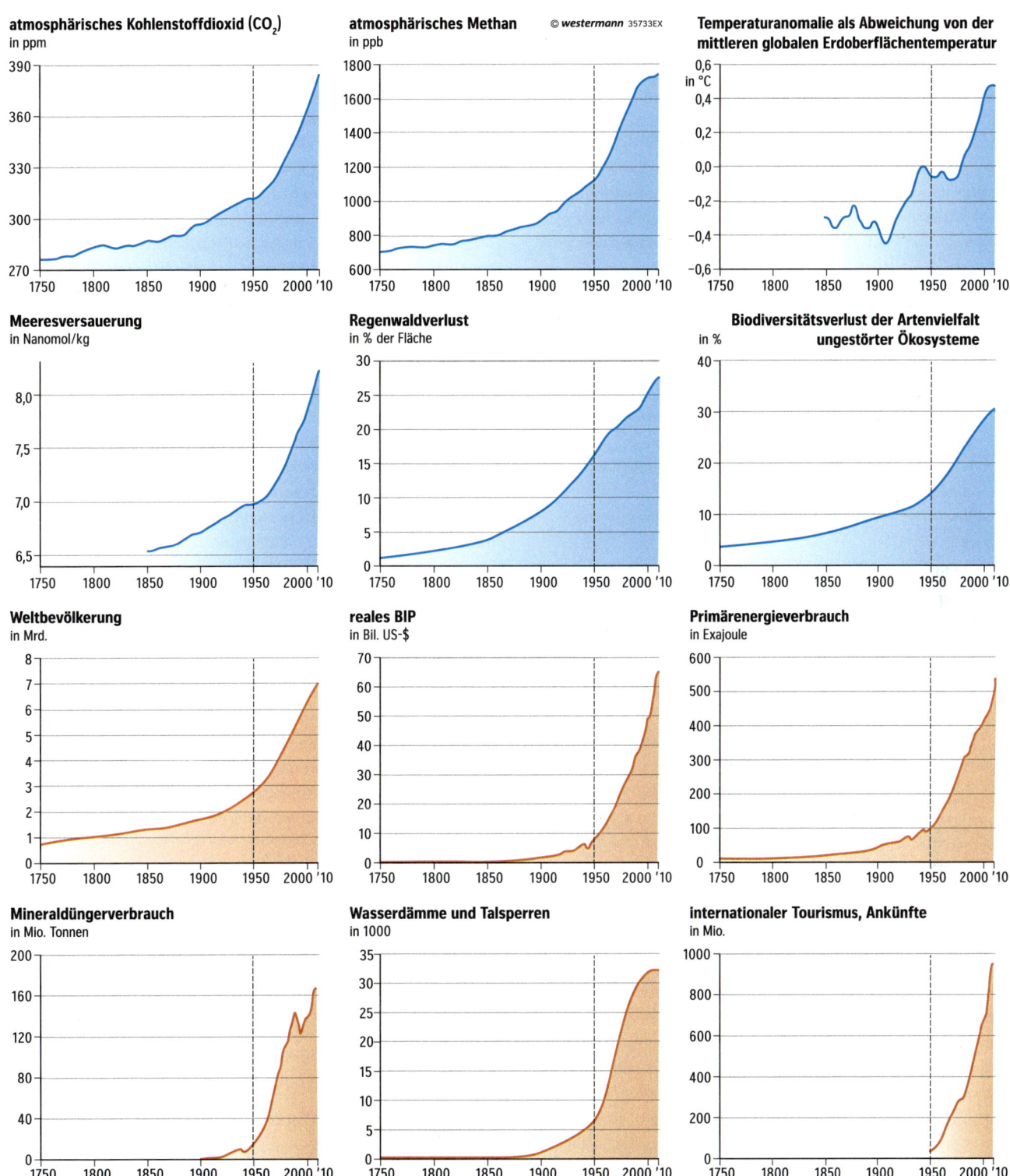

M 4 Erdsystem-Trends (blau) und sozio-ökonomische Trends (rot) 1750-2010 als ausgewählte Indikatoren des Anthropozäns

Es ist beschlossene Sache. Mit überwältigender Mehrheit hat sich eine Arbeitsgruppe internationaler Wissenschaftler auf dem großen Geologen-Kongress in Kapstadt im August 2016 für die Ausrufung eines neuen Erdzeitalters ausgesprochen. Wegen des ungeheuren Einflusses des Menschen auf unseren Planeten leben wir jetzt nicht mehr im Holozän, das uns die letzten 12000 Jahre begleitet hat, sondern im Anthropozän, im Menschenzeitalter. [...] Der Mensch ist zu einer geologischen Kraft geworden. [...] Nun müssen die Geologen noch entscheiden, wann das Anthropozän eigentlich begonnen hat. Mit der Entstehung des Industriekapitalismus? Mit dem Abwurf der ersten Atombombe auf Hiroshima? Oder – und darauf scheint es hinauszulaufen – doch erst mit der Großen Beschleunigung? Mit diesem Fachbegriff bezeichnen Wissenschaftler die Entwicklung Mitte der 1950er-Jahre, als Produktionsmengen und Ressourcenverbräuche, Bevölkerungswachstum und Mobilität zunahmen wie nie zuvor und als das mit Kohle, Öl und Gas entfachte Feuer außer Kontrolle geriet.

Kriener, Manfred (2017): Willkommen im neuen Erdzeitalter. In: Warmzeit. Klima, Mensch und Erde. Berlin. Le Monde diplomatique 20, S. 3.

M 5 Der Mensch als geologische Kraft

Planetary Boundaries

Gerät unser Planet an seine Grenzen?

„Jedes Jahr verschwinden bis zu 58000 Tierarten", titelte Spiegel Online im Sommer 2014. Es ist ein weiteres Indiz, um vom Anthropozän als neuem Erdzeitalter zu sprechen: Nicht nur das Artensterben ist immens, auch in anderen Bereichen des Erdsystems werden kritische Bereiche erreicht. Die sogenannten planetarischen Grenzen identifizieren dies und illustrieren das Ausmaß des Risikos.

1. Fassen Sie die Bedeutung des Begriffs Biodiversität zusammen (M1-M3).
2. a) Analysieren Sie die Brisanz des weltweiten Artensterbens (M1-M4).
   b) Stellen Sie die räumliche Verteilung des Verlusts der Biodiversität dar (M4).
3. a) Beschreiben Sie die Übersicht zu den planetarischen Grenzen in M5.
   b) Erläutern Sie das Konzept der planetarischen Grenzen (M5-M7).
4. Ein Interview mit einem Geobiologen zum Thema überschreibt *Die Zeit* 2013 mit dem Titel *Wir Weltgärtner*, während Spiegel-Online ein eigenes Interview mit dem Titel *Wir sind auf der Erde das dominierende Raubtier* veröffentlicht.
   a) Vergleichen Sie beide Überschriften und entscheiden Sie sich begründet für eine der beiden Perspektiven.
   b) Verfassen Sie dazu im Anschluss einen Artikel unter der entsprechenden Überschrift, wie er im jeweiligen Magazin hätte erscheinen können (M3, M7).

→ Biodiversität, Planetary Boundaries

Eine [...] Facette des globalen Wandels ist der Verlust der biologischen Vielfalt. Heute ist diese durch das Verschwinden und die Degradation von Ökosystemen, ihre zunehmende Fragmentierung und ein immer noch voranschreitendes Artensterben gekennzeichnet – und damit auch einer Reduktion des natürlichen Genpotenzials. [...] Insgesamt geht die Degradation der Biosphäre mit einem Verlust von Ökosystemfunktionen und Ökosystemdienstleistungen einher. Der Druck ist dort am größten, wo der Mensch besonders intensiv auf die Umwelt einwirkt, also in den wirtschaftlich erfolgreichen, aber auch den sehr dicht besiedelten Regionen [...]. Zudem wirkt sich der Klimawandel vielfältig auf die Biosphäre aus. Er führt zu bereits wahrnehmbaren räumlichen Veränderungen. [...] Ein zentrales Thema der biologischen Vielfalt ist die Entwaldung: Waldflächen bedecken heute nur noch rund 30% der Landoberfläche. [...] Wälder sind die Hauptproduzenten von Biomasse und die wichtigste CO_2-Senke auf der Landoberfläche. Sie spielen eine wichtige Rolle im Wasserhaushalt, wirken thermisch ausgleichend, sind bedeutsam für den Bodenschutz und erfüllen vielfache Funktionen als Wirtschafts- und Erholungsraum. Der Rückgang der großen globalen grünen Lungen des Boreals und der tropischen Regenwälder ist eng verknüpft mit der Frage der globalen Kohlenstoffbilanz.

Glaser, Rüdiger, Schliermann-Kraus, Elke (2014): Global Change. Das neue Gesicht der Erde. Darmstadt: Primus Verlag. (S. 38ff.)

M1 Verlust der biologischen Vielfalt

Land- und Forstwirtschaft sind die Hauptursache für den Verlust von Artenvielfalt. Dies ist auch bei der landwirtschaftlich genutzten biologischen Vielfalt der Fall. 75% der Sorten, die Bauern (...) weltweit gezüchtet haben, sind verloren gegangen. Bei der Nutztiervielfalt geht die Zahl der Rassen dramatisch zurück, insbes. bei Geflügel. (...) Zugleich geht die Fähigkeit verloren, sich vor Anfälligkeiten in der Nahrungsproduktion wie (Klima-) Risiken und dem Ausfall von Ernten durch Krankheiten und Schädlinge zu schützen. In der Umgebung von landwirtschaftlichen Produktionsflächen müssen Nutzinsekten und Kleintiere Rückzugsorte finden können, um ihre Funktion als „Schadensbegrenzer" erfüllen zu können.

Gröhn-Wittern, Ursula: Die neun Planetarischen Grenzen: Bis hierhin und nicht weiter. www.agrarkoordination.de/fileadmin/dateiupload/PDF-Dateien/Die_neun_Planetaren_Grenze1.pdf, S. 8. Zugriff am: 08.08.2017

M2 Der Verlust der (Agro-) Biodiversität

Der ökologische Kolonialismus bedroht auch die biologischen Bibliotheken der Erde. Dazu gehören Tiere, höhere Pflanzen, Moose, Flechten, Pilze und Mikroorganismen. [...] Allein der jährliche Marktwert der aus den Naturressourcen erstellten Produkte wird auf 800 Mrd. US-$ geschätzt. Der Nutzen der gesamten Ökosysteme liegt pro Jahr bei bis zu 64 Billionen US-$. Geht man von einer globalen Artenzahl von zehn Millionen und einer durchschnittlichen Überlebensdauer von einem bis zehn Millionen Jahren aus, dürften pro Jahrhundert nur 100 bis 1 000 Arten verloren gehen. Tatsächlich aber liegt die Verlustrate um den Faktor 100 bis 1 000 über der natürlichen Aussterberate. Die Bundesregierung fordert, dass Natur und Landschaften aufgrund ihres eigenen Wertes und als Lebensgrundlage des Menschen in Verantwortung für die künftigen Generationen so zu schützen sind, dass die Leistungsfähigkeit des Naturhaushalts, seine Regenerationsfähigkeit, die Qualität und Quantität der Tier- und Pflanzenwelt sowie die Vielfalt, Eigenart, Schönheit und der Erholungswert der Natur auf Dauer gesichert sind.

Müller, Michael, Niebert, Kai (2009): Epochenwechsel. Plädoyer für einen grünen New Deal. München: oekom verlag.(S. 69.)

M3 Erhalt der biologischen Vielfalt

Hotspot	Ursprüngliche Verbreitung der Primärvegetation in km²	Heute verbliebene Primärvegetation in km²	in % der ursprüngl. Verbreitung
Mittelamerika	1 155 000	231 000	20,0
Karibik	263 500	29 840	11,3
Küstenwälder Brasiliens	1 227 600	91 930	7,5
Küstenwälder Ostafrikas	30 000	2 000	6,7
Tropenwälder Westafrikas	1 265 000	126 500	10,0
Mittelmeerraum	2 362 000	110 000	4,7
Süd-Zentral-China	800 000	64 000	8,0
Polynesien/Mikronesien	46 000	10 024	21,8

Glawion, Rainer, Glaser, Rüdiger, Saurer, Helmut (2009): Physische Geographie. (Das Geographische Seminar). Braunschweig: Westermann. (S. 274)

M4 Ausgewählte Hotspots der Biodiversität mit ursprünglicher und heutiger Ausdehnung

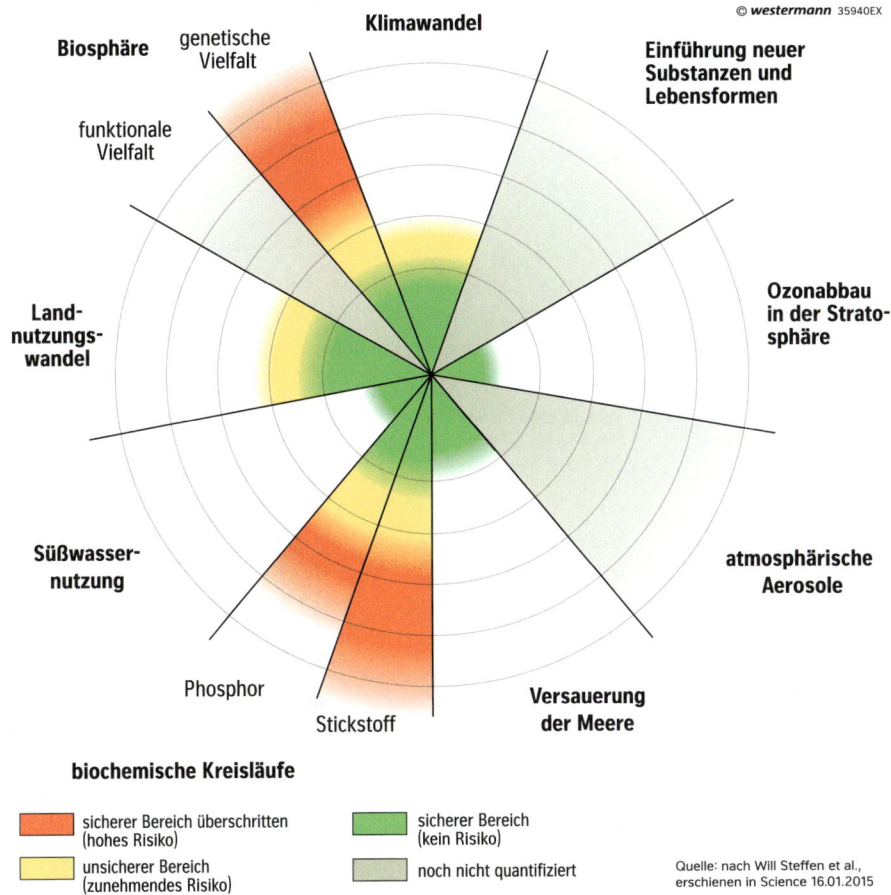

© **westermann** 35940EX

Klimawandel

Biosphäre — genetische Vielfalt

funktionale Vielfalt

Land-nutzungs-wandel

Süßwasser-nutzung

Phosphor

Stickstoff

biochemische Kreisläufe

Einführung neuer Substanzen und Lebensformen

Ozonabbau in der Strato-sphäre

atmosphärische Aerosole

Versauerung der Meere

🟧 sicherer Bereich überschritten (hohes Risiko)	🟩 sicherer Bereich (kein Risiko)
🟨 unsicherer Bereich (zunehmendes Risiko)	⬜ noch nicht quantifiziert

Quelle: nach Will Steffen et al., erschienen in Science 16.01.2015

M 5 Die planetarischen Grenzen und ihre Überschreitung in einzelnen Bereichen

Was bei der These von planetarischen Grenzen [...] verleugnet wird, sind die normativen Implikationen von Grenzen: Grenzen sind nicht einfach ‚da‘ oder gar ein Merkmal der Natur. Sie werden definiert [...] und sollen respektiert werden. [...] Gegen die Zuspitzung sozial-ökologischer Krisen hilft aber weder eine Katastrophenrhetorik noch eine [...] Warnung vor der Überschreitung globaler Schwellenwerte, sondern allein die Politisierung der Natur. Was ‚wir‘ als ‚Natur‘ hinzunehmen bereit sind oder gar als wünschenswert erscheint, [...] das muss in die politische Auseinandersetzung [...] überführt werden.

Görg, Christoph (2016): Planetarische Grenzen. In: Bauriedl, Sybille (Hrsg.): Wörterbuch Klimadebatte. Bielefeld: transcript, S. 239-243, (S. 239 ff.)

M 7 Gedanken zu den planetarischen Grenzen

Das vom Menschen mit gesteuerte globale Ökosystem ist in eine neue Ära der Selbstreferenzialität (auf sich selbst bezogen) eingetreten. Das System bringt eine Komponente hervor, die sich gegen die Prinzipien der bisherigen Evolution zu richten scheint. Es werden nicht nur die über Jahrmillionen akkumulierte Biomasse- beziehungsweise Energievorräte signifikant reduziert, sondern zudem auch die Diversität [...] der Komponenten und Prozesse des globalen Betriebssystems. Es handelt sich momentan um die Selbstbeschädigung eines sich ergebnisoffen wandelnden Systems. [...] Nunmehr setzt ein Wettlauf von kollektiver Intelligenz der Menschheit mit den Konsequenzen der von ihr selbst entfesselten Degradationsprozesse ein. Vertrackt wird die Lage dadurch, dass diese Prozesse in unserem komplex verschachtelten Erdsystem nicht unabhängig voneinander ablaufen und dass somit eine systemische Eskalation droht. [...] Ein Wissenschaftlerteam hat nun mit den planetaren Grenzen ein Konzept geschaffen, welches auf systemischen Konzepten beruht und der Gesellschaft vor Augen führen soll, bezüglich welcher Dimensionen des Erdsystems die menschliche Entwicklung „überdreht“ und ab wann sie den sicheren Handlungsraum verlässt. [...] Die Wirrungen und Verstrickungen in komplexen Ökosystemen sind schier endlos. [...] Landnutzungsveränderungen treiben durch Emissionen den Klimawandel und bewirken einen direkten Verlust der biologischen Vielfalt. Eine reduzierte biologische Vielfalt bedeutet wiederum eine erhöhte Vulnerabilität gegenüber dem Klimawandel und eine verringerte Produktivität und damit auch einen Rückgang der Speicherung von Kohlenstoff in Biomasse.

Ibisch, Pierre (2016): Karbonisierung der Weltumweltpolitik oder ökosystembasierte Nachhaltigkeit? In: Sommer, Jörg, Müller, Michael (Hrsg.): Unter 2 Grad? Was der Weltklimavertrag wirklich bringt. Stuttgart: S. Hirzel. (94ff.)

M 6 Die Grenzen unseres Planeten

M 8 „Die große Transformation“ – Comic zum Thema Klimawandel

„Plastic Planet" – Mikroplastik im Meer

Warum ist Mikroplastik gefährlich?

Wir leben im „Plastikzeitalter". Kaum ein Produkt des täglichen Bedarfs ist nicht in Plastik eingepackt, bleibt dadurch sauber, ist bruchfest und hygienisch verpackt oder hat einen schönen Aufdruck. Haben Sie schon mal versucht, plastikfrei einzukaufen? Jährlich gelangen über neun Millionen Tonnen Plastik über Bäche und Flüsse, über Abwässer oder direkt vom Schiff in die Ozeane. Es wird geschätzt, dass ein Drittel dieser Menge als Mikroplastik über die Fließgewässer eingetragen wird. Mikroplastik, das sich über die Luft verbreitet oder in den Sedimenten eingelagert ist, wurde dabei noch nicht mal berücksichtigt. Aber stellt Mikroplastik wirklich eine Gefahr für die Umwelt dar und woher kommen diese Mengen?

1. Kommentieren Sie die Bilder (M1, M4).
2. a) Beschreiben Sie die Prozesse, die Plastik zu einer potenziellen Bedrohung aus der Tiefe machen könnten (M2).
   b) Erklären Sie den Zusammenhang zwischen den Plastikquellen und deren Einfluss auf die Umwelt (M2 – M3).
3. Erläutern Sie die Wechselwirkungen, die zwischen Mikroplastikpartikeln und Lebewesen entstehen (M5, M6).
4. Entwickeln Sie ein Wirkungsgefüge, das die Folgen von Mikroplastik für Umwelt und Lebewesen veranschaulicht (M1 – M7).
5. Nehmen Sie Stellung zu der Aussage „Mikroplastik ist eine unsichtbare und gefährliche Zutat".

→ Mikroplastik, Umweltverschmutzung

M1   Umweltverschmutzung Meer – Gefährdung des Lebensraums

Müllpartikel in der Wassersäule

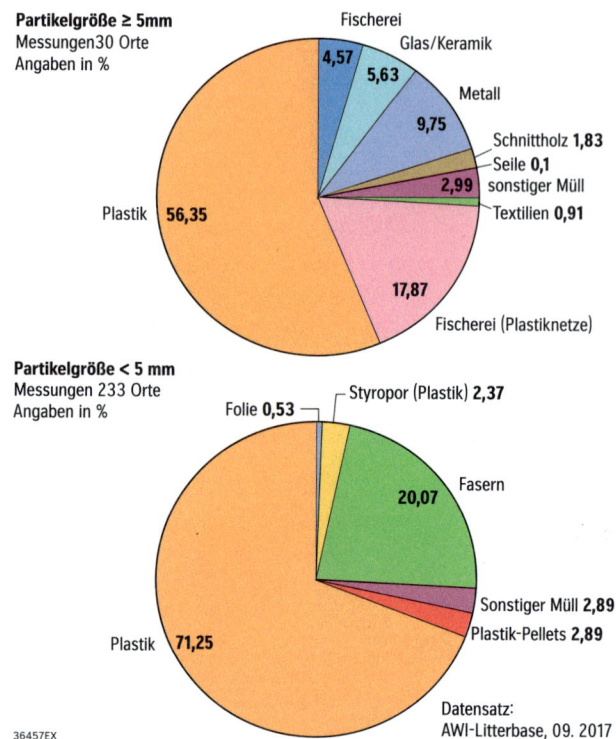

Partikelgröße ≥ 5mm
Messungen 30 Orte
Angaben in %

- Plastik 56,35
- Fischerei 4,57
- Glas/Keramik 5,63
- Metall 9,75
- Schnittholz 1,83
- Seile 0,1
- sonstiger Müll 2,99
- Textilien 0,91
- Fischerei (Plastiknetze) 17,87

Partikelgröße < 5 mm
Messungen 233 Orte
Angaben in %

- Folie 0,53
- Styropor (Plastik) 2,37
- Fasern 20,07
- Sonstiger Müll 2,89
- Plastik-Pellets 2,89
- Plastik 71,25

Datensatz:
AWI-Litterbase, 09. 2017

36457EX

M3   Verbreitung von Müll

M4   Plastikmüll am Strand

© *westermann* 36458EX

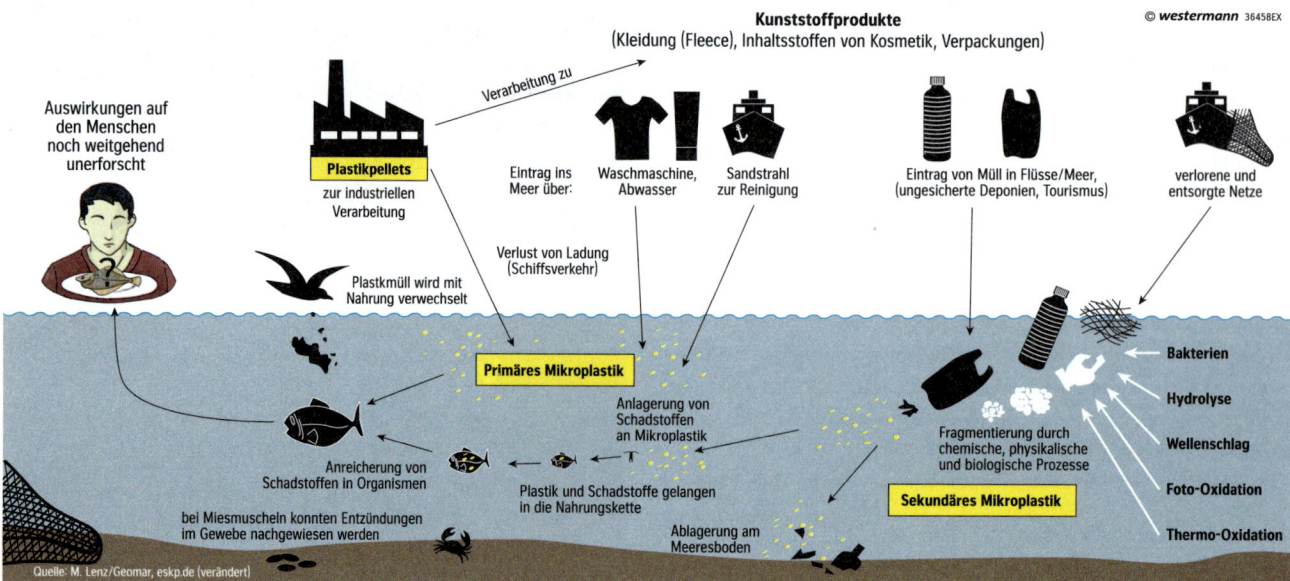

M2   Wie gelangt Mikroplastik in das Meer?

Kaum eine Bedrohung der Meere ist heute so sichtbar wie die Belastung durch Plastikabfälle. In knapp 100 Jahren hat das anfänglich vielgelobte Material unseren blauen Planeten unwiederbringlich verändert. Wurden in den 1950er-Jahren knapp 1,5 Millionen Tonnen Plastik pro Jahr produziert, sind es heute fast 300 Millionen Tonnen. Und ein viel zu großer Teil davon landet im Meer. [...] Nach Angaben des Umweltprogramms der Vereinten Nationen (UNEP) treiben inzwischen auf jedem Quadratkilometer Meeresoberfläche bis zu 18 000 Plastikteile unterschiedlichster Größe. Doch was wir sehen, ist nur die Spitze des Eisbergs, mehr als 70 Prozent der Abfälle sinken auf den Meeresboden und bleiben unserem Auge verborgen. Plastik ist im Meer nahezu unvergänglich, nur langsam zersetzt es sich durch Salzwasser und Sonne und gibt nach und nach kleinere Bruchstücke an die Umgebung ab. Die Überbleibsel unserer Wegwerfgesellschaft kosten jedes Jahr bis zu 100 000 Meeressäuger und eine Million Meeresvögel das Leben. Die Tiere verhungern mit vollen Mägen, da Plastik den Verdauungsapparat verstopft. Wale und Delfine, aber auch Schildkröten, verfangen sich in alten Fischernetzen, ertrinken oder erleiden schwere Verletzungen bei Befreiungsversuchen. Doch

nicht nur physische Gefahren lauern. Bei den Zersetzungsprozessen werden gefährliche Inhaltsstoffe wie Bisphenol A, Phtalate oder Flammschutzmittel freigesetzt, die sich in der Nahrungskette anreichern und nachhaltig das Erbgut und den Hormonhaushalt mariner Lebewesen beeinflussen können. Auch sind in der Langzeitfolge schädliche Auswirkungen auf den Menschen nicht auszuschließen. Die kleinen Plastikpartikel ziehen dabei im Meerwasser gelöste Umweltgifte wie das Insektizid DDT oder PCBs an wie ein Magnet. Eine tödliche Mahlzeit für Filtrierer wie Muscheln oder Korallen. Erst in den letzten Jahren wurde bekannt, dass auch viele Kosmetikprodukte Plastikpartikel enthalten. [...] In Europa werden Jahr für Jahr Millionen Tonnen Plastik ganz selbstverständlich nach einmaligem Gebrauch weggeworfen. Plastiktüten, Plastikflaschen und auch Zigarettenkippen gehören zu den häufigsten Fundstücken am Strand. Der meiste Abfall kommt dabei vom Land, achtlos weggeworfen und über Flüsse und den Wind ins Meer getragen. Daneben spielen regional auch die Einträge aus der Schifffahrt, der Fischerei und der Offshore-Industrie eine große Rolle. So gelangen Jahr für Jahr mehr als 20 000 Tonnen Müll allein in die Nordsee.

www.nabu.de/natur-und-landschaft/meere/muellkippe-meer/muellkippemeer.html, Zugriff am: 27.07.2017

M 5 Plastikmüll und seine Folgen

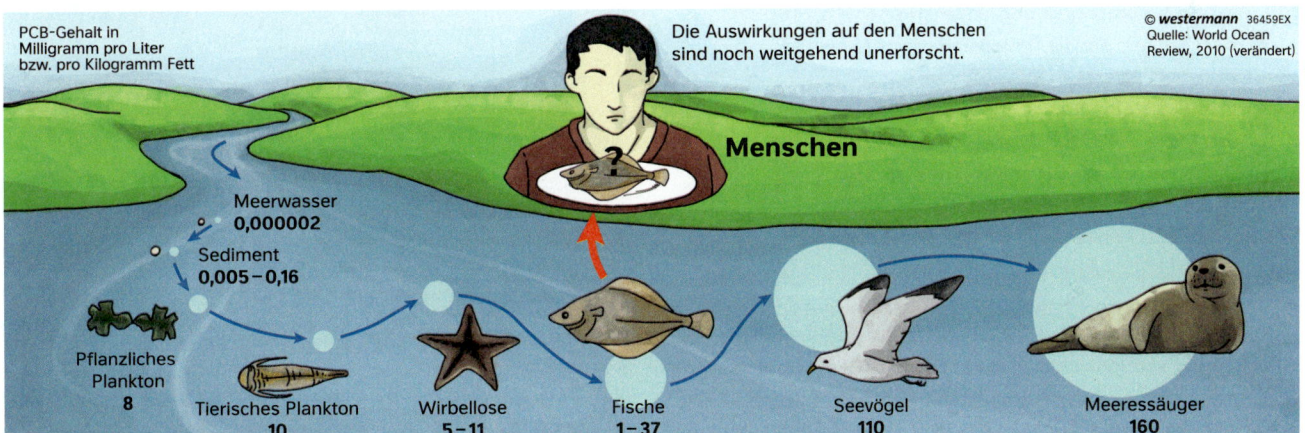

M 6 Wie reichern sich Schadstoffe in Organismen an?

Fehmarn – Insel, Vogelschutzgebiet und saubere schöne Ostsee-Strände. Doch im Sand verbirgt sich etwas, was für die menschlichen Augen unsichtbar ist. Julian Hennig forscht zu Mikroplastik in der Ostsee. Bei Proben ist auf Fehmarn Mikroplastik, und zwar die doppelte bis vierfache Belastung im Vergleich zu einer Studie von der Nordseeinsel Norderney, gefunden worden. Julian Hennig, Geologie-Student [...] [kommentiert:] „In jeder meiner Proben habe ich Mikroplastik nachweisen können, das bedeutet, dass das marine Ökosystem der Ostsee schon jetzt durch das Mikroplastik gefährdet ist und die Belastung in Zukunft immer höher wird" [...]. [...] Zunächst definierte er Mikroplastik als „alles, was kleiner als ein Millimeter ist". [...] Durchschnittlich 20 Mikropartikel pro Kilogramm Sand hat Julian gefunden. [...] Für die Proben hat Julian 100 Meter-Abschnitte am Strand mit GPS abgemessen und in den einzelnen Abschnitten vier Proben genommen. Dafür hat er vorher die obere Sandschicht abgetragen. Jede Einzelprobe betrug 250 Gramm. Die Probenentnahme war noch das Einfachste an der Studie. Zurück im Labor in Berlin musste er das Plastik aus dem Sand herausfiltern. Plastik ist leichter als Sand, daher mischte er die Probe mit Salzwas-

ser zur ersten Trennung. Der Sand sackt nach unten ab und alles, was oben überschwappte, fing er auf [und untersuchte es] unter dem Mikroskop, um herauszufinden, was wirklich Plastik ist. Das Ergebnis: Von allen gefundenen Mikroplastik-Komponenten waren durchschnittlich ca. 66 Prozent Fasern und 33 Prozent Partikel. Er fand insgesamt im Durchschnitt 2/3 Plastikfasern und 1/3 Mikropartikel. „Es wohnen 80 Millionen Menschen im Einzugsgebiet der Ostsee, da passt die höhere Menge an Fasern zu meiner Theorie, dass viele Plastikpartikel über die Flüsse ins Meer kommen." Gerade Fasern von Synthetik-Kleidern gelangen über den Waschvorgang ins Abwasser und so auch häufig ins Meer. [...] „Ich möchte gerne untersuchen, wie viele Rückstände der Mikropartikel in Tieren gefunden und welche Giftstoffe durch die Partikel übertragen werden. Aufschlussreich in diesem Zusammenhang wäre auch der Zusammenhang mit den Einlagerungen aus den Flüssen," [sagt Julian.] Bereits im Jahr 2010 initiierte der NABU sein Meeresschutzprojekt. Neben regelmäßigen Reinigungsaktionen und der Initiative Fishing for Litter erarbeitet der NABU auf der Insel Fehmarn auch präventive Maßnahmen, um den Mülleintrag in die Meere zu verhindern.

Flöper, Nicole (o.J.): Auch die Ostseeinsel Fehmarn ist mit Mikroplastik belastet; www.nabu.de/natur-und-landschaft/meere/muellkippe-meer/20755.html, Zugriff am: 27.07.2017

M 7 Die unsichtbare Gefahr: Mikroplastik im Ostseesand!

Vulnerabilität und Resilienz

Welche Bedeutung haben Naturereignisse im Kontext der globalen Erwärmung?

Naturereignisse wie Erdbeben oder Stürme wirken sich trotz ähnlicher Intensitäten in verschiedenen Ländern ganz unterschiedlich aus. Wie hängt ein entsprechendes Katastrophenrisiko eines Landes mit der gesellschaftlichen Situation zusammen? Im Zuge des Klimawandels, der u. a. eine Zunahme extremer Wetterereignisse erwarten lässt, wird die Beantwortung dieser Frage immer wichtiger.

1. Beschreiben Sie Folgen, die durch eine zunehmende Erderwärmung zu erwarten sind (M 2, M 4).
2. Erklären Sie, ausgehend von Ihren Ergebnissen in Aufgabe 1, die Begriffe Vulnerabilität und Resilienz (M 1, M 3).
3. Recherchieren Sie konkrete Ereignisse, um die Begriffe Vulnerabilität und Resilienz beispielhaft zu erklären.
4. a) Stellen Sie das Pressure-and-Release-Modell (PAR) dar (M 5, M 6).
   b) Erklären Sie mithilfe des PAR den Unterschied zwischen Naturereignis und -katastrophe (M 5, M 6).
5. a) Beschreiben Sie die Dimensionen von Verwundbarkeit und Resilienz (M 7).
   b) Erörtern Sie den Beitrag der Geographie zur Erforschung von Vulnerabilität und Stärkung von Resilienz (M 7).
Ⓩ 6. Beschreiben Sie den Weltrisikoindex (Atlas).

→ Vulnerabilität, Resilienz

Resilienz bedeutet Flexibilität, Widerstandsfähigkeit und Anpassungsvermögen. In der Debatte um globale Klima- und Umweltveränderungen erlaubt das Konzept der Resilienz, soziale, technische und ökologische Katastrophen [...] als Chance, als Generatoren des sozial-ökologischen Wandels umzudeuten. Resilienz bezeichnet das Vermögen von Menschen, sozialen Systemen, Infrastruktur- sowie Ökosystemen, flexibel auf Krisen und Störungen zu reagieren und katastrophische Ereignisse durch Entwicklung und Anpassung zu bewältigen. [...] Im Resilienzdiskurs geht es nicht in erster Linie darum, die Klimakatastrophe [...] abzuwenden, sondern darum, sie zu überstehen und gestärkt aus ihr hervorzugehen. Resilienz bietet somit einen attraktiven Gegenentwurf zum Konzept der Vulnerabilität [...].

Höhler, Susanne (2016): Resilienz. In: Bauriedl, Sybille (Hrsg.): Wörterbuch Klimadebatte. Bielefeld: transcript. S. 261-267. (S. 261)

M 3   Definition Resilienz

M 4   Überschwemmung in Bangkok (2011)

[...] Vulnerabilität (Verwundbarkeit) [lässt sich] definieren als „die Fähigkeit [...] von Individuen oder sozialen Gruppen, auf extreme Stressoren, die ihre Lebensgrundlagen und ihr Wohlergehen beeinflussen, im Sinne eines Umgangs mit einer Erholung von oder Anpassung [an diese Stressoren] zu reagieren" (Kelly/Adger 2000, S. 328). Zentrale Fragen, die bei dieser Definition zunächst offen bleiben und die die wissenschaftliche Auseinandersetzung seither bestimmen, richten sich auf die Ursachen, die Messung und die Verteilung von Vulnerabilität. Was macht Individuen und soziale Gruppen verwundbar gegenüber erhöhten Temperaturen, Dürre, steigenden Meeresspiegeln oder Extremwetterereignissen? Wie lässt sich Verwundbarkeit messen und wie lässt sich erklären, dass Verwundbarkeit gesellschaftlich ungleich verteilt ist? Die Beschäftigung mit diesen Fragen ist für die [...] Auseinandersetzung mit dem Klimawandel zentral. [...] Darüber hinaus lassen sich ausgehend von Erkenntnissen über die Entstehung und Verteilung von Vulnerabilität politische Forderungen stellen, die auf Umverteilung, Geschlechtergerechtigkeit, gesellschaftliche Teilhabe, Ausweitung sozialer Sicherungssysteme oder die demokratische Teilnahme an klimapolitischen Entscheidungen zielen.

Dietz, Kristina (2016): Klimavulnerabilität. In: Bauriedl, Sybille (Hrsg.): Wörterbuch Klimadebatte. Bielefeld: transcript. S. 195-199. (S. 195f)

M 1   Definition Vulnerabilität

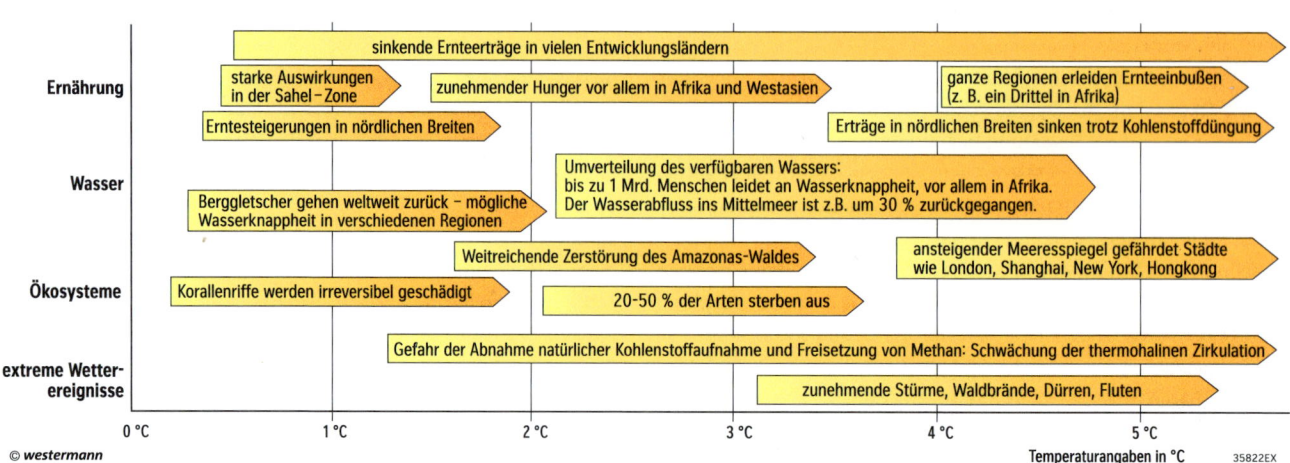

M 2   Ausgewählte zu erwartende Folgen bei Zunahme der globalen Mitteltemperatur um bis zu 5 °C

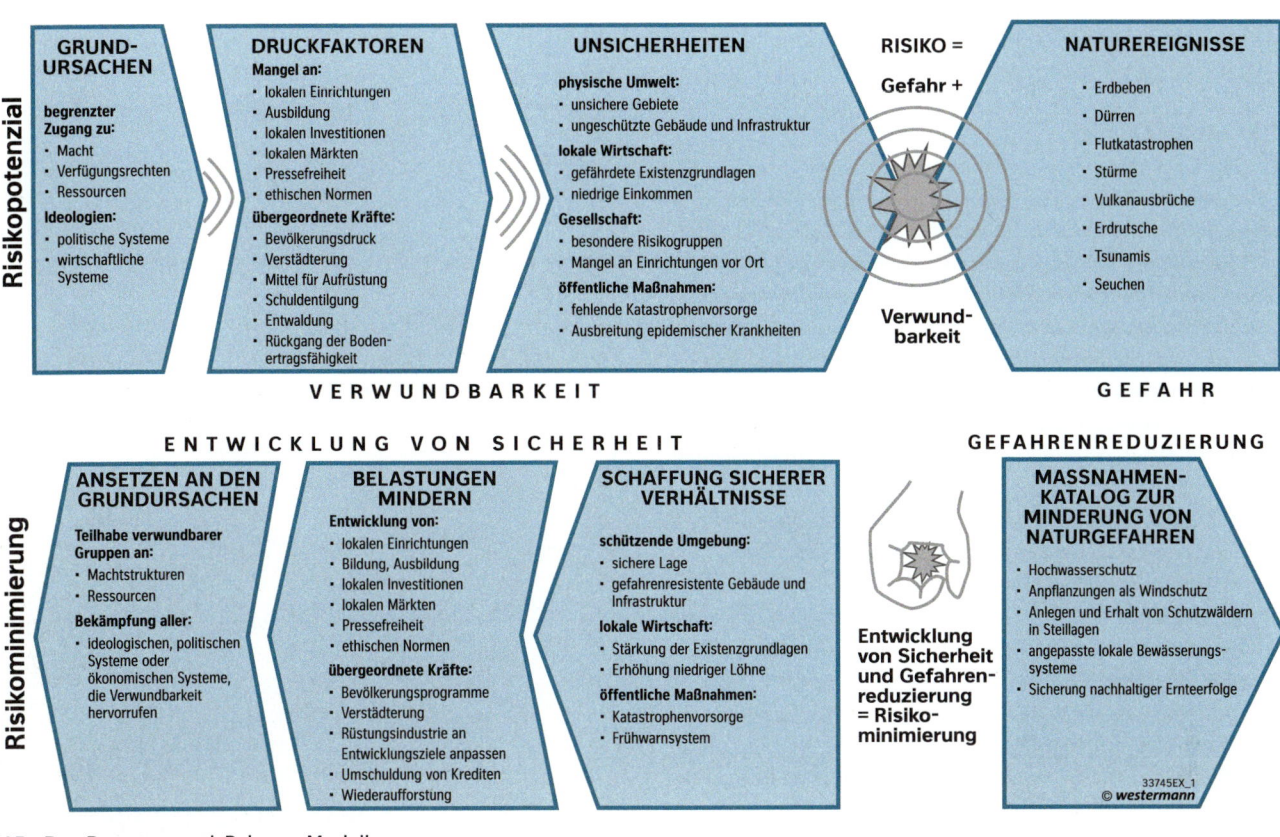

M5 Das Pressure-and-Release-Modell

[...] eine Naturkatastrophe („*disaster*") [ereignet sich], wenn verwundbare Menschen einer Naturgefahr („*hazard*") ausgesetzt sind und dadurch ihr Lebenssicherungssystem („*livelihood system*") so in Mitleidenschaft gezogen wird, dass sie sich ohne fremde Hilfe nicht mehr davon erholen können [...]. Das Modell von *Pressure and Release* (PAR) dient dazu, diese Zusammenhänge systematisch aufzudecken (M5) und zu zeigen, dass eine Naturkatastrophe immer ein Zusammenspiel von zwei wechselseitig wirksamen Kräften ist: einerseits die Prozesse, die Verwundbarkeit erzeugen, und andererseits das natürliche Extremereignis selbst. Die Wirkung ist die eines Nussknackers, der auf die betroffenen Menschen von beiden Seiten aus (Naturgefahr vs. Verwundbarkeit) Druck („*pressure*") ausübt. Die Idee von Druckentlastung („*release*") richtet sich auf die Verminderung von Verwundbarkeit als der einzig wirklich sinnvollen Möglichkeit, Naturgefahren auf Dauer zu begegnen. [...] Verwundbarkeit gegenüber Naturgefahren, so das Fazit des PAR-Modells, ist in gesellschaftlichen Prozessen und Ursachenbündeln begründet, die letztlich mit den Naturgefahren selbst wenig zu tun haben müssen.

Bohle, Hans-Georg (2011): Exkurs: Ansätze der Hazardforschung. In: Gebhardt, Hans et al. (Hrsg.): Geographie. Physische Geographie und Humangeographie. 2. Auflage. Heidelberg: Spektrum Akademischer Verlag, S. 757. (S. 757)

M6 Wenn ein Naturereignis zur Naturkatastrophe wird

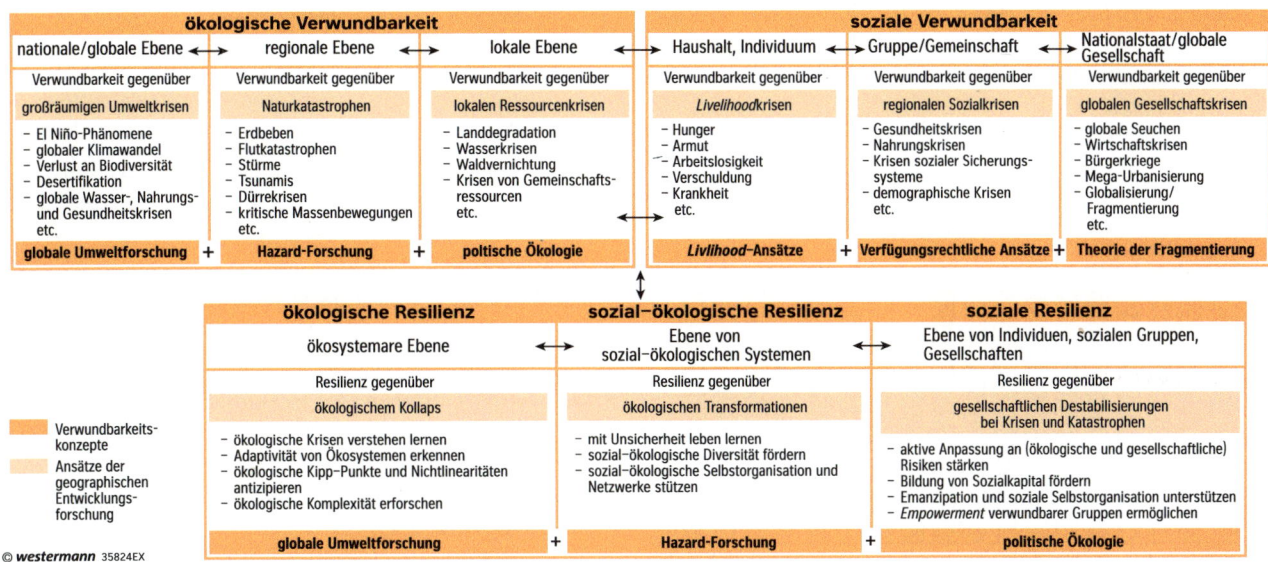

M7 Ein Analyserahmen zu den Dimensionen von Verwundbarkeit und Resilienz

Syndrome des globalen Wandels

Woran krankt unsere Erde?

Artensterben, Wasserverschmutzungen, Flächenversiegelung, Massentou-rismus und zunehmende Desertifikation. In den Nachrichten hören wir fast täglich, welche ökologischen Schäden unser blauer Planet erfährt. Wor-an, wo und warum krankt die Patientin Erde? Wie wir nachhaltig handeln können, kann u. a. anhand des Syndrom-Ansatzes verdeutlicht werden, der in den 1990er-Jahren vom Wissenschaftlichen Beirat der Bundesregierung Globa-le Umweltveränderungen (WBGU) entwickelt wurde. Auch in Deutschland zei-gen sich verschiedene Krankheitsbilder, u. a. in der Landwirtschaft: Eine hohe Nitratbelastung des Grundwassers verstößt gegen die Rahmenrichtlinien der EU.

1. Beschreiben Sie die Entwicklung des Einsatzes verschie-dener Düngemittel in Deutschland von 1990 - 2015 (M 2).
2. Erklären Sie die hohe Nitratbelastung in Deutschland (M 1 - M 4, Atlas).
3. Geben Sie mit eigenen Worten den Syndrom-Ansatz wieder (M 5, M 6).
4. Beschreiben Sie die Verteilung und Quantität ausgewähl-ter Syndrome weltweit (M 5, M 7).
Ⓩ 5. Recherchieren Sie die Funktion, die Aufgaben und die Bedeutung des IPCC und des WBGU (Internet).
6. a) Ordnen Sie das Fallbeispiel der Nitratbelastung in Deutschland einer Syndromgruppe zu (M 3, M 5, M 7).
   b) Begründen Sie, ob und inwieweit das Fallbeispiel zur Nitratbelastung als Syndrom bezeichnet werden kann (M 1, M 3, M 5 - M 7).

→ Nitrat, Syndrom

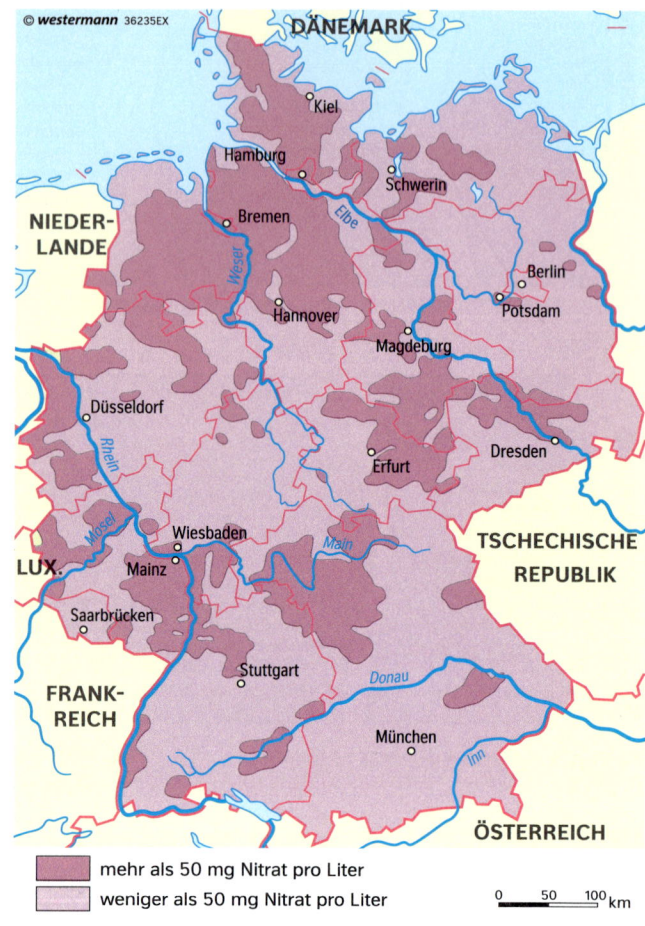

M 3   Nitratbelastung in Deutschland (2015)

mehr als 50 mg Nitrat pro Liter
weniger als 50 mg Nitrat pro Liter

0   50   100 km

Die EU verklagt Deutschland vor dem [Europäischen Gerichtshof] [...]. Darin geht es um die seit Jahren in vielen Regionen Deutschlands steigende Belastung des Grundwassers mit Nitrat. Als Hauptursache dafür gilt die Landwirtschaft, die Überdüngung mit Gülle und Mist. Spätestens 2012 hätten Bund und Länder die Vorschriften zum Schutz der Gewässer vor zu viel Nitrat aus der Landwirtschaft verschärfen müssen [...]. Denn schon damals hätten die von Berlin vorgelegten Daten bewiesen, dass die geltenden Regelungen unwirksam sind. Die Wasserqualität habe sich zudem über Jahre hinweg nicht verbes-sert, sondern tendenziell sogar verschlechtert. Die entsprechende EU-Richtlinie schreibe für diesen Fall jedoch zwingend vor, dass die betroffenen Staaten ihre Maßnahmen verschärfen müssen. Im Fall einer Verurteilung muss Deutschland mit einer Geldstrafe rechnen. [...] Als eine Ursache für die hohen Nitratwerte in Deutschland gelten zu lasche Regeln für den Umgang mit Gülle und Kunstdünger. [...] Allerdings können überhöhte Nitratwerte das Süßwasser und die Meeresumwelt schädigen, indem sie das Algenwachstum begüns-tigen und dadurch anderes Leben ersticken.

nck/dpa (07.11.2016): EU reicht Nitrat-Klage gegen Deutschland ein. Spiegel online, Zugriff am: 26.04.2017

M 1   EU reicht Klage gegen Deutschland ein (2016)

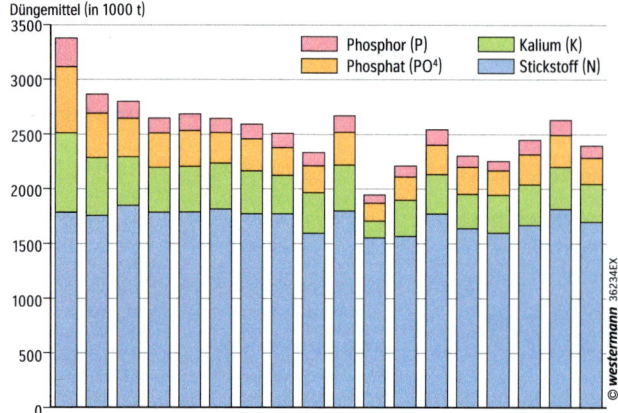

M 2   Verbrauch von Düngemitteln in der Landwirtschaft in Deutschland nach Nährstoffarten in den Jahren 1990 bis 2015 (in 1 000 Tonnen Pflanzennährstoff)

- **Stickstoff:** tritt in den Gewässern auf und kommt vorwiegend als Ammonium und Nitrat, in geringeren Konzentrationen auch als Nitrit vor.

- **Phosphor:** kommt in Verbindungen (z.B. Phosphat) vor und spielt eine wichtige Rolle bei Stoffwechselvorgängen.

- **Kalium (-ion):** für Stoffwechselvorgänge in der Pflanze von entscheidender Bedeutung.

- **Nitrit:** giftig, Entstehung v. a. im Bereich Abwasser.

- **Nitrat:** kommt im Boden vor. Nitrat selbst ist nicht gefährlich. Jedoch können Bakterien Nitrat in Nitrit umwandeln.

- **Phosphat:** Vermehrung der Mikroorganismen im Boden, Förderung ihrer Tätigkeit.

M 4   Begriffserklärungen

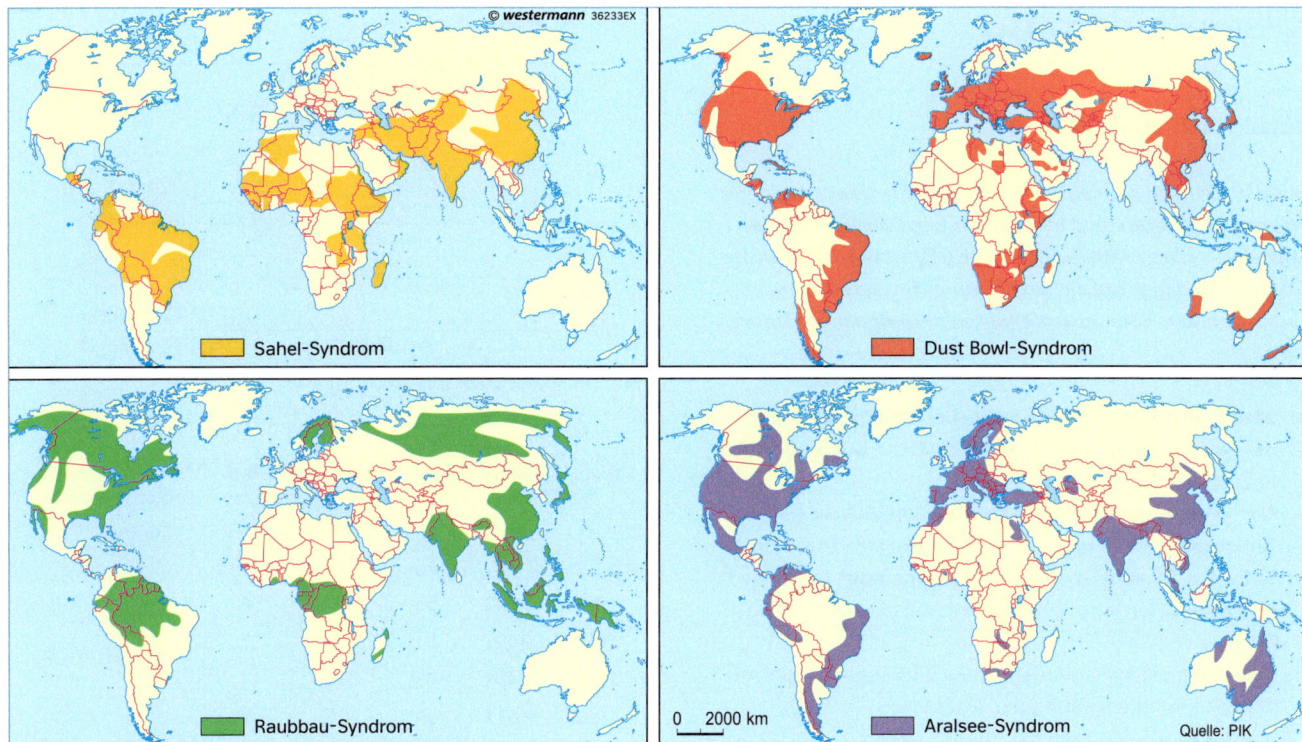

© westermann 36233EX

Sahel-Syndrom

Dust Bowl-Syndrom

Raubbau-Syndrom

0 2000 km

Aralsee-Syndrom

Quelle: PIK

M 5 Globale Verteilung ausgewählter Syndrome

Der Begriff Syndrom ist der Medizin entnommen, wo komplexe Krankheitsbilder gekennzeichnet werden, aus deren Vorgeschichte eine Diagnose und Therapie entwickelt wird. Federführend in Deutschland bei der Analyse, Bewertung und Entwicklung von globalen Umweltproblemen ist der Wissenschaftliche Beirat der Bundesregierung Globale Umweltveränderungen (WBGU). [...] Die Grundthese des Syndromkonzepts lautet: Der globale Wandel lässt sich in seiner Dynamik auf eine überschaubare Zahl von Kausalmustern in den Mensch-Umwelt-Beziehungen zurückführen. Die nicht-nachhaltigen Verläufe dieser dynamischen Muster werden im Folgenden als Syndrome des globalen Wandels bezeichnet. [...] Die Entwicklung des Syndrombegriffs wurde v. a. durch die Erkenntnis motiviert, dass in verschiedenen Regionen der Welt ähnliche Mechanismen im System Mensch-Natur feststellbar sind. [...] Aufgrund verschiedener geographischer, wirtschaftlicher, sozialer, kultureller oder ethnischer Unterschiede werden sich kaum zwei Regionen finden lassen, in denen die lokalen [Erscheinungen] eines Syndroms identisch sind. [...] Demzufolge kommt der WBGU zu einer Einteilung in die drei Syndromgruppen Nutzung, Entwicklung und Entsorgung und zu einer Spezifizierung der Umweltschädigungen in diesen Gruppen. Die [...] Syndrome bilden dabei den Kern sechs drängender globaler Umweltprobleme: Klimawandel, stratosphärischer Ozonabbau, Gefährdung der Weltmeere, Verlust der Biodiversität und Entwaldung, Bodendegradation sowie Süßwasserverknappung und -verschmutzung. Exemplarisch sind folgende Beispiele:

- *Nutzung:* Sahel-Syndrom: landwirtschaftliche Übernutzung marginaler Standorte (z. B.: Tschad).
- *Entwicklung:* Aralsee-Syndrom: Umweltprobleme durch großflächige Umgestaltung und Übernutzung von Naturräumen (z. B. Deutschland).
- *Entsorgung:* Müllkippen-Syndrom: Umweltprobleme bei Entsorgung durch Verdichtung und Deponierung von Abfallstoffen (z. B.: Italien).

Cassel-Gintz, Martin (2001): GIS-gestützte Analyse globaler Muster anthropogener Waldschädigung. Eine sektorale Anwendung des Syndromkonzepts. (PIK Report No. 71). Potsdam, http://webdoc.sub.gwdg.de/ebook/diss/2003/fu-berlin/2001/40/index.html

M 6 Begriffserklärung – das Syndrom-Konzept

Sahel-Syndrom = Das Sahel-Syndrom, welches nach dem Sahelgebiet in Afrika benannt ist, charakterisiert eine Intensivierung der Landwirtschaft mit kurzzeitigen höheren Erträgen aufgrund zunehmender Armut. Mittel- bis langfristig führt die Übernutzung des Bodens in marginalen Räumen zu einer Verschlechterung bestimmter Bodeneigenschaften (Bodendegradation). Daraus entstehen wesentliche Ertragseinbußen, welche die Armut wiederum verstärken.

Dust Bowl-Syndrom = Es stellt eine Umweltdegradation infolge einer industriellen Landwirtschaft dar, die durch einen hohen Energie-, Kapital- und Techeinsatz sowie durch die Verwendung von Hochertragsorten und Agrochemikalien gekennzeichnet ist, um einen hohen Flächenertrag zu erzielen. Typisch sind hochtechnisierte und automatisierte Betriebe, die nur wenig Beschäftigte benötigen (Agrobusiness).

Raubbau-Syndrom = Beim Raubbau werden Ökosysteme ohne Rücksicht auf ihre Regenerationsfähigkeit übernutzt. Dies kann zu einer vollständigen Zerstörung des Ökosystems führen. Der Anlass dafür ist eine kurzfristige Gewinnorientierung. Die Folge ist u.a. ein Verlust an Biodiversität. Beispiele für eine Naturnutzung nach dem Raubbau-Syndrom sind das Abholzen der Wälder, Überweidung von Steppen, die Ausrottung von Tier- und Pflanzenarten oder die Überfischung der Weltmeere.

Aralsee-Syndrom = Das Syndrom wurde nach dem Aralsee in Asien benannt. Dort wurden großtechnische Anlagen (Staudämme) für die Baumwollproduktion gebaut. Die Zuläufe für den Aralsee wurden für Bewässerungsprojekte so intensiv genutzt, dass der ehemalige Seeboden zur Salzwüste wurde. Es sind also Umweltschäden durch eine großräumige Umgestaltung der Landschaft durch Großprojekte entstanden. Solche Projekte stellen einerseits gewünschte zusätzliche Ressourcen bereit oder schützen vorhandene Ressourcen, andererseits beeinflussen sie Umwelt und Gesellschaft nachteilig.

M 7 Ausgewählte Syndrome und ihre Bedeutung

Das Aralsee-Syndrom

Ist der Aralsee noch zu retten?

Der Aralsee steht als Symbol für menschliche Eingriffe in Ökosysteme mit weitreichenden Folgen für Natur und Mensch. Als einst viertgrößter See der Erde hat sich der Aralsee mittlerweile in eine unfruchtbare Salzwüste verwandelt. Die Auswirkungen auf die Bevölkerung des betroffenen Gebiets sind katastrophal – eine der schlimmsten anthropogenen Umweltkatastrophen der Welt.

1. Beschreiben Sie die naturräumlichen Voraussetzungen der Aralseeregion für eine wirtschaftliche Nutzung (M 1, M 3, Atlas).
2. Analysieren Sie die landschaftlichen Veränderungen der Aralseeregion von 1960 bis heute/2016 (M 1 – M 4, Atlas).
3. Erläutern Sie anhand eines Wirkungsgefüges Ursachen und Folgen der Austrocknung des Aralsees (M 3 – M 11) ■ ⟨?⟩.
4. Beurteilen Sie auf Grundlage Ihres Wirkungsgefüges die Chancen für eine Rettung des Aralsees.

→ Desertifikation, Versalzung

Der Aralsee heute.

„In der Morgendämmerung ist der Aralsee wunderschön. Die Fischer arbeiten Tag und Nacht in diesem riesigen Gebiet. Auf dem Aralsee gibt es jetzt den ersten Kühlraum an Bord eines Schiffes. 100 Tonnen Fisch können darin aufbewahrt werden. So bleibt der Fang frisch."

Kommentar aus einem sowjetischen Dokumentarfilm um 1950
Quelle: Aralsee: Frühe Warnung – späte Einsicht. R.: Jakob Gottschau. D, DK 2007.
TC: 00:01:00–00:01:49.

M 1 Der Aralsee 1950 und heute

M 2 Satellitenaufnahme (2016)

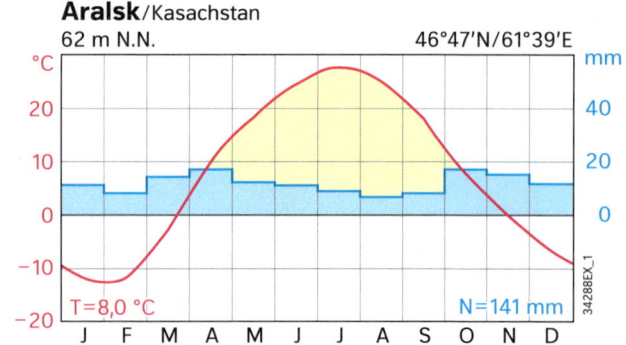

Aralsk/Kasachstan
62 m N.N.   46°47'N/61°39'E
T=8,0 °C   N=141 mm

M 3 Klimadiagramm Aralsk

Jahr	Fläche (km²)	See-spie-gel-höhe (m)	Salz-gehalt (g/l)*²	Wasser-zufluss (km³/Jahr)	Fisch-fang (t)	Bewäs-serungs-fläche (Mio. ha)*³
1960	68 000	53	10	56	43 000	4,8
1970	60 000	51	11	37	17 000	5,1
1980	51 400	45	17	11	0	5,9
1990	38 817	39	30	6	0	6,7
2000	28 187	35	45	3	0	7,1
2020*¹	19 200	31	70	2	0	k.A.

*¹Prognose; *²zum Vergleich: Nordsee 30-40g/l; *³teilweise geschätzt, da unterschiedliche Erhebungsgrundlagen

M 4 Veränderungen des Aralsees (1960 – 2020)

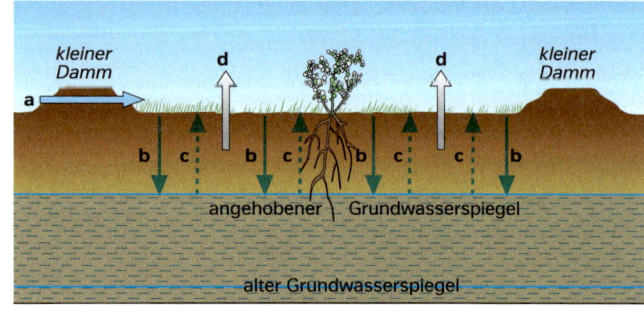

a Wasserzufuhr durch Bewässerung
b versickerndes Bewässerungswasser
c kapillar aufsteigender Bodenwasserstrom

M 5 Bodenversalzung – kapillarer Aufstieg

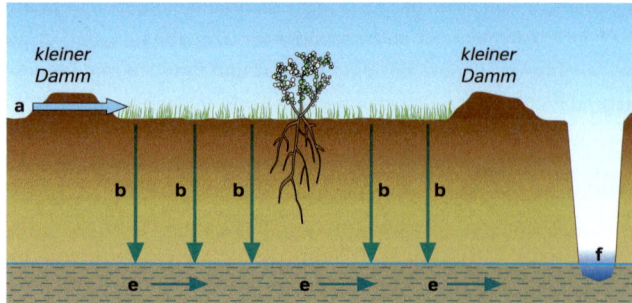

d Verdunstung des aufgestiegenen Wassers, Ausscheidung und Anreicherung von Salz
e Sickern des Grundwassers zum Drainagegraben hin
f Abfuhr des Wassers im Drainagegraben

M 6 Bodenversalzung – Wasserabfuhr über den Drainagegraben

Die Anfänge dieser Entwicklung lassen sich bis in die russische Kolonialzeit des ausgehenden 19. Jh. zurückverfolgen. Turkestan, speziell das Aralseebecken, war für Russland als Rohstoffbasis der heimischen Textilindustrie von großem Interesse, da hier Baumwolle angebaut und Seidenraupenzucht betrieben werden konnte. Bis heute hat sich daran nur wenig geändert. [...] Ende des 19. Jh. (ab 1884) begann man mit einer raschen Ausweitung des Baumwollanbaus. Diese Politik wurde von den Sowjets konsequent bis Ende der 80er-Jahre weitergeführt. [...] In Usbekistan wird für den Baumwollanbau sechsmal mehr Wasser verbraucht als z. B. in Israel. Als optimal werden für den Baumwollanbau 3 500 – 4 000 m³ Wasser pro ha angesehen; angestrebt werden zurzeit 8 000 m³; durchschnittlich verbraucht aber wurden 1990 in Usbekistan 14 000 – 15 000 m³. Zur Entsalzung der versalzten Böden werden im Mittel weitere 4 000 – 5 000 m³ Wasser pro ha und Jahr benötigt. Im Frühjahr werden die gefährdeten Bewässerungsflächen zwei- bis dreimal zusätzlich bewässert, um die im Oberboden angereicherten Salze auszuschwemmen.

Ein Grund für den ungewöhnlich hohen Wasserverbrauch pro Flächeneinheit ist die schlechte Planung der Bewässerungsanlagen. [...] Eine weitere Ursache ist der verschwenderische Umgang mit Wasser. Denn die Wassernutzung ist immer noch kostenlos, und es fehlt ein funktionierendes Kontrollsystem.

Giese, Ernst (1997): Die ökologische Krise der Aralseeregion.
In: Geographische Rundschau, H. 5, S. 293 – 299. (S. 295, 296)

M7 Baumwollanbau in der Aralseeregion

Eine weitere Folge der zunehmenden Mineralisierung des Fluss- und Bewässerungswassers ist die Versalzung der Böden auf den Bewässerungsfeldern. Sie hat im Becken des Aralsees in jüngerer Zeit zu erheblichen Ernteeinbußen geführt. Man geht davon aus, daß die Ernteerträge des Baumwollanbaus auf gering versalzten Flächen um 10–15 %, auf mittel versalzten um 30–40 % und auf stark versalzten um 50–60 % unter den Normalerträgen liegen [...]. Dazu kommen Qualitätseinbußen.

Giese, Ernst (1997): Die ökologische Krise der Aralseeregion.
In: Geographische Rundschau, H. 5, S. 293 – 299. (S. 294)

M8 Bodenversalzung in der Aralseeregion

Pestizide, Düngemittel, Herbizide, die Sowjets zwangen die Steppe ins Grün. Zur Ernte schickten sie Schulkinder auf die Felder, von halb sechs in der Früh bis Einbruch der Dunkelheit, befahlen ihre Gesichter in Lumpen, wenn die Helikopter kamen, feiner, beißender Niesel - Agent Orange, das Entlaubungsmittel im Vietnamkrieg. Nachts, in den Schlafbaracken, Keuchen und Würgen. Das ganze Land sollte das Gift bis heute nicht loswerden. Als Abwasser gelangte es in den Amudarja und Syrdarja, von dort in den Aral. Im Meer noch gebunden, ist es nun, in der Wüste, frei. Jedes Jahr jagen 43 Millionen Tonnen giftiger Staub durch die Luft. [...].

In Wurzelgemüse findet sich die zwölffache Menge DDT* westeuropäischer Proben, in Muttermilch und Blut die fünffache Menge Dioxin, obwohl seit 1987 keine toxischen Mittel mehr gesprüht werden.
*Dichlordiphenyltrichlorethan, ein hochwirksames Insektizid

Ladischensky, Dimitri, Zizola, Francesco: Elender Staub. Spiegel Online, 24.09.2017

M10 Pestizideinsatz

Trinkwasser ist knapp im Einzugsgebiet des Aralsees. Da Alternativen fehlen, wird das häufig stark pestizidverseuchte Grund- und Seewasser trotz allem von den Einheimischen genutzt. Auch die wenigen verbliebenen Fische dienen weiter als Nahrungsgrundlage für die Bevölkerung. Allgemeine Unterernährung und die unzureichenden hygienischen Bedingungen verschärfen die Situation noch. Schwerwiegende Erkrankungen können nicht ausbleiben.

Verschiedene Krebsarten, Typhus, Magengeschwüre, Hepatitis und Nierensteine sind in dieser Gegend viel häufiger anzutreffen als in den meisten anderen Staaten der Erde. Die Kindersterblichkeit liegt bei 15 Prozent und Neugeborene kommen häufig mit Missbildungen bzw. genetischen Defekten zur Welt. In manchen Gebieten sollen bis zu 95 Prozent der Frauen im gebärfähigen Alter aufgrund der Mangelernährung unter schwerer Anämie (Blutarmut) leiden.

Auch die zahlreichen Sand- und Salzstürme fordern ihren Tribut. Erkrankungen der Atemwegsorgane (z. B. Bronchitis und Asthma) sowie der Augen gehören für die Bevölkerung in der Aralseeregion zum Alltag.

Lohmann, Dieter (1999): Aralsee – Chronik einer anthropogen verursachten
Katastrophe. (www.scinexx.de)

M11 Gesundheitsprobleme in der Aralseeregion

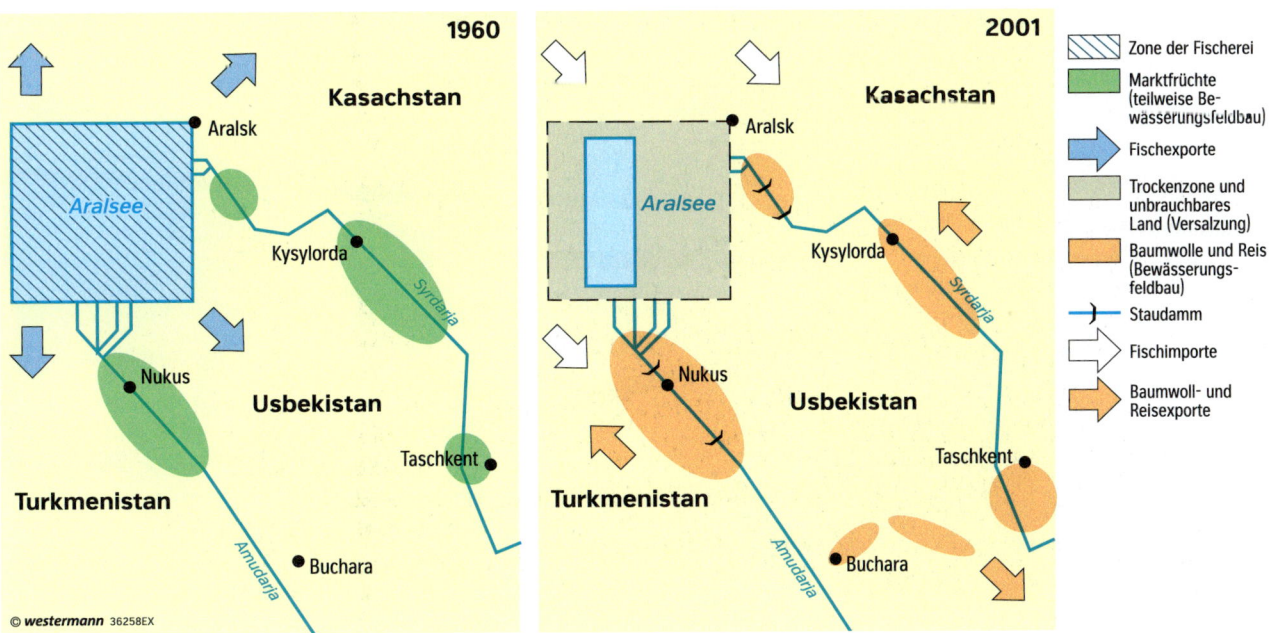

M9 Der Rückgang des Aralsees – sozioökonomische Auswirkungen

Das Raubbau-Syndrom

M 1   Soja-Ernte in Brasilien

Was hat eine Scheibe Wurst mit dem Raubbau in Amazonien zu tun?

Brasilien ist der größte Soja-Exporteur der Welt – diese herausragende globale Stellung bedroht allerdings den Naturraum Amazoniens. Der Raubbau an diesem einzigartigen Ökosystem schreitet trotz des eingeführten Soja-Moratoriums (2016) durch die brasilianische Regierung immer weiter voran. Politisch-ökonomische Interessen treffen auf ökologisch-soziale Bedenken.

1. a) Beschreiben Sie die Lage und naturräumliche Ausstattung des Amazonas-Gebietes (Atlas, M 3).
   b) Analysieren Sie die ökologischen Zusammenhänge in Amazonien (M 2).
   c) Recherchieren Sie wichtige wirtschaftliche Strukturdaten Brasiliens (Atlas, Internet) ◼️❓.
2. a) Ordnen Sie die Personen verschiedenen Akteursgruppen zu (M 4).
   b) Vergleichen Sie deren Raumwahrnehmung und -bewertung von Amazonien (M 4).
3. Erklären Sie die Entwicklung der Sojabohnenproduktion und deren Bedeutung für Brasilien sowie Deutschland (M 5–M 7, M 9).
4. a) Analysieren Sie das Raubbau-Syndrom am Raumbeispiel Amazoniens mithilfe eines Wirkungsgefüges ◼️❓.
   b) Beantworten Sie mithilfe des Wirkungsgefüges die Leitfrage zu dieser Doppelseite (M1–M10).
5. Erklären Sie die Bedeutung und Relevanz des Soja-Moratoriums (M 3, M 7, M 8, M 9, M 10).
6. Nehmen Sie unter Berücksichtigung des Soja-Moratoriums Stellung zu folgender Meldung vom 13.01.2016: „Brasilien ist Weltmeister im Anbau von Soja. [...] Abgesehen von der Rekordernte im Jahr 2015 erwarten die brasilianischen Experten auch für 2016 eine weitere Steigerung" (M 5, M8, M 10).

→ Ökosystem, Raubbau

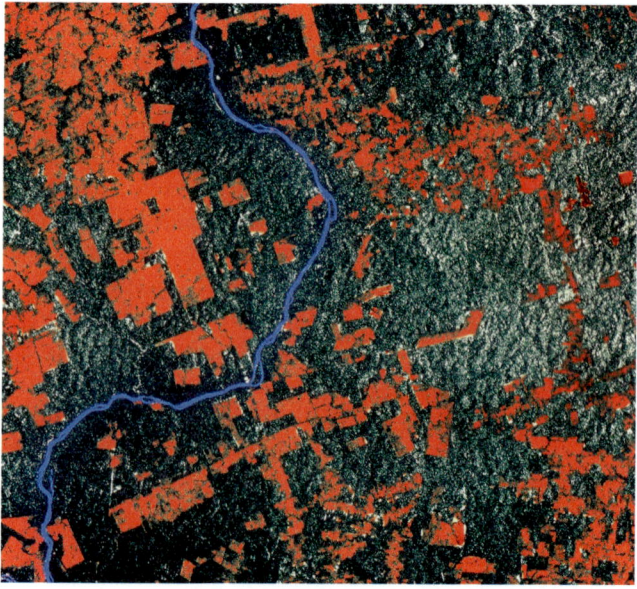

M 3   Rodungen im tropischen Regenwald Brasiliens (im Satellitenbild)

◼️ „Unsere Bevölkerung wächst und sie drängt sich in den überbevölkerten Küstenstädten. Deshalb planten wir, Millionen landloser Bauern dort anzusiedeln, wo riesige Flächen fast unbesiedelt sind. Außerdem wollten wir das Holz und die Bodenschätze Amazoniens nutzen. [...]" *Julio Gonzales*

◼️ „In der Stadt wollte ich nicht länger bleiben. Dort gab es für uns nur Armut und Hunger. Einhundert Hektar Land hat man mir zugeteilt, eine unvorstellbare Fläche für einen, der bisher nur für andere auf dem Feld schuften durfte! Und die Hälfte davon durfte ich roden. Unsere Anbauprodukte sind neben Kaffee Zuckerrohr, Mais, Orangen, Sojabohnen. [...] Später blieben die Ernten aber aus, denn der Boden war schon nach drei Jahren erschöpft." *Pelé Rodriges*

◼️ „Was in Brasilien derzeit geschieht, ist unbegreiflich! In Amazonien kommen etwa ein Fünftel aller Vogelarten der Erde vor sowie 2000 bis 3000 Fischarten. Da Menschen, die Strom brauchen, immer mehr werden, werden immer mehr Staudämme errichtet. Riesige Wälder, die Heimat der Ureinwohner und der Lebensraum von Tieren und Pflanzen, werden einfach ertränkt." *Matthew Taylor*

M 4   Aussagen verschiedener Akteure

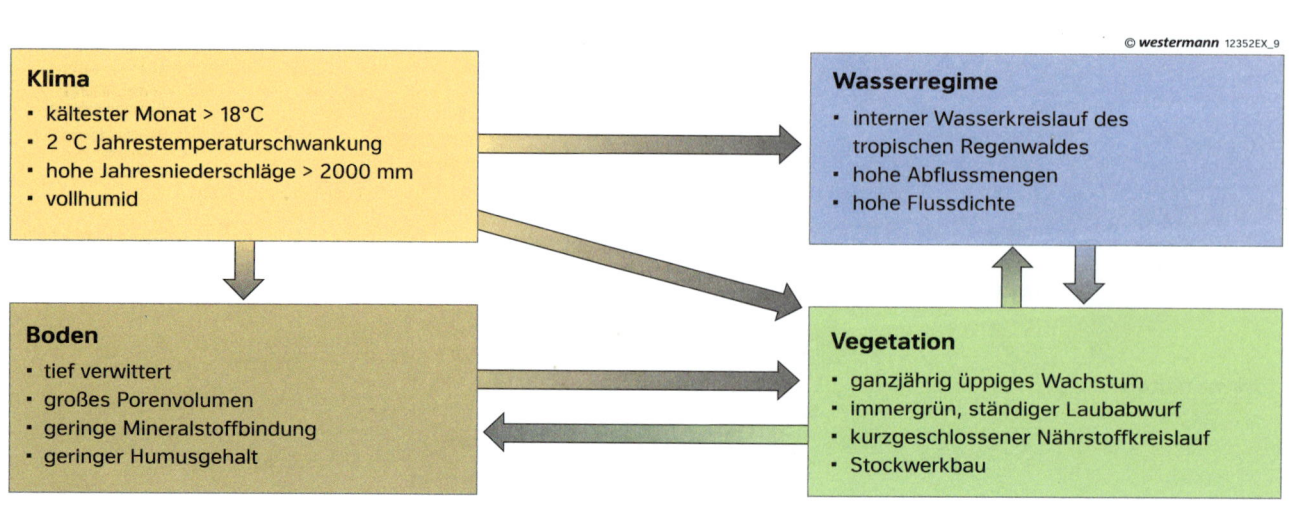

© **westermann** 12352EX_9

Klima
- kältester Monat > 18°C
- 2 °C Jahrestemperaturschwankung
- hohe Jahresniederschläge > 2000 mm
- vollhumid

Wasserregime
- interner Wasserkreislauf des tropischen Regenwaldes
- hohe Abflussmengen
- hohe Flussdichte

Boden
- tief verwittert
- großes Porenvolumen
- geringe Mineralstoffbindung
- geringer Humusgehalt

Vegetation
- ganzjährig üppiges Wachstum
- immergrün, ständiger Laubabwurf
- kurzgeschlossener Nährstoffkreislauf
- Stockwerkbau

M 2   Wechselbeziehungen ökologischer Komponenten im tropischen Regenwald

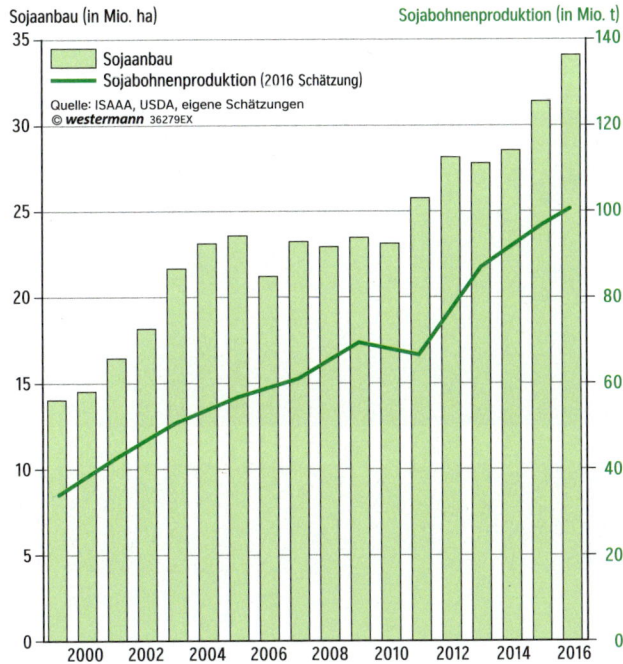

M5 Entwicklung der Sojaanbaufläche und -produktion

[...] Welche Auswirkungen hat es, ob wir ein Kilogramm Schweinefleisch mehr oder weniger im Jahr essen? Ein Kilogramm Schwein mehr im Jahr sind etwa 19 Gramm pro Woche – also eine Scheibe mehr Mortadella auf dem Frühstückstoast. Würde jeder Deutsche wöchentlich eine Scheibe Wurst mehr essen, benötigten wir eine zusätzliche Soja-Anbaufläche von etwa 180 km². Soja wird unter anderem im Cerrado angebaut. Das sind die Savannen Zentralbrasiliens, sie zählen zu den artenreichsten der Erde und dennoch ist dieser einzigartige Lebensraum bereits zu fast 50 Prozent verschwunden. Stattdessen finden wir dort heute Ackerland oder Grünland. Durch die Wälder und Büsche des Cerrado streifen unter anderem der Jaguar, der Mähnenwolf, der Ameisenbär und der Tapir. [...] Auf 100 Quadratkilometern leben nur ein bis sieben Exemplare. Ich setze das Rechenbeispiel fort: Eine Scheibe Wurst pro Woche und Person in Deutschland bedeutet auf das Jahr hochgerechnet etwa 180 km² mehr Sojaanbaufläche. So viel Land, wie etwa zehn Jaguare zum Überleben benötigen. Oder eben umgekehrt. Wir machen durch eine Scheibe weniger Wurst den Tisch frei für Jaguar, Mähnenwolf und Co.

Dräger, Tanja (2015): Ein Rechenbeispiel zum Fleischkonsum in Deutschland, https://blog.wwf.de/wurst-und-jaguar/, 02.06.2015.

M6 Ein Rechenbeispiel zum Fleischkonsum in Deutschland

Zum Schutz brasilianischer Regenwälder wurde 2006 das Soja-Moratorium eingeführt und immer wieder verlängert. [...] [Im Mai 2016] haben in Brasilien Pflanzenölindustrie [...], Getreideexporteure [...], Umweltministerium und Nichtregierungsorganisationen (u. a. Greenpeace, WWF) eine Vereinbarung für die unbefristete Verlängerung des Soja-Moratoriums unterzeichnet. [...] Es untersagt den Handel, die Finanzierung und den Erwerb von Soja, das von Regenwaldflächen stammt, die nach Juli 2008 gerodet wurden. [...] „Endlich ist die Hängepartie beendet. Soja aus Brasilien ist [...] nachhaltig. [...]", so OVID-Präsident W. F. Thywissen [Verband der ölsaatenverarbeitenden Industrie in Deutschland].

Heunsch, Maik © OVID, Berlin 2016, www.presseportal.de/pm/77329/3349760

M8 Dauerhaftes Soja-Moratorium 2016 durchgesetzt

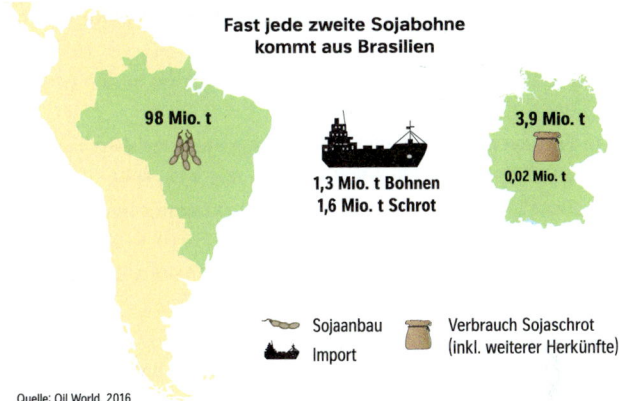

Quelle: Oil World, 2016

M9 Konsum von Soja in Deutschland 2015

Zeit	Ziel	Programme	Maßnahmen
ab Mitte 80er-Jahre	Ressourcen-extraktion	Grande Carajás	Wasserkraftwerke, Erzabbau (v. a. Eisenerz), Infrastrukturausbau
90er-Jahre	Nachhaltigkeit	u. a. PLANAFLO-RO; Avança Brasil	Zonierung und angepasste Nutzung
2000er (2007 PAC. 2008 PAS)	Wachstum und Nachhaltigkeit	PAC: Programm zur Beschleunigung des Wachstums Brasiliens PAS: Programm für ein nachhaltiges Amazonien	Verbesserung der Verkehrsinfrastruktur, Bau von Kraftwerken; nachhaltige Produktion, Regelung des Grundeigentums
2016-2018	Wirtschaftswachstum	PPI – Investitionsprogramm	Privatisierungen, Steigerung der ausländischen Direktinvestitionen (ADI)

M10 Staatliche Entwicklungsprogramme

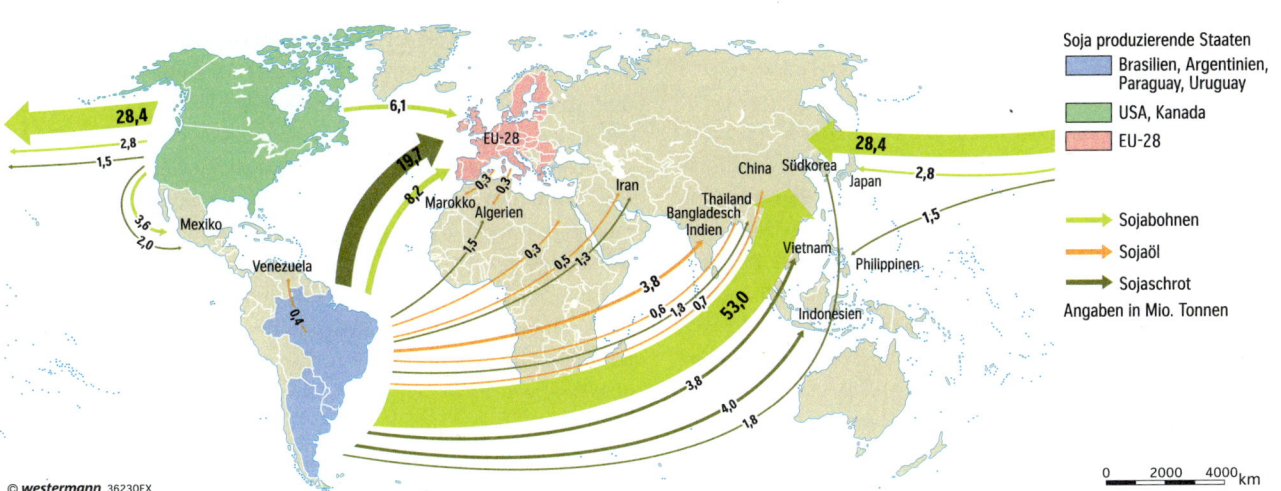

M7 Handelsströme für Sojabohnen, -öl und -schrot (2015)

Das Dust Bowl-Syndrom

Great Plains – Breadbasket oder Badlands?

Die Great Plains werden auch als die Kornkammern Amerikas bezeichnet. Im 19. Jahrhundert ließen sich Tausende Farmer in den semiariden Steppen nieder, bis in den 1920er- und 1930er-Jahren große Sandstürme verheerende Schäden anrichteten. Heutzutage scheint sich dieses Phänomen laut verschiedener Wissenschaftlerinnen und Wissenschaftler zu wiederholen.

1. a) Beschreiben Sie die Lage und naturräumlichen Gegebenheiten der Great Plains in den USA (Atlas).
   b) Recherchieren Sie wichtige wirtschaftliche Strukturdaten der USA █**(?)**.
2. a) Erklären Sie die Ursachen der Bodenerosion in den Great Plains (M1, M4, M5, M6).
   b) Erläutern Sie die Auswirkungen der Niederschlagsvariabilität für die Landwirtschaft (M2, M3, M4, M8).
   c) Erstellen Sie ausgehend von Ihren Erkenntnissen zum Dust Bowl-Syndrom ein Wirkungsgefüge (M1 – M9) █**(?)**.
3. Beurteilen Sie folgende Aussage: „Eine einzelne Bodenschutzmaßnahme ist selten erfolgreich" (M10).
4. Nehmen Sie Stellung zu der Aussage des amerikanischen Umwelthistorikers Donald Worster: „Die USA haben es versäumt, die richtigen Lehren aus der Katastrophe zu ziehen" (M6, M7, M9).

→ Bodenerosion, Trockenfeldbau

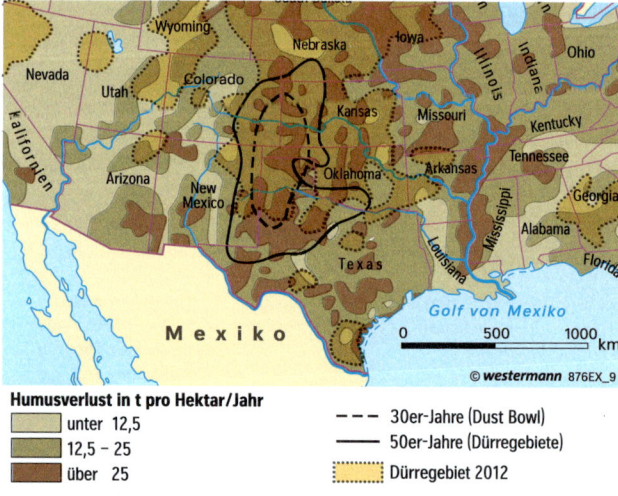

M1 Bodenerosion im Mittleren Westen der USA

Humusverlust in t pro Hektar/Jahr
- ☐ unter 12,5
- ☐ 12,5 – 25
- ☐ über 25
- – – – 30er-Jahre (Dust Bowl)
- —— 50er-Jahre (Dürregebiete)
- ⬚ Dürregebiet 2012

Über Oklahoma fiel sanft der letzte Regen, aber er schnitt nicht in die rissige Erde ein. Am Ende des Monats Mai wurde der Himmel bleich, und die Wolken lösten sich auf. Die Sonne brannte hernieder [...], Tag für Tag. Dann kam der Juni. Ein sanfter Wind strich leise durch das vertrocknende Korn. Der Wind wurde stärker. Der Staub flog von der Straße auf, der Wind wurde heftiger und griff auch die Bodenkrume auf den Weizenfeldern an. Nach und nach verdunkelte sich der Himmel, der Wind strich weiter über die Erde. Eines Morgens gegen Ende Juni hing der Staub dicht wie Nebel in der Luft. Den ganzen Tag rieselte der Staub vom Himmel und auch am nächsten Tag. Wie eine Decke breitete er sich gleichmäßig aus.

Steinbeck, John (1963): Früchte des Zorns. Gütersloh: Random House Gruppe. (S. 45)

M2 Auszug aus „Früchte des Zorns" (1963)

M3 Staubstürme und versandete Regionen (1930er-Jahre)

Ein besonderes Merkmal ist die hohe Variabilität der Niederschläge. Dadurch sind Angaben über die durchschnittliche Niederschlagsmengen von Örtlichkeiten trügerisch, weil häufig drastische Abweichungen nach oben und unten auftreten. [...] Häufig erfolgen solche Abweichungen für eine Reihe aufeinanderfolgender Jahre. Diese immer wiederkehrenden Zyklen von trockenen und feuchten Jahren führen in der Landwirtschaft zu einem Wechsel von guten Ernten und Prosperität (Boom-Phasen) und von schweren Einbußen und Rückschlägen (Bust-Phasen). Besonders weitreichende längere Dürreperioden gab es in den 1890er-, 1930er- und 1950er-Jahren. Gegenwärtig hat eine mehrjährige starke Dürre sowie die Knappheit der Ressource Wasser die daraus resultierende Verwundbarkeit [Vulnerabilität] nochmals deutlich vor Augen geführt.

Die jahreszeitliche Verteilung der Niederschläge ist für die Landwirtschaft sehr günstig, so fallen 40 % in den Monaten Juni, Juli und August. Dabei geht jedoch ein Teil der Niederschläge bei Gewittern in sturzbachartiger Form nieder, sodass der Boden die kurzfristig auftretenden Wassermengen nicht aufnehmen kann und ein großer Teil an der Oberfläche abfließt. Es kommt vor, dass ein Drittel des durchschnittlichen Jahresniederschlags an nur einem Tag fällt bzw. ein Fünftel des Jahresniederschlags in nur einer Stunde. Daher besteht bei fehlender Vegetationsbedeckung oder geschädigter Grasnarbe die Gefahr der Entstehung tiefer Erosionsrinnen (Gully-Erosion), die bei großflächigem Auftreten zur Bildung von Badlands führt. Angesichts der Ebenheit und des natürlichen Fehlens von Bäumen besteht in Dürreperioden auch die starke Gefahr der Winderosion, wie sie in den 1930er-Jahren zur Ausbildung des Dust Bowl führte. [...] .

Klohn, Werner (2015): Die Great Plains - ein ökologisch und ökonomisch fragiler Peripherraum. In: Geographische Rundschau, H. 11, S. 44-51. (S. 45)

M4 Niederschlagsvariabilität in den USA

www.diercke.de   www.diercke.de
100800-208   100800-220-01

Das Warner-County in Süd-Alberta gehört zu den Getreideanbaugebieten der Great Plains. Trotz sommerlicher Aridität ermöglichen Trockenfeldbautechniken einen großflächigen Anbau von Weizen und Gerste. Wenige Jahre, nachdem die Steppe erstmals ackerbaulich genutzt wurde, berichtete der Farmer Angus McKay vom „Miracle of Summerfallow": Auf einem Feld, das er im Jahr 1899 nicht eingesät hatte, konnte er im darauffolgenden Jahre eine gute Ernte erzielen. Auf dem Nachbarfeld, das er auch 1899 bestellt hatte, verdorrte hingegen das Getreide im Trockenjahr 1900. Offenbar versickerte ein großer Teil der Niederschläge des Jahres 1899 auf der brachliegenden Parzelle in den Boden, sodass hier im folgenden Trockenjahr eine gute Ernte erzielt werden konnte. Die Technik der Sommerbrache setzte sich schnell durch. Viele Farmer ließen jedes Jahr große Flächen vegetationslos brach liegen, um dann ein Jahr später hier die Niederschläge zweier Jahre für den Anbau nutzen zu können.

Winfried Hoppe. In: Girndt, Thilo, Hoppe, Winfried et al. (2016): Angloamerika. Diercke Spezial, Braunschweig: Westermann. (S. 36)

M5 Klassischer Trockenfeldbau

In den 1920er- und 1930er-Jahren kam es zu gewaltigen Staubstürmen. Der trockene Humusboden wurde vom Wind abgetragen. Viele Farmer mussten daraufhin ihr unfruchtbar gewordenes Land aufgeben. Die vegetationslose Sommerbrache als die jahrzehntelange Form eines Trockenfeldbaus verursachte aber nicht nur großflächige Erosion, sondern auch Bodenversalzungen. Heutzutage wird die Sommerbrache kaum noch angewandt. Die Farmer haben sich auf eine minimierte Bodenbearbeitung spezialisiert. Hierfür sind aber sehr teure Saatmaschinen notwendig, sodass sich viele Farmer verschulden mussten. Der Anbau lohnt sich nur noch auf sehr großen Feldern. Nach der Ernte des Getreides bleiben die Stoppeln bis zur neuen Aussaat auf dem Feld. So werden die fallenden Niederschläge vor dem Verdunsten geschützt. Die Stoppeln verhindern im Winter auch das Abwehen des Schnees. Der Schnee taut im Frühjahr, sodass der Boden durchfeuchtet wird und trotz der niedrigen Niederschläge eine gute Ernte erwartet werden kann.

Winfried Hoppe. In: Girndt, Thilo, Hoppe, Winfried et al. (2016): Angloamerika. Diercke Spezial, Braunschweig: Westermann. (S. 36)

M8 Veränderung der agrarischen Nutzung in Alberta (Kanada)

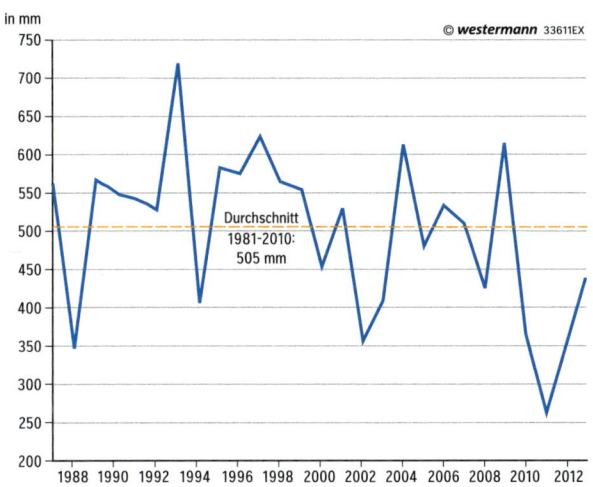

M6 Niederschläge in Finney County, Kansas (1987-2013)

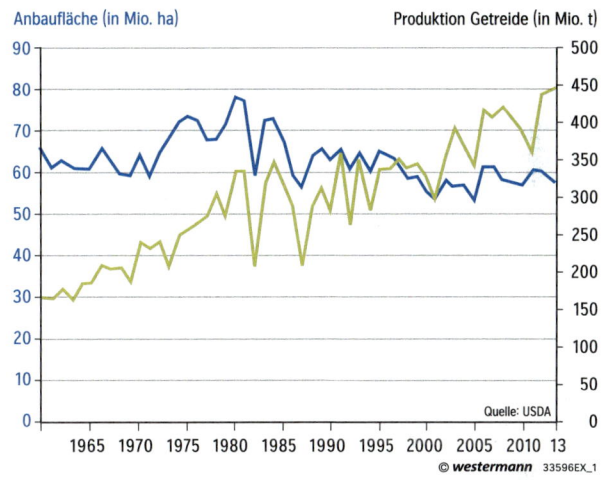

M9 Entwicklung der Produktion von Getreide und Anbaufläche

Der Dust Bowl gilt bis heute als Amerikas schwerste und folgenreichste Umweltkatastrophe; sie hat sich ins kollektive Gedächtnis der Nation eingebrannt. Immer, wenn der Boden austrocknet, wird an den Dust Bowl erinnert – und abgewiegelt. So etwas könne heute nicht mehr vorkommen, heißt es dann, dank Technik und besserer Landnutzung sei die Lage unter Kontrolle. [...] Doch jetzt warnen Fachleute, Klimawandel und eine weiterhin intensive Landwirtschaft in einer Region, die dafür nicht geeignet ist, könnten ihren Preis fordern. [...] Die Ursachen für den Dust Bowl reichen zurück an den Anfang des 20. Jahrhunderts. Damals hatten Farmer die Prärielandschaft in Weizen-Monokulturen verwandelt. Getreide war weltweit begehrt, und die neuen Mähdrescher machten es möglich, große Flächen zu bearbeiten. Wegen mehrerer außergewöhnlich regenreicher Jahre unterschätzten die Bauern die natürliche Trockenheit der Region. [...] Später griff die Regierung in Washington ein, pflanzte 200 Millionen Bäume und ließ die verbleibenden Farmer Hecken anlegen [...]. Die Monokultur wich einer angepassten Fruchtfolge. [...] Schon Mitte der 1990er-Jahre [...] kam [der Geograf Roger Kasperson] zu dem Schluss, dass die Gegend ökologisch gefährdet sei. Er diagnostizierte eine „intensive Landwirtschaft in einer dafür nicht geeigneten Region". Die Ausbeutung habe sie in einen Zustand versetzt, der dem Kollaps nahekommt, so sein Fazit.

Rubner, Jeanne (2012): Rückkehr des Staubs. (Süddeutsche Zeitung)

M7 Dürre und Hitzewelle in den USA (2012)

Maßnahmen gegen Wassererosion	
Crop Rotation (Fruchtwechselwirtschaft)	Aufgabe Monokultur, z. B. Wechsel des Anbaus von Halm-(Weizen), Blattfrüchten (Mais) oder Soja
Contour Ploughing	Pflügen parallel zu den Höhenlinien › Abbremsen des Wassers, Förderung der Versickerung
Strip Cropping	Anbau von verschiedenen Getreiden mit unterschiedlicher Reifezeit und Brache in schmalen Streifen (auch gegen Winderosion, wenn quer zur Hauptwindrichtung)
Aufforstung, Dauergrünland	insbesondere an erosionsgefährdeten Hängen
Maßnahmen gegen Winderosion	
Strubble Mulching	Verbleiben der Getreidestoppeln und des gehäckselten Strohs als Windschutz im Boden im Winter und Unterpflügen im Frühjahr
Minimum/no Tillage (Direktsaatverfahren) *siehe S. 73	Reduzierung der Bodenbearbeitung auf ein Minimum oder vollständiger Verzicht

M10 Maßnahmen zur Verringerung von Boden- und Winderosion

Überfischung vor der Küste Westafrikas

Der letzte Fisch?

Europäische Trawler fischen jährlich Millionen Tonnen Fisch vor den west-afrikanischen Küsten, um einerseits den europäischen Fangquoten zu entgehen und andererseits, um den steigenden Fischkonsum zu decken. Kontrollen und Strafen fehlen, unter anderem aufgrund von Bad Governance in Form von Korruption und Klientelismus in den betroffenen Staaten Westafrikas. Einheimische Fischer vor Ort bangen jedoch um ihre Existenz und flüchten unter anderem nach Europa.

1. Beschreiben Sie die Entwicklung der weltweiten Fisch-erträge (M1).
2. Beschreiben Sie die Fangmengen und den Pro-Kopf-Verbrauch von Fisch (M6).
3. Erklären Sie die Problematik bezüglich der Fangquoten und Fischfang-Politik der EU (M2, M3, M6).
4. Analysieren Sie die Bedeutung und Entwicklung der Fischereiwirtschaft in den westafrikanischen Staaten (M4, M6-M9).
5. Erklären Sie die Problematik bei der Durchsetzung von Ⓩ Fangquoten sowie deren Umsetzung (M2, M8).
6. Entwickeln Sie Kriterien für eine nachhaltige Fischerei.
7. Beurteilen Sie das Fischen europäischer Trawler vor West-afrika im Hinblick auf die verschiedenen Dimensionen der Nachhaltigkeit ■⟨?⟩.

→ Bad Governance, Fangquoten, Überfischung

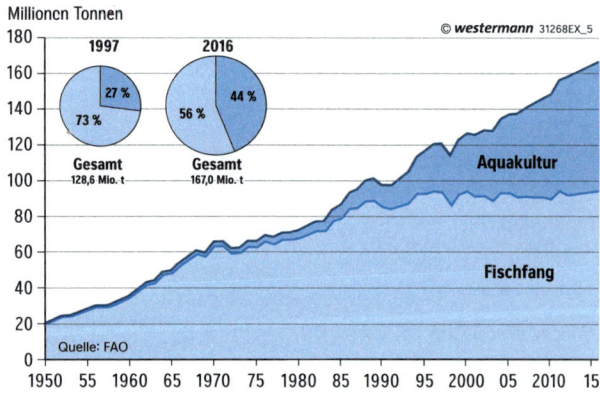

M1   Entwicklung des weltweiten Fischfanges

Im Oktober [2015] waren die Fangquoten für die Ostsee festgelegt worden. Nun standen die Mengen für Nordsee, Atlantik und Schwarzes Meer auf der Agenda. Und die waren teils sehr umstritten. [...] [Der] WWF bemängelt, dass das Verbot, Beifang wieder ins Meer zu werfen, erst nach und nach eingeführt wird. Neben dem in EU-Gewässern gefangenen Fisch kommt [dieser] überwiegend aus anderen Fanggebieten [...]: 60 % der verkauften Meerestiere werden nach Angaben von Oceana außerhalb der EU-Fangzonen gefischt. So gibt es Abkommen mit zahlreichen afrikanischen Staaten, nach denen EU-Trawler die Bestände vor deren Küsten ausbeuten dürfen.
Otto, Thomas (2015): EU-Minister einigen sich auf neue Fangquote, www.deutsch-landfunk.de/fischerei-eu-minister-einigen-sich-auf-neue-fischfang-quoten.697. de.html?dram:article_id=340004), Zugriff am: 08.08.2017

M2   Streit um Fangquoten in der EU

M3   Der letzte Fisch

■ „[...] Das Meer ist leer, und es gibt auch keine Pirogen mehr, die zum Fischen ausfahren. Es gibt noch nicht einmal mehr Leute hier, die zum Fischen ausfahren. Du weißt genau, es fehlt der Fisch, es fehlt die Arbeit, von der die Senegalesen in der Zukunft leben sollen. Sie sind alle weg. Du kannst dir vorstellen, was dadurch Fürchterliches passiert. Es gibt nichts mehr zu essen. Wenn alle Fischer weg sind, dann gibt es eine schwere Hungersnot, das ist furchtbar."
Alioun, Fischer im Senegal

■ „Hunderttausende Menschen leben in Ghana von der Fischerei und Millionen ernähren sich vom lokalen Fisch," [...] „Warum wird das alles aufs Spiel gesetzt, nur um ein paar wenige Devisen von den europäischen und asiatischen Fischtrawlern zu bekommen, die sowieso das Doppelte illegal mitnehmen und in Europa Millionen verdienen?"
Josephine Opare Addo, lokale Aktivistin in Ghana

■ „Früher musste man zum Fischen nicht weit rausfahren, [...] unsere Väter haben nah an der Küste große Fische gefangen und viel mehr als wir. Doch unsere Bevölkerung wächst. Und es gibt immer mehr Fischer. Und dann sind da auch die ausländischen Boote." [...] „Die [Fischfangflotten aus China, Russland oder der EU] holen an einem Tag das aus dem Meer, wofür 300 unserer Pirogen einen Monat bräuchten. Wir gehen jeden Tag fischen, es reicht trotzdem nicht. Aber was sollen wir sonst tun? Es gibt keine andere Arbeit."
Mor Mbengul, Fischer im Senegal

M4   Stimmen aus Westafrika

M5   Hunderte Pirogen vor der Küste Westafrikas

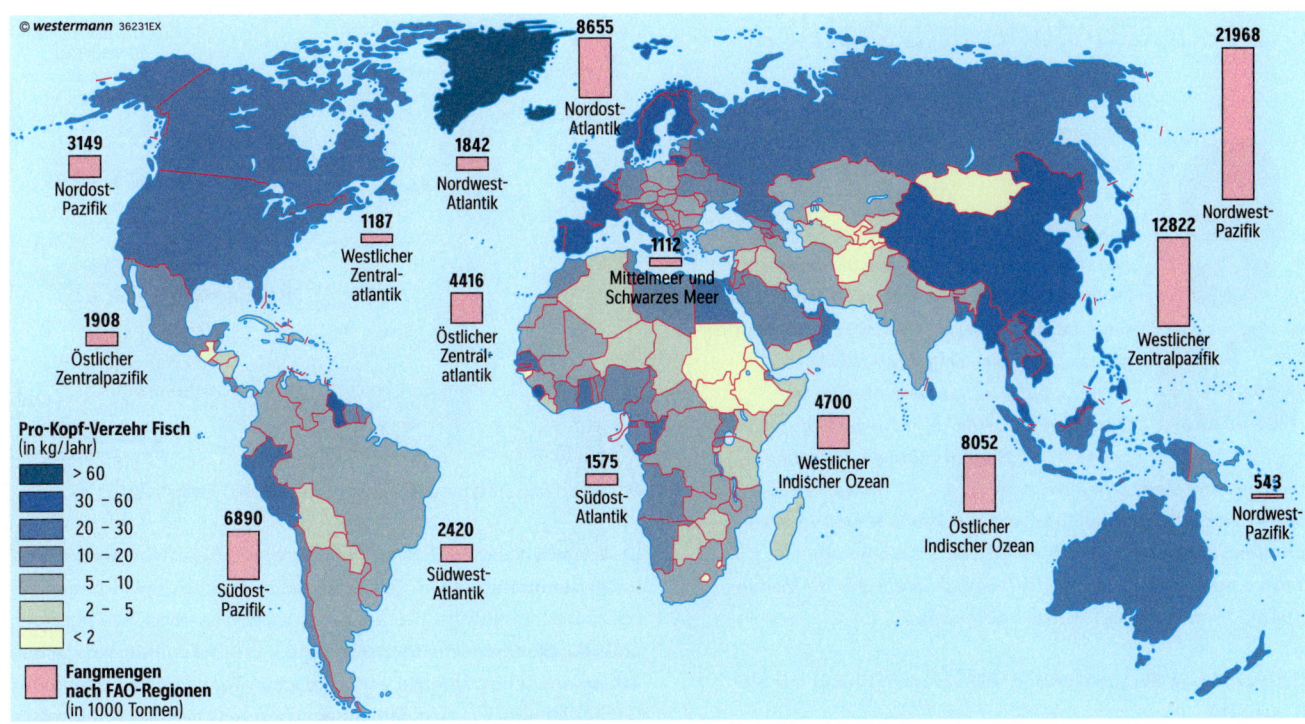

M6 Fangmengen und der Pro-Kopf-Verbrauch an Fisch (2016/2017)

Staat/Jahr	1960	1980	2000	2010	2015
Gambia	4,5	13,2	29,0	46,6	56,6
Guinea	4,0	20,0	91,5	113,5	126,0
Mauretanien	20,0	21,6	114,4	261,2	403,7
Senegal	76,2	232,3	436,0	409,7	425,4
Sierra Leone	20,0	49,8	74,7	200,0	202,1

M7 Entwicklung des Fischfangs in Westafrika (in 1000 t)

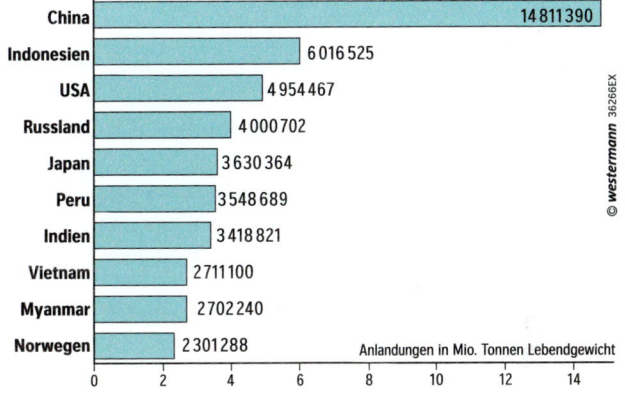

M9 Top10 der Weltfischereinationen 2014 (in t)

Die EU zahlt jedes Jahr Millionen, damit ihre Flotte vor Afrika fischen kann. Die Meere leeren sich, heimische Fischer werden verdrängt. Die Geschichten, die Gaoussou Gueye erzählt, klingen nach Wildwest. [...] Seit einigen Jahren ist er Generalsekretär des westafrikanischen Kleinfischerverbands. Er setzt sich für die lokalen Fischer ein, Männer, die sich jeden Tag auf ihren Einbaumschiffen, den Pirogen, aufs Meer wagen. Dort sehen sie am Horizont die riesigen europäischen Fischtrawler. Es sind Fangschiffe, die rund 200 Tonnen Fisch am Tag fangen, verarbeiten und einfrieren können. Rund 50 Pirogenfischer müssten für diese Menge mehr als ein Jahr unterwegs sein. Gueye erzählt von Korruptionsskandalen. Von bestechlichen Ministern im Senegal, die Fischereirechte an mehr als 20 ausländische Schiffe vertickt hätten, um ihren Wahlkampf zu finanzieren. Von Schiffen aus Russland, die den Fisch nur fangen würden, um ihn an Bord zu Fischmehl – sprich: Tierfutter – weiterzuverarbeiten. „Das alles geht zulasten unserer heimischen Bevölkerung", klagt Gueye, „andere Staaten fischen unseren Fisch, den wir zum Überleben brauchen". Rund 8 000 Pirogen kämen wegen der ausländischen Konkurrenz nicht zum Einsatz.

Uken, Marlis (02.04.2012): Europas Megatrawler auf Beutezug vor Afrika. (Zeit online)

M8 Zeitungsartikel zur Fischereipolitik

Pikant ist: Immer wieder werden Schiffe, die sich Fischereirechte von der senegalesischen Regierung gesichert haben, beim illegalen Fischen erwischt. [...] Für Gueye ein typisches Phänomen: „Der Regierung sind wirkungsvolle Kontrollen und Strafen egal. [...] Umweltschützer und Fischereiexperten warnen seit Jahren vor den Problemen. [...] Doch wer über Überkapazitäten streitet, der streitet auch über Fischereiabkommen. Diese schließt Europa seit Mitte der Siebzigerjahre mit afrikanischen und pazifischen Staaten. Diese Verträge funktionieren nach dem Prinzip Cash for Fish: Die EU zahlt afrikanischen Staaten Geld und darf im Gegenzug in deren Fanggründen fischen. Schließlich sind die heimischen Bestände vor Europas Küsten zu mehr als drei Vierteln überfischt. Inzwischen stammt mehr als ein Viertel der Fische, die Europas Flotten jährlich fangen, aus Meeren außerhalb der EU. Mit 13 Staaten unterhält die EU zurzeit die genannten Partnerschaftsabkommen. Sie sind Millionen wert. [...] Rund 90 Prozent der Summe zahlen die europäischen Steuerzahler. Die Reeder beteiligen sich kaum an den Kosten. Im Gegenteil: Sie erhalten in der Regel sogar Subventionen für Schiffsneubauten und profitieren vom steuerfreien Treibstoff. [...]"

Dürregefährdung in Ostafrika

Hungersnöte – unvermeidbare Folge von Dürreereignissen?

„Die angekündigte Katastrophe" (Baseler Zeitung, 23.07.2011), „Dürre in Somalia: Nicht nur ‚La Niña' ist schuld" (Frankfurter Allgemeine Zeitung, 14.07.2011), „Die Not ist grenzenlos" (Die Zeit, 25.07.2011). Immer wieder wird in den Medien von Dürren in Ostafrika berichtet. Häufig sind gravierende Hungersnöte die Folge dieses Naturphänomens. Dabei stellt sich jedoch die Frage, ob Hungersnöte in heutiger Zeit nicht eigentlich vermeidbar wären? Offenbar sind es manchmal auch geopolitische Motive, die sich natürliche Schwankungen im Klimasystem zunutze machen und die letztlich entscheidend für die Verhinderung oder für die Hinnahme von Hungersnöten sind.

1. a) Beschreiben Sie die Wirkung, die von dem Plakat auf Sie ausgeht.
   b) Nennen Sie mögliche Intentionen, die mit diesem Plakat verfolgt werden könnten.
2. Erläutern Sie mögliche Auswirkungen von La Niña-Ereignissen in Ostafrika (M1-M3).
3. a) Beschreiben Sie die Auswirkungen der Hungersnot 2011 in Ostafrika (M4-M7).
   b) Analysieren Sie den Zusammenhang zwischen Dürre und Hungersnot in Somalia 2011 (M3, M4, M7).
4. Erläutern Sie den Vorwurf des Journalisten Alex Perry, humanitäre Hilfe sei als Waffe missbraucht worden (M4, M7).
Ⓩ 5. Begründen Sie das dargestellte geopolitische Problem aus Sicht des Journalisten Alex Perry (M4, M7).

→ Dürre, Hunger, La Niña

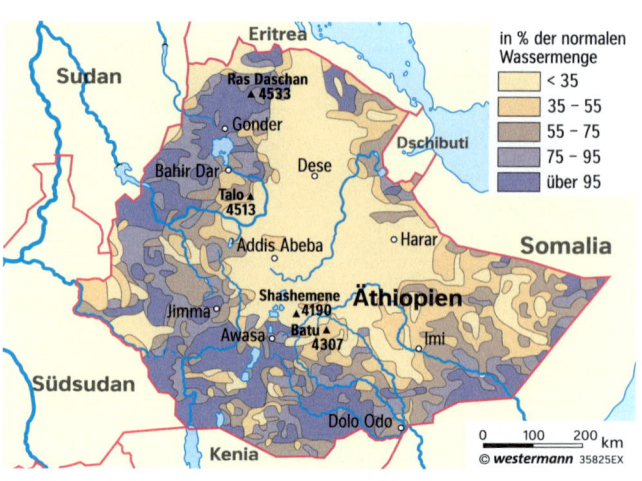

M2   Verfügbarkeit von Wasser in Äthiopien (Stand: 2015)

Bei vorherrschenden El-Niño-Bedingungen mit warmen Meeresoberflächentemperaturen im Ostpazifik fallen durch Fernwirkungen [...] überdurchschnittliche, bei den gegenteiligen La-Niña-Bedingungen unterdurchschnittliche Niederschläge. Für Trockenheit im östlichen Äthiopien, Kenia, Somalia und nördlichen Tansania im Oktober bis Dezember sind [...] zu einem erheblichen Teil La-Niña-Verhältnisse verantwortlich. [Dieser] Einfluss [...] wird dabei vermittelt über den tropischen Indischen Ozean, dessen Westteil bei einem La-Niña-Ereignis geringere Temperaturen aufweist, sowie über die parallel zum Äquator verlaufende Walker-Zirkulation, die bei La-Niña-Bedingungen über Ostafrika absinkende Luftmassen bewirkt. Kühlere Oberflächentemperaturen des Ozeans vor der ostafrikanischen Küste sind [...] mit geringeren Niederschlägen in Ostafrika [...] verbunden. Die absteigende Luft der Walker-Zirkulation erwärmt sich, wodurch die relative Luftfeuchtigkeit abnimmt. 70 % der trockenen Kurzregenzeiten der letzten Jahrzehnte fielen mit La-Niña-Ereignissen zusammen.

Kasang, Dieter (2017): Klima und Klimaänderungen. In: Eberth, Andreas, Kaiser, Andreas (Hrsg.): Ostafrika. Geographie, Geschichte, Wirtschaft, Politik. WBG. Darmstadt, Wissenschaftliche Buchgesellschaft, S. 37–45. (S. 43)

M3   El Niño und La Niña

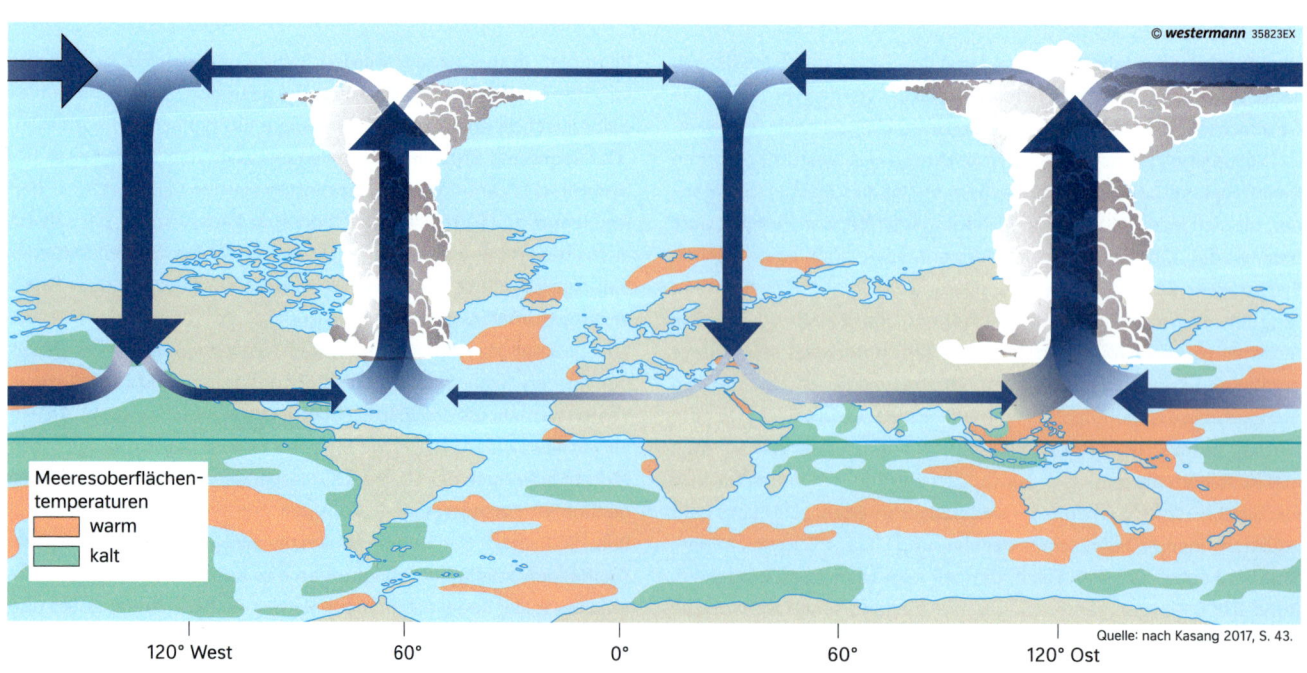

Meeresoberflächen-temperaturen
- warm
- kalt

120° West   60°   0°   60°   120° Ost

Quelle: nach Kasang 2017, S. 43.

M1   Schematische Darstellung der Walker-Zirkulation während eines La-Niña-Ereignisses über Ostafrika

Die Natur bringt Dürren hervor, aber nur der Mensch produziert Hungersnöte. Im Juli 2011 ließ eine kleine Gruppe von Frauen und Männern es zu, dass die seit 60 Jahren schlimmste Dürre in Südsomalia nahezu drei Millionen Menschen einer Hungersnot aussetzte. [...] Wenn Hungersnöte von Menschen gemacht sind, wie alle Experten behaupten, wer hatte dann die in Somalia verursacht? [...] Lebensmittellieferungen aus dem Ausland waren auch die Erklärung für die brachliegenden Felder in Äthiopien. Weil die Lebensmittelhilfe kostenlos verteilt wurde, zerstörte sie den Markt für die kommerzielle Landwirtschaft Afrikas, da kein Anreiz für den Anbau von Nahrungsmitteln mehr bestand. [...] In diesem Sinne machte Lebensmittelhilfe süchtig. Je mehr die Hilfsorganisationen heranschafften, desto mehr mussten sie in der Folgezeit liefern. War es denkbar, dass dieses Katastrophenmanagement selbst zu einem Geschäft geworden war? [...] Manche waren dieser Ansicht. [...] Vor allem bei der amerikanischen Nothilfe ging es ebenso sehr um die amerikanische Wirtschaft wie um die Lieferung von Lebensmitteln an Hungernde. Die amerikanischen Gesetze verlangten, dass nahezu die gesamte amerikanische Lebensmittelhilfe im Wert von jährlich zwei Milliarden US-$ bei amerikanischen Farmern gekauft, von der amerikanischen Nahrungsmittelindustrie verarbeitet und von amerikanischen Unternehmen an ihren Zielort transportiert wird. [...] In Notsituationen, bei denen es auf jeden Dollar und jeden Tag ankommt, kann es vorkommen, dass der Transport der Lebensmittel um den halben Erdball bis zu vier Monaten dauert und die Kosten der Hilfsaktionen ein Mehrfaches dessen betragen, was sie gekostet hätten, wenn man die Lebensmittel in der Region gekauft hätte.

Perry, Alex (2016): In Afrika. Reise in die Zukunft. Frankfurt am Main: Fischer Verlag. (S. 19ff.)

M4 Hilft Hilfe wirklich?

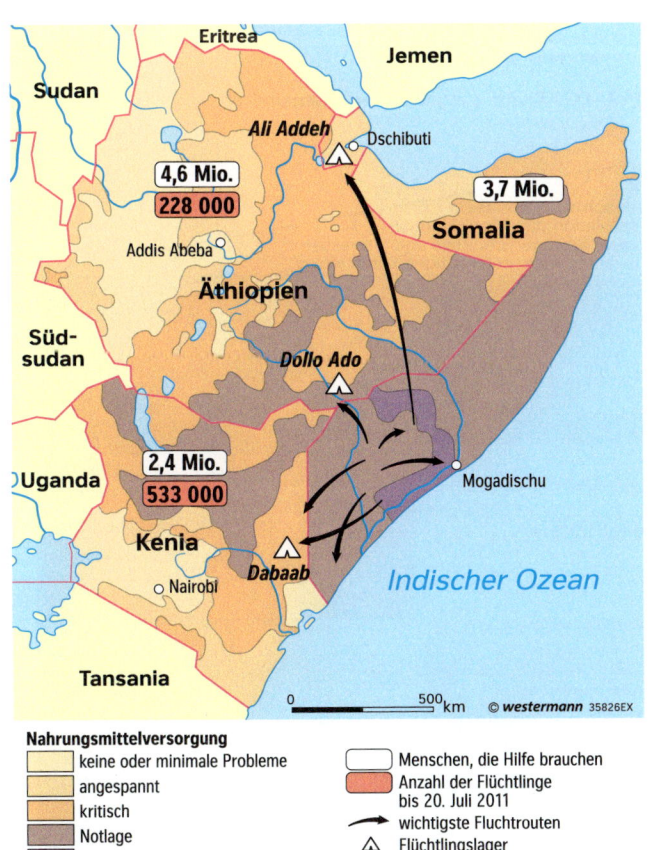

Nahrungsmittelversorgung

▢ keine oder minimale Probleme	▢ Menschen, die Hilfe brauchen
▢ angespannt	▢ Anzahl der Flüchtlinge bis 20. Juli 2011
▢ kritisch	
▢ Notlage	➙ wichtigste Fluchtrouten
▢ Hungerkatastrophe	⌂ Flüchtlingslager
	Quelle: OCHA

M5 Auswirkungen der Hungerkatastrophe am Horn von Afrika 2011

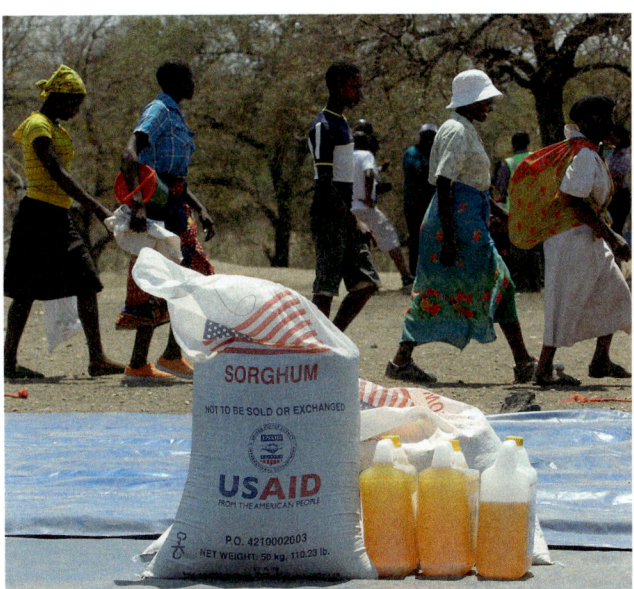

M6 Nahrungsmittellieferung der Vereinigten Staaten

Es war in der Tat erstaunlich, wie wenig Nahrungsmittelhilfe nach Somalia geliefert wurde. Die Dürre von 2011 betraf 12,4 Mio. Menschen in ganz Ostafrika. Ein langfristig ausgerichtetes, aus dem Ausland finanziertes Projekt zur Bekämpfung des Hungers in Afrika [...] sagte bereits im September 2010 eine Hungersnot voraus. [...] Von diesem Zeitpunkt an hatten Hilfsorganisationen riesige Nahrungsmittelnotvorräte in Äthiopien, Somaliland, im Sudan, in Uganda, Dschibuti und Kenia angelegt, nicht aber in Südsomalia. [...] Die gesamte in Somalia verteilte Lebensmittelhilfe reichte allenfalls für ein Fünftel der 2,8 Mio. Südsomalier, die dringend Nahrung benötigten. Dennoch saß das World Food Programme (WFP) auf Tausenden Tonnen Lebensmitteln. Eines Tages verschaffte sich ein dänisches Fernsehteam Zugang zu einem der WFP-Lagerhäuser in Mogadischu und filmte, was dort gelagert war: Getreidesäcke [...] – genug, um die Stadt wochenlang zu ernähren. [...] Von Mogadischu aus führte ich ein Telefoninterview mit Vertretern Großbritanniens und der Vereinigten Staaten. Ich fragte sie, ob sie wüssten, warum die Hungersnot sich ausschließlich auf Gebiete beschränkte, die von al-Shabaab kontrolliert wurden, einer Gruppe, mit der die beiden Staaten sich im Krieg befanden. [...] Ein hoher Beamter des amerikanischen Außenministeriums [...] gab zu, dass es kein Zufall sei, dass die Hungersnot sich ausschließlich auf Gebiete beschränke, die „von al-Shabaab verwaltet oder heruntergewirtschaftet" würden. Und er fügte hinzu: „Da gibt es eindeutig einen Zusammenhang." [...] Die Hungersnot in Somalia verkehrte eines unserer am tiefsten verwurzelten Afrikabilder, das des hungernden, dank westlicher Mildtätigkeit geretteten Kindes, in sein Gegenteil. Hier ging es nicht mehr um afrikanische Hilflosigkeit, die westliche Wohltätigkeit auslöste. Jetzt handelte es sich um westliche Skrupellosigkeit, die in Afrika Tod und Vernichtung herbeiführte. Bei der Verfolgung von 3000 Guerillas hatten die Vereinigten Staaten und ihre somalischen Verbündeten unter Mithilfe westlicher Hilfsorganisationen nahezu drei Mio. Menschen in eine Hungersnot gestürzt. Gemessen an der Zahl der Todesopfer seit dem Zweiten Weltkrieg war dies ein Kriegsverbrechen, das gleich hinter den Völkermorden in Kambodscha und Ruanda einzuordnen ist. Perfide, wie hier humanitäre Hilfe in eine Waffe verwandelt wurde. Das ist nach wie vor einzigartig.

Perry, Alex (2016): In Afrika. Reise in die Zukunft. Frankfurt am Main: Fischer Verlag. (S. 19ff.)

M7 Eine Hungersnot als Maßnahme zur Bekämpfung von Terrorismus?

Zielkonflikte im Kontext einer nachhaltigen Raumnutzung

Landwirtschaft – Felder der Konflikte?

Die Themen auf den vorherigen Seiten haben bestimmte komplexe Krankheitsbilder (Syndrome) und grundlegende Problemfelder aufgezeigt, die nicht nachhaltig sind. Sie zeigen auf, dass hinter einer nachhaltigen Raumnutzung und Entwicklung zahlreiche Ziele und Entscheidungen stehen, die wiederum jeweils mit bestimmten Interessen verknüpft sind. Ziel- und Interessenkonflikte können sich zwischen allen Dimensionen der Nachhaltigkeit ergeben. Ein Konfliktfeld, das immer wieder in den Medien diskutiert wird, ist die Landwirtschaft, die letztlich auch mit unseren Essgewohnheiten zusammenhängt.

1. a) Fassen Sie die CO$_2$-Bilanz der Lebensmittel zusammen (M 2).
    b) Erläutern Sie den Zusammenhang zwischen Fleisch und Klimawandel (M 2, M 3).
2. a) Analysieren Sie mögliche Ziel- und Interessenkonflikte, die im Kontext der industriellen Landwirtschaft auftreten (können) (M 1, M 4).
    b) Erläutern Sie Konflikte auf unterschiedlichen Maßstabsebenen (z. B. Niedersachsen, Deutschland, Europa) mit Bezug auf raumplanerische Entscheidungen (M 1, M 4, Internet).
3. a) Nennen Sie weitere geographische Themen mit Ziel- und Interessenkonflikten in Deutschland (M 1).
    b) Erläutern Sie ein Beispiel aus 3 a) mit Bezug auf die jeweiligen Dimensionen (M 1).
4. A „Ich selbst kann ja sowieso nichts ändern." Nehmen Sie Stellung zu dieser Selbstwirksamkeitsüberzeugung.
    B „Wenn sich die Essgewohnheiten nicht ändern, ist eine globale Klima- und Ökokrise unabwendbar." (M 3) Nehmen Sie Stellung.

→ Zielkonflikte, industrielle Landwirtschaft

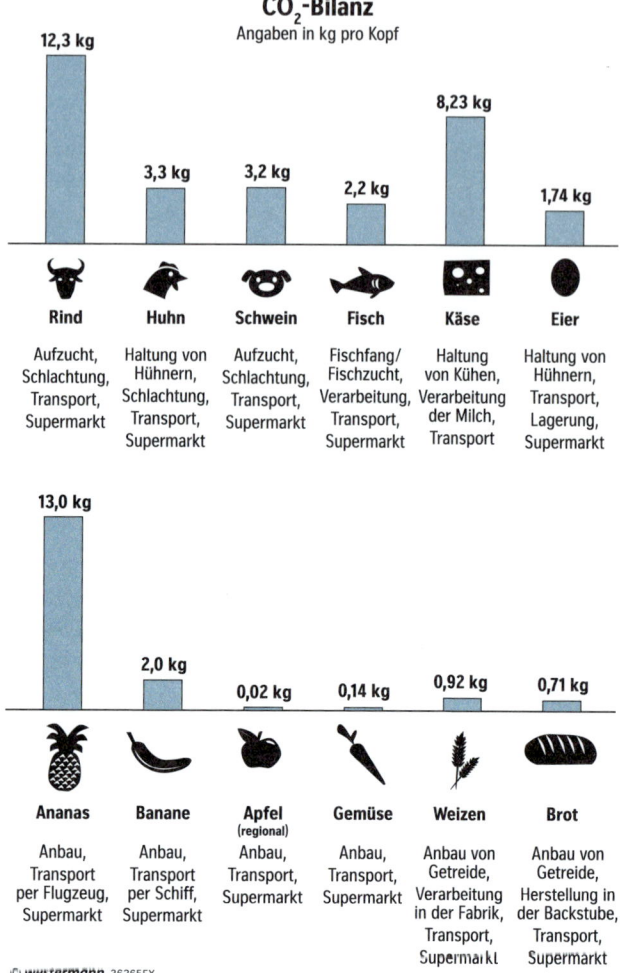

M 2   CO$_2$-Bilanz ausgewählter Lebensmittel

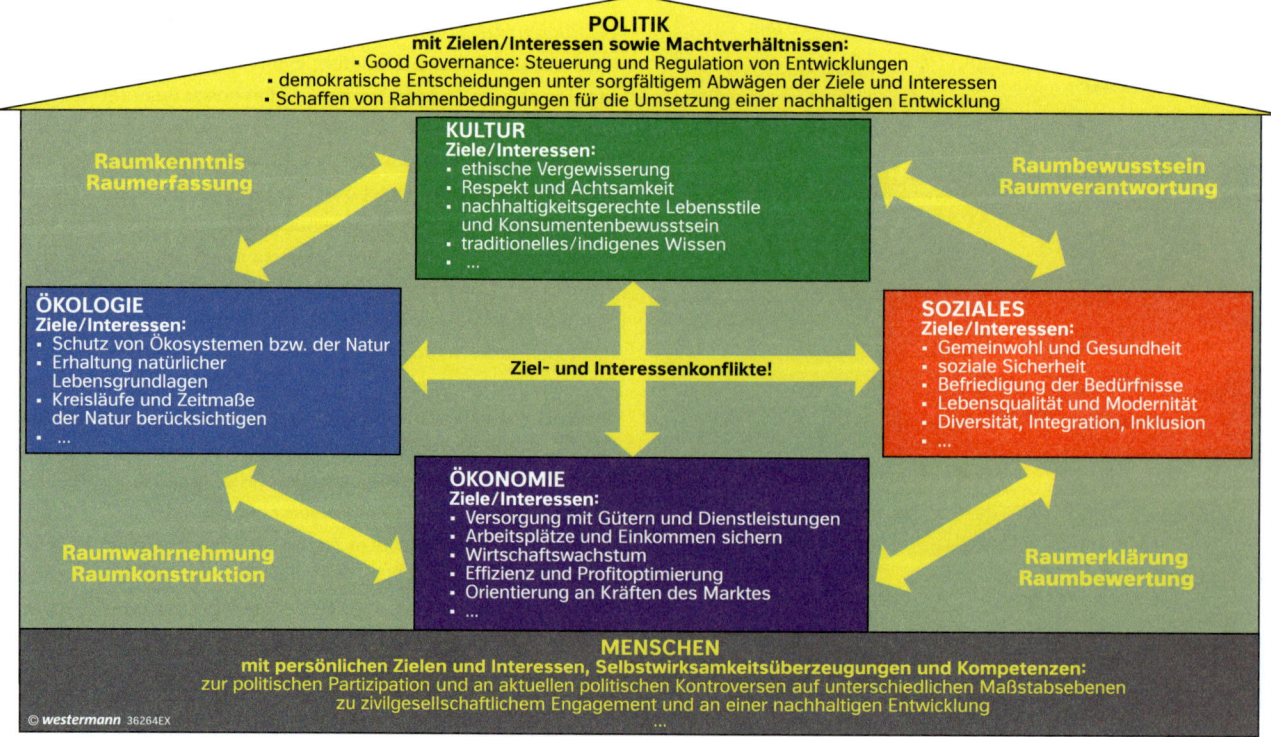

M 1   Ziel- und Interessenkonflikte im Kontext von Nachhaltigkeit

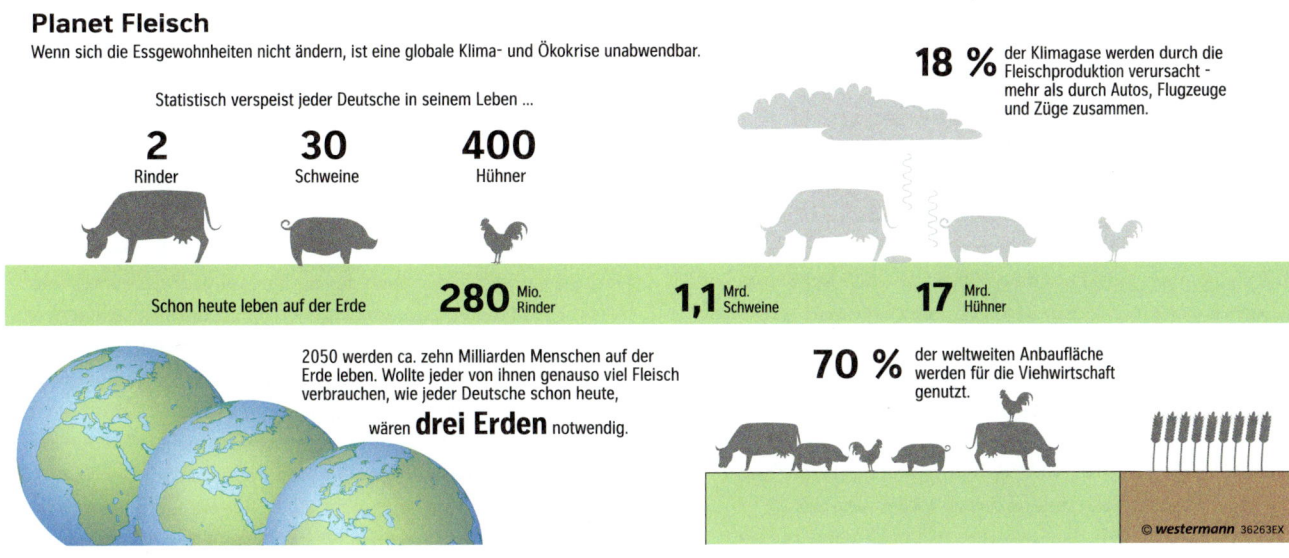

Planet Fleisch

Wenn sich die Essgewohnheiten nicht ändern, ist eine globale Klima- und Ökokrise unabwendbar.

Statistisch verspeist jeder Deutsche in seinem Leben ...

2 Rinder   **30** Schweine   **400** Hühner

18 % der Klimagase werden durch die Fleischproduktion verursacht - mehr als durch Autos, Flugzeuge und Züge zusammen.

Schon heute leben auf der Erde   **280** Mio. Rinder   **1,1** Mrd. Schweine   **17** Mrd. Hühner

2050 werden ca. zehn Milliarden Menschen auf der Erde leben. Wollte jeder von ihnen genauso viel Fleisch verbrauchen, wie jeder Deutsche schon heute, wären **drei Erden** notwendig.

70 % der weltweiten Anbaufläche werden für die Viehwirtschaft genutzt.

© **westermann** 36263EX

M3 Fakten zu Fleischproduktion und Essgewohnheiten

Um kein anderes Thema wird gesellschaftlich so hitzig gestritten. Die Frage, was wir essen, wie Nahrung produziert wird und zu welchem Preis, erregt die Gemüter quer durch alle sozialen Schichten und Altersgruppen. Es treibt Bauern vor die Regierungssitze, Verbraucher auf die Straße, Wissenschaftler zur Verzweiflung und immer mehr Menschen aus Notwehr zum Dinkelbratling. Es ist ein unbestrittener Fakt: Die Art, wie wir landwirtschaften, beeinflusst die Gesundheit, die Umwelt, das Klima. Und in letzter Konsequenz das Überleben der Menschheit. Doch der zuständige Minister lässt diese Zukunftsdebatte [...] verschwinden wie ein Magier das Häschen im Hut. [...] Der Fahrplan des Ministers ist [...] der ewig gleiche: weiter wie bisher in Richtung Agrarindustrie. Die Agrarsubventionen sollen weiter vor allem an die Fläche gebunden sein und damit bevorzugt an Großbetriebe fließen. [...]

54 Milliarden Euro, 37 Prozent des gesamten EU-Haushalts, waren 2016 für die Landwirtschaft eingeplant. Das sind mehr als 106 Euro pro Bürger. Immer mehr von ihnen wollen die Tierhaltungsbedingungen, den Raubbau an der Natur, die Zerstörung von Grund und Boden nicht länger mitfinanzieren. Mehr als die Hälfte der Fläche Deutschlands, insgesamt 18 Millionen Hektar, wird durch Landwirte bewirtschaftet. [...] Der wissenschaftliche Beirat des Landwirtschaftsministeriums hat 2015 eine Bestandsaufnahme der Tierhaltung in Deutschland angefertigt. Prädikat: nicht zukunftsfähig. [...]

Das ethische Problem ist längst nicht das einzige Problem in der Tierhaltung. In den Massenbetrieben fällt auch massenhaft Gülle an. Darüber und über Mineraldünger gelangen zu viel Stickstoff und Phosphat in die Umwelt und belasten Wasser, Luft und Böden. Das ist lange bekannt. Trotzdem sind die Nitratwerte in den Intensivregionen weiter hoch – weil Deutschland keine ausreichenden Gegenmaßnahmen getroffen hat. Dass die Europäische Kommission deshalb ein Vertragsverletzungsverfahren eingeleitet hat – egal. Offenbar zahlt der Staat lieber Strafe, als für sauberes Trinkwasser zu sorgen. Und die Strafe zahlt: der Steuerzahler.

Noch kritischer ist der wahllose Einsatz von Antibiotika. Er begünstigt die Entwicklung und Verbreitung von resistenten Mikroben bei Tier und Mensch. [...] In einigen Krankenhäusern werden Nutztierhalter bereits als Risikopatienten eingestuft. Die höheren Behandlungskosten zahlt: die Allgemeinheit.

Schießl, Michaela (2017): Zum Wohl der Tiere. Der Spiegel, H. 2, S. 68-71.

M4 Konfliktfeld Landwirtschaft – quo vadis?

Dazu kommt: Die moderne Landwirtschaft gefährdet auch die Artenvielfalt. Sie zerstört die Lebensräume der Feldvögel. [...] Weniger bekannt sind die Auswirkungen der Monokulturen auf den Boden: Der großzügige Einsatz von Pestiziden ist auch eine Gefahr für das Bodenleben. Außerdem wird die Erde von gewaltigen Landmaschinen so verdichtet, dass sie weniger Wasser aufnehmen kann. Auf 36 Prozent der Fläche ist die Bodenfruchtbarkeit bedroht, stellte das Umweltbundesamt bereits 2011 fest. [...]

Der Weltklimarat schreibt 31 Prozent der Treibhausgasemissionen direkt der Landwirtschaft zu, insbesondere der Tierhaltung, der Düngung und dem Umbruch von Flächen. Nimmt man Transport, Verarbeitung und Entsorgung von Lebensmitteln dazu, hängen weltweit fast 40 Prozent der Treibhausgase mit der menschlichen Ernährung zusammen. [...]

Das gesamte System ist falsch, krank und hochgradig pervertiert [ins Negative verkehrt]. Die Krönung des Wahnsinns aber ist, dass viele Bauern trotz der Ökonomisierung ihres Berufs kaum noch von ihrer Arbeit leben können. Seit sie sich auf den Exportmarkt begeben haben, müssen die deutschen Landwirte mit den niedrigen Weltmarktpreisen konkurrieren und tragen selbst zum immer größeren Angebot und sinkenden Preisen bei. Mittlerweile ist Deutschland der drittgröße Agrarexporteur der Welt, ein Viertel der Produktion wird in Länder verkauft, die nicht Mitglied der EU sind. Doch auch daheim wollen Molkereien, Schlachthöfe und Lebensmittelhändler weniger bezahlen. [...] Derweil sinkt das Einkommen der Landwirte stetig. Immer mehr kleine und mittlere Betriebe geben auf und werden von Großbetrieben oder branchenfremden Investoren aufgekauft, die Land als Anlageprodukt entdeckt haben. [...]

Greenpeace hat vom Forschungsinstitut für biologischen Landbau (FiBL) eine 110 Seiten starke Studie erstellen lassen [...]. Das Ziel war: der Entwurf eines Landwirtschaftsmodells, das bis zum Jahr 2050 die Klimagase um die Hälfte reduziert, eine für die rund 80 Millionen Deutschen ausreichende Menge gesunder, hochwertiger Lebensmittel erzeugt und gleichzeitig die Umwelt schützt. Das Ergebnis stimmt hoffnungsfroh [...]. Es brauchte allerdings einen kompletten Wandel der Landwirtschaft plus eine Ernährungswende [...].

Wissenschaftlich arbeiten: Ein Experteninterview durchführen

Welche Zielkonflikte gibt es in unserer Kommune?

Politische Entscheidungen werden auf unterschiedlichen Maßstabsebenen getroffen – von lokal (Kommune) über national, europaweit (z. B. EU) bis hin zu global (z. B. UN). Auf kommunaler Ebene finden in Niedersachsen in 944 Städten und Gemeinden Entscheidungen statt, die auch Nachhaltigkeit betreffen. Jede Kommune hat ihre eigenen Ziele, sie muss aber auch Ziele verfolgen, die von übergeordneter Ebene (z. B. vom Bund) vorgegeben werden, z. B. das Flächensparziel der Bundesregierung einzuhalten, Klimaschutzziele zu verfolgen und Biodiversität zu fördern.

1. a) Nennen Sie mögliche Ziele und damit einhergehende Konflikte zur Nachhaltigkeit von Kommunen.
   b) Analysieren Sie das Interview in Bezug auf Ihre Ergebnisse aus 1a (M1).
   c) Erläutern Sie die Zielkonflikte mit Bezug auf S. 42 / M1.
2. a) Beschreiben Sie Ziele des Bundes zur nachhaltigen Entwicklung (M2, Internet).
   b) Erläutern Sie die Intentionen der vom Bund geförderten Forschungsprojekte (M3, M4, Internet).
3. Führen Sie ein Experteninterview in Ihrer Kommune zu aktuellen Zielkonflikten der Nachhaltigkeit durch.
4. Erläutern Sie die Zielkonflikte Ihrer Kommune (S. 42 / M1).

→ Bund, Kommune, Zielkonflikte

Ziele des Bundes zur Fläche

Täglich werden in Deutschland rund 66 Hektar als Siedlungs- und Verkehrsflächen neu ausgewiesen. Dies entspricht einer Flächeninanspruchnahme – kurz Flächenverbrauch – von ca. 94 Fußballfeldern. Zwar lässt sich „Fläche" im engeren Wortsinn nicht „verbrauchen". Fläche ist jedoch – wie auch der Boden – eine endliche Ressource, mit der der Mensch sparsam umgehen muss, um sich seine Lebensgrundlagen zu erhalten. [...] Bis zum Jahr 2030 will die Bundesregierung den Flächenverbrauch auf unter 30 Hektar pro Tag verringern. Diese gegenüber der Nachhaltigkeitsstrategie von 2002 verschärfte Festlegung wurde vom Bundeskabinett im Januar 2017 in der „Deutschen Nachhaltigkeitsstrategie – Neuauflage 2016" festgelegt. Im Klimaschutzplan vom November 2016, der die Leitplanken für ein grundsätzliches Umsteuern in Wirtschaft und Gesellschaft auf dem Weg zu einem treibhausgasneutralen Deutschland beschreibt, strebt die Bundesregierung bis 2050 sogar das Flächenverbrauchsziel Netto-Null (Flächenkreislaufwirtschaft) an, womit sie eine Zielsetzung der Europäischen Kommission aufgegriffen hat.

www.bmub.bund.de/themen/strategien-bilanzen-gesetze/nachhaltige-entwicklung/ strategie-und-umsetzung/reduzierung-des-flaechenverbrauchs, Zugriff am: 08.08.2017

M2 Ziele des Bundes zur Fläche

Die Samtgemeinde Barnstorf setzt sich aus vier Gemeinden zusammen, mit einer Einwohnerzahl von ca. 12 000 auf einer Fläche von 205,86 km² (zum Vergleich: Hannover: ca. 530 000 Einw.; Fläche 204,14 km²).

„Barnstorf, die nachhaltige Samtgemeinde". Wie begründen Sie dieses Attribut?

Durch die Auseinandersetzung mit nachhaltiger Entwicklung hat sich in der Samtgemeinde Barnstorf ein gemeinsames Verständnis von Nachhaltigkeit entwickelt. Das Ergebnis ist auch im Leitbild der Kommune enthalten, das unter Bürgerbeteiligung 2009 erarbeitet und vom Rat verabschiedet wurde [...]: Generationengerechtigkeit (u.a. schuldenfreier Finanzhaushalt), Gerechtigkeit zwischen allen sozialen Gruppen, Erhalt der Natur und der schonende Umgang mit den nicht erneuerbaren Ressourcen (u.a. nachhaltiges Verkehrskonzept, Flächenmanagement, Energieerzeugung aus erneuerbaren Quellen) sowie die Partizipation von Bürgerinnen und Bürgern sowie Unternehmen. Den Anstoß zur Umsetzung nachhaltiger Entwicklung gab die Mitwirkung am BMBF-Projekt REFINA. [...] Durch REFINA entstand ein neues Bewusstsein in Verwaltung und Politik sowie unter den Einwohnerinnen und Einwohnern, zunächst zum Flächensparen und später zur nachhaltigen Entwicklung insgesamt. [...]. Ein anderer wichtiger Meilenstein ist das integrierte Klimaschutzkonzept, das 2011 beschlossen wurde.

Welche zentralen Erfahrungen und Erkenntnisse haben Sie durch das REFINA-Projekt gewonnen?

Durch das REFINA-Projekt [...] ist uns bewusst geworden, wie viel Fläche täglich in Deutschland versiegelt wird. [...] Die eigene Betroffenheit veranlasste uns, die Neuausweisung von Bauflächen kritisch zu hinterfragen. Dabei zeigte sich, dass eine intensive Innenentwicklung sowohl den Flächenverbrauch reduziert als auch der Kommune Vorteile bringt. [...]

Das Ziel der Nachhaltigkeit bringt erfahrungsgemäß auch Konflikte mit sich. Welche Konflikte werden derzeit in Ihrer Samtgemeinde kontrovers diskutiert?

Die Gewinnung regenerativer Energie wird derzeit in der Samtgemeinde heftig diskutiert. Biogas- und Windkraftanlagen prägen weite Landschaftsbereiche unserer Kommune. [...] Doch durch die immer größer werdenden Windkraftanlagen fühlen sich viele Einwohnerinnen und Einwohner gestört. Dadurch sind teilweise starke Konflikte zwischen Windkraftbefürwortern [...] und Windkraftgegnern entstanden.

Wie können diese Konflikte im Sinne der Nachhaltigkeitsziele für Ihre Gemeinde zufriedenstellend gelöst werden?

[...] Wir möchten Windkraftbefürworter und -gegner an einen Tisch holen und die jeweiligen Argumente austauschen, um ein gegenseitiges Verständnis zu erzeugen. Das soll in einem weiteren Forschungsvorhaben zu „Kommunen innovativ" unter Beteiligung von Schülerinnen und Schülern der Oberschule erfolgen, um Erkenntnisse für künftige Zielkonflikte zu gewinnen.

M1 Experteninterview mit Jürgen Lübbers (SPD), Bürgermeister der Samtgemeinde Barnstorf (Niedersachsen)

Der Förderschwerpunkt „Forschung für die Reduzierung der Flächeninanspruchnahme und ein nachhaltiges Flächenmanagement (REFINA)" des Bundesministeriums für Bildung und Forschung ist Teil der Nachhaltigkeitsstrategie der Bundesregierung. Im Mittelpunkt dieser Strategie steht ein effizienter Umgang mit

http://refina-info.de/BMBF

Grund und Boden. Die Ziele hierfür sind die Reduktion der derzeitigen täglichen Inanspruchnahme von Boden für neue Siedlungs- und Verkehrsflächen auf 30 Hektar pro Tag sowie eine vorrangige Innenentwicklung (Verhältnis von Innen- zu Außenentwicklung = 3:1) bis zum Jahr 2030 mittels Flächenmanagement mit der Vision eines Flächenkreislaufs durch Flächenrecycling [...].

M3 Vom Bundesministerium für Bildung und Forschung geförderte Forschung zur Flächeninanspruchnahme

Für mehr Lebensqualität kooperieren Kommunen mit Wissenschaftlern. Vertreter von Verwaltung, Wirtschaft und Bewohner gestalten gemeinsam mit Forschenden ihre Städte und Gemeinden für die Zukunft. Es sind Kommunen, deren Bevölkerungszahl wächst bzw. sinkt. Mit dem Bevölkerungswandel verändert sich

https://kommunen-innovativ.de/BMBF

der Bedarf an Wohnraum, an Infrastruktur, am öffentlichen Leben. Das Bundesministerium für Bildung und Forschung unterstützt 30 Forschungsverbünde aus Kommunen und Wissenschaft, die für diesen veränderten Bedarf nach Lösungen suchen. Für Ortsentwicklung, Infrastruktur oder öffentliche Dienstleistungen haben sie vor allem den nachhaltigen Umgang mit Land- und Flächenressourcen im Blick.

M4 Vom Bundesministerium für Bildung und Forschung geförderte Forschung zu „Kommunen innovativ"

METHODE: Ein Experteninterview durchführen

Folgende Arbeitsschritte spielen im Hinblick auf ein Experteninterview eine Rolle:

1. Die **Problemstellung** wird bestimmt und in Form einer übergeordneten **Fragestellung** konkretisiert, z. B. *Wie geht unsere Kommune mit Konflikten zu Nachhaltigkeitszielen um?*

2. Eine gründliche Recherche zu möglichen Konflikten, zu denen die Ziele, Argumentationen oder Nutzungsansprüche von den jeweiligen Interessengruppen der Kommune ermittelt werden, führt zu **Vermutungen** und **konkreten Fragen**.
   Für das Interview in M1 wurde z. B. durch Internetrecherche herausgefunden, dass die Samtgemeinde Barnstorf in Forschung zum Förderschwerpunkt REFINA (siehe M3) eingebunden war.

3. Um diese Vermutungen zu überprüfen und Erkenntnisse zur Beantwortung der Frage(n) zu gewinnen, wird ein **Experteninterview** mit Akteuren aus der Politik oder Verwaltung auf kommunaler Ebene durchgeführt. Um die Konflikte aus unterschiedlichen Perspektiven zu beleuchten, ist es sinnvoll, mehrere Experteninterviews mit unterschiedlichen Akteuren in der Kommune durchzuführen. Der Ablauf eines solchen Interviews sieht in etwa wie folgt aus:

   I. Zu dem Gespräch muss frühzeitig ein Termin vereinbart werden.

   II. Die auf Basis der Recherche gewonnenen Fragen werden in eine sinnvolle Reihenfolge gebracht (sogenannter **Interview-Leitfaden**). Sie sollten ausformuliert aufgeschrieben und nicht nur stichwortartig notiert werden. Wenn ein direktes Gespräch aus Zeitgründen nicht möglich ist, bleibt als Alternative die Möglichkeit, diese Fragen per E-Mail beantworten zu lassen.
   In M1 hat der Bürgermeister aus Termingründen die Fragen schriftlich beantwortet. Besser ist jedoch ein direktes Gespräch, weil dieses die Möglichkeit für Verständnisfragen oder kritisches Nachfragen bietet.

   III. Das Gespräch wird eröffnet, indem Sie noch einmal Ihr Anliegen beschreiben. Gut wäre als Einstieg in das Interview eine allgemeine Frage.
   In M1 wurde z. B. über den Internetauftritt der Samtgemeinde in das Interview eingestiegen.
   Wichtig ist, dass Sie sich während des Gesprächs Notizen machen, um möglichst viel von dem Erzählten festzuhalten. Sie können das Interview auch mit einem Aufnahmegerät festhalten, aber das erfordert die Einwilligung der interviewten Person.

   IV. Die Notizen sollten im Falle eines direkten Gesprächs im Anschluss zeitnah in eine ordentliche schriftliche Form gebracht werden, weil das Gesagte dann noch frisch im Gedächtnis ist. Auch sollten unmittelbar danach stichwortartig Eindrücke und Erkenntnisse festgehalten werden.

4. Die Ergebnisse des Interviews werden ausgewertet und mit den Vermutungen verglichen. **Alle Ergebnisse (Recherche, Interview) müssen gründlich und wahrheitsgemäß dokumentiert werden (vollständige Quellenangabe).** Abschließend erfolgt zudem eine **kritische Reflexion** über die Herangehensweise, die Optimierung der methodischen Umsetzung und von noch offenen Fragen.
   In M1 wurde z. B. das Projekt „Kommunen innovativ" (M4) angesprochen. Hier wäre es wichtig gewesen, konkreter nachzufragen, z. B. im Hinblick auf die Partizipation der Schülerinnen und Schüler.

Andere (wissenschaftlich anerkannte) Methoden, um Fragestellungen zu beantworten und Vermutungen zu überprüfen, sind u.a. Messungen (z.B. Bodenproben analysieren, Erosionserscheinungen dokumentieren), Fragebogenerhebungen, Interviews (das Experteninterview ist davon eine Sonderform), Beobachtungen oder Quellenarbeit. In der Wissenschaft werden Erkenntnisse zur Diskussion gestellt, um diese von anderer Seite kritisch prüfen zu lassen (Kriterien der intersubjektiven Überprüfbarkeit und Nachvollziehbarkeit).

M5 Die Methode „Ein Experteninterview durchführen"

Palmöl aus Indonesien

Goldenes Öl für die Welt?

Die Ölpalme als eine nahe Verwandte der Kokospalme ist ein Ölwunder. Nicht ohne Grund ist sie die wichtigste ölliefernde Pflanze der Welt. Denn sämtliche Teile der Ölpalme lassen sich industriell nutzen und im Gegensatz zu anderen Ölpflanzen ist der Ertrag pro Hektar am höchsten. Vor allem in Südostasien, genauer gesagt in Indonesien und Malaysia, begann ab den 1960er-Jahren ein regelrechter Palmöl-Boom, der den globalen Markt mit billigem Öl versorgte. Die sozioökonomischen und ökologischen Folgen für die Herkunftsstaaten werden immer deutlicher.

1. a) Benennen Sie Produkte, für deren Herstellung Palmöl verwendet wird (M 1, M 4).
   b) Beschreiben Sie die Relevanz und Bedeutung dieser Produkte für Ihren eigenen Alltag (M 1, M 4).
2. Fassen Sie die Entwicklung der Produktion verschiedener Pflanzenöle weltweit zusammen (M 2).
3. a) Charakterisieren Sie den Palmölanbau in Indonesien (M 3 - M 7, M 10).
   b) Erläutern Sie mögliche Konflikte zwischen verschiedenen Interessengruppen beim Palmölanbau (M 3, M 7, M 9).
Ⓩ 4. Erklären Sie die Entwicklung des Weltmarktpreises für Palmöl (M 8).
5. Nehmen Sie Stellung zu folgenden Aussagen: „Südostasien im Ölrausch" und „Ölpest im Regenwald"
6. Erörtern Sie, ob und inwieweit eine nachhaltige Palmölproduktion möglich ist (M 2, M 4, M 7, M 9, Internet).

→ Palmöl, Biodiversität, Monokultur

M 3   Ölplantage in Indonesien

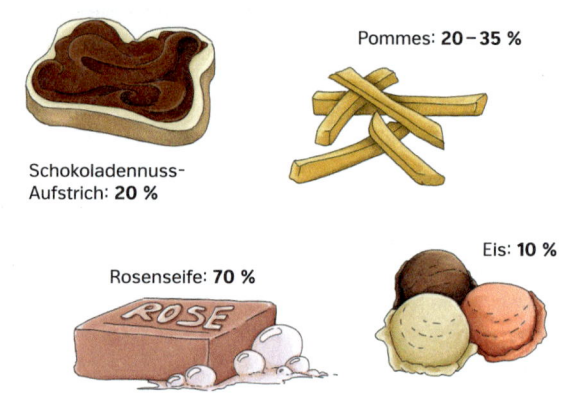

Pommes: **20 – 35 %**

Schokoladennuss-Aufstrich: **20 %**

Rosenseife: **70 %**

Eis: **10 %**

© *westermann* 36275EX

M 4   Palmölanteile in Alltagsprodukten

[...] Palmöl ist mit einem Anteil von einem Drittel am globalen Gesamtverbrauch das weltweit wichtigste Pflanzenöl. Denn Palmöl ist billig und vielseitig verwendbar: [...] Margarine, Schokolade, Kuchen, Kekse, Chips, Teig und Brötchen, Suppen, Saucen, Pommes Frites und Fertiggerichte, in alldem steckt Palmöl. Ob ein Lebensmittel Palmöl enthält, verraten Bezeichnungen wie ‚pflanzliches Öl' oder „vegetabiles Fett". [...] Palmkernöl ist Bestandteil von Hautcreme, Seife, Sonnenmilch, Körperlotion, Lippenstift und anderen Kosmetikprodukten. Aus Palmkernöl können Tenside hergestellt werden, die in Duschgels, Shampoos und in Wasch- und Reinigungsmitteln stecken. Palm- oder Palmkernöl ist zudem in Schmiermitteln, Kerzen, Farben und Lacken enthalten. Fünf Prozent der Palmöl-Ernte werden weltweit als Rohstoff für die Strom- und Wärmeproduktion und als Biokraftstoff genutzt – mit steigender Tendenz. Vor allem in den bevölkerungsreichen Staaten Asiens – Indien und China – decken viele Menschen ihren täglichen Fettbedarf mit Palmöl.

www.wwf.de/themen-projekte/landwirtschaft/produkte-aus-der-landwirtschaft/palmoel/palmoel-segen-oder-fluch/, Zugriff am: 26.04.2017

M 1   Palmöl – ein vielseitiger Rohstoff

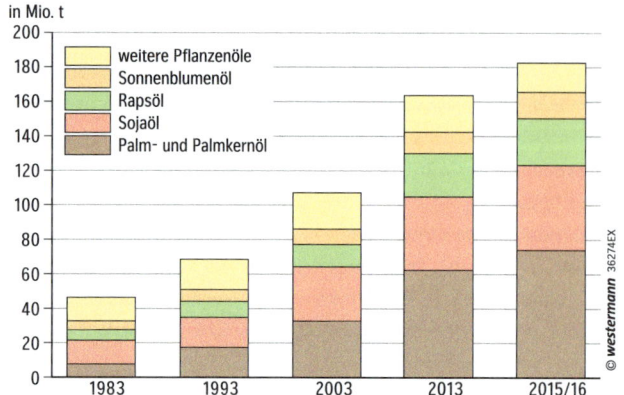

M 2   Globale Produktion von Pflanzenölen (in Mio. t)

Ölerträge in Tonnen pro Hektar (t/ha)
(Durchschnitt der Jahre 2010–2012)

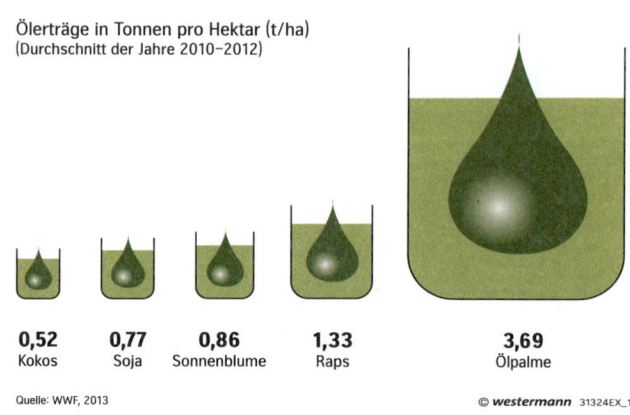

0,52 Kokos   **0,77** Soja   **0,86** Sonnenblume   **1,33** Raps   **3,69** Ölpalme

Quelle: WWF, 2013

© *westermann* 31324EX_1

M 5   Ölerträge im Vergleich

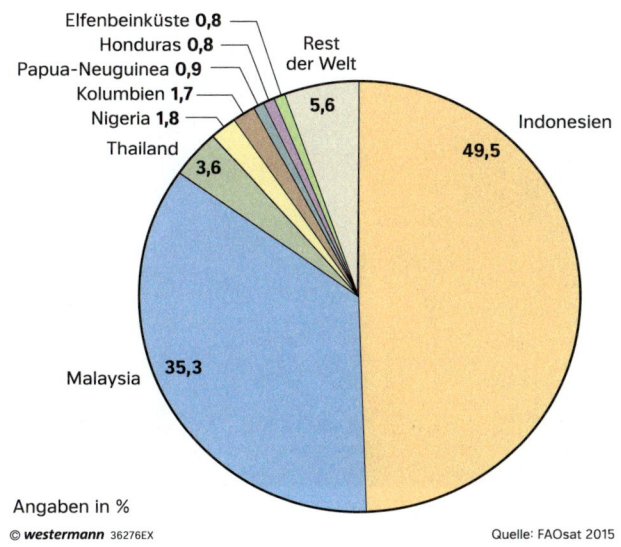

Elfenbeinküste **0,8**
Honduras **0,8**
Papua-Neuguinea **0,9**
Kolumbien **1,7**
Nigeria **1,8**
Thailand
Rest der Welt **5,6**
3,6
Indonesien **49,5**
Malaysia **35,3**

Angaben in %
© *westermann* 36276EX
Quelle: FAOsat 2015

M 6 Die Bedeutung der Palmölproduktion in Südostasien

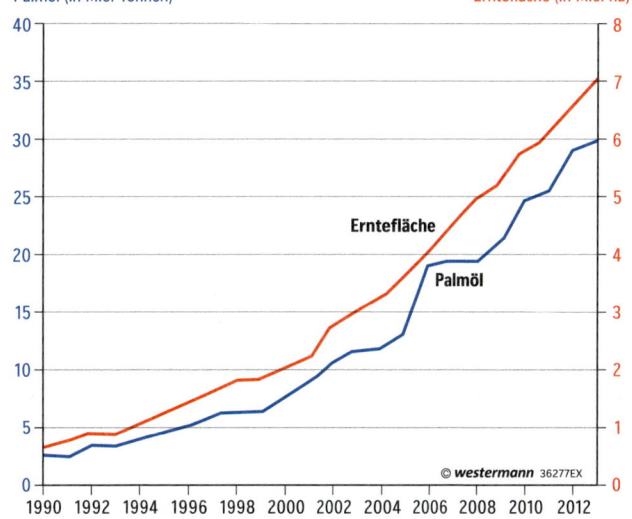

Palmöl (in Mio. Tonnen)
Erntefläche (in Mio. ha)
Erntefläche
Palmöl
© *westermann* 36277EX

M 10 Palmölproduktion (in t) und Erntefläche (in ha) in Indonesien

Vorteile

- hohe Nachfrage auf dem Weltmarkt
- Preisvorteil durch niedrige Löhne der Arbeiter in Indonesien bzw. der indonesischen Gastarbeiter in Malaysia
- Palmölfabriken energetisch autark, da Pflanzenabfälle zur Energiegewinnung genutzt werden können
- relativ resistente Pflanze gegenüber Schädlingen
- Verwendung zahlreicher Nebenprodukte möglich
- bei Ölpalmen kein periodischer Vegetationszyklus wie bei außertropischen Konkurrenten, konstante Auslastung möglich
- durch Arbeitsintensität großes Angebot an Arbeitsplätzen

Nachteile

- massive Vernichtung von Regenwäldern
- Monokultur führt zu Verlust an Biodiversität
- starke Verschmutzung von Gewässern durch Palmölfabriken
- Austrocknung von Mooren (extrem klimaschädlich durch die Freisetzung von CO_2)
- Konflikte mit indigener Bevölkerung aufgrund Missachtung von traditionellen Landbesitzregelungen durch Unternehmen
- Zunahme von Waldbränden durch Rodung (Emissionen)
- Überflutungsmöglichkeiten durch Absenken der Böden (Moore, S. 10/11)

M 7 Vor- und Nachteile der Ölpalmproduktion

in US-$ pro Tonne
© *westermann* 36278EX

M 8 Entwicklung des Weltmarktpreises für Palmöl

„Ein Regierungsbeamter fragte mich, ob ich beweisen kann, dass das hier mein Grundstück ist. Ich antwortete ihm, dass jeder einzelne Baum von uns oder unseren Vorfahren gepflanzt wurde und dass dies als Nachweis gilt. Ich bin ein Ureinwohner, der hier geboren ist. Meine Vorfahren haben dieses Land schon über Generationen verteidigt."
Indigenous leader (Anführer von Ureinwohnern), West Kalimantan

„Man hat uns gesagt, dass wir finanziell entschädigt werden. Und wenn die Palmölplantagen scheitern, wird man das Land an die Besitzer zurückgeben. Sie würden es nur für 25 Jahre ausborgen."
Anführer eines Dorfes auf West Kalimantan

„Wir haben unser Land den Palmölplantagen überlassen. Man hat uns versprochen, dass wir bei den Firmen angestellt werden. Wir brauchen uns um nichts kümmern – das wurde uns versprochen! Aber drei oder vier Jahre später wurden die Menschen von der Firma entlassen. Wir haben unser Land verloren und haben keine Arbeit!"
Dorfbewohner auf West Kalimantan

Bahr, Matthias (2009): Palmöl statt Regenwald. In: Diercke 360°, H. 1, S.12. www.diercke.de/bilder/omeda/1_2009_nachhaltigkeit.pdf, Zugriff am: 26.04.2017

M 9 Aussagen von Einheimischen

Saatgut und Biopiraterie

Wer die Saat hat, hat das Sagen! – Aber wem gehört die Natur?

Jeden Tag haben wir mit Saatgut zu tun, auch wenn wir kaum darüber nachdenken. Unsere Nahrungsmittel wachsen aus Saatkörnern! Die traditionellen bäuerlichen Saatgutsysteme basieren auf dem Prinzip des Teilens, d. h. des Tauschens und Weitergebens, von naturgegebenem Gemeingut und somit auch des Saatguts. In den letzten Jahrzehnten ist jedoch dieses Gemeingut zu einer Ware geworden. Agrarkonzerne haben zunehmend das Sagen über die Saat erobert. Die Souveränität (Selbstbestimmung, Unabhängigkeit) über das Saatgut ist jedoch Grundlage für Ernährungssouveränität – besonders die Länder des Globalen Südens sind somit betroffen und gefährdet.

1. a) Erläutern Sie die Intention des Karikaturisten (M 1, M 3).
   b) Recherchieren Sie zum Patent über Basmati-Reis (M 3, Internet).
Ⓦ 2. A Erklären Sie das Problem der Monopolbildung im Hinblick auf das Saatgut (M 5, M 6, M 8).
   B Erklären Sie das Problem der Biopiraterie (M 3, M 4, M 7).
Ⓩ 3. Recherchieren Sie zum Fall „Percy Schmeiser" und erklären Sie das Saatgut-Problem (Internet).
4. Wem gehören die Rechte auf Saatgut?
   a) Analysieren Sie arbeitsteilig die Positionen zur Patentierung aus unterschiedlichen Perspektiven und stellen Sie diese im Plenum vor:
      – Kampagne „Slow Food" (M 2, Internet)
      – Bayer AG (M 5, M 6, M 8, Internet)
      – Indigene Völker (M 4)
      – Greenpeace (Internet)
   b) Nehmen Sie Stellung zur Eingangsfrage.
Ⓩ 5. Vandana Shiva betitelt eines ihrer Bücher mit „Geraubte Ernte". Begründen Sie den Titel.
6. „Wer die Saat hat, hat das Sagen." Nehmen Sie Stellung.

→ Saatgut, Biopiraterie

M 1 Karikatur von Sergio Staino (*Lex* (lat.): „Gesetz")

Konzerne wie Monsanto, Syngenta und Bayer melden mehr und mehr Patente auf Saatgut an und bilden so schrittweise ein Monopol über unsere Ernährung. Bereits jetzt kontrollieren lediglich fünf Konzerne bereits etwa 75 % des EU-Marktes für Mais-Saatgut. Ebenfalls fünf Konzerne kontrollieren 95 % des Marktes beim Saatgut für Gemüse.

www.slowfood.de/aktuelles/2016/online_petition_gegen_patente_auf_leben, Zugriff am: 10.04.2017

M 2 Protest gegen Patente (2016)

In Indien gilt Reis als „prana" oder Lebensatem. Vor der Einführung von Monokulturen im Zuge der Grünen Revolution wurden in Indien über 200 000 Reissorten angebaut, die darauf spezialisiert waren, Überschwemmungen und Trockenheit zu überstehen, in Küstengebieten oder im Bergland zu gedeihen, gut zu schmecken oder Krankheiten zu heilen.
Basmatireis, der auf dem indischen Subkontinent seit Jahrhunderten angebaut wird, [...] ist weltweit begehrt. [...]
In den vergangenen Jahren zählte Basmatireis zu den Exportgütern Indiens, mit den höchsten Wachstumsraten. [...]
Seit einigen Jahren jedoch droht ein neues Patent die Errungenschaften der Bauern an sich zu reißen und den Handel zu monopolisieren. Am 2. September 1997 erhielt die in Texas ansässige RiceTec Inc. das Patent Nr. 5663484 auf Basmatireis-Sorten zugesprochen, nachdem das Unternehmen einige Varietäten bereits unter den Markennamen „Kasmati", „Texmati" und „Jasmati" vertrieben hatte. Das Patent gestattet RiceTec die internationale Vermarktung einer angeblich neuen Basmati-Varietät. Die RiceTec-Sorte ist eine Kreuzung aus indischem Basmati und Halbzwerg-Reissorten, darunter auch einige Indica-Varietäten. Diese Reissorten sind ausnahmslos das Ergebnis der jahrhundertelangen Züchtungsanstrengungen der indischen und pakistanischen Bauern. [...]
Das Basmati-Patent der RiceTec Inc. veranschaulicht die ganze Problematik der Patentierung von Leben. Wer Pflanzenvarietäten als Erfindung behandelt, stellt nicht nur die Kreativität der Natur in Abrede, sondern auch die Schaffenskraft der Bauern. [...] In letzter Konsequenz müssten die indischen Basmati-Bauern an RiceTec Lizenzgebühren entrichten. Die Kosten für die indische Landwirtschaft wären immens. Die Existenzgrundlage der 250 000 Bauern, die in Indien und Pakistan Basmati pflanzen, wäre stark bedroht. Marktmonopole würden die eigentlichen Innovatoren vom Zugang zu ihren lokalen, nationalen und globalen Märkten ausschließen.

Shiva, Vandana (2004): Geraubte Ernte. Biodiversität und Ernährungspolitik. Zürich: Rotpunktverlag. (S. 113-116)

M 3 Saatgut als „geistiges Eigentum"

Wir halten an unserer Forderung fest, das Patentieren jeglicher Lebensformen zu verbieten. Wir geben hier erneut wieder, was die indigenen Völker in ihrer Stellungnahme mit dem Titel „Keine Patentierung von Leben" aus dem Jahr 1999 erklärten. Darin heißt es: „Niemand kann etwas besitzen, das in der Natur existiert, außer die Natur selbst. Die Menschheit ist Teil von Mutter Natur. Wir haben nichts geschaffen, also können wir in keiner Weise den Anspruch erheben, Besitzer von etwas zu sein, das uns nicht gehört [...]." Leben zu patentieren und zur Ware zu machen, widerspricht unseren fundamentalen Werten und Glaubensgrundsätzen. Diese gehen von der Heiligkeit des Lebens und der Lebensvorgänge aus und von einer Wechselbeziehung, in der wir mit der gesamten Schöpfung stehen. [...] Nur die Natur kann Leben schaffen, und niemand kann behaupten, dass er einen lebenden Organismus erfunden oder geschaffen hat, so als ob er ein mechanisches Werkzeug oder eine Maschine erfunden hätte. [...] Die Patentierung von Leben erleichtert die Biopiraterie [...].

Tauli-Corpuz, Victoria (2004): Das Recht indigener Völker auf ihr kulturelles Erbe. Bio. Vielfalt, traditionelles Wissen und das Konzept des geistigen Eigentums. Bonn: Forum Umwelt und Entwicklung. (S. 22)

M 4   Standpunkt indigener Völker

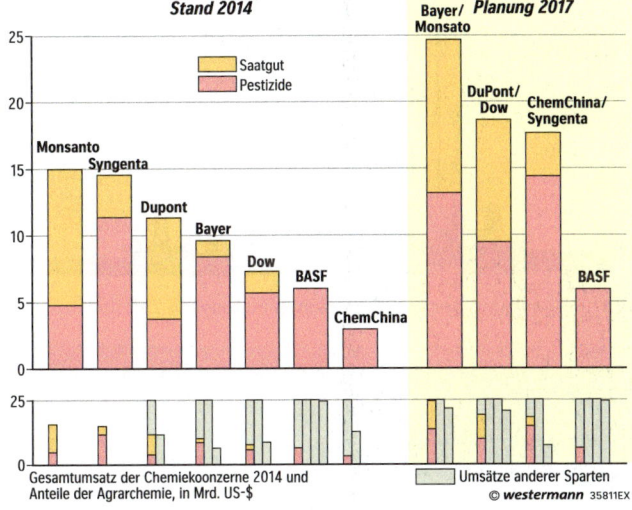

M 5   Weltweit führende Unternehmen bei der Produktion von Saatgut und Pestiziden

Biopiraterie bezeichnet die private Aneignung von Leben – d. h. von Pflanzen oder Tieren und ihren Bestandteilen oder Genen – und des Wissens über seine Nutzung mithilfe sogenannter geistiger Eigentumsrechte [...]. Dies sind Rechte, die einer Privatperson oder einem Unternehmen, einer Forschungseinrichtung oder einer sonstigen juristischen Person auf Antrag zugesprochen werden, um eine Erfindung, eine kreative Leistung oder einen Namen für ein Produkt zu „schützen". Der Inhaber des geistigen Eigentumrechts kann alle anderen von der gewerblichen Nutzung der entsprechenden Erfindung, des Namens etc. ausschließen oder dafür Lizenzgebühren verlangen. Geistige Eigentumsrechte schaffen für den Inhaber eine Art Monopol und führen zur Privatisierung von Erfindungen, Natur und Wissen. [...] Die meisten Biopiraten haben ihr Hauptquartier [...] in den Industrieländern. Für viele der dort ansässigen Pharma- und Agrarunternehmen oder universitären Forschungseinrichtungen ist die biologische Vielfalt unseres Planeten in erster Linie ein Jagdrevier, um „grüne Beute" zu machen. [...] Die Zentren der biologischen Vielfalt [...] und das Wissen über ihre Nutzung sind dagegen zum allergrößten Teil in den Ländern des globalen Südens [...] angesiedelt.

Wagner, Christian, Riekeberg, Andreas (2005): Grüne Beute. Biopiraterie u. Widerstand. In: BUKO-Kampagne gegen Biopiraterie (Hrsg.): Grafenau/Frankfurt a.M.: Trotzdem Verlagsgenossenschaft. (S. 10f.)

M 7   Was ist Biopiraterie?

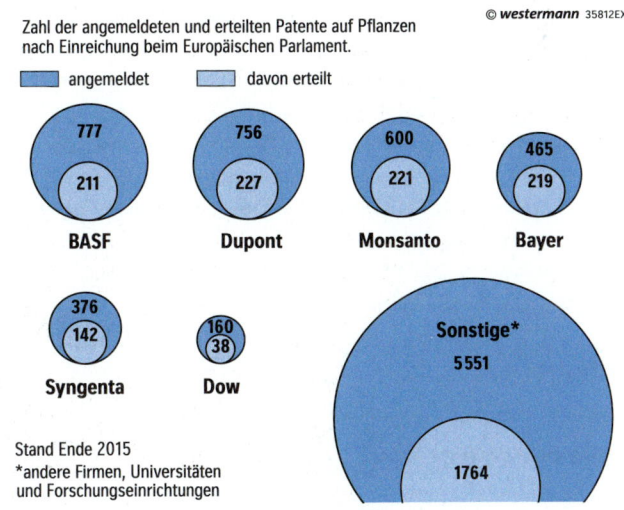

M 8   Patente der führenden Unternehmen auf Pflanzen

Ein Drittel des globalen Marktes für kommerzielles Saatgut und ein Viertel des Marktes für Pestizide formen den größten Agrarkonzern der Welt. Bayer hat mit Monsanto einen Kaufpreis von 66 Milliarden vereinbart. ChemChina zahlt für Syngenta ebenfalls elfstellig: 43 Milliarden. [...] Niemand hat sich so konsequent wie Monsanto Saatgutfirmen einverleibt. Das Unternehmen [...] beherrscht nun ein Viertel des weltweiten kommerziellen Saatgutmarktes. Es besitzt das Gros aller Gentech-Pflanzen, verkauft aber auch viele konventionelle Saaten und hier insbesondere Gemüsesaatgut. [...] Indem das Oligopol [d.h. der Markt wird von wenigen Großunternehmen beherrscht] aus sechs bis sieben Konzernen auf drei Konglomerate [d.h. Gemisch aus Verschiedenartigem] schrumpft, kommen Bayer-Monsanto, DuPont-Dow und ChemChina-Syngenta ihrem Ziel näher: jeweils die marktbeherrschende Stellung bei Saatgut und Pestiziden

zu erreichen, also Produkte, Preise und Qualitäten zu diktieren. [...] Hinzu kommt der politische Einfluss: Je größer ein international agierendes Unternehmen, desto weitreichender ist seine Lobbymacht und damit sein Einfluss auf die Gesetzgebung. Mit Bayer könnte Ende 2017 ein Konzern mit Sitz in Deutschland die globale Nummer eins bei Saatgut, Pestiziden und Agrogentechnik sein. [...] Die Interessen von Bayer-Monsanto werden in Zukunft mehr denn je die des Wirtschaftsstandorts Deutschland sein. [...] Dahinter locken Bayer noch größere Aufgaben. „Wer die Saat hat, hat das Sagen", lautet das Bonmot. Wer sich genetisches Material über Patente sichert, erhält perspektivisch die Kontrolle über das Saatgut und damit über die Landwirtschaft sowie über die nachgelagerte Lebensmittelerzeugung – und am Ende über die Welternährung.

Moldenhauer, Heike/Hirtz, Saskia (2017): Saatgut und Pestizide: Aus Sieben werden Vier – Eine Branche schrumpft sich groß. In: Heinrich-Böll-Stiftung et al. (Hrsg.): Konzernatlas 2017. Daten und Fakten über die Lebensmittelindustrie. Berlin: HBS. (S. 21f.)

M 6   Wer die Saat hat, hat das Sagen

Grenzen der Tragfähigkeit beim Verkehr

Wie viel Verkehr verträgt das Klima?

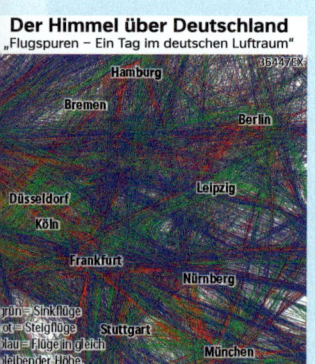

Der Himmel über Deutschland
„Flugspuren – Ein Tag im deutschen Luftraum"

In vielen Zeitungen häufen sich die Schlagzeilen zur Luftbelastung in Städten. Für die Menschen bedeutet dies eine Gesundheitsgefährdung, der urbane Raum stößt an die Grenzen seiner Tragfähigkeit, da eine Absorption der Luftschadstoffe häufig nicht mehr in hinreichendem Maße möglich ist. Eine bedeutende Quelle der Emissionen sind der motorisierte Individualverkehr und der Flugverkehr.

M1   „Der Himmel über Deutschland" – tägliche Flugspuren

1. a) Beschreiben Sie die Emissionen verschiedener Verkehrsmittel (M3).
    b) Ergänzen Sie die Tabelle um die Kategorie „Fahrrad" (M3).
2. Erläutern Sie die Rolle des Verkehrs im sogenannten fossilen Zeitalter im Kontext der Tragfähigkeit (M1–M5, M8).
3. Charakterisieren Sie die ökologische Verkehrswende und ihre Bedeutung (M6, M9).
4. „Wir brauchen eine Verkehrswende!" Nehmen Sie Stellung zu dieser Forderung (M1–M9).
Ⓩ 5. a) Recherchieren Sie nach den Zielen der Bundesregierung zum Ausbau der E-Mobilität (Internet).
    b) Nehmen Sie Stellung zu den Zielen der Bundesregierung (Aufgabe 5a, M4, M6).

→Emissionen, Tragfähigkeit

© *westermann* 36262EX

2016
7,9 Billionen

■ 1969 – 2016
■ 2017 – 2036
□ 2037 – 2052

1969
2,5 Billionen

1798 bis 1954

1899
0,5 Billionen

M4   Entwicklung der CO$_2$-Emissionen im fossilen Zeitalter

Beförderung	2011	2012	2013	2014	2015
Linienverkehr (Bus, Straßenbahn)	9 276	9 253	9 306	9 364	9 379
Gelegenheitsverkehr (Bus)	77	74	74	76	82
Eisenbahn	2 474	2 550	2 613	2 693	2 708
Luftverkehr	176	180	181	187	194
Motorisierter Individualverkehr	56 730	56 948	57 318	57 586	58 297

M2   Beförderte Personen in Deutschland (Einheit: in Millionen, Stat. Bundesamt 2017)

		Pkw	Reise-bus[1]	Eisenbahn, Fernverkehr	Flug-zeug	Linien-bus	Eisenbahn, Nahverkehr	Straßen-, Stadt- und U-Bahn
Treibhausgase[2]	g/Pkm	142	32	41[3]	211[4]	76	67[3]	71
Kohlenmonoxid	g/Pkm	0,66	0,05	0,03	0,15	0,07	0,05	0,05
Flüchtige Kohlenwasserstoffe	g/Pkm	0,14	0,02	0,00	0,04	0,03	0,01	0,00
Stickoxide	g/Pkm	0,31	0,21	0,06	0,55	0,41	0,21	0,07
Feinstaub	g/Pkm	0,005	0,004	0,000	0,005	0,003	0,002	0,000
Verbrauch Benzinäquivalent	l/100 Pkm	6,1	1,4	1,9	4,9	3,3	3,0	3,3
zugrunde gelegte Auslastung		1,5 Pers./Pkw	60 %	50 %	77 %	21 %	28 %	19 %

g/Pkm – Gramm pro Personenkilometer; l/100 Pkm – Liter pro 100 Personenkilometer
Emissionen aus Bereitstellung und Umwandlung der Energieträger in Strom, Benzin, Diesel und Kerosin sind berücksichtigt.
[1] *Die Kategorie „Reisebus" umfasst Busse im Gelegenheitsverkehr (z.B. für Klassen- oder Kaffeefahrten) und Fernlinienbusse. Differenzierte Daten für diese beiden Unterkategorien stehen für das Jahr 2014 nicht zur Verfügung.*
[2] *CO$_2$, CH$_4$ und CO$_2$-Äquivalente*
[3] *Die in der Tabelle ausgewiesenen Emissionsfaktoren für die Bahn basieren auf Angaben zum durchschnittlichen Strom-Mix in Deutschland. Emissionsfaktoren, die auf unternehmens- oder sektorbezogenen Strombezügen basieren (siehe z.B. den „Umweltmobilcheck" der Deutschen Bahn AG), weichen daher von den in der Tabelle dargestellten Werten ab.*
[4] *unter Berücksichtigung aller klimawirksamen Effekte des Flugverkehrs (EWF = Emission Weighting Factor = 2)*

Quelle: TREMOD 5.63
Umweltbundesamt 28.04.2016

M3   Vergleich der Schadstoffemissionen verschiedener Verkehrsmittel im Personenverkehr (Umweltbundesamt 2016)

www.diercke.de
100800-077-06

www.diercke.de
100800-264-02

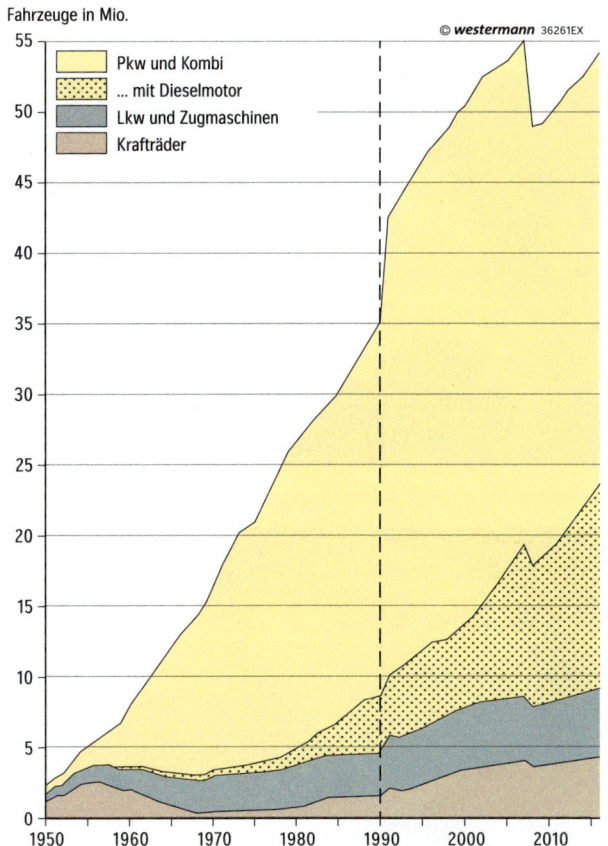

M5 Entwicklung des Bestands an Kraftfahrzeugen in Deutschland 1950 bis 2015

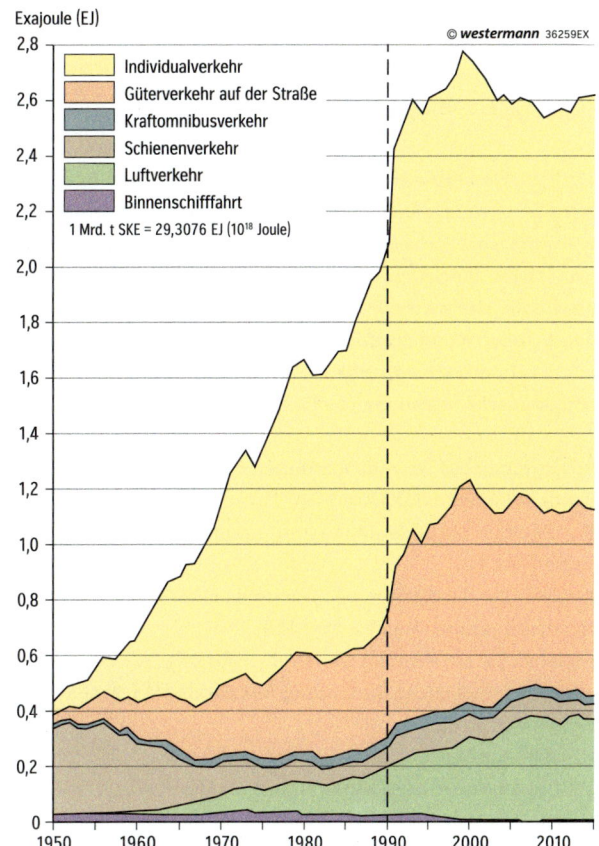

M8 End-Energieverbrauch des Verkehrs nach Bereichen in Deutschland

Gebot innovativer Verkehrspolitik muss [...] eine Verminderung des Autoverkehrs sein, um dadurch seine Unverträglichkeiten abzubauen. [...] Wer mit Vermeidung und Verminderung ausschließlich Häufigkeit der Nutzung und Ausmaß der Fahrleistung von Autos meint, greift zu kurz. [...] So lassen sich für Fußgänger- und Fahrradverkehr kaum ausreichend große und attraktive Flächen finden. [...] Massenhafter Autobesitz (gibt) auch immer Anlass für autofreundliche, breite Fahrbahnen zulasten der Flächen und Sicherheit von Fußgänger- und Fahrradverkehr [...]. Ähnlich prekär ist es mit dem Platz für Busse und Bahnen. [...] Massenhafte Autoproduktion und massenhafter Autobesitz bilden außerdem immer die Basis für die machtvoll vorgetragenen Forderungen für einen Ausbau der Autoinfrastruktur und autofreundliche Randbedingungen des Steuerrechts, Verkehrsrechts, Bau- und Planungsrechts sowie Verkehrsfinanzierung. [...] Massenmotorisierung als verkehrs- und wirtschaftspolitisches Ziel torpediert jeden Versuch, dem Auto die Vorrangrolle im Verkehrssystem zu nehmen und die Arbeitsteilung im Verkehr neu zu definieren. [...] Wer Verkehrsvermeidung ermöglichen und Autoverkehr entscheidend verringern will, muss auch an der Motorisierung selbst ansetzen.

Monheim, Heiner (2008): Die Autofixierung der Verkehrspolitik. Warum die ökologische Verkehrswende bisher nicht vorankommt und wie sich das ändern ließe. In: Monheim, Heiner, Zöpel, Christoph (Hrsg.): Raum für Zukunft. Zur Innovationsfähigkeit von Stadtentwicklungs- und Verkehrspolitik. Essen: Klartext. S. 324-340. (S. 331f.)

M6 Aspekte einer ökologischen Verkehrswende

Debatte um Luftbelastung

„An der Marienstraße zu leben ist wie Kettenrauchen"
Wie gelingt es, in Hannover die Luftqualität zu verbessern? Die Stadt denkt über Straßensperrungen nach. Während Autofahrer andere Lösungen fordern, würden Anwohner der stark belasteten Marienstraße eine Reduzierung des Verkehrs begrüßen. Katharina Pieper findet drastische Worte. „An der Marienstraße zu wohnen, ist für die Gesundheit wie Kettenrauchen", sagt die 25-Jährige. Seit sie zum Studienbeginn mit ihrem Freund Tim Weber hergezogen ist, mussten beide leidlich erfahren, was es bedeutet, an einer der am stärksten mit Verkehr und Schadstoffen belasteten Straßen Hannover zu leben. Filter über den Fenstern zeigen an, dass Feinstaub hier nicht bloß Politikum ist, sondern ein tägliches, schwerwiegendes Problem."

Moers, Mario, Haase, Bernd (2017): An der Marienstraße zu leben ist wie Kettenrauchen. Hannoversche Allgemeine, Tagesausgabe vom 16.02.2017.

M7 Auszug eines Artikels der Hannoverschen Allgemeinen vom 16.02.2017

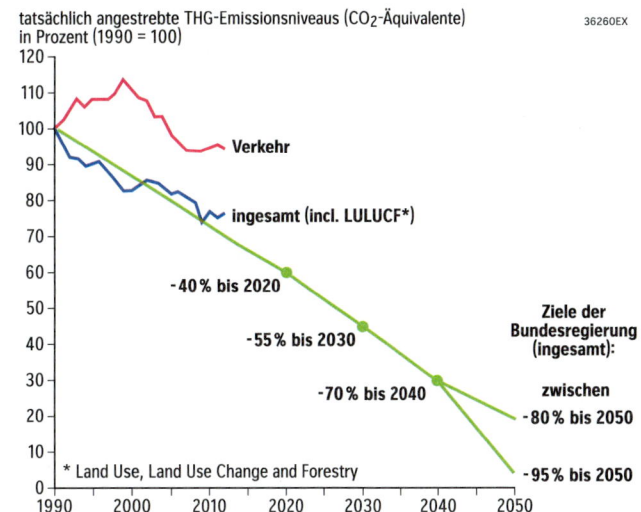

M9 Entwicklung der Treibhausgasemissionen in Deutschland insgesamt (blau) und im Verkehrsbereich (rot) sowie Minderungsziele der Bundesregierung bis 2050 (grün)

Containerverkehr im Zuge der Globalisierung

Die Nordostpassage – Schifffahrtsroute der Zukunft?

2016 taute die eisbedeckte Fläche bis in die Zentralarktis um den Nordpol hinein – so weit nördlich ist das Eis laut Forschern bislang im Sommer noch nie geschmolzen. Die Nordostpassage wird zunehmend zu einer sicheren alternativen Fahrtroute für Schiffe. Die Entfernungen zwischen europäischen und ostasiatischen Häfen würden sich um mehr als 15 % verkürzen. Die geopolitische Bedeutung Russlands steigt. Allerdings führe der zunehmende Schiffsverkehr auch zu unerwarteten Umweltkatastrophen in bisher unberührten Naturregionen. Wirtschaftspolitische Intentionen stoßen auf ökologische Bedenken.

1. Beschreiben Sie die Veränderungen der Eisbedeckung der Arktis 1980 und 2007 (M 3, M 4).
ⓩ 2. Beschreiben Sie bedeutende internationale Containerrouten (Atlas).
3. Analysieren Sie die Vor- und Nachteile einer Nutzung der Nordostpassage (M 1, M 2, M 5 - M 8).
4. Erklären Sie am Beispiel der Nordostpassage die zunehmende geopolitische Bedeutung Russlands (M 1, M 5, Atlas).
5. Nehmen Sie Stellung zu folgender Aussage: „Die Abkürzung durch die Arktis ist unverantwortlich."

→ Geopolitik, Nordostpassage, Schifffahrt

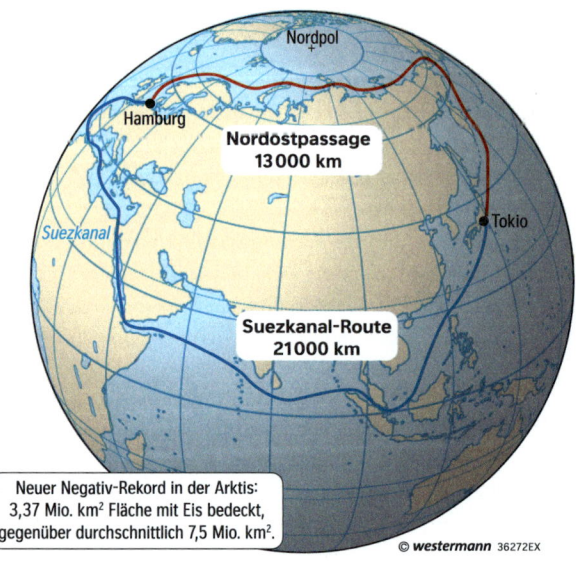

Nordpol

Hamburg

Nordostpassage
13 000 km

Suezkanal

Tokio

Suezkanal-Route
21 000 km

Neuer Negativ-Rekord in der Arktis:
3,37 Mio. km² Fläche mit Eis bedeckt,
gegenüber durchschnittlich 7,5 Mio. km².

© *westermann* 36272EX

M 1   Schifffahrt entlang der Nordostpassage

Klimawandel öffnet Nordmeerpassage
Handelsblatt, 2009

Schmelzendes Eis macht Arktis-Routen immer beliebter
Wall Street Journal Deutschland, 2014

Schifffahrt: Das Umwelt-Dilemma der großen Schiffe mit dem Schweröl
Hamburger Abendblatt, 2015

Arktische Routen nicht konkurrenzfähig
Weser Kurier, 2015

M 2   Meldungen zur möglichen Nutzung der Nordostpassage

M 3   Eisbedeckung der Arktis im Januar 1980

M 4   Eisbedeckung der Arktis im Januar 2007

Historie: Erkundungsfahrten im 9. und 11. Jh. durch Wikinger; Mitte des 16. Jh. zunehmende Forschungsfahrten durch Engländer und Niederländer; erste erfolgreiche Durchfahrt 1878 – 1879 mit Überwinterung durch den Schweden Nordenskjöld; ab Anfang des 20. Jh. durch Russisch-Japanischen Krieg zunehmende geopolitische Rolle der Schifffahrtsroute für Russland

Häfen: ca. 70 (z. B. Dikson, Pewek), jedoch die meisten ohne ausreichende und leistungsfähige Anlegestellen; Modernisierung mehrerer Häfen geplant (z. B. Sabetta mit einem Jahresumschlag von 30 Mio. t)

Navigation: bei wechselnden Eisverhältnissen und Witterungsbedingungen schwierig

Transportwege: drei Routen in Abhängigkeit des Eisgangs und Schiffstyps

Passagekosten für ein Containerschiff: 100 000 US-$

Entwicklung der Transportmengen: 4 - 7 Mio. t (2010), 13 – 15 Mio. t (2015), 50 Mio. (Prognose für 2019)

Entwicklung der Schiffsnutzung: 2 (2009), 34 (2011), 46 (2012), 71 (2013), (im Vergleich: Suezkanal 17 483 Schiffe/Jahr)

Genehmigungskriterien: Eistauglichkeit, Seekarten, Lebensmittelvorräte, Versicherungsnachweise

Dauer für Genehmigungen: bis zu 3 Monate

Russischer Eisbrecher (jährliche Betriebskosten): 120 Mio. €

Verkehrsarten bislang: innerrussischer Transport (Versorgungsfahrten), Transitverkehr (Europa-Ostasien), Rohstofftransport (Erze, Rohöl, Flüssiggas)

M 5   Fakten zur Nordostpassage

M 6 Routen des nördlichen Seeweges

Der geringe Treibstoffverbrauch bei kürzeren Seewegen durch die Arktis bringt bei einem Schifffahrtsboom in Wahrheit gravierende ökologische Probleme. Hier ist an die Emissionen von Schwefelverbindungen aus minderwertigem Schiffsdiesel und von Ruß zu denken in einem sensiblen arktischen Ökosystem. Sollte es zu einem Schiffsunglück kommen, kann sich die arktische Welt nur sehr viel langsamer regenerieren als in gemäßigten Breiten.

Das Problem dabei ist eine gefährliche Fracht, die sie alle mit an Bord haben. Denn derzeit haben fast alle diese Schiffe Schweröl an Bord, ein hochgiftiges, zähflüssiges Abfallprodukt aus der Ölindustrie. Dieses Rückstandsöl stellt in zweierlei Hinsicht eine massive Bedrohung für die Arktis dar: Austretendes Schweröl, sei es durch eine Havarie oder absichtliche Einleitung, hat in der so abgelegenen wie sensiblen Region schwerwiegende Auswirkungen. Es verteilt sich auf der Wasseroberfläche [...]. Diese mousseartige Masse wird an Küsten angeschwemmt, lagert sich auf dem Eis ab, wo es gefriert oder sinkt auf den Meeresgrund, von wo es bei steigenden Temperaturen wieder auftaucht.

Aufgrund seiner Konsistenz können ganze Regionen verseucht werden, wobei Tiere qualvoll verenden, indem ihr Gefieder oder Fell verklebt und damit seine isolierende Eigenschaft verliert, sie sich durch die Aufnahme von Schweröl vergiften oder ihre Nahrungsgrundlagen verlieren.

Schiffsversicherer werden die Policen für Arktisfahrten wegen der höheren Umwelt- und Navigationsrisiken aufgrund plötzlicher Wetter- und Meereisänderungen vergleichsweise teuer verkaufen. Kosten ergeben sich auch für die Eisbrecher-Eskorte, da die Route ca. acht Monate im Jahr mit Eis bedeckt ist. [...] Auch Korruption und Ineffizienz der russischen Behörden beeinträchtigen den Seeverkehr.

Gekürzt und verändert nach: Miller, Life: Schiffe ohne Abgastechnik belasten sensible Arktis. Hrsg. v. NABU (2014): NABU kritisiert Kreuzfahrten durch Nordost- und Nordwestpassage

M 7 Ökologische Bedenken

13 000 statt 21 000 Kilometer, kürzere Strecke, weniger Sprit [...] klingt verlockend. Doch neue Kalkulationen zeigen: Es lohnt sich auf absehbare Zeit kaum [...]. Eine kürzere Strecke bedeutet logischerweise eine kürzere Fahrzeit und [...] geringere Kosten.

Untersuchungen von Copenhagen Business School und Arctic Institute zeigen nun allerdings, dass die Sache in der Praxis eben doch nicht ganz so einfach ist. „In den kommenden beiden Jahrzehnten wird der Suezkanal zu 100 % die dominierende Route bleiben", gibt sich der Wirtschaftswissenschaftler Peter Grønsedt aus Kopenhagen sicher. [...] Auch wenn das Eis der Arktis immer weiter zurückweicht, wird die Abkürzung durch die Arktis nur für vergleichsweise wenige Schiffe wirtschaftlich sein – vor allem weil die Route nach wie vor nur einen Bruchteil des Jahres befahrbar ist. Gleichzeitig verbrauchen für das Eis verstärkte Schiffe wegen ihres dickeren Rumpfes mehr Treibstoff. [...] Hinzu kommt ein weiteres Problem: Riesige Containerschiffe fahren nach Fahrplänen wie Reisebusse. Doch auf der Arktisroute muss womöglich immer wieder einmal der Kurs korrigiert werden. [...] Zumal Russland seine vernachlässigten Außenposten entlang der Strecke erst nach und nach aufpäppeln kann. Doch sie sind entscheidend, wenn doch einmal ein Schiff Probleme bekommt. [...] Auch neue Atomeisbrecher baut das Land. Aber wer auf ihre Dienste setzen will, wird gut zahlen müssen. Konkurrenzfähig wird die Strecke durch den hohen Norden aus Sicht von Wirtschaftsforscher Grønsedt und Kollegen bestenfalls ab dem Jahr 2035. Wichtigster Punkt für die Berechnungen sind die Gebühren, die Russland für die Eskorte durch kraftvolle Atomeisbrecher verlangt. Sie liegen nach Auskunft der Forscher etwa doppelt so hoch wie auf der Suezkanal-Route. [...] Doch klar ist: Die Abkürzung durch die Arktis ist einstweilen die absolute Ausnahme in der Schifffahrtswelt. Und offenbar wird sie es – zumal in Zeiten niedriger Ölpreise – auch noch eine Weile bleiben.

Seidler, Christoph: Abkürzung durch die Arktis lohnt sich (noch) nicht. Spiegel Online, 26. 01. 2016.

M 8 Kritische Betrachtung zur Nutzung der Nordostpassage

Ecuador: Ölfelder im Nationalpark

„Sumak Kawsay" – das „gute Leben" in Gefahr?

Der 9820 km² große Yasuní Nationalpark (im Vergleich dazu umfasst das Weltnaturerbe Wattenmeer ein Gebiet von 11500 km²) liegt im Amazonasgebiet Ecuadors und ist einer der Orte mit der größten Artenvielfalt weltweit. Am Schnittpunkt der Anden, des Äquators und der Amazonasregion hat sich auf kleinstem Raum eine vielfältige und einzigartige Flora und Fauna herausgebildet. Aufgrund seiner in weiten Teilen unberührten Wildnis wurde er 1989 von der UNESCO als Biosphärenreservat ausgewiesen. Verschiedene indigene Volksgruppen wie die Waorani und Kichwa leben hier weitgehend isoliert von äußeren Einflüssen. Die Regierung Ecuadors hat dafür im Jahr 1999 die unantastbare Zone für indigene Volksgruppen eingerichtet. Aber das „gute Leben" („Sumak Kawsay") dieser Gruppen und der einzigartige Nationalpark sind in Gefahr.

1. a) Beschreiben Sie M1.
   b) Erläutern Sie die Hintergründe zum Protestmarsch (M2, M3).
2. a) Lokalisieren Sie den Yasuní-Nationalpark, die indigenen Schutzgebiete und Erdölfelder (M2).
   b) Erläutern Sie die Idee der Yasuní-Initiative (M3-M4).
3. a) Analysieren Sie die Problematik um den Yasuní-Nationalpark anhand der vier Blicke auf einen Raum (s. S. 127, M1-M9) ◼?▸.
   b) Erörtern Sie, ob und inwieweit wir eine neue Yasuní-Initiative brauchen (M8, Internet).
Ⓦ 4. A Charakterisieren Sie die Zielkonflikte der Nachhaltigkeit in Bezug auf das „gute Leben" (M3-M9).
   B „Yasuní hängt auch von dir ab!" (M8). Nehmen Sie Stellung.
Ⓩ 5. Erläutern Sie, inwieweit solche Protestbewegungen im Zusammenhang mit dem großen Wandel zu sehen sind (M4/S. 93).

→ Biosphärenreservat, indigene Bevölkerung

M1 Waorani bei einem Protestmarsch in der Hauptstadt Quito

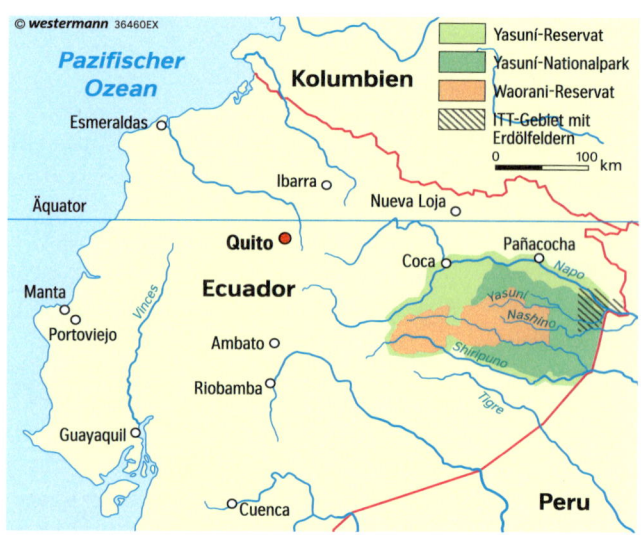

M2 Der Nationalpark und die Schutzgebiete

Vergangene Woche begann der Staatskonzern Petroamazonas mit Bohrungen im geschützten Bereich des „ITT-Blocks", benannt nach den Ölfeldern Ishpingo, Tiputini und Tambococha. Vizepräsident Jorge Glas sprach bei der offiziellen Inbetriebnahme von einer „neuen Ära, einem neuen Ölhorizont" für alle Ecuadorianer. [...] 1,67 Mrd. Fass [Öl sollen sich] unter der Erde befinden. Das entspricht [...] 40% der nationalen Erdölreserven. [...] Außerhalb der geschützten Areale des Yasuní wird in den Ölfeldern des „ITT" bereits gebohrt. Im kommenden Jahr soll die Förderung in Tombococha im Nationalpark anlaufen. Für den Abtransport des Öls wurde in zwei Meter Tiefe eine 90 Kilometer lange Pipeline verlegt. Eine 3,5 km lange Asphaltstraße zerschneidet nun den Regenwald. Eigentlich hatte Präsident Rafael Correa 2007 die sogenannte Initiative ITT ausgerufen. Energieminister Alberto Acosta hatte die Idee für das Tauschgeschäft: Ecuador hätte die damals vermuteten 846 Mio. Fass Ölreserven im Boden gelassen, im Gegenzug hätte die Weltgemeinschaft 3,6 Mrd. US-$ in eine Art Kompensationsfond eingezahlt. [...] 2010 war mit den VN ein entsprechendes Abkommen getroffen und ein Treuhandfond eingerichtet worden. Allerdings kam nie die gewünschte Summe zusammen. [...] 2013 erklärte Correa daher die ITT-Initiative als gescheitert. Im Mai 2014 erteilte das ecuadorianische Umweltministerium dann die Fördergenehmigung. [...] Würden die 850 Mio. Fass Öl im Urwaldboden bleiben, könnten mehr als 400 Mio. t CO_2-Emissionen verhindert werden. Das entspricht fast dem gesamten Jahresausstoß Italiens.

Schrader, Maria-Elisa: Im Yasuní-Nationalpark wird jetzt Öl gepumpt; www.green-peace-magazin.de/nachrichten/im-yasuni-nationalpark-wird-jetzt-oel-gepumpt, Zugriff am: 08.08.2017

M3 Erdölförderung im Yasuní-Nationalpark

[Die] vier Pfeiler [der Yasuní-ITT-Initiative]:
1) Schutz des Territoriums und damit des Lebens der in freiwilliger Isolation lebenden indigenen Völker.
2) Erhalt einer auf der Erde einmaligen Artenvielfalt – bis heute die größte wissenschaftlich erfasste weltweit.
3) Schutz des globalen Klimas durch Belassen einer bedeutenden Erdölmenge im Boden und damit Vermeidung des Ausstoßes von 410 Millionen Tonnen CO_2.
4) Erster Schritt Ecuadors zum Übergang in eine Posterdölzeit, die in anderen Ländern Beispielkraft hätte.

Acosta, Alberto (2015): Buen Vivir. Vom Recht auf ein gutes Leben. München: oekom (S. 22)

M4 Ziele der Yasuní-ITT-Initiative

Im Yasuní-Schutzgebiet sind auf einem Hektar Waldfläche mehr Baumarten als in ganz Nordamerika zu finden. Allein 2274 Arten von Bäumen und Gebüschen soll es hier geben. Wissenschaftler verschiedener Universitäten weltweit haben vor einigen Jahren in einem Forschungsprojekt 653 Vogelarten, 268 verschiedene Fische und 111 Amphibien ausgemacht.

Gründe dafür sind große Niederschläge, gleichmäßige Temperaturen und sehr unterschiedliche Böden. Der Yasuní-Nationalpark ist ein einzigartiger Ort der Biodiversität.

Henrichmann, Julia (2013): Schutz des Yasuní-Nationalparks: Fluch oder Segen für den Amazonas? www.dw.com/de/schutz-des-yasuni-nationalparks-fluch-oder-segen-für-den-amazonas/a-16539769, Zugriff am: 08.08.2017

M5   Biodiversität im Yasuní-Nationalpark

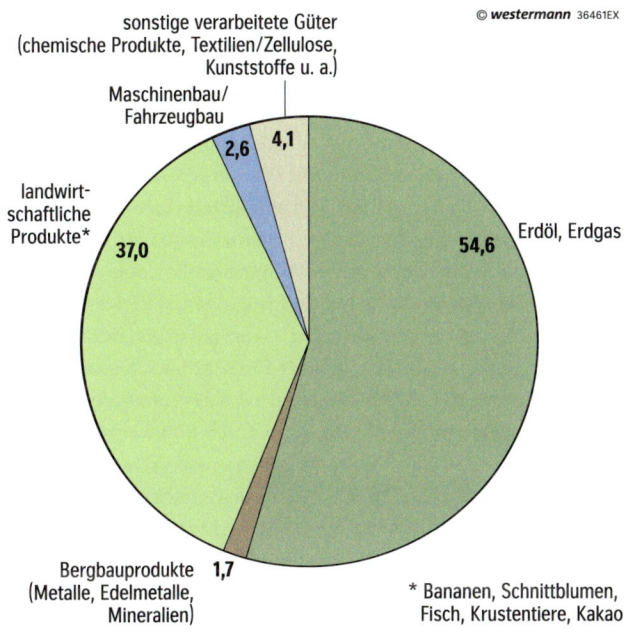

M6   Exportgüter Ecuadors

M8   Website zur Rettung des Yasuní-Nationalparks (www.saveyasuni.eu)

WIR, das souveräne Volk Ecuadors

IN ANERKENNUNG unserer jahrtausendealten, von Männern und Frauen verschiedener Völker gestärkten Wurzeln, **FEIERN** wir die Natur, die Mutter Erde, deren Teil wir sind und die für unser Dasein lebenswichtig ist, **RUFEN** wir den Namen Gottes an und erkennen unsere unterschiedlichen Formen der Religiosität und Spiritualität an, **APPELLIEREN** wir an die Weisheit aller Kulturen, die uns als Gesellschaft bereichern,

und beschließen, als **ERBEN** der sozialen Befreiungskämpfe gegenüber allen Formen von Herrschaft und Kolonialismus,

mit unserem starken Engagement für die Gegenwart und Zukunft, eine neue Form des Zusammenlebens der Bürger und Bürgerinnen in Vielfalt und Harmonie mit der Natur aufzubauen, um das Gute Leben, das Sumak Kawsay, zu erreichen; eine Gesellschaft zu schaffen, die die Würde der Menschen und Kollektive in allen Aspekten respektiert; ein demokratisches Land zu schaffen, das sich der lateinamerikanischen Integration [...] dem Frieden und der Solidarität mit allen Völkern der Erde verpflichtet.

Acosta, Alberto (2015): Buen Vivir – Vom Recht auf ein gutes Leben. Muenchen: oekom. (S. 16f., Herv. i. O.)

M9   Präambel der Verfassung von Ecuador (seit 2008)

Die Erdöl-Förderung bedroht den Lebensraum der indigenen Völker im ecuadorianischen Amazonasgebiet. Dabei muss laut Verfassung für Megaprojekte in ihren Gebieten die Zustimmung der indiqenen Bevölkerung eingeholt werden. Das geschieht nicht, und dagegen wehren sie sich. [...]

„Früher, 1995 – da haben wir hier viel Kaffee produziert, heute nicht mehr", klagt Nelson Grefa sein Leid.

„Ein Hektar wirft heutzutage fünf oder sechs Zentner ab: Früher waren es 40, weil es keine Verschmutzung durch die Erdölfirmen gab." Er und andere wie Milton Alvarado haben aus der Not eine Tugend gemacht und schlecht bezahlte Hilfsarbeiterjobs bei den Ölfirmen angenommen. „Von 2004 bis 2008 habe ich dank der Ölfirma und der Gemeinde als Produktionshelfer gearbeitet", erzählt Alvarado. Mit diesem Job habe er die Ausbildung seiner Kinder bezahlen können. Elf Kinder hat Milton Alvarado, die älteren haben den Schulabschluss geschafft. Jobs freilich sind Mangelware, aufgrund der Umweltverschmutzung ernährt das Land die Menschen nicht mehr. Die Erdölförderung erweist sich als Fluch und Segen.

Petrobras, die private brasilianische Ölfirma, habe viel bei der Bildung und im Gesundheitssektor geholfen:

„Sie hat auch den Transport unserer Kinder zur Schule bezahlt. Die

Birke, Burkhard (2017): Ölförderung in Ecuador: Urwaldparadies akut bedroht. (www.deutschlandfunkkultur.de). (Herv. i. O.)

M7   Kommentare zur Ölförderung

Schule lag sehr weit entfernt. Aber seit wieder die staatliche ecuadorianische Petroamazonas die Bohrrechte besitzt, bekommen wir keine Hilfen mehr", stellt Milton Alvarado lakonisch fest. [...] Für Walter Heras, den Bischof von Zamora, ein Grund mehr, einen Förderstopp zu fordern: *„Bisher haben wir kein einziges Erdölförderprojekt gesehen, das nachhaltig wäre. Auch bei der Umweltverschmutzung sehen wir keine Fortschritte, obwohl modernste Techniken und Methoden bei der Förderung eingesetzt werden. Aufgrund der Resultate, die wir sehen, scheint eine nachhaltige Förderung undenkbar."* Deshalb müsse man die Erdölförderung einstellen. Ein radikaler Schritt, wohl aber der einzige, der das Überleben der bedrohten Völker im Amazonas sichern könnte. Nicht nur Erdöl, auch die Förderung anderer Bodenschätze, vor allem durch chinesische Firmen und die großflächig angelegte Agroindustrie, bedrohen den Lebensraum der Indigenen – von Völkern, die noch keinen Kontakt mit der Außenwelt hatten. Einige, wie die Kichwa aus Sarayaku, haben sich erfolgreich gegen Bohrungen auf ihrem Gebiet gewehrt. [...] Er habe in den 1990er-Jahren bei mehreren Erdölfirmen gearbeitet, berichtet Edgar. *„Da habe ich gesehen, wie die Umwelt verschmutzt und wie schlecht die Angestellten behandelt wurden. Die haben die Flüsse, die Mündungen und Lagunen verseucht."*

Fracking in Niedersachsen

Eine zukunftsfähige Form der Rohstoffsicherung?

Erdgas ist ein fossiler Energieträger, der für die Energieversorgung in Deutschland eine wichtige Rolle spielt. Vor allem in Norddeutschland finden sich wichtige Vorkommen, die aber teilweise nur durch das sogenannte „Fracking" erschlossen werden können. Wegen verschiedener Umweltrisiken ist diese Art der Rohstoffförderung jedoch umstritten und hat insbesondere in Niedersachsen teilweise heftige Proteste hervorgerufen.

1. Beschreiben Sie das Vorgehen bei der konventionellen und unkonventionellen Förderung von Erdgas (M 2, M 3).
2. Stellen Sie die potenzielle Bedeutung der Schiefergaslagerstätten für die Erdgasversorgung in Deutschland dar (M 1, M 6).
3. Erläutern Sie mögliche Risiken des Hydraulic Fracturing (M 4, M 5).
4. Geben Sie Argumente der Fracking-Befürworter und der Fracking-Gegner wieder (M 4, Internet).
5. Nehmen Sie Stellung, ob und inwieweit es sich bei Fracking um eine zukunftsfähige Form der Rohstoffsicherung handelt.

→ Hydraulic Fracturing, unkonventionelle Lagerstätte

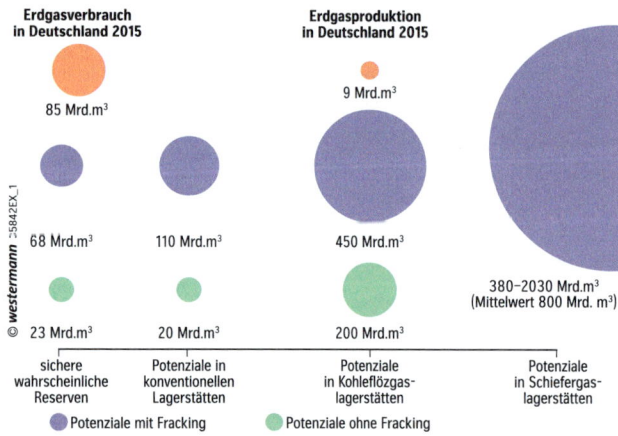

M 1   Erdgaspotenziale in Deutschland (in m³)

Erdgas befindet sich nicht in Blasen, sondern in Gesteinsporen in Tiefen von bis zu 5000 Metern oder mehr. Wenn diese Gesteinsporen hinreichend miteinander verbunden sind, kann das Erdgas von allein zum Bohrloch fließen, sobald das Gestein angebohrt und damit druckentlastet wird. Sind die Gesteinsporen jedoch nicht hinreichend miteinander verbunden, werden mithilfe des Fracking-Verfahrens, auch Hydraulic Fracturing genannt, künstliche Fließwege geschaffen. In Deutschland wird seit vielen Jahrzehnten Erdgas aus konventionellen Lagerstätten gefördert. Dabei handelt es sich um Sandsteine, in denen das Erdgas über viele Hunderte Millionen Jahre gespeichert war (Speichergesteine). Je nach Beschaffenheit des Speichergesteins kann für die Förderung des darin enthaltenen Erdgases die Anwendung des Fracking-Verfahrens erforderlich sein. Bei sogenannten unkonventionellen Lagerstätten handelt es sich um solche Gesteine, in denen das Erdgas nicht nur enthalten, sondern auch entstanden ist, man spricht dann von Muttergestein. Bei diesen Vorkommen ist zwischen Schiefergestein und Kohleflözen zu unterscheiden. Während für eine Gewinnung von Erdgas aus Schiefergestein die Anwendung des Fracking-Verfahrens in jedem Fall erforderlich ist, hängt dies bei Kohleflözen von dem jeweiligen Vorkommen ab. [...] Jeder Förderung von Erdgas geht zunächst die Bohrung voraus, wobei für unkonventionelle Lagerstätten die gleiche Bohrtechnologie wie bei Bohrprojekten in konventionellen Erdgaslagerstätten angewandt wird. Dabei gilt grundsätzlich, dass der Schutz des Trinkwassers oberste Priorität hat. Deshalb ist der Bohrplatz hermetisch abgedichtet und mit einem umlaufenden Rinnensystem versehen. Bei der Bohrung durch trinkwasserführende Schichten werden mehrere Ummantelungen aus Zement und Stahl genutzt, um eine undurchdringliche Barriere zwischen Bohrloch und Trinkwasserhorizont zu schaffen. Durch Fortschritte in der Bohrtechnik werden Gasführende Gesteinsschichten heute über viele Hunderte von Metern auch horizontal erschlossen. Eine zunächst vertikal, also in die Tiefe verlaufende Bohrung wird im Zielbereich bis in die Horizontale abgelenkt oder sogar leicht aufwärts in die Lagerstätte hineingeführt. [...] Die Durchlässigkeit des Speichergesteins und somit die Förderrate werden mithilfe dieser Maßnahme um ein Vielfaches gesteigert.

www.erdgas-aus-deutschland.de/de-de/fracking/fracking/was-ist-fracking/was-ist-fracking, Zugriff am: 30.06.2017

M 3   Was ist „Fracking"?

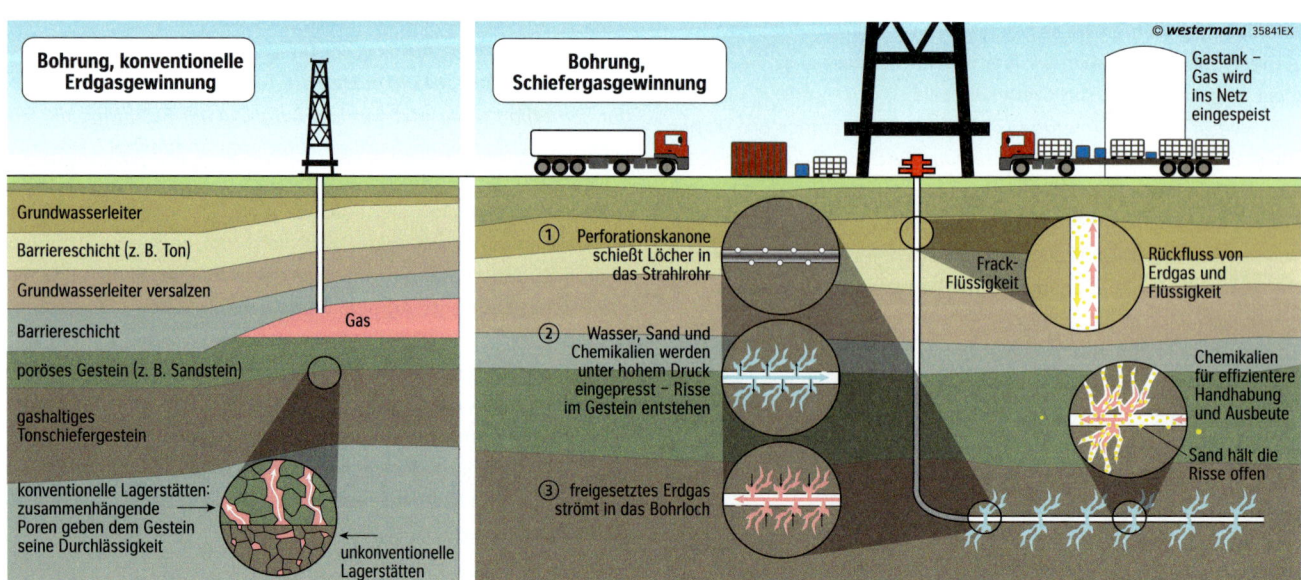

M 2   Konventionelle und unkonventionelle Erdgasgewinnung

Hartmut Horn, Mitbegründer der Bürgerinitiative Frackloses Gasbohren, setzt sich seit Jahren für ein Fracking-Verbot und ein Verbot für Gasbohrungen insgesamt ein – vor allem mit Blick auf die Bohrstelle, die sich nur 750 Meter von seiner Haustür entfernt befindet. „Sie ist bereits die dritte, bei der durch die Rotenburger Rinne gebohrt wurde", kritisiert Horn. „Von diesem Wasserreservoir sind 400 000 Menschen abhängig." Dieses „Juwel" müsse zwingend geschützt werden, stimmt Klaus Dreyer, Bürgermeister des Nachbarorts Hassendorf [...], zu. Fracking dürfe dort, wo es gefährlich erscheint – also an Seen, Flüssen und Wasserreservoiren – nicht erlaubt sein. Früher wurde im Landkreis bereits gefrackt, insgesamt 70-mal, bevor 2011 das Moratorium griff: Seither wurden keine neuen Fracking-Bohrungen beantragt und genehmigt, um der Politik Zeit zu geben, ein neues Gesetz auf den Weg zu bringen. [...] Im Raum Celle sind viele Menschen von der Erdgas- und Erdölindustrie abhängig. „Allein hier reden wir von 8000 bis 9000 Arbeitsplätzen vom Zulieferer bis zum Forscher", betont Oberbürgermeister Dirk-Ulrich Mende. Aus seiner Sicht tragen die Fracking-Gegner Mitverantwortung an der Misere. „Vieles ist geschickte Propaganda und Falschinformation", so der SPD-Politiker. Zum Beispiel sei bei erhöhten Krebsraten der Zusammenhang zu den Förderstellen noch nicht eindeutig erwiesen, sagt er. In Teilen des Kreises Rotenburg sind die Leukämieraten deutlich erhöht: Innerhalb von zehn Jahren sind hier doppelt so viele Menschen an der Krankheit gestorben wie anderswo. Viele Menschen sehen einen Zusammenhang mit den Bohrungen, zuletzt forderten 212 Ärzte aus der Region vom Land eine intensivere Ursachenforschung. [...] Gefährlich sei vor allem der „Chemie-Cocktail", das Lagerstättenwasser. [...] Wird Haas in Celle auf diesen „Gift-Cocktail" angesprochen, zieht er einen drastischen Vergleich: Die Menge der Stoffe sei so stark verdünnt, dass das, „was sich jeder ins Haar schmiert", schädlicher sei, argumentiert er. Außerdem belege eine neue Studie der Bundesanstalt für Geowissenschaften und Rohstoffe, dass Fracking nicht so gefährlich sei, wie immer behauptet wird. Allerdings – so die Studie – gebe es Umweltrisiken, wenn das Lagerstättenwasser, das oft mit natürlichen Schwermetallen verunreinigt ist, nicht sachgemäß entsorgt wird. „Genau das ist aber nicht geregelt", kritisiert Horn in Bötersen. „Die ganzen Giftstoffe gelangen in die Luft und werden

M 4 Fracking spaltet das Land

von Mensch und Tier eingeatmet", sagt er. Wenn vor seiner Haustür wieder gefrackt wird, dann sehe er nur eine Lösung: wegziehen. Wegziehen, das müssten aus Celle wohl auch so einige Menschen, wenn die Auftragslage weiterhin so dünn bleibt, meint Haas. Diskutiert hat er mit Fracking-Gegnern schon lange nicht mehr. [...]. „Was all diese Menschen vergessen, ist, dass wir hier sehr hohe Standards haben", sagt er. Ob das neue Fracking-Gesetz die Sicherheit bringt, die sich Politik und Unternehmen davon versprechen, sehen beide Seiten skeptisch [...]. Mende sagt, er sei froh, dass klar sei, wo beide großen Parteien hin wollen. „Jetzt kann sich die Industrie wenigstens auf etwas einstellen – auch wenn der Kompromiss wahrscheinlich allen wehtut." Auch Hassendorfs Bürgermeister Dreyer stuft das Gesetz als „vernünftig" ein. Wenngleich aus einem anderen Grund: Er finde es beruhigend, dass es nun gesetzliche Grundlagen gebe, die den Gemeinden mehr Möglichkeiten böten, sich zu schützen – und Fracking-Bohrungen zu verhindern.

Malecha, Lisa (2017): Fracking spaltet das Land. Hannoversche Allgemeine, online.

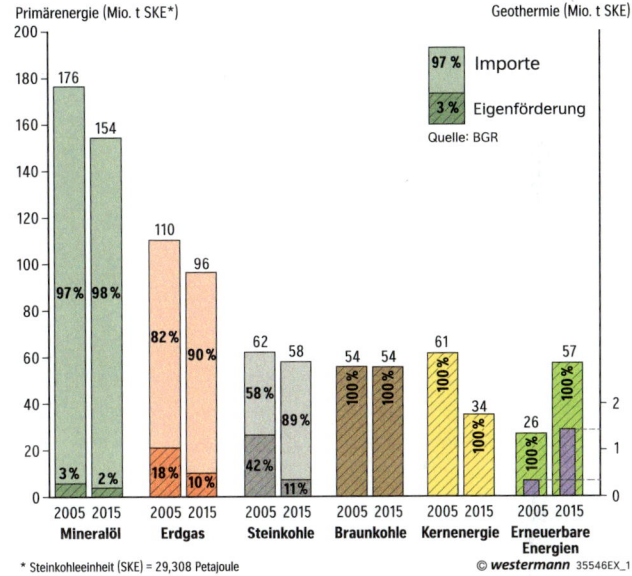

M 6 Importabhängigkeit Deutschlands bei verschiedenen Primärenergieträgern (2005, 2015)

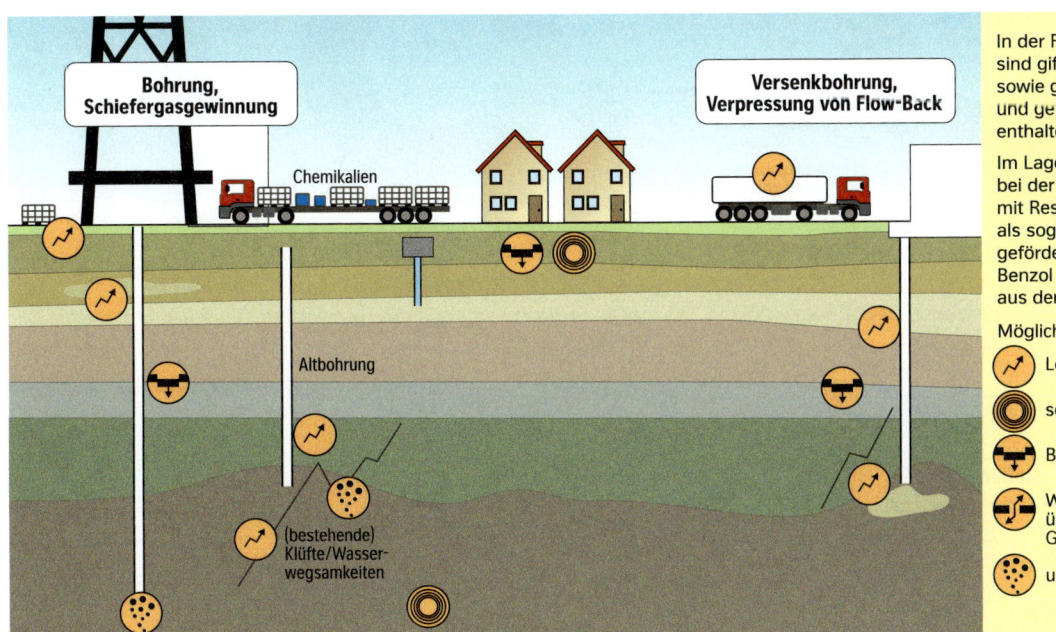

M 5 Risiken des Hydraulic Fracturing

Wärmeerzeugung durch Holz

Brennstoff Holz – nachhaltige Energie?

Holz – ein Energieträger kommt zurück, und das in großem Stil. Der Markt für Kaminöfen und Pelletheizungen boomt, und das nicht nur in Deutschland. Oft hört man das Argument, diese Art der Wärmeerzeugung sei nachhaltig, sofern die verheizte Holzmenge auch nachgepflanzt würde. Dies habe auch schon Carl von Carlowitz, der Begründer des forstlichen Nachhaltigkeitsbegriffs, vor mehr als 300 Jahren formuliert. Dennoch greift diese Betrachtung zu kurz.

1. Nennen Sie Voraussetzungen, unter denen die Verwendung des Energieträgers Holz als nachhaltig bezeichnet werden kann.
2. Beschreiben Sie die Nutzungsmöglichkeiten von Holz als Energieträger und dessen Bedeutung in Deutschland (M1 – M4).
3. Erläutern Sie Zusammenhänge zwischen dem Wald und dem Klima (M5, M6).
Ⓦ 4. A Erstellen sie eine Präsentation zum Holzeinschlag in Staaten Ost- bzw. Südosteuropas (M8, Internet).
   B Recherchieren Sie die Herkunft von Kaminholz oder Pellets in Baumärkten an Ihrem Schulstandort.
5. Erörtern sie, ob und inwieweit man die Nutzung des Energieträgers Holz als nachhaltig bezeichnen kann (M5 – M8, Internet).

→ Feinstaub, Klimaneutralität

Biomasse (Holzsortimente)

Bioenergieträger (Brennstoffe)

M3 Energieträger Holz – typische Nutzungspfade

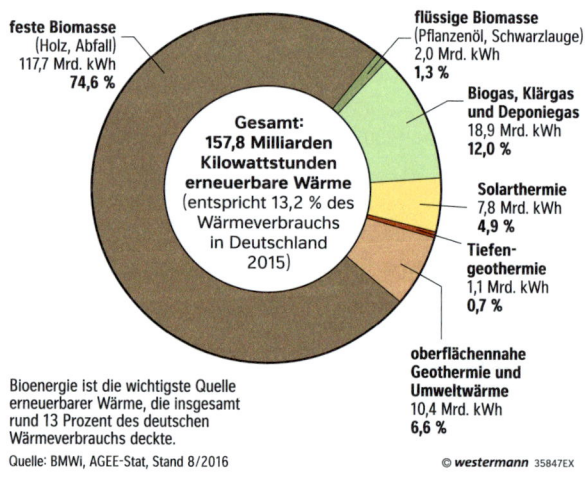

M1 Wärme aus erneuerbaren Energien in Deutschland (2015)

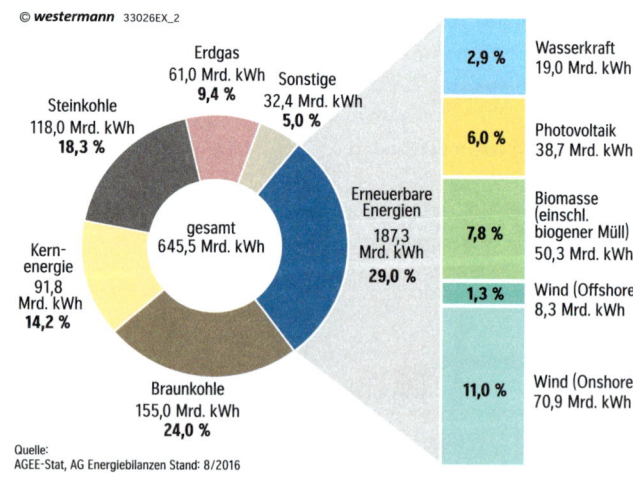

M4 Stromerzeugung durch erneuerbare Energien (2015)

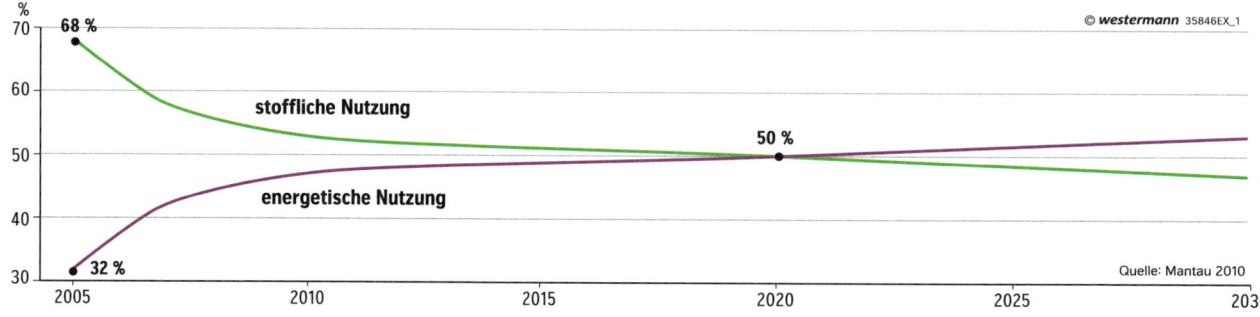

M2 Stoffliche und energetische Nutzung von Holz in Deutschland

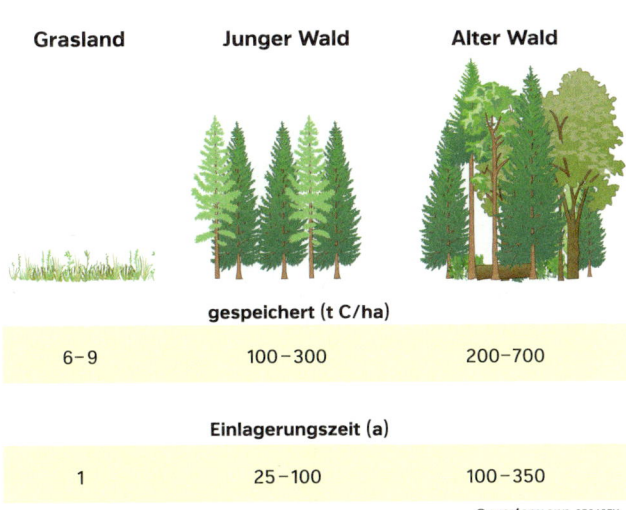

Grasland	Junger Wald	Alter Wald
gespeichert (t C/ha)		
6–9	100–300	200–700
Einlagerungszeit (a)		
1	25–100	100–350

© *westermann* 35848EX

M5 Kohlenstoffbilanzen in Wäldern und Grasländern der gemäßigten Breiten

Häufig wird argumentiert, dass die energetische Nutzung von Holz klimaneutral sei, da nur CO_2 freigesetzt wird, welches die Bäume während ihres Wachstums der Atmosphäre entzogen haben. Diese Annahme einer „sofortigen Kohlenstoffneutralität" kann jedoch zu fehlerhaften Rückschlüssen führen. Die Nutzung von Bioenergie hat zwar zur Folge, dass mehr Kohlenstoff unterirdisch in fossilen Lagerstätten verbleibt, gleichzeitig werden jedoch die Kohlenstoffvorräte in Biomasse und Böden des Waldes reduziert. [...] Soll Holz wirklich klimaneutral energetisch genutzt werden, so müsste die Menge des im Wald gespeicherten Kohlenstoffs bei Bewirtschaftung identisch mit der Menge sein, die gebunden ist, wenn der Wald nicht genutzt wird. Das trifft jedoch in aller Regel nicht zu, da der Holzvorrat pro Fläche und damit der gespeicherte Kohlenstoff noch mehrere Jahrhunderte lang ansteigen, wenn Wirtschaftswälder nicht mehr forstlich genutzt werden. Ferner ist zu berücksichtigen, dass die Menge des substituierten fossilen Kohlenstoffs häufig unterhalb der Menge des eingesetzten biogenen Kohlenstoffs liegt. Hierfür verantwortlich ist die meist geringere Ausbeute nutzbarer Energie je Einheit Kohlenstoff bei der energetischen Nutzung von Holz.

www.umweltrat.de/SharedDocs/Downloads/DE/01_Umweltgutachten/2012_Umweltgutachten_Kap_06.pdf;jsessionid=411D8524DC90ABC6B61FC834863DFAA3.1_cid335?__blob=publicationFile, Zugriff am: 27.12.2016

M6 Wald und Klima

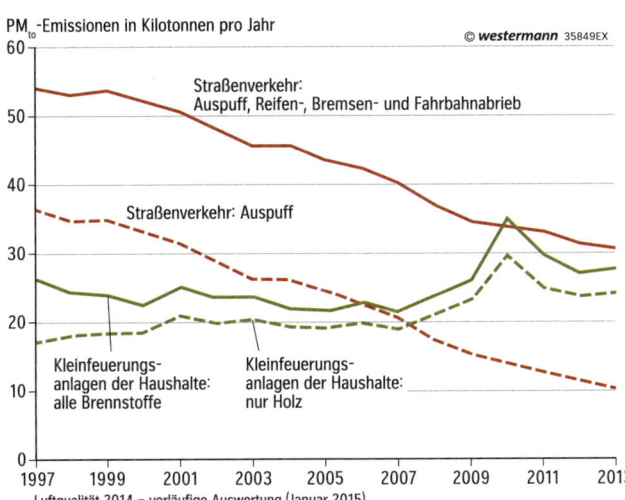

M7 Feinstaubbelastung (Partikel mit einem Durchmesser von 10 Mikrometern) durch Verbrennungsprozesse (1997 – 2013)

Mittlerweile übersteigt der Bedarf für Holz als Brennstoff die Nutzung als Baustoff. 73 Millionen Kubikmeter wurden 2012 abgeholzt. Ressourcenknappheit und die vergleichsweise strengen Regeln für Einschlags-Raten in deutschen Wäldern bewegen die Branche deshalb zunehmend zum Import des Brennholzes aus dem europäischen Ausland, zulasten der Qualität, aber auch der Legalität. Denn trotz Bestrebungen der EU im Bereich der Bekämpfung illegalen Holzeinschlags ist anzunehmen, dass nicht selten auch Raubholz in den Holzpaletten der Baumärkte landet. Zumal die im Auftrag der EU von der Bundesanstalt für Landwirtschaft und Ernährung (BLE) durchgeführten Kontrollen und Überwachungsinitiativen eher lax ausfallen. So wurden bisher erst 12 der 1200 Holzunternehmen überprüft und das aber auch nur schriftlich. Der Verweis der BLE auf die Eigenverantwortlichkeit der anderen EU-Länder in Sachen Kontrolle wirkt dabei etwas leichtfertig und wenig überzeugend. Macht man sich es da nicht ein bisschen zu einfach? Besonders stark ist der Anstieg des Holzeinschlags in Zentral- (um 23%) und Südosteuropa (um 78%) seit dem Millennium. Allein in Bulgarien hat sich die Rate verdoppelt.

Fragwürdig ist aber nicht nur die Herkunft des Holzes, sondern auch die oftmals betonte Klimaneutralität von Brennholz. Denn obwohl Holz im Gegensatz zu Öl und Gas kein zusätzliches, vorher unter der Erde gelagertes CO_2 freisetzt, trägt das vom Baum absorbierte und beim Verbrennen wieder freigesetzte, natürliche CO_2 der Luft zum Klimawandel bei. Beim Berechnen des vermeintlich 40% höheren Brennwertes von Holz im Verhältnis zu Gas und Öl verändern zudem die oftmals vergessenen Zerkleinerungs-, Trocknungs-, Speicherungs- und Transportkosten die Energiebilanz der Biomasse. Auf die Schadstoffemissionen hat außerdem auch die Größe der verbrannten Holzscheite Einfluss. Zu dicke Scheite verbrennen sehr langsam, setzen mehr Schadstoffe frei und trocknen langsamer. Trockenheit ist jedoch insofern wichtig, als feuchtes Holz mehr Rauch bildet und somit mehr giftige Stoffe wie Kohlenmonoxid, Methan, Essigsäure freisetzt.

In Sachen Energieeffizienz und Nachhaltigkeit gilt in Sachen Holz bisweilen das Gleiche wie im Bereich der biologischen Ernährung. Je lokaler und regionaler das Holz, desto besser. Zertifikate wie z.B. das Forest Stewardship Council (FSC) helfen darüber hinaus bei der Orientierung und markieren Holz aus verantwortungsvoller Wirtschaft. Gleichzeitig stellt sich jedoch auch die Frage, ob Brennholz angesichts der dringenden klimatisch bedingten Probleme unserer Welt noch zeitgemäß ist. Die gemütliche, holzbeheizte Stube ist sicherlich eine schöne romantische Vorstellung, aber vielleicht auch eine, von der wir uns auf lange Sicht verabschieden müssen. Denn massenhafte Nachfrage und Nachhaltigkeit sind zwei Dinge, die sich widersprechen.

Scheurer, Joachim (2014): Der Brennholz-Boom und der Konflikt zwischen Nachfrage und Nachhaltigkeit. uni.de/redaktion/brennholz-boom, Zugriff am: 08.08.2017

M8 Folgen des Brennholz-Booms

Geothermie in Kenia

Die Nutzung geothermischer Energie als Beitrag zu einer nachhaltigen Entwicklung?

Seit etwa 15 Millionen Jahren gibt es im Bereich des heutigen Kenias Vulkanismus. Als Teil des großen Ostafrikanischen Grabenbruchs, dem sog. Rift Valley, ist die Region nach wie vor tektonisch aktiv. Dadurch sind Vorkommen relativ oberflächennahen Magmas im Erdinnern bedingt. Ideale Voraussetzungen, um diese geothermische Energie zur Stromerzeugung zu nutzen (M1).

M1 Nutzung der Geothermie zur Gewinnung von Trinkwasser durch die Massai am Mt. Suswa

1. Beschreiben Sie die Lage und die geotektonischen Besonderheiten in Kenia (Atlas, M3).

2. a) Analysieren Sie die Potenziale zur Nutzung von geothermischer Energie in Kenia (M1, M3 – M5).

   b) Erläutern Sie die mit der geothermischen Nutzung einhergehenden Konflikte (M2, M6).

Ⓦ 3. A Erörtern Sie Chancen und Risiken der weiteren Erschließung des geothermischen Potenzials in Kenia (M8).

   B Beurteilen Sie die Rolle internationaler Akteure wie der Weltbank im Zusammenhang mit den Geothermieprojekten in Kenia (M2, M7 – M8).

4. Nehmen Sie Stellung zu folgendem Zitat eines Mitarbeiters der Geothermal Developmet Company Kenya: „Geothermal is the best bet for sustainable energy for Kenya" ▐?▌.

→ Geothermie, Energieversorgung

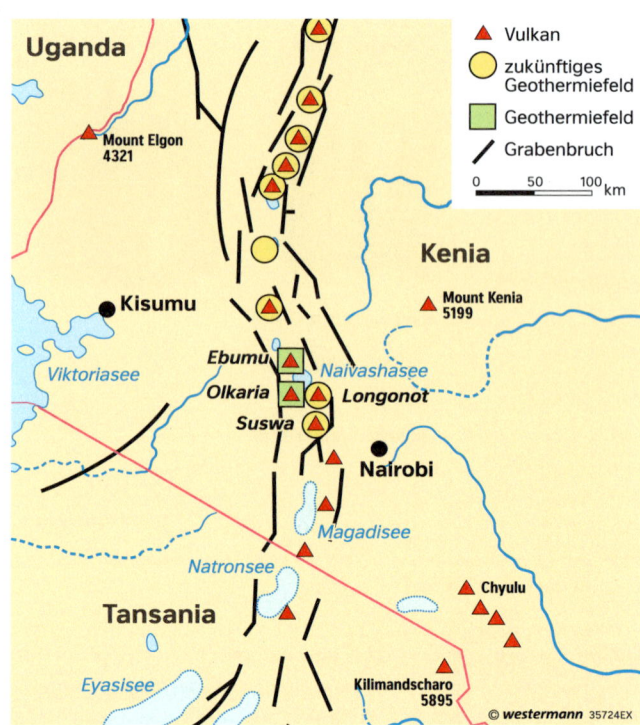

M3 Geothermieprojekte – Ostafrikanischer Grabenbruch

Geothermische Energie ist dann nutzbar, wenn sich im Untergrund Wasser aufheizt, das in mehreren Hundert oder Tausend Metern Tiefe heiße Gesteine (als eine Art Wärmetauscher) durchfließt und anschließend nach oben gepumpt wird. Es kann dann in Form von Dampf oder heißem Wasser durch Bohrlöcher an die Oberfläche gefördert werden. In der Regel handelt es sich um natürlich vorkommendes Grundwasser [...]; Wasser kann dazu aber auch künstlich von der Erdoberfläche aus in den Untergrund eingeleitet werden. [...] Geothermische Speicher mit Temperaturen über 180°C werden zur Erzeugung von elektrischer Energie verwendet. Sie treten in erster Linie in Gebieten mit jungem Vulkanismus auf [...].

Press, Frank, Siever, Raymond (2008): Allg. Geologie. Heidelberg: Springer Verlag. (S. 648)

M4 Was ist Geothermie?

Umsiedlungen als Folge fehlender Standards?

Der 1997 mit dem Kyoto-Protokoll geschaffene CDM [Clean Development Mechanism] verfolgt das [...] Ziel, Entwicklungsländer bei ihren Anstrengungen zur nachhaltigen Entwicklung zu unterstützen [...]. Allerdings wird der Begriff der nachhaltigen Entwicklung dort nicht definiert, geschweige denn die Notwendigkeit der Achtung von Menschenrechten erwähnt. [...] Somit bleibt es im Ermessen der Gastgeberstaaten der Projekte, eigene Nachhaltigkeitskriterien [...] festzulegen sowie deren Einhaltung zu beurteilen. [...] In der Tat haben mehrere Studien in den letzten Jahren dokumentiert, dass einige CDM-Projekte zu massiven Menschenrechtsverletzungen gegenüber der lokalen Bevölkerung geführt haben. [...] Im Juni 2013 wurde auch das kenianische Geothermiekraftwerk Olkaria IV als CDM-Projekt registriert, wofür ein Jahr später vier Massai-Dörfer umgesiedelt wurden. An der Finanzierung war neben der Weltbank, der Europäischen Investitionsbank (EIB) [...] auch die KfW-Entwicklungsbank mit einem Kredit von 60 Mio. Euro beteiligt. Eine umfassende Studie der Universität Bielefeld bestätigte die Beschwerden lokaler Anwohner/-innen, dass nicht alle Betroffenen entschädigt und in den neuen Siedlungen nicht genügend Häuser zur Verfügung gestellt wurden. Die neuen – minderwertigen und abgelegenen – Ländereien erlauben es vielen Menschen nicht, durch Viehhaltung und Tourismus ihr Recht auf einen angemessenen Lebensstandard wahrzunehmen [...]. Zudem erhielten die umgesiedelten Familien keine Rechtstitel über das Ersatzland. Auch in diesem Fall wurden durch mangelhafte Konsultation die Rechte indigener Völker missachtet. [...] Im Mai 2016 hatte ein Vermittlungsverfahren noch zu einer Einigung zwischen den Betroffenen und dem staatlichen Betreiberunternehmen [...] KenGen geführt [...]. Doch eskalierte der Konflikt im Februar 2017 abermals, als KenGen bei Gericht eine einstweilige Verfügung gegen 15 Mitglieder der vier umgesiedelten Gemeinden beantragte. Diese hatten sich kurz zuvor in einem Brief sowie auf einer Demonstration über die mangelnde Umsetzung der Vereinbarungen durch das Unternehmen beschwert. [...] Das Unternehmen wolle die Massai so zwingen, auf ihre Landrechte zu verzichten und [...] finanziell unvorteilhafte und rechtlich unsichere Landpachttitel zu akzeptieren.

Paasch, Armin, Heydenreich, Cornelia (2017): Globale Energiewirtschaft und Menschenrechte. Deutsche Unternehmen und Politik auf dem Prüfstand. Misereor, Germanwatch (Hrsg.). Aachen, Berlin. (S. 67-69)

M2 Aus einem Bericht

- Erste Exploration des geothermischen Potenzials: 1955
- Eröffnung des Kraftwerks: 1981
- Erweiterung: 2003 und 2010
- Leistung: 115 MW
- Geothermisches Potenzial: 2000 MW
- Betreiber: staatliche Elektrizitätsgesellschaft KENGEN

M5 Das bereits realisierte Geothermiekraftwerk Olkaria

Masai Protest against new Land Concessions for Geothermal Extraction in Kenya

[...]. The World Bank reports that it has invested $409 million in geothermal development since 2007; in 2013 it announced plans to raise another $500 million for geothermal projects in the Rift Valley and other parts of the world. None of this budget has been allocated to fairly compensate the Masai community, whose land has been usurped to make room for the projects; and where such compensation is offered [...]. Going by recent events [...] in Suswa where the Masai held demonstrations against geothermal projects that were accompanied by the usual lack of consultation and compensation – and frequently, state sponsored forced evictions – there is a need for local solutions that also require all multinational financiers to re-examine existing terms and conditions for financing such projects that subject massive populations to social, physical and economic harm, including the loss of life, property and cultural heritage. The area is important to the Masai both for its history and their dependency on the land for their livelihoods and culture [...] further dispossession will separate the community from their historical prayer sites, places of ritual, and other ceremonial areas. Such areas were used regularly for local ceremonies, and annually for cultural festivities involving Masai from across the entire region. [...] The communities feel that their rights have been grossly violated because each of the companies have failed to adhere to the Masai Bio-cultural Community Protocol, [...] to require all external actors to respect Indigenous Peoples' laws and values and decision-making processes; particularly those concerning stewardship of their lands and territories.

Koissaba, Ben Ole (2014): Masai Protest against new Land Concessions for Geothermal Extraction in Kenya. IC Magazine, 07. 07. 2014.

M6 Ein Zeitungsbericht

Welche Projekte haben Beschwerden verursacht?
Angaben für 502 Beschwerden, inkl. Mehrfachnennungen

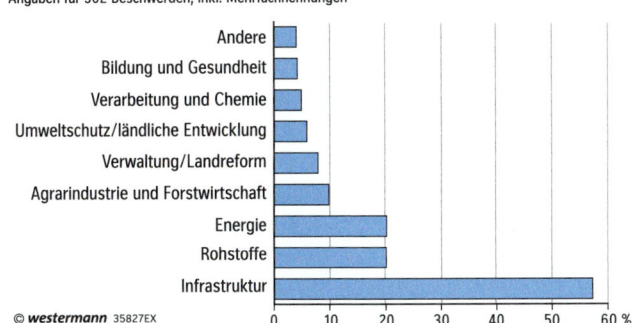

© **westermann** 35827EX

M7 Beschwerden gegen Entwicklungsprojekte der Weltbank: Anteil der Arten von Projekten mit den meisten Beschwerden

Kann der Ausbau der Nutzung geothermischer Energie als Beitrag zur nachhaltigen Entwicklung Kenias bezeichnet werden?

Für die Energiesicherheit des Landes und eine ökonomische Nachhaltigkeit ist die Nutzung der Geothermie im Rift Valley ein wichtiger Beitrag. Die kenianische Regierung hat sich in ihrem nationalen Entwicklungsprogramm von 2010 eine flächendeckende Stromversorgung bis 2030 vorgenommen. Die bisher größte Anlage liegt im Hell's Gate Nationalpark, der wildlebenden Tieren Schutz bieten soll.

Wie beurteilen Sie in diesem Zusammenhang die Konflikte zwischen den lokalen Massai, den ökonomischen Interessen und dem Naturschutz?

Die Olkaria Geothermie-Anlage befindet sich im traditionellen Lebensraum der Massai, die hier nomadische Viehwirtschaft betreiben. Im Nationalpark ist ihre Bewegungsfreiheit eingeschränkt. Sie erhalten als Ausgleich Bildungs- und Gesundheitsangebote. Für viele Massai bedeutet dies eine inakzeptable Einschränkung ihrer Lebensweise. Andere versuchen über den Kontakt mit Touristen zusätzliches Einkommen zu erwirtschaften.

Inwiefern nehmen die Weltbank und andere Akteure der Internationalen Zusammenarbeit Einfluss auf die Situation?

Kenia steht im Fokus internationaler Energieunternehmen und Finanzdienstleister. Alle großen Energieprojekte werden von europäischen Regierungen, der Europäischen Investmentbank und der Weltbank mitfinanziert. Für Olkaria ist die deutsche Kreditanstalt für Wiederaufbau ein zentraler Geldgeber. Ein Treiber dieses Engagements ist der Handel mit Emissionszertifikaten, der den Kreditrückfluss sichern soll. Da die Zertifikate über die Börse gehandelt werden, gibt es enorme Schwankungen mit einem aktuell sehr niedrigen Preis.

Wie kann wirtschaftliche Entwicklung – und in diesem Zusammenhang der Ausbau der Energieversorgung – in Ostafrika nachhaltig gestaltet werden?

Neben zentralen Strukturen mit Großprojekten müssen auch dezentrale Strukturen ermöglicht werden, z.B. über Kleinkredite für Solaranlagen. Ein großes Problem des Ausbaus von Großanlagen ist die Abhängigkeit von ausländischem Know-how (Olkaria wurden von Hyundai und Toshiba gebaut). Entsprechende Ausbildungszentren und Studiengänge fehlen bisher.

M8 Interview mit der Geographin Dr. Sybille Bauriedl, Rheinische Friedrich-Wilhelms-Universität Bonn

Klausurtraining: Herausforderungen für eine nachhaltige Entwicklung von Räumen

Ölsandförderung in Alberta

1. Beschreiben Sie die Lage der Förderstätten für Ölsande in Kanada und die in der Provinz Alberta verwendeten Förderverfahren (Atlas, M1, M2, M4).
2. Erläutern Sie die Chancen und Risiken der Ölsandförderung (M3 – M8).
3. „Die kanadische Politik sollte auch zukünftig auf den Abbau von Ölsanden setzen." Nehmen Sie Stellung (M1 – M8).

M3 Abholzung zur Vorbereitung einer Fläche für den Teersandabbau

Die größten bekannten Ölsandlagerstätten befinden sich im Nordosten der Provinz Alberta/Kanada auf einer Fläche von ca. 77 000 km² (zum Vergleich: Niedersachsen 47 600 km²). [...] Über 60 % der Weltreserven an natürlichem Bitumen aus Ölsand werden hier vermutet. [...] Die **Förderung** erfolgt sowohl im **Tagebau** als auch im sogenannten In-situ Verfahren. Im Tagebau wird die gesamte ölhaltige Sandschicht mittels Baggern abgebaut. Um eine Tonne Bitumen zu erhalten, müssen ca. 12 Tonnen Ölsand bewegt werden. Der Ölsand wird mit heißem Wasser vermischt, [...] per Pipeline zur Aufbereitungsanlage gepumpt (Hydrotransport). Im Separationsbehälter der Extraktionsanlage wird das Bitumen von Sand, Ton, Salzen und Wasser getrennt. Das Wasser, das noch Sand, Tonpartikel und Restöl enthält, wird zur weiteren Separation in Absetzbecken gepumpt. In neuen Anlagen werden bis zu 80 % des Wassers recycelt. Der gereinigte Sand wird zur Rekultivierung per Pipeline zurück in ausgeförderte Grubenbereiche verbracht. Ölsandvorkommen unter Überdeckung von mehr als 50 – 70 m werden im **In-situ Verfahren** behandelt. Bei dieser Methode verbleibt das Gestein an Ort und Stelle. Durch Bohrungen wird heißer Wasserdampf in die Ölsand-Schicht injiziert, der das Bitumen verdünnt und fließfähig macht, sodass es durch Rohrstränge zutage gefördert werden kann [...]. Für die Wasserdampferzeugung wird Erdgas eingesetzt. Bis zu 300 m³ Erdgas sind notwendig, um 1 t Bitumen in diesem Verfahren zu erzeugen.

Bubies, Hans G. (2003): Ölsande in Kanada – Eine Alternative zum konventionellen Erdöl? Commodity Top News, No. 20, S. 1-6. (S. 2, Herv. i. O.)

M1 Ölsandförderung in der Provinz Alberta in Kanada

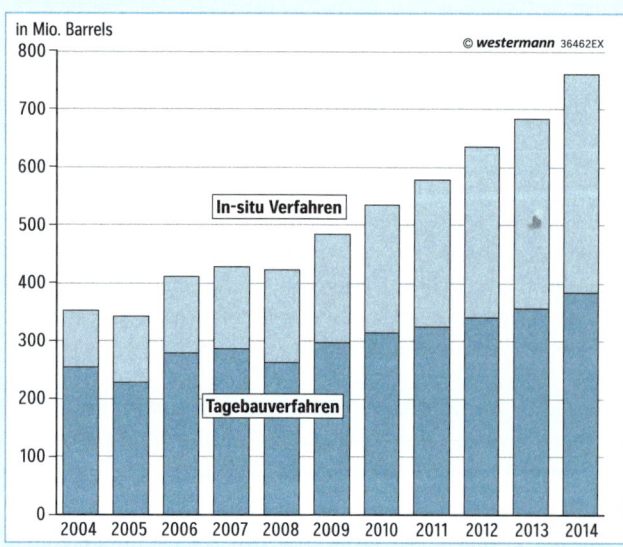

M2 Ölsandproduktion in Alberta, In-situ- und Tagebau-Verfahren im Vergleich

	Tagebau	In-situ-Förderung
Ölsand-Förderung am Tag 2015 (2005)[1]	184 700 m³ (99 600 m³)	216 900 m³ (69 700 m³)
Ölsand-Reserven (Gesamt) 2015[1]	26 284 Mio. m³ (165 Mrd. Barrel)	
Anteil Ölsandreserven bis dato gefördert	ca. 20 % 10 %	ca. 80 % 1 %
Entölungsgrad (Anteil des Erdöl, das aus einer Lagerstätte entnommen werden kann)	91 %	25 – 50 %
Energieverbrauch für die Förderung und Aufbereitung von 1 Barrel synth. Rohöl	20,5 l Erdöl	41,4 l Erdöl
Bereitstellungskosten (inkl. Erschließung)[1]	75 – 80 US-$/ Barrel	45 – 60 US-$/ Barrel

Quelle: [1]Alberta Energy, andere Daten verschiedene Quellen

M4 Vergleich von Tagebau und In-situ-Förderung

Wirtschaftliche Effekte	Ökologische Risiken
Albertas Energiesektor erbringt ein Viertel der Wirtschaftsleistung und ein Drittel der Einnahmen der Provinz. Alberta hat innerhalb Kanadas • das höchste Wirtschaftswachstum und das höchste Pro-Kopf-Einkommen, • die höchste Investitionsquote/Einw., • die niedrigste Arbeitslosenrate, • den größten Bevölkerungsgewinn aus der innerkanadischen Migration.	• hoher Landschaftsverbrauch (Waldrodungen, Renaturierung der Tagebauflächen schwierig), • hoher Wasserverbrauch (20 % dauerhaft verunreinigt, verbleiben in Absatztanks), • Vergiftung des Grundwassers u.a. mit Schwermetallen, • hohe CO_2-Emissionen aufgrund energieintensiver Aufbereitung, • (Verdrängung indigener Bevölkerung).

M 5 Wirtschaftliche Effekte und ökologische Risiken

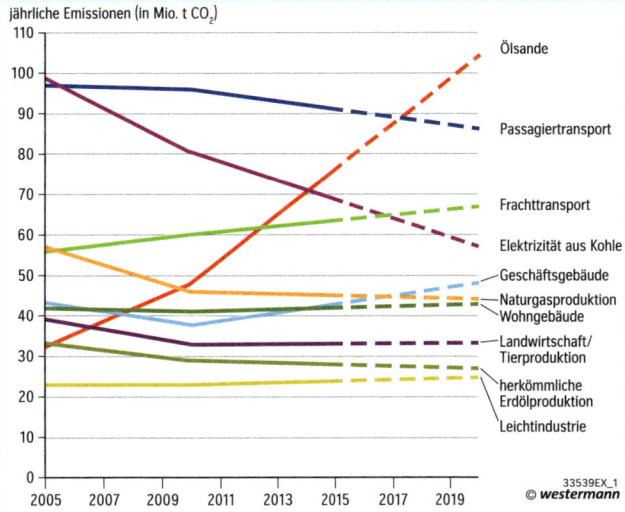

M 8 Treibhausgasemissionen Kanadas nach Verursachern

Kanadas schmutziges Öl

„Das Wasser ist so verschmutzt, dass wir aus den Bächen und Brunnen gar nicht mehr trinken können", erzählt Violet Cheecham Clarke. Die 85-Jährige gehört zu den Stammesältesten der Ureinwohner von Fort McMurray mit der Stammesnummer 468 im kanadischen Alberta. „Wir können es inzwischen nicht mal mehr den Tieren zum Trinken geben", sagt sie. Die rüstige alte Dame [...] kämpft dafür, dass die Ölförderung das Wasser nicht verschmutzt – oft vergeblich [...]. Das Trinkwasser müssen sie seit vielen Jahren kaufen, es wird ein oder zweimal in der Woche geliefert. Es bedrücke sie, erzählt Violet Cheecham Clarke, wie die Ureinwohner behandelt werden: „eingezäunt wie Tiere, gerade mit dem nötigsten versorgt, glücklich mit ein paar Flaschen Bier". 195 Mitglieder zählt der Stamm, sagt Violet, und viele leben in Wohnwagen. Denn nicht alle Mitglieder der fünf Ureinwohner-Stämme in Alberta profitieren von den Ölsanden, die das nur eine halbe Autostunde entfernte Fort McMurray reich

gemacht haben. [...] Sorgen macht sich auch John O'Connor. Der Arzt kümmert sich seit 15 Jahren um die Menschen in Fort McKay, einer Siedlung nördlich von Fort McMurray. Und er kennt auch die Menschen in Fort Chipewyan - einer anderen Siedlung, die nur per Boot, Flugzeug oder im Winter über das Eis zu erreichen ist. Dort hat er von 2003 bis 2005 erhöhte Raten von Krebserkrankungen mit Tumoren im Gallengang festgestellt. Normal seien, so sagt er, ein Fall unter 100 000 Menschen. Fort Chipewyan hatte weniger als 1200 Einwohner – vor allem Ureinwohner – und drei Fälle. „Niemand behauptet, dass diese Rate mit den Teersanden zu tun hat," sagt der 56-jährige Arzt, „aber wenn man sich die einzelnen Krebsarten ansieht, ihre Anzahl und die Gifte, die durch den Ölabbau in die Umwelt und die Nahrungsmittelkette gelangen, dann können viele diese Gifte mit den Krebsarten in Verbindung gebracht werden."

Bergmann, Christina (2013): Kanadas schmutziges Öl. http://p.dw.com/p/19By0, Zugriff am: 08.08.2017

M 6 Auswirkungen der Erdölgewinnung in Alberta

Wie groß sind die Auswirkungen der schrumpfenden Ölindustrie auf die gesamte kanadische Wirtschaft?

Die sind beträchtlich. Allein im Bundesstaat Alberta sind infolge der Erdölpreis-Krise schätzungsweise bis zu 100 000 Arbeitsplätze gestrichen worden. So ist die Arbeitslosenquote von drei Prozent im letzten Jahr auf inzwischen sieben Prozent gestiegen. Außerdem gehen dem Staat Steuereinnahmen und Förderabgaben verloren. [...]

Welche gesellschaftlichen Folgen haben der Stellenabbau und die wirtschaftlichen Schwierigkeiten für Kanada?

Aus Alberta wird davon berichtet, dass immer mehr Menschen bei den städtischen Essensausgabestellen anstehen, außerdem gibt es Berichte von Suiziden aus Verzweiflung über den Verlust des Arbeitsplatzes oder weil Schulden und Hypotheken nicht mehr bedient werden können. Auch von höherer Kriminalität ist die Rede. [...]

Die frühere konservative Regierung hatte stark auf die Ölförderung gesetzt. Findet unter der aktuellen Regierung von Justin Trudeau nun ein Umdenken statt?

Tatsächlich ist das so. Die Regierung von Steven Harper hatte ihr Land als Energie-Supermacht präsentiert. [...] Trudeau dagegen macht deutlich, dass Kanada mehr als Öl zu bieten hat. Allerdings muss für die Diversifizierung der Wirtschaft in dem Riesenland noch mehr getan werden als bisher. [...]

Irgendwann wird der Ölpreis wieder steigen. Ist es nur eine Frage der Zeit, bis die Erdölförderung in Kanada, das auf riesigen Vorkommen sitzt, wieder boomt?

Tatsächlich dürfte sich der Ölpreis irgendwann wieder etwas erholen. Doch wer denkt, es würden schon sehr bald wieder Preise von 100 oder 130 Dollar pro Fass Öl bezahlt, ist naiv. Es gilt ja auch, den Klimawandel zu stoppen. Dazu gibt es die Beschlüsse vom Klimagipfel in Paris, die eine massive Reduktion des Ausstoßes an Klimagasen aus fossiler Verbrennung vorsehen. Es braucht deshalb ein Umdenken, gerade auch in Kanada.

Allemann, Marc, Braune, Gerd (2016): Kanada leidet unter der Erdölpreis-Krise. SRF.

M 7 Interview mit dem Journalisten Gerd Braune aus Ottawa

III Maßnahmen zur nachhaltigen Entwicklung von Räumen

- **Transition Town und die Post-wachstumsökonomie**
- **Mit Land nachhaltig wirtschaften:**
  - Symbiotische Landwirtschaft
  - Bodenschonende Landwirtschaft
  - Permakultur
- **Nachhaltige Stadtentwicklung**
- **Cradle to Cradle**
- **Nachhaltiger Tourismus – alternativ reisen**
  - ...

M1 Nachhaltige Raumentwicklung als gemeinsame Sache, M2 Chicagoer City: Betriebsgrüner Ideenpflanzer, M3 Grüne Stadt: Klimaneutrale Gebäudefassaden, M4 Urban Gardening.

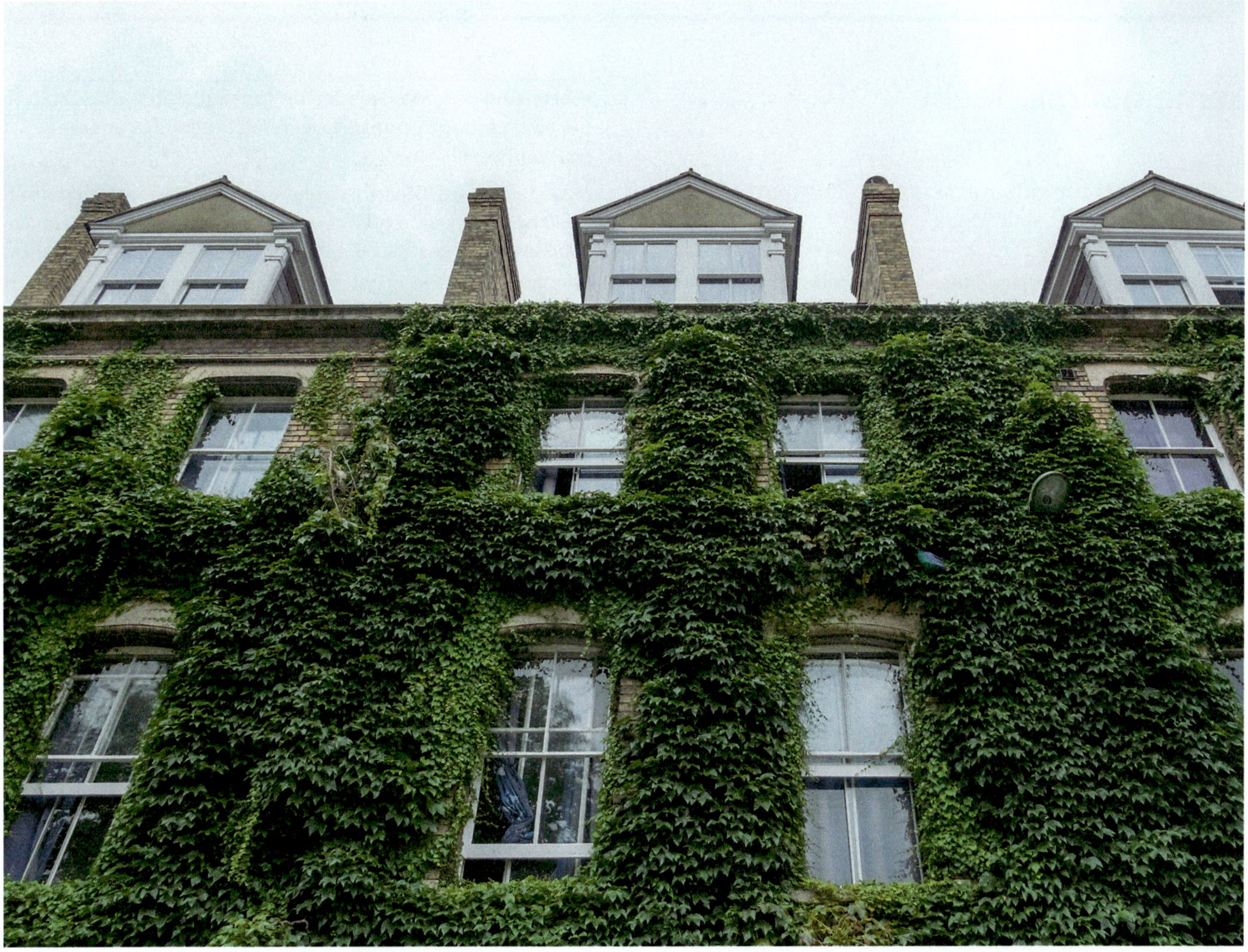

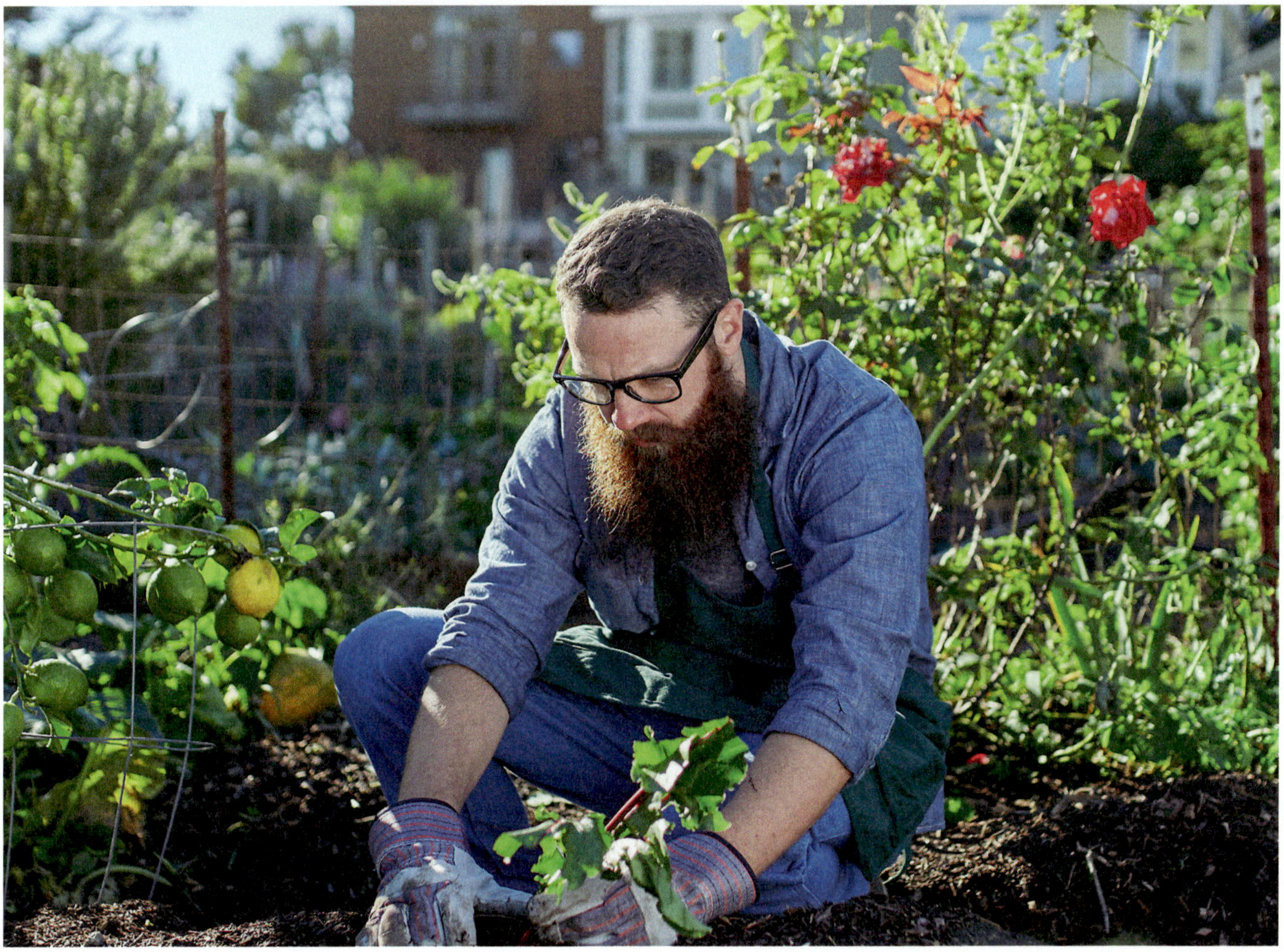

Die gemeinsame Sache

Welche Werte sind für eine nachhaltige Raumentwicklung wegweisend?

Wie lassen sich Lösungen für unsere dringendsten Probleme, wie die weitverbreitete Armut, den Klimawandel, die Menschenrechtsverletzungen, die weltweite Ungleichheit sowie den Rückgang der Biodiversität, finden? Pionierinnen und Pioniere des globalen Wandels (wie z. B. Wangari Maathai, Christian Felber), Protestbewegungen und zivilgesellschaftliches Engagement haben ihre Fähigkeit bewiesen, verfestigten Machtstrukturen entgegenzutreten und neue Realitäten zu schaffen. Aber welche Werte sind es, die solche Menschen und Bewegungen leiten? Und inwieweit sind sie für eine nachhaltige Raumentwicklung von Bedeutung?

1. a) Nennen Sie Werte, die Sie in verschiedenen Bereichen erlebt und erfahren haben (M 1).
   b) Ordnen Sie ausgewählten Bereichen jeweils einen extrinsischen und einen intrinsischen Wert zu (M 1, M 3).
   c) Erläutern Sie die Bedeutung von Werten für unsere Einstellungen und unsere Verhaltensweisen (M 2).
2. a) Charakterisieren Sie die Wertegruppen (M 4).
   b) Analysieren Sie die Bedeutung der Wertegruppen für eine nachhaltige Raumentwicklung.
(W) 3. A a) Vergleichen Sie die Grundwerte des Green Belt Movement (GBM) mit den Wertegruppen (M 4, M 5).
   b) Beurteilen Sie, ob und inwieweit das GBM zu einer nachhaltigen Raumentwicklung beiträgt (M 5).
   B a) Ordnen Sie der Gemeinwohlökonomie (GWÖ) Wertegruppen zu (M 4, M 6, M 7).
   b) Beurteilen Sie, ob und inwieweit die GWÖ zu einer nachhaltigen Raumentwicklung beiträgt (M 6, M 7).
4. Erörtern Sie, ob und inwieweit Werte für eine nachhaltige Raumentwicklung von Bedeutung sind (> S. 5, M 2).

→ Werte für eine nachhaltige Raumentwicklung

Werte sind das, was uns am umfassendsten motiviert: Sie sind Leitmotive unserer Einstellungen und unseres Handelns

Menschen lassen sich im Denken wie im Tun von vielfältigen Faktoren beeinflussen: von Erfahrungen aus der Vergangenheit, von kulturellen und sozialen Normen, davon, wie viel Geld sie haben, um nur einige der wichtigsten zu nennen. All diese Faktoren stehen bis zu einem gewissen Grad mit Werten als einer lenkenden Kraft in Verbindung – einer Kraft, die im Laufe des Lebens unsere Einstellungen und unser Verhalten formt. Es ist erwiesen, dass Werte unsere politischen Überzeugungen, den Willen, politisch aktiv zu werden, die Berufswahl, den ökologischen Fußabdruck, unseren Ressourcenverbrauch und dessen Zweck sowie unser persönliches Wohlbefinden beeinflussen. Ob wir sozial und ökologisch denken und handeln, hängt also offenbar nicht nur vom bloßen Zugang zu Informationen ab – [...] beides (scheint) vor allem davon motiviert, dass wir unserem Denken und Handeln einen bestimmten Wertekanon zugrunde legen.

Holmes, Tim et al. (2014): Die gemeinsame Sache. Ein Handbuch zu Werten und Deutungsrahmen. Eberswalde: Baumfuchs. (S. 8)

M 2 Quellentext

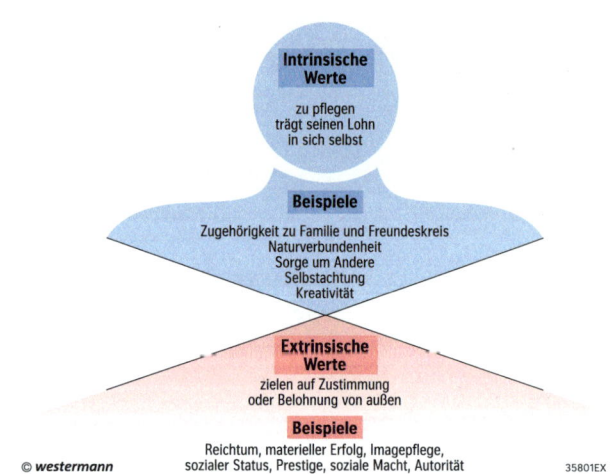

M 3 Wichtige Faktoren für den Aufbau von Werten

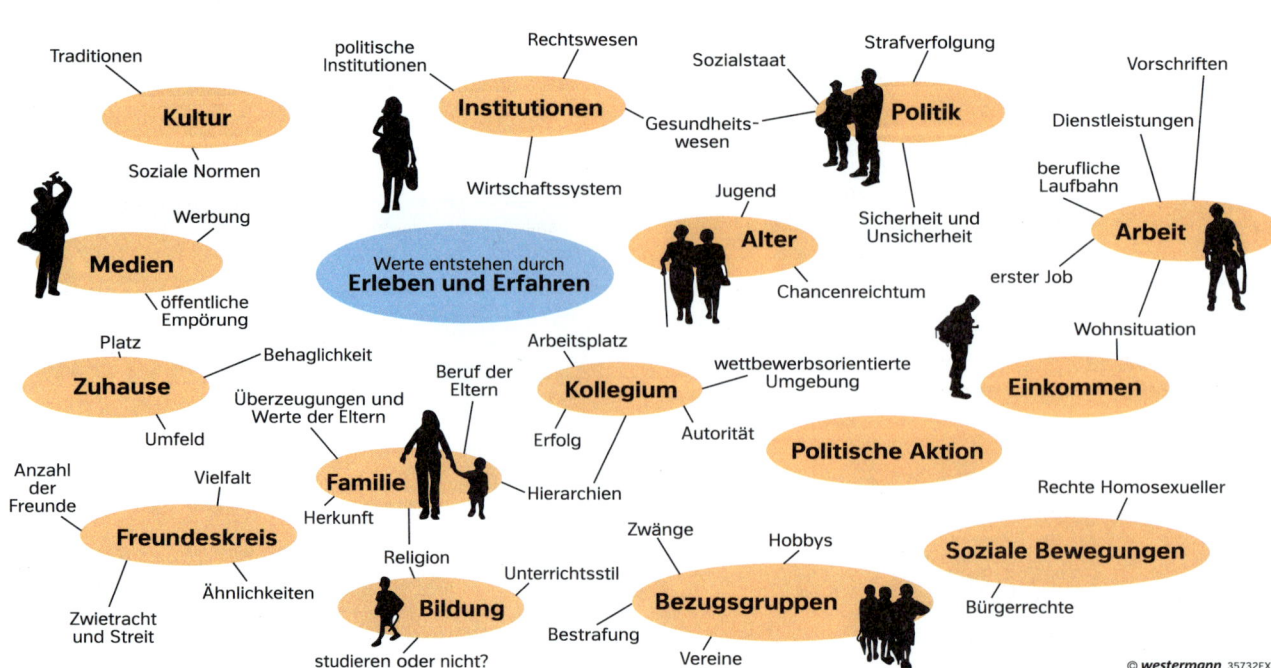

M 1 Bereiche und Ziele von Werten

Blick aufs Ganze	**Macht**
Verständnis, Wertschätzung, Toleranz und Schutz für die Natur und das Wohl aller Menschen	*Sozialer Status, Herrschaft bzw. Kontrolle über Menschen und Ressourcen*
Werte wie soziale Gerechtigkeit, Gleichheit, Frieden, Schönheit, innere Harmonie, Einheit mit der Natur ...	Werte wie Reichtum, soziale Anerkennung, Autorität, Gesicht wahren ...
Gemeinsinn	**Leistung**
Erhaltung und Förderung des Wohls der Menschen, mit denen man persönlichen Kontakt hat	*Ausübung von an sozialen Standards ausgerichteter Kompetenz mit dem Ziel persönlichen Erfolgs*
Werte wie Ehrlichkeit, Vergebung, Hilfsbereitschaft, Lebenssinn, Verantwortung, Freundschaft, Liebe ...	Werte wie Intelligenz, Erfolg, Ehrgeiz, Fähigkeiten, Einfluss ...
Tradition	**Genuss**
Akzeptanz, Respekt und Engagement für Ideen und Bräuche der traditionellen Kultur und Religion	*Persönliches Vergnügen und sinnliche Befriedigung*
Werte wie Demut, Mäßigung, Achtung gegenüber überliefertem Wissen, Schicksalsannahme, Zuversicht ...	Werte wie Lebensfreude, Hingabe, Nachsicht sich selbst gegenüber ...
Konformität	**Abenteuer**
Unterdrückung von Handlungen, Neigungen und Impulsen, die andere verärgern, ihnen schaden oder soziale Erwartungen und Normen verletzen könnten	*Anregung, Neues und Herausforderungen im Leben*
Werte wie Selbstdisziplin, Höflichkeit, Gehorsam, Achtung vor dem Alter ...	Werte wie Wagemut, Abwechslung, Offenheit ...
Sicherheit	**Selbstbestimmung**
Geborgenheit, Harmonie und Stabilität in der Gesellschaft, in Beziehungen und in einem selbst	*Unabhängigkeit in Gedanken und Tat; die eigene Wahl treffen, Eigenes schaffen und entdecken*
Werte wie Gesundheit, soziale Ordnung, Sauberkeit, Zugehörigkeitsgefühl, familiäre Stabilität, nationale Stabilität ...	Werte wie Freiheit, Neugierde, Selbstachtung, Kreativität, Abgrenzung ... © *westermann* 35731EX

M 4 Die Wertegruppen

1. Love for the environment:

Diese Liebe lässt sich daran ablesen, welche Lebensweise ein Mensch pflegt. Sie bringt jemanden dazu, sich in positiver Weise für die Erde einzusetzen. [...].

2. Gratitude and respect for Earth's resources:

Diese bestehen in der Wertschätzung für alles, was die Erde uns gibt. Aufgrund dieser Wertschätzung möchte man nichts davon vergeuden und macht sich deshalb die drei „R" zu eigen: Reduzieren – Wiederverwenden (*engl.* reuse) – Recyceln. [...].

3. Self-empowerment and self-betterment:

Hierunter ist der Wunsch zu verstehen, das eigene Leben und die Lebensumstände im Geist der Eigenständigkeit zu verbessern [...].

4. The spirit of service and volunteerism:

[...] Darunter ist zu verstehen, dass man Zeit, Kraft und Ressourcen dazu einsetzt, für andere tätig zu werden, ohne dafür Entschädigung, Dankbarkeit oder Anerkennung zu erwarten oder einzufordern. [...] Zu den „anderen" gehören auch die nichtmenschlichen Wesen, mit denen wir das Leben und die Erde teilen. [...]
An diesen Werten orientiert sich aber nicht allein das Green Belt Movement. Es sind universelle Werte [...]. Sie geben an, worin unser Menschsein besteht.

Maathai, Wangari (2012): Die Wunden der Schöpfung heilen. Wie wir zu uns selbst finden, wenn wir unsere Erde erneuern. Freiburg i. B.: Herder. (S. 9-11).

M 5 Die vier Grundwerte des von Wangari Maathai initiierten Green Belt Movement (GBM)

Menschliche Werte – Werte der Wirtschaft

Merkwürdig: Obwohl Werte die Grundorientierung, die ‚Leitsterne' unseres Lebens sein sollten, gelten heute in der Wirtschaft ganz andere Werte als in unseren alltäglichen zwischenmenschlichen Beziehungen. In unseren Freundschafts- und Alltagsbeziehungen geht es uns gut, wenn wir menschliche Werte leben: Vertrauensbildung, Ehrlichkeit, Wertschätzung, Respekt, Zuhören, Empathie, Kooperation, gegenseitige Hilfe und Teilen. Die ‚freie' Marktwirtschaft beruht auf den Systemspielregeln Gewinnstreben und Konkurrenz. Diese Anreizkoordinaten befördern Egoismus, Gier, Geiz, Neid, Rücksichtslosigkeit und Verantwortungslosigkeit. Dieser Widerspruch ist nicht nur ein Schönheitsfehler in einer komplexen und multivalenten [mehrwertigen/mehrdeutigen] Welt, sondern ein kultureller Keil; er spaltet uns im Innersten – sowohl als Individuen als auch als Gesellschaft.

Felber, Christian (2014): Gemeinwohlökonomie. Aktualisierte und erweiterte Neuausgabe. Wien: Deuticke Verlag. (S. 18)

M 6 Quellentext

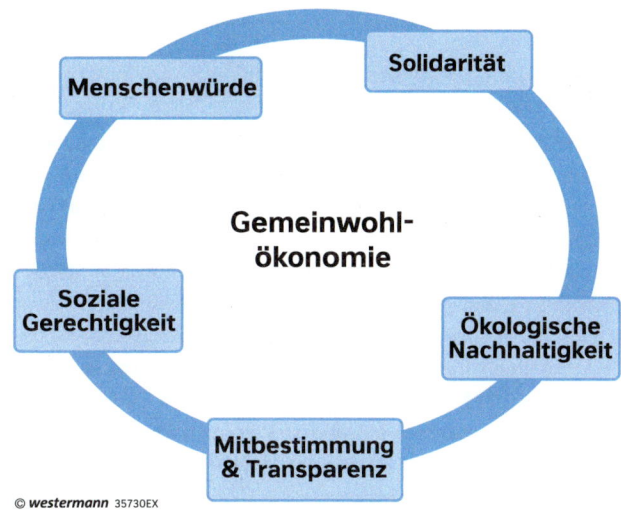

© *westermann* 35730EX

M 7 Werteorientierung der Gemeinwohlökonomie

Transition Towns und Postwachstumsökonomie

Akteure des Wandels: Geht es auch ohne Wirtschaftswachstum?

Spätestens seit Beginn der 1970er-Jahre wird in breiteren Kreisen der Gesellschaft kontrovers diskutiert, ob es sich bei dem an reinem Wirtschaftswachstum orientierten Entwicklungskurs von Volkswirtschaften um eine zukunftsfähige Strategie handelt (siehe S. 12/13). Die Endlichkeit vieler Ressourcen, massive Umweltprobleme und soziale Ungerechtigkeit werden als Folgen des derzeitigen global weit verbreiteten Wirtschaftssystems diskutiert, was zu Forderungen nach einer neuen gesellschaftlichen Leitlinie der Wachstumsrücknahme führt. Diese finden ihren wissenschaftlichen Niederschlag in den theoretischen Ansätzen der Postwachstumsökonomie, ihre praktische Umsetzung hingegen beispielsweise in der Transition Town-Bewegung.

1. a) Beschreiben Sie die Lebensweise in einer Transition Town (M 1).
    b) Analysieren Sie das Konzept der Transition Town in Bezug auf die Dimensionen der Nachhaltigkeit (M 3, S. 8/9).
2. „Es existieren keine per se nachhaltigen Produkte, Technologien, Projekte oder Einzelhandlungen, sondern nur nachhaltige Lebensstile." Erklären Sie auf Grundlage Ihres Vorwissens diese Aussage des Wirtschaftswissenschaftlers Niko Paech (M 1, M 2, Internet, > S. 8/9).
3. Beschreiben Sie das Konzept der Postwachstumsökonomie (M 4, M 5).
4. Überprüfen Sie, ob und inwieweit das Konzept der Transition Town den Prinzipien der Postwachstumsökonomie entspricht (M 2 - M 5).
5. Erläutern Sie mögliche Konsequenzen eines nach den Prinzipien der Postwachstumsökonomie organisierten Wirtschaftssystems für die Gesellschaft und das Individuum (M 4, M 5).
Ⓦ 6. A Entwickeln Sie mögliche Ansatzpunkte für die Umstellung Ihres eigenen Lebensstils nach den Prinzipien der Postwachstumsökonomie (M 4, M 5).
    B Nehmen Sie Stellung, ob und inwieweit das Leben in einer Transition Town Ihren Lebensvorstellungen entspricht (M 1 - M 3).

→ Transition Towns, Postwachstumsökonomie

„Fakt ist, wir leben in einer kapitalistischen Wirtschaft. Und wenn wir abwarten, bis wir diesen Kapitalismus überwunden haben, [...], geht die Zerstörung weiter; [...] die Transition-Bewegung [aber konzentriert] sich auf die Leitfrage: Was wollen wir erreichen und wie? Ich habe allen Grund, optimistisch zu sein, weil ich weiß, was viele Menschen hier [...] in Totnes bereits tun [...]."

Zitat von Rob Hopkins (2011), in: Rütten, Ursula: Zukunft im Selbstversuch. Leben in Transition Towns. (S. 2)

M 2 Zukunft im Selbstversuch – Leben in Transition Towns

Unser Ziel ist es, auf weitaus niedrigerem Niveau zu wirtschaften und unser Leben wesentlich widerstandsfähiger gegen Einwirkungen von außen, welcher Art auch immer, zu machen. Wir sind überzeugt, dass der Kapitalismus in der jetzigen Erscheinungsform des globalen Warenaustauschs und der Bewegung von Gütern rund um die Welt, also von Gütern, die nicht am Ort ihrer Herkunft verbleiben, keine Zukunft hat. Ebenso wenig wie das Wirtschaftswachstum als ein Wert an sich. Und so haben wir konsequenterweise das kommunale Leben aufgewertet. Lokalisierung hat demnach eine Schlüsselrolle im Konzept von Transition (*engl. = Übergang*) inne, als eine Form wirtschaftlicher Entwicklung; nicht nur als eine Aufwertung der nachbarschaftlichen Zusammenarbeit, des Eintretens für kurze Entfernungen von Produktion, Transport und Konsum, sondern auch [...] für lokalen Besitz von Produktionsmitteln, Grund und Boden, Energie- und Lebensmittelproduktion. Wir machen aber einen entscheidenden Unterschied zwischen Lokalismus (*localism*), also Transfer politischer Macht hinunter auf die lokale Ebene, und Lokalisierung (*localisation*). Lokalisierung meint einen ökonomischen Prozess, nämlich so viel wie möglich unserer täglichen Bedürfnisse auf lokaler Ebene befriedigen zu können.

Rütten, Ursula (2011): Zukunft im Selbstversuch. Leben in Transition Towns. Deutschlandfunk, Sendung vom 29.11.2011

M 3 Das Konzept der Transition Town-Initiative

Wir schreiben das Jahr 2050. Vor etwa 35 Jahren verbreiteten sich weltweit sog. „Transition Towns" (Hopkins 2008). Mittlerweile leben mehr als 60 % der Erdbevölkerung in Städten. Außerdem ließ die Handlungsunfähigkeit größerer politischer Systeme und Gebietskörperschaften keine andere Möglichkeit, als direkt auf kommunaler Ebene den Herausforderungen des Klimawandels und der Ressourcenkrisen zu begegnen. [...] [Projekte im Bereich Selbstversorgung, Regionalvermarktung, Tausch, Handwerk, Kunst etc.] gibt es im Jahr 2050 recht viele, weil sich der globale Güterverkehr halbiert hat, nachdem der Rohölpreis vor ca. 30 Jahren auf über 250 US-$ gestiegen ist. Autobahnen und Flughäfen sind mit wenigen Ausnahmen geschlossen worden. Die asphaltierten und betonierten Flächen wurden entsiegelt, wo immer es möglich

war. [...] Viele kleine Unternehmen haben sich hier niedergelassen, die dem Handwerk, der Dienstleistungs- und Kreativitätsbranche zuzurechnen sind. Die hier erzielte Wertschöpfung basiert oftmals auf Konzepten des Eco-Designs und der Kreislaufwirtschaft, um die Hinterlassenschaften, überflüssigen Produkte und materiellen Artefakte, die aus der zurückliegenden Phase des Überkonsums stammen, als Ressourcenquelle zu nutzen. [...] Weiterhin fördert die Stadtverwaltung eine Reduktion und Umverteilung der Arbeitszeit. Sie geht nicht nur innerhalb städtischer Betriebe mit gutem Beispiel voran, sondern nutzt diverse Anreizinstrumente mit dem Ziel, dass jeder Bürger maximal nur 20 Stunden an monetär entgoltener Arbeitszeit leistet. Auf diese Weise konnte die ARGE [heute Jobcenter] abgeschafft werden. [...]. Es geht recht entspannt zu im Jahr 2050.

Paech, Niko (2011): Vom grünen Wachstumsmythos zur Postwachstumsökonomie. In: Welzer, Harald, Wiegandt, Klaus (Hrsg.): Perspektiven einer nachhaltigen Entwicklung, Frankfurt am Main: S. Fischer Verlag, S. 131-151. (S. 145 ff.)

M 1 Zeitreise in eine Transition Town des Jahres 2050 ...

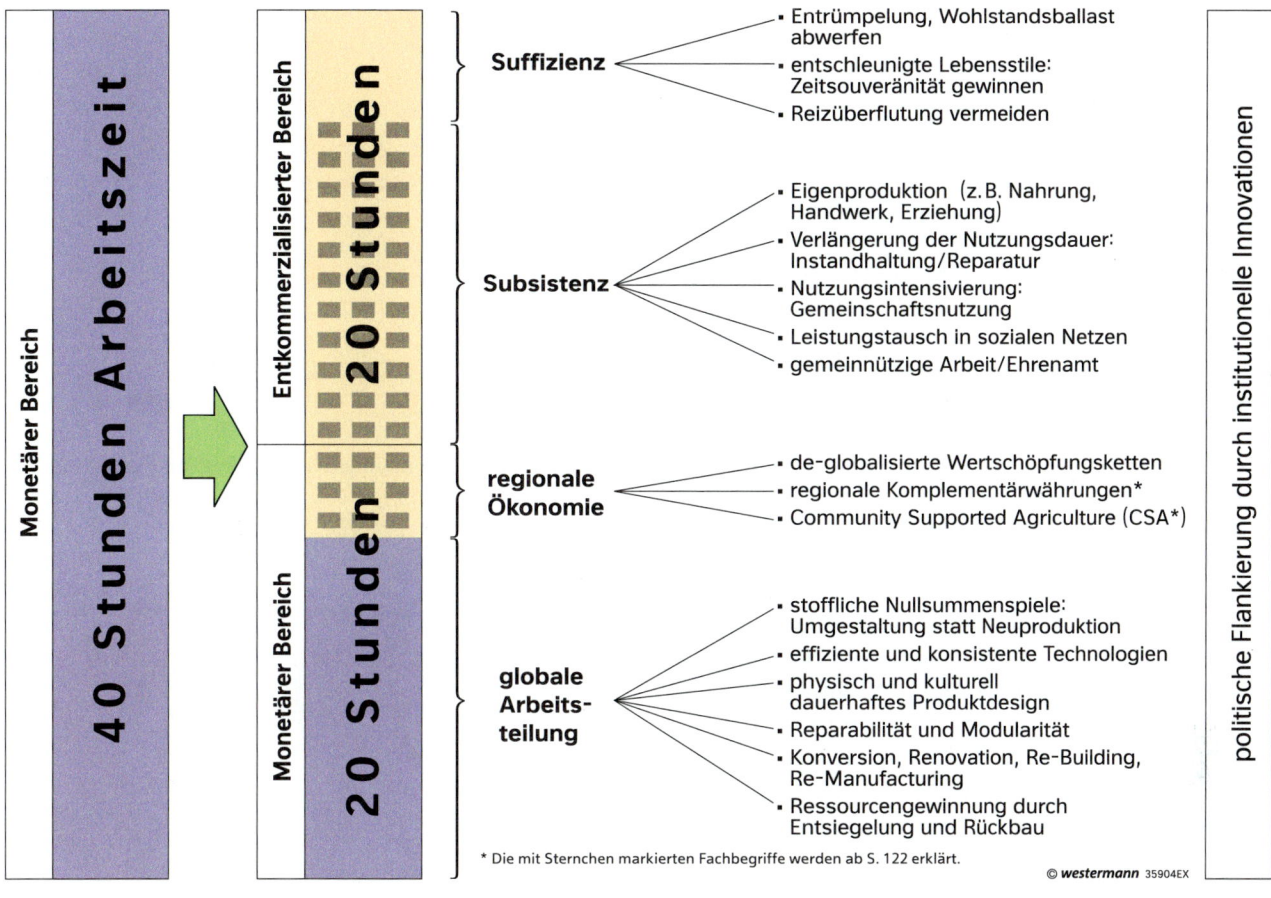

M 4   Überblick Postwachstumsökonomie

Als „Postwachstumsökonomie" wird eine Wirtschaft bezeichnet, die ohne Wachstum des Bruttoinlandsprodukts über stabile, wenngleich mit einem vergleichsweise reduzierten Konsumniveau einhergehende Versorgungsstrukturen, verfügt. […] Der Weg zur Postwachstumsökonomie fußt auf 5 Entwicklungsschritte, die sich auf einen Wandel von Lebensstilen, Versorgungsmustern und Produktionsweisen beziehen:

1. Entrümpelung und Entschleunigung: Es entspricht ökonomischer Logik in Reinform, sich klug jenes Ballasts zu entledigen, der Zeit, Geld, Raum und ökologische Ressourcen beansprucht, aber nur minimalen Nutzen stiftet. Eine solchermaßen begründete Suffizienzstrategie konfrontiert die Suche nach weiteren Steigerungen von Güterwohlstand und Komfort mit einer Gegenfrage: Von welchen Energiesklaven, Konsum- und Komfortkrücken ließen sich übervolle Lebensstile befreien?

2. Balance zwischen Selbst- und Fremdversorgung: […] Sozial stabil sind nur Versorgungsstrukturen mit geringerer Distanz zwischen Verbrauch und Produktion. Dazu zählt die Reaktivierung von Kompetenzen, manuell und kraft eigener Fertigkeiten Bedürfnisse jenseits kommerzieller Märkte zu befriedigen. Durch eine Umverteilung der Erwerbsarbeit ließen sich Selbst- und Fremdversorgung so kombinieren, dass die Geld- und Wachstumsabhängigkeit sinkt. Eigenarbeit, (urbane) Subsistenz, Community-Gärten, Tauschringe, Netzwerke der Nachbarschaftshilfe, Verschenkmärkte, Einrichtungen zur Gemeinschaftsnutzung von Geräten und Werkzeugen verhelfen zu einer graduellen De-Globalisierung.

3. Regionalökonomie: Viele Bedarfe ließen sich durch regionale Märkte, verkürzte Wertschöpfungsketten bis hin zu Konzepten wie Community Supported Agriculture (CSA) befriedigen. Regionalwährungen könnten Kaufkraft an die Region binden und damit von globalisierten Transaktionen abkoppeln. So würden die Effizienzvorteile einer geldbasierten Arbeitsteilung weiterhin genutzt, jedoch innerhalb eines ökologieverträglicheren und krisenresistenteren Rahmens.

4. Stoffliche Nullsummenspiele: Konsumansprüche, die sich nicht entrümpeln oder durch lokale/regionale Versorgungsstrukturen substituieren lassen, bilden die weiter zu minimierende Restgröße an industrieller und globalisierter Produktion. Die damit korrespondierenden Produkte und Infrastrukturen ließen sich über noch weitgehend unausgeschöpfte Möglichkeiten der Nutzungsdauerverlängerung oder Nutzungsintensivierung dergestalt optimieren, dass anstelle zusätzlicher materieller Produktion die Instandhaltung und Aufwertung bereits vorhandener Artefakte träte.

5. Institutionelle Innovationen: Zur Milderung systemimmanenter Wachstumszwänge ist eine Boden- und Geldreform nötig. So könnten Regionalwährungen mit einer zinslosen Umlaufsicherung versehen werden. Weiterhin wäre die noch immer fehlende Abschätzung, Zurechnung und Deckelung von Umweltbeanspruchungen dadurch zu beheben, dass der dehnbare Nachhaltigkeitsbegriff durch individuelle CO_2-Bilanzen konkretisiert wird. Jede Person hätte ein Anrecht auf dasselbe jährliche Emissionskontingent (ca. 2 – 3 t), das allerdings handelbar wäre. Die Summe aller Kontingente dürfte höchstens der globalen Gesamtbelastung entsprechen, die mit der Einhaltung des Zwei-Grad-Klimaschutzziels vereinbar wäre.

www.postwachstumsoekonomie.de/material/grundzuege, Zugriff am: 02.04.2017

M 5   Grundzüge einer Postwachstumsökonomie nach Niko Paech

Mit Land nachhaltig wirtschaften

Wie nutzen wir das weltweite Ackerland?

Die Weltbevölkerung wächst rasant und damit auch der Bedarf an Nahrungsmitteln. Hiermit einher geht die Frage, ob und unter welchen Umständen die Ressourcen der Erde, insbesondere die landwirtschaftlich nutzbaren Flächen, eine steigende Weltbevölkerung ernähren können. Man spricht hierbei von der agrarischen Tragfähigkeit der Erde (vgl. S. 118/119).

1. Erläutern Sie mögliche Herausforderungen, vor denen die weltweite Landwirtschaft bei wachsender Weltbevölkerung stehen könnte (M1 – M3).
2. Analysieren Sie den weltweiten Fleischkonsum und seine Folgen (M4 – M6, Atlas).
3. Erörtern Sie, ob und inwieweit die Weltbevölkerung die vorhandenen Agrarflächen sinnvoll nutzt (M1 – M6, M8, Atlas).
4. Charakterisieren Sie die Ansätze der Agrarökologie (M9).
5. Erläutern Sie anhand von Beispielen weltweite Zusammenhänge in Bezug auf Ihr tägliches Essen (M7, Internet).
6. a) Entwickeln Sie einen Fragebogen zum Thema Ernährungsgewohnheiten 🔳❓.
   b) Führen Sie mithilfe Ihres Fragebogens eine Umfrage in der Schülerschaft Ihrer Schule zum Thema Ernährungsgewohnheiten durch.
7. Beurteilen Sie, ob und inwieweit die Ernährungsgewohnheiten Ihrer Mitschülerinnen und Mitschüler Kriterien eines nachhaltigen Lebensstils erfüllen (> S. 8, M1).

→ Agrarökologie, agrarische Tragfähigkeit

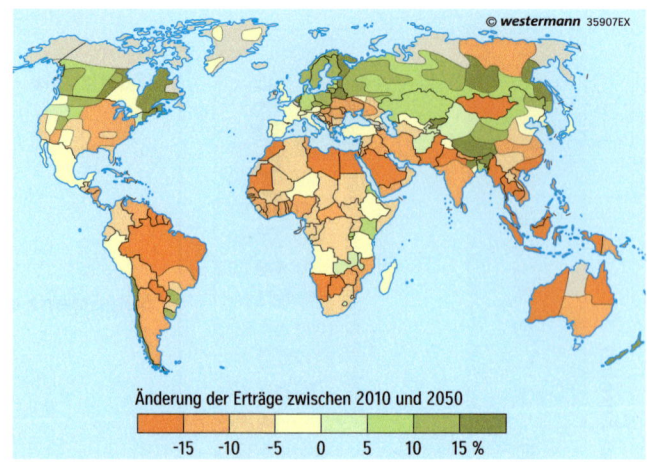

Änderung der Erträge zwischen 2010 und 2050

-15 -10 -5 0 5 10 15 %

M3 Einfluss des Klimawandels auf die landwirtschaftliche Produktion

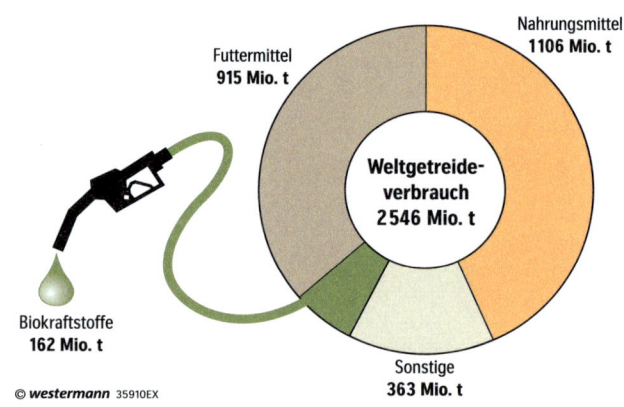

Nahrungsmittel 1106 Mio. t
Futtermittel 915 Mio. t
Weltgetreideverbrauch 2546 Mio. t
Biokraftstoffe 162 Mio. t
Sonstige 363 Mio. t

M4 Globaler Getreideverbrauch (Prognose 2016/2017)

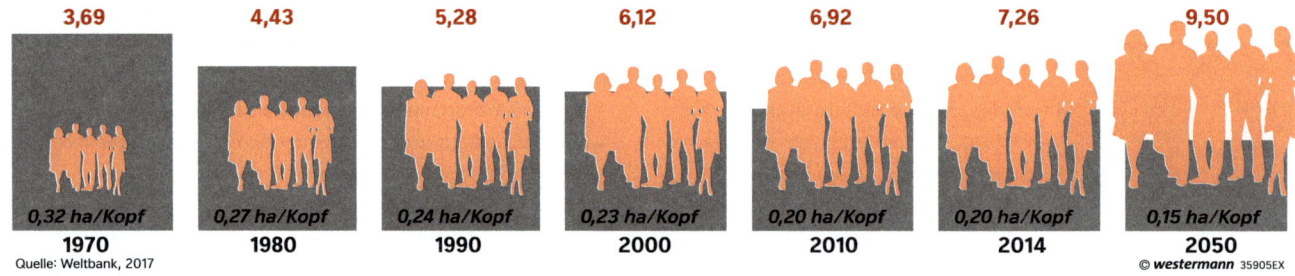

3,69   4,43   5,28   6,12   6,92   7,26   9,50

0,32 ha/Kopf   0,27 ha/Kopf   0,24 ha/Kopf   0,23 ha/Kopf   0,20 ha/Kopf   0,20 ha/Kopf   0,15 ha/Kopf

1970   1980   1990   2000   2010   2014   2050

Quelle: Weltbank, 2017

M1 Agrarfläche (in ha/Kopf) im Vergleich zur Weltbevölkerung (in Mrd.)

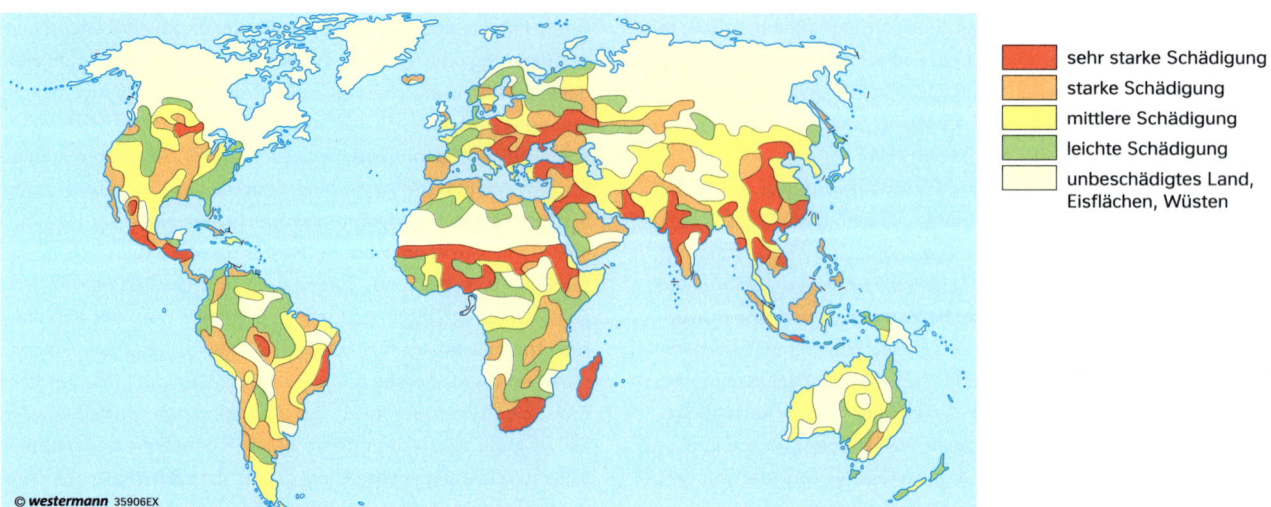

- sehr starke Schädigung
- starke Schädigung
- mittlere Schädigung
- leichte Schädigung
- unbeschädigtes Land, Eisflächen, Wüsten

M2 Weltweite Bodendegradation

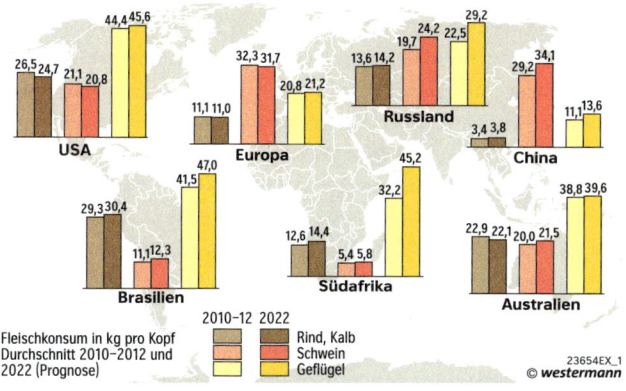

M 5 Fleischkonsum in Industrienationen und BRICS-Staaten

Die Viehhaltung hat enorme Auswirkungen auf die Umwelt: 18 % der gesamten Treibhausgasemissionen in CO_2-Äquivalenten und 9 % aller anthropogenen CO_2-Emissionen, einschließlich der fossilen Brennstoffe zur Herstellung der erforderlichen Inputs, gehen auf ihr Konto. Weltweit verursacht sie etwa 8 % des menschlichen Wasserverbrauchs (...). Der totale Wasserbedarf für 1 Kilo verzehrbares Rindfleisch wird auf 20 bis 43 t geschätzt. [...] In den USA verursacht die Tierhaltung 55 % der Bodenerosion und Sedimentation, 37 % des Pestizideinsatzes, 50 % des Antibiotikaverbrauchs und ein Drittel der Süßwasserbelastung mit Stickstoff und Phosphat.

Haerlin, Benedikt (2013): Wege aus der Hungerkrise. Die Erkenntnisse und Folgen des Weltagrarberichts: Vorschläge für eine Landwirtschaft von morgen. Zukunftsstiftung Landwirtschaft. (S. 11)

M 6 Auswirkungen der Viehhaltung

M 7 Unser Essen veranschaulicht weltweite Zusammenhänge

Sich ihren jeweiligen Umweltbedingungen anzupassen, ist die Kunst der Landwirtschaft seit ihren Ursprüngen vor 10 000 Jahren. Erst in den letzten 100 Jahren erlaubte die Erschließung und Nutzung fossiler Energiequellen einem Teil der Menschheit, den aufmerksamen Austausch mit der Natur durch den Einsatz von Maschinen und moderner Chemie zu ersetzen. Dies führte in den letzten 60 Jahren zu einer beispiellosen globalen Umgestaltung und Ausbeutung natürlicher Lebensräume und regionaler Agrar- und Ernährungssysteme, deren Folgen heute zentrale Menschheitsprobleme geworden sind. Dass die Anpassung der Landwirtschaft an natürliche Gegebenheiten und Kreisläufe und an lokale Bedürfnisse wie eine neue Wissenschaft und soziale Bewegung oder aber als „romantische Nische" behandelt wird, muss Millionen von Landwirten in Entwicklungsländern absurd vorkommen. Ihr tägliches Brot hängt davon ab, ob und wie der optimale Einsatz der örtlich verfügbaren Ressourcen ihr Auskommen sichern kann. Effizienz und Nachhaltigkeit ihrer Anbausysteme bemessen sich einzig nach dem verzehrbaren Ertrag ihrer Fläche und seiner Sicherung gegen Naturkatastrophen und Ernteausfälle. Die Agrarökologie gewinnt als wissenschaftliche Disziplin, praktische Kunst und wirtschaftliches Erfolgskonzept seit den 80er-Jahren weltweit immer mehr Anhänger. Dass der Weltagrarbericht ihr eine zentrale Rolle bei der Gestaltung künftiger, nachhaltiger Landwirtschaft zuspricht, belegt, dass sie heute in der Mitte der wissenschaftlichen und politischen Debatte angekommen ist. Agrarökologische Konzepte gründen auf traditionellem und lokalem Wissen und seinen Kulturen und verbinden es mit Erkenntnissen und Methoden moderner Wissenschaft. Ihre Stärke liegt in der Verbindung von Ökologie, Biologie und Agrarwissenschaften, aber auch von Ernährungskunde, Medizin und Sozialwissenschaften. Agrarökologie setzt auf die Einbeziehung des Wissens aller Beteiligten. Entscheidend ist deren praktischer Beitrag zur Lösung komplexer Probleme mit den vor Ort verfügbaren Ressourcen. Dazu gehören neben Sonne, Wasser und Boden die natürliche und kultivierte Arten- und Sortenvielfalt und das Wissen von Menschen und Gemeinden über ihr Zusammenspiel. Der Weltagrarbericht nennt eine Fülle neuer wie alter Beispiele gelungener agrarökologischer Anpassung und beschreibt ihr enormes Potenzial zur direkten Steigerung des Ertrages und Schonung der Ressourcen, aber auch zur Belebung der örtlichen Wirtschaft und Verbesserung von Gesundheit, Wohlstand und Widerstandsfähigkeit.

Haerlin, Benedikt (2013): Wege aus der Hungerkrise. Die Erkenntnisse und Folgen des Weltagrarberichts: Vorschläge für eine Landwirtschaft von morgen. Zukunftsstiftung Landwirtschaft. (S. 28)

M 9 Bedeutung agrarökologischer Konzepte

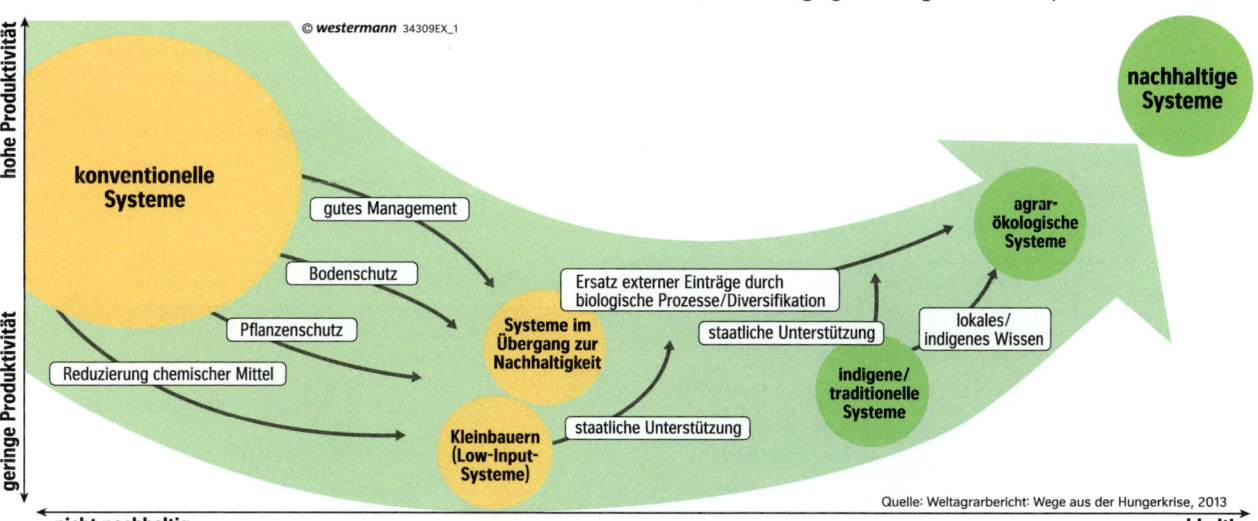

M 8 Entwicklungskonzept und Bewertung unterschiedlicher Anbausysteme nach Ertrag und Nachhaltigkeit

Bodenschonende Landwirtschaft

Boden schonen? – Aber wie?

Fakten zum Boden: Maximal 15 % der Landoberfläche sind landwirtschaftlich nutzbar. Aktuell werden knapp 12 % genutzt. 95 % der weltweiten Nahrungsmittelproduktion kommen vom Boden. Die Entwicklung einer 10 cm mächtigen Schicht fruchtbaren Oberbodens erfordert 2000 Jahre Zeit. Die Landwirtschaft verursacht 75 % der Bodenerosion. Aufgrund von Bodendegradation gehen jährlich 10 Mio. ha (1 ha = 10000 m²) produktives Ackerland weltweit verloren. Das entspricht 30 Fußballfeldern pro Minute. In manchen Regionen ist die Bodenproduktivität um 50 % gesunken.

1. a) Beschreiben Sie die Fotos (M1).
   b) Erläutern Sie mögliche Gründe für die Phänomene (M2).
2. a) Beschreiben Sie die Auswirkungen der Bodenbearbeitung mit schweren Landmaschinen auf die Bodenqualität (M2).
   b) Erläutern Sie die Bedeutung der Bodengare für die Landwirtschaft (M2, M3).
3. a) Charakterisieren Sie unterschiedliche Bodenbearbeitungsverfahren hinsichtlich der Qualität der Bodengare und des möglichen Bodenverlustes (M3, M4).
   b) Begründen Sie, welche Bodenbearbeitungsverfahren den Boden am besten schonen (M3–M4).
4. Vergleichen Sie die Sichtweisen zum Direktsaatverfahren (M5, M6).
5. Erörtern Sie die Bedeutung des Direktsaatverfahrens vor dem Hintergrund einer nachhaltigen Wirtschaftsweise (vgl. S. 70/71).

→ Bodendegradation, Bodengare, Bodenqualität

Der Boden als Ökosystem mit natürlichen Selbstregelungsmechanismen bedarf normalerweise keiner Bearbeitung zur Erhaltung oder Verbesserung seiner Fruchtbarkeit. Beim ackerbaulich genutzten Boden werden jedoch durch das regelmäßige Abräumen der Pflanzendecke die natürlichen Kreisläufe unterbrochen: Dem Boden werden Nährstoffe entzogen und er wird zunehmend verdichtet. Um die Fruchtbarkeit des Bodens für die nächste Ernte zu erhalten, ist eine Bearbeitung durch den Landwirt notwendig. Das Hauptziel ist hierbei das Erhalten bzw. Herstellen eines stabilen nährstoffreichen Bodengefüges, das als Bodengare bezeichnet wird. [...]

Als Bodengare wird in der Landwirtschaft der Idealzustand eines fruchtbaren Bodens bezeichnet. Ein garer Boden ist krümelig, humos, gut durchlüftet, ausreichend feucht und leicht durchwurzelbar. Er zeichnet sich durch ein stabiles, belastbares Gefüge aus und kann mit der Spatendiagnose erkannt werden. Wie bei einem „gärenden" Brotteig besteht er aus vielen kleinen und mittleren Hohlräumen, wodurch der Wasser- und Lufthaushalt bestimmt wird. Wie ein Schwamm kann gesunder Boden z. B. Niederschläge aufsaugen und Überschüsse ins Grundwasser ableiten. Dieses Krümelgefüge entsteht in erster Linie durch die Arbeit der Bodenlebewesen. Durch die landwirtschaftliche Nutzung wird der Boden im Laufe der Zeit ausgelaugt und verdichtet. Es stellt sich die Frage, wie der Boden in einem ‚garen' Zustand erhalten werden kann.

Bundesverband Boden e.V. (2017): Bodenschonende Landwirtschaft, www.bodenwelten.de/content/bodenschonende-landwirtschaft

M3 Bedeutung der Bodengare

M1 Sandsturm auf der A19 bei Rostock im April 2011

M4 Zuckerrübenacker nach einem Starkregenereignis

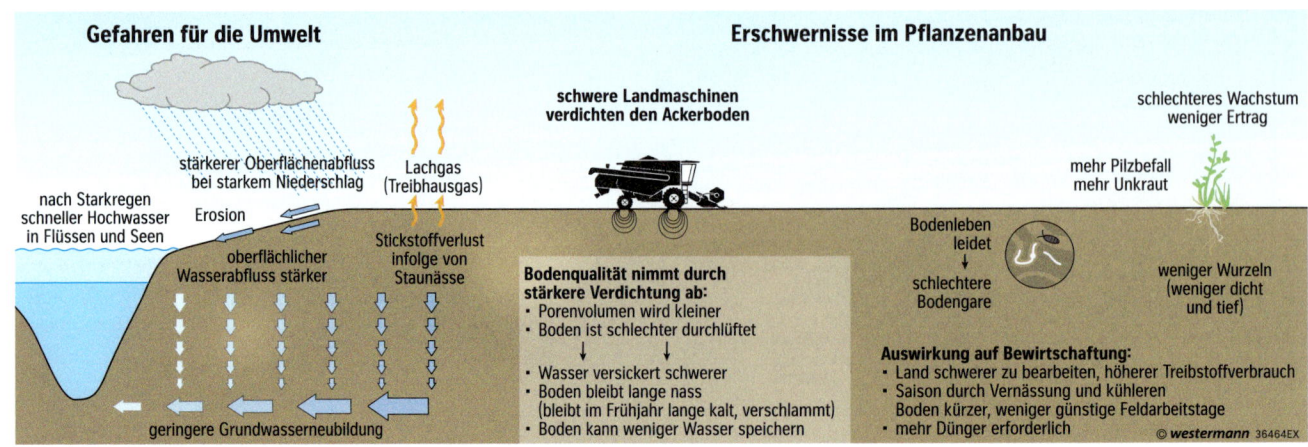

M2 Konventionelle Bodenbearbeitungsverfahren verändern die Bodenqualität

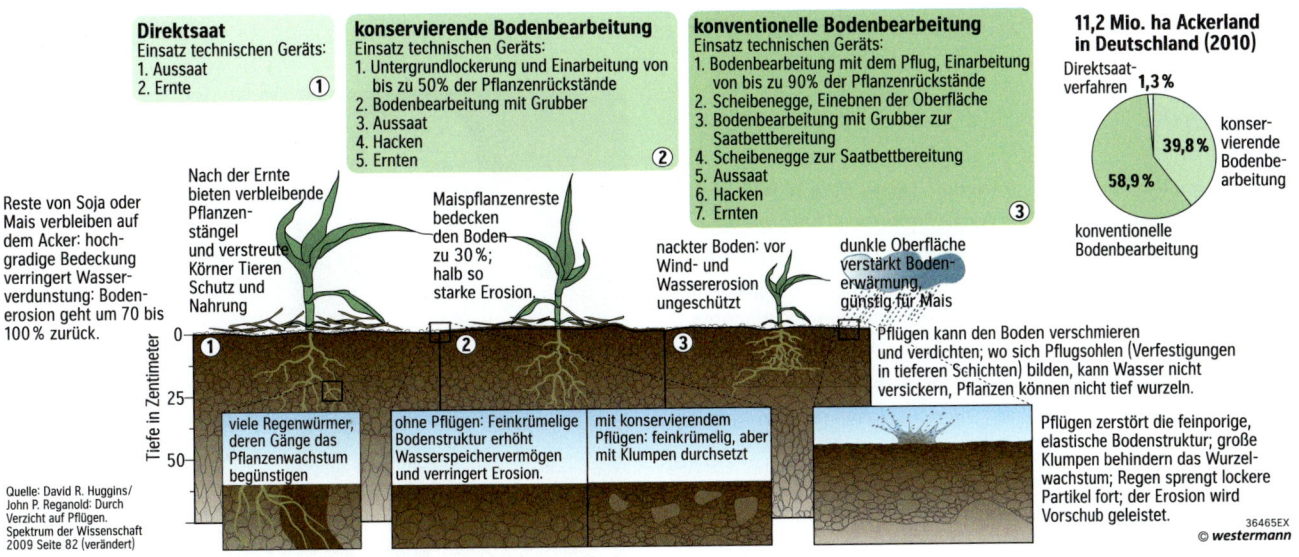

M 5 Bodenbearbeitungsverfahren im Vergleich

Ein typischer, konventionell wirtschaftender Betrieb ist die Marienhöher Milchproduktion Waldkirchen spätestens seit dem vorigen Jahr nicht mehr. Seinerzeit hatten die Landwirte das Direktsaatverfahren für sich entdeckt und begonnen, den Ackerbau in ihrem Unternehmen umzukrempeln. [...] Zur Vitalisierung der Pflanzen sprüht der Betrieb seit kurzem Huminsäure [entsteht bei der Humifizierung] aufs Feld. Darin sind Stoffe, die auf natürliche Weise durch den Abbau von Lebewesen entstehen. „Die hilft den Boden weich zu machen, die Bodenstruktur wird verbessert", sagt Phillip Weinitzke. Der Pflanzenbauexperte fährt nie ohne Spaten aufs Feld: „Ich muss wissen, wie mein Boden aussieht, welche Struktur er hat, wie er sich anfühlt und wie sich die Wurzeln der Pflanzen entwickeln. In einem gesunden Boden sollten auch Regenwürmer leben." Testen will der Betrieb dieses Jahr auch Kompost-Tee. Der kommt auch aus der Bio-Ecke, besteht aus Zuckersirup, Malzkeimdünger und Biokompost. „Das dient der Pflanzenvitalisierung", sagt Heiko Hölzel. „Komposttee ist voller Nährstoffe und Mikroorganismen. Er stärkt die Pflanzen, macht sie widerstandsfähiger gegen Krankheiten und Schädlinge und verbessert das Bodenleben." Und: „Wenn wir mit der Spritze übers

Feld fahren, muss da nicht immer Chemie drin sein. Den chemischen Pflanzenschutz wollen wir immer mehr einschränken, bis wir ganz darauf verzichten." Dann sei der Schritt zum Biobetrieb nur noch ein kleiner. [...] Auch die bisher praktizierte Methode, beim ersten Sonnenschein zu säen, schmeißen die beiden Männer über Bord. „Was soll der Samen so zeitig im Boden? Wenn es kalt wird, so wie jetzt, keimt sowieso nichts." Außerdem ist Phillip Weinitzke bemüht, den Ackerboden möglichst das ganze Jahr mit einer lebenden Pflanzenschicht bedeckt zu lassen. „Der Boden ist so vor Erosion besser geschützt. Er trocknet weniger aus, hält das Wasser besser, kann ungleichmäßige Niederschläge besser ausgleichen, das Bodenleben ist aktiver, und der Boden erwärmt sich auch schneller und hält die Wärme dann auch besser. Das konnte ich bei Temperaturmessungen auf Vergleichsflächen nachweisen." Gegen den Unkrautwuchs soll mit Mischkulturen, Unter- und Zwischensaaten vorgegangen werden. Das hat zur Folge, dass der Acker manchmal aussieht wie eine Wiese [...] Mit den ersten Winterkulturen, die vorigen Herbst per Direktsaat in den Boden kamen, sind die Waldkirchener Landwirte zufrieden.

Kölbel, Silvia: Schritt für Schritt ins Bio-Land, Freie Presse online, 22.04.2017

M 6 Erfahrungen mit dem Verzicht auf Chemie

Der Agrarwissenschaftler [Cameron Pittelkow] von der Universität von Kalifornien nahm [...] die Ergebnisse von insgesamt 610 landwirtschaftlichen Anbauversuchen aus 63 Ländern unter die Lupe und fasste sie zusammen. Er wollte eine Antwort auf die Frage finden: Wenn man auf das Pflügen der Felder verzichtet und die Pflanzen per Direktsaat in die Erde bringt, führt das am Ende zu größeren oder kleineren Erträgen? „Wir waren verblüfft, dass der Effekt insgesamt betrachtet ein negativer ist. [...] Da der pfluglose Anbau von vielen Forschern empfohlen wird, dachten wir, dass die vielen Experimente keine Ertragsdifferenzen oder sogar einen Ertragsgewinn im Vergleich zum konventionellen Anbau zeigen würden. Darum waren wir schon überrascht, als wir erkannten, dass es tatsächlich einen signifikanten Ertragsrückgang gibt." Im globalen Durchschnitt waren es nach den Daten [...] knapp sechs Prozent, um die die Ernten auf den pfluglos bestellten Feldern geringer ausfielen.

Haas, Lucian (2014): Pfluglose Landwirtschaft. Lohnend nur in trockenen Regionen. www.deutschlandfunk.de/pfluglose-landwirtschaft-lohnend-nur-in-trockenen-regionen.676. de.html?dram:article_id=301199, Zugriff am: 08.08.2017

Das erscheint auf den ersten Blick nicht so dramatisch – zumal der pfluglose Anbau ja auch positive Seiten hat. „Das Ziel ist der Bodenerhalt. Ohne den Pflug kann der Boden wieder eine natürliche Struktur entwickeln. [...] Es gibt also viele potenzielle Vorteile." In Zeiten einer stark wachsenden Weltbevölkerung, die mit Nahrung versorgt werden muss, sind Ertragseinbußen dennoch kritisch zu sehen. Cameron Pittelkow rät dazu, den pfluglosen Anbau vor allem dort zu propagieren, wo er neben den ökologischen tatsächlich auch Ertragsvorteile bringen kann. Der Verzicht auf das Pflügen [kann] die Ernten [in warmen und trockenen Klimazonen] im Schnitt um rund sieben Prozent steigern – allerdings nur dann, wenn die Bauern die Direktsaat mit weiteren Praktiken [wie dem konservierenden Verfahren] kombinieren. „Neben dem Verzicht auf den Pflug müssen auch alle Ernterückstände auf den Feldern belassen und von Jahr zu Jahr ein Fruchtwechsel durchgeführt werden."

M 7 Bodenerhalt versus Ertragseinbußen

Fallbeispiel symbiotische Landwirtschaft

Tierisch gut leben?!

„Fleisch muss wieder kostbar und wertvoll werden. Lieber halb so viel, aber doppelt so gut!" Karl Ludwig Schweisfurth vertritt in seinem Konzept einer symbiotischen Landwirtschaft die Idee einer zukunftsweisenden Wirtschaftsweise auf Basis von Geboten für die Tiere, den Boden und den Menschen (M1). Bisher getrennte Prozessschritte wie das Aufziehen und Schlachten von Nutztieren sowie das Zerlegen, Verarbeiten und Vermarkten von Fleisch werden in seinen Hermannsdorfer Landwerkstätten wieder zusammenfügt. Die Ethik der „Ehrfurcht vor dem Leben" nach Albert Schweitzer liegt seiner Vision zugrunde.

1. a) Beschreiben Sie das Schlüsselerlebnis Schweisfurths (M2).
   b) Erläutern Sie die Aussage Schweisfurths vor dem Hintergrund seines unternehmerischen Werdegangs (M3, M4).
2. a) Entwickeln Sie Leitlinien für ein allgemeines Tierwohl (M2, M3) ∎⟨?⟩.
   b) Vergleichen Sie die Prinzipien einer symbiotischen Landwirtschaft mit Ihren Leitlinien (M5-M7).
3. Erläutern Sie folgende Charakterisierung für die symbiotische Landwirtschaft: „Das Zusammenleben von Menschen, Tieren, Pflanzen, Wasser und Boden zum gegenseitigen Nutzen und Wohlbefinden" (M5-M7, Internet).
Ⓦ 4. A „Die symbiotische Landwirtschaft ist eine zukunftsweisende Agrarkultur im Kontext von Nachhaltigkeit." Nehmen Sie Stellung (M1, M5-M7).
   B Nehmen Sie Stellung zu der Aussage: „Die Größe und den moralischen Fortschritt einer Nation kann man daran messen, wie sie ihre Tiere behandeln." (Mahatma Gandhi)

→ symbiotische Landwirtschaft, Tierethik

1. Für die Tiere – die denkbar beste Art und Weise, unseren Mitgeschöpfen ein gutes Leben zu ermöglichen, ein Gebot der Ethik!
2. Für den Boden – die denkbar beste Methode, Bodenleben und Bodenfruchtbarkeit zu fördern, ein Gebot des Überlebens!
3. Für den Menschen – die denkbar höchste Geschmacks- und Gesundheitsqualität zu erzeugen, vor allem bei den Lebens-Mitteln (...), ein Gebot der Vernunft!

Schweisfurth, Karl Ludwig (2015): Tiere. Fleisch. Speise. Das Verbund-Konzept für Bauern, Metzger und Verbraucher, www.vor-druck.de/wp-content/uploads/2011/05/team_schweisfurth.pdf, S. 6.

M1 Gebote der symbiotischen Landwirtschaft

Immer mehr Menschen essen immer mehr Tiere. Die Tiere der Reichen fressen das Brot beziehungsweise das Getreide der Armen, überall auf der Welt. Gemeinsam mit den Tieren fressen wir die Erde kahl. Wir brauchen ein neues Verständnis im Umgang mit Tieren und Fleisch, sonst werden wir keins der Probleme in der Welt lösen, den Hunger und die Armut nicht, die Klimaerwärmung nicht.
K. L. Schweisfurth

M3 Karl Ludwig Schweisfurth (*1930)

1887: Gründung der Ladenmetzgerei in Herten durch die Urgroßeltern „Schweisfurth".
1902: Erste industrielle Fertigung von kesselfrischer Fleischwurst und Fleischkonserven mit überregionaler Bekanntheit.

1955: Automatisierung der Produktion nach dem Vorbild der Schlachthöfe in Chicago durch K. L. Schweisfurth.
Ausbau des traditionellen Familienunternehmens zu einer der größten europäischen Fleischfabriken.

1980: Beschäftigung von europaweit über 5500 Menschen in zehn Fabriken.
Wöchentliche Schlachtungen von 25000 Schweinen und 5000 Rindern.
1984: Verkauf von Herta und Gründung der Herrmannsdorfer Landwerkstätten; Verbindung von bäuerlicher Erzeugung und handwerklicher Warmfleisch-Metzgerei.

M4 Von Herten nach Herrmannsdorf

„Vater, du weißt doch gar nicht mehr, wie es da draußen [in den Schweinemastanlagen] zugeht!" [...] „Natürlich weiß ich das!" Ich, damals die Einmannspitze von Herta, wüsste angeblich nicht mehr, wie es da draußen zugeht [...] Auf meiner Fahrt zum Besichtigungstermin entspannte ich mich. [...] Ich ließ die Scheibe ein Stück weit herab, etwas Frühlingsluft täte jetzt gut. [...] Ein brutal-gemeiner Dunst drängte in den Fahrerraum. Ich [...] zwang mich, flach zu atmen. Der Güllegeruch war von hoher Intensität und erbarmungsloser Gemeinheit. [...] [Der Zulieferer hat] drei 1000-Schweine-Ställe. [...] An der Tür [...] ermahnte er mich zu Ruhe und Konzentration: „Wenn uns jetzt die Tür ins Schloss fällt, liegen gleich ein paar Tote in den Buchten." Es war duster. Ein entsetzlicher Ammoniakgestank schlug uns entgegen. In kürzester Zeit hatte ich Tränen in den Augen. Die Tiere standen in engen Boxen auf Spaltenböden. Er sei einer der Ersten, der sie eingeführt habe, diese Spaltenböden [...]. Eine gewaltige Ersparnis an Arbeitszeit sei das. Die Exkremente sickerten durch die Spalten und rutschten in darunter befindliche Auffangbecken. „Entmisten entfällt." [...] An der Rückseite des Stalles türmte sich ein Haufen aus Hähnchenköpfen. Was damit geschehe, wollte ich wissen. Das werde verfüttert, war die Antwort: Hochwertiges Eiweiß, [...] Mir war flau.. Und dabei hatte ich nichts gesehen, was ich nicht schon wusste [...]. Ich begann seit diesem Besuch in der Schweinehölle, mehr und öfter über das „Subjekt Schwein" nachzudenken [...].

Schweisfurth, Karl Ludwig (2014): Der Metzger, der kein Fleisch mehr isst. München: oekom-Verlag. (S. 115ff.)

M2 Das Schlüsselerlebnis

www.diercke.de
100800-058-01   www.diercke.de
100800-058-02

Die symbiotische Landwirtschaft ist eine neue Form von Agrarkultur, die mit einfachsten Mitteln höchste Lebensmittelqualität erzeugt, [...] die den Tieren unter Wahrung von ethischen Grundsätzen ein freies und artgerechtes Leben ermöglicht, die Bodenlebewesen und Humusbildung durch Polykultur und ganzheitliche ökologische Wirtschaftsweise pflegt und fördert [...].

Die symbiotische Landwirtschaft ist eine radikal andere Form der Landnutzung, insbesondere bei der Haltung von Tieren. Was unsere spezialisierte Hochleistungslandwirtschaft immer weiter voneinander getrennt hat, wird hier wieder zusammengeführt. Die verschiedensten Nutztiere, wie Fleischrinder, Schafe, Hühner, Gänse und Puten, werden in einem mobilen Koppelsystem miteinander gehalten. Den Tieren wird auf den Ackerflächen der „Tisch gedeckt" mit dem Anbau verschiedener Pflanzen, die die Tiere mögen und die gleichzeitig der Anreicherung des Bodenlebens dienen. Die Tiere ernten ihr Futter selbst. Schweine und Hühner suchen dazu die für sie notwendige Nahrung im Boden: Wurzeln und Lebendiges. [...] Die Schweine übernehmen durch ihre Wühlarbeit einen wesentlichen Teil der Bodenbearbeitung, sodass die Vorbereitung des Bodens für die Neueinsaat mit leichten Maschinen möglich ist.

Mobilität, das heißt, häufiger Wechsel der Standflächen für die Einrichtungen ist wichtig, um hygienische Probleme und Bodenverdichtung durch Übernutzung zu vermeiden. Deshalb sind alle Einrichtungen wie Hütte, Futtertrog, Schweinebad und Wartebox mit Kufen versehen, die zusammen mit den Tieren in einer Art „Wanderzirkus" von Koppel zu Koppel ziehen können. [...]

Das Zusammenleben der Tiere gestaltet sich friedlich und zum gegenseitigen Nutzen (Symbiose). Was das eine nicht frisst, mag das andere gern. Die Schweine bieten den Hühnern Schutz vor Räubern, wie Marder und Fuchs, und die Hühner übernehmen dafür die Körperpflege bei den Schweinen, indem sie ihnen Parasiten, Fliegen und Ungeziefer aus dem Fell picken und für die allgemeine Hygiene sorgen. Die richtigen Pflanzen in der geeigneten Mischung fördern und unterstützen sich. Der Mist verschiedener Tiere [...] fördert Bodenleben und Fruchtbarkeit. Symbiosen, die in Monokulturen nicht möglich sind. [...]

Schweisfurth, Karl Ludwig (2015): Symbiotische Landwirtschaft. System Schweisfurth. www.raumortlabor.de/content/bien_presse/schweisfurth.pdf

M5 Prinzipien der symbiotischen Landwirtschaft

Tiere	Mobile Einrichtungen	Feste Einrichtungen	Geräte
Rinder: 2 Mastrinder, ganzjährig Schweine: 40 Mastschweine, ganzjährig Schafe: 10 Mutterschafe + Bock + Lämmer, ganzjährig Hühner: 100-300 Masthühner Gänse: 10-30, Mai-Oktober Enten: 10-40, Mai-Oktober Puten: 10	1 Hütte (4x7m Grundfläche [...]: unten Schweine, oben Hühner 1 Futterkiste 1 Schweinebad 1 Tränke 1 Wartebox	Feldscheune für: – Silos für Zusatzfutter – Mühle oder Quetsche – Stroh/Heu für die Winterfütterung – Saatgut – E-Zäune – Werkzeug	– leichter Traktor – Grubber – Sägerät – Egge – Sternwalze

*[...] Die hier aufgeführten Maße und Zahlen beziehen sich beispielhaft auf eine Fläche von 10 Hektar [1 ha = 100x100m; Zahlen im Folgenden nur in Bezug auf Tiere und Einrichtungen] [...]. Schweisfurth, Karl Ludwig (2015): Symbiotische Landwirtschaft. System Schweisfurth. www.raumortlabor.de/content/bien_presse/schweisfurth.pdf

M6 Die symbiotische Landwirtschaft in Zahlen

(a) **Mobile Kombihütte** (für Schweine, Hühner):
Unten: ~ 20 km² Liegefläche = Liegeplatz für ca. 20 - 25 Mastschweine in Weidehaltung für die Endmast von ~ 90 kg - 160 kg
Oben: ~ 16 km² Fläche für die Hühneraufzucht
Küken bis ~ 4 Wochen
Bauweise: Ähnlich der Schweinehütte in Einzelteilen, Oberteil für die Hühner
Boden: Sperrholz, oben kunstharzbeschichtet
Türen: Vorder- und Hinterseite Thermoplexiglas mit Innentüre aus Draht. Vorder- und Rückseite je zwei Klappen zum Entmisten.

(b) **Mobile Futterkiste**
Unten: ~ 20 km³ für geschrotetes Getreide, Bohnen, Erbsen.
Bauweise: gefertigt aus besonderem Material, z. B. Kufen aus Holz
Wände: Sperrholz, kunstharzbeschichtet, gleitfähig
Dach: Plexiglas in zwei Schichten, aufklappbar
Schieber zum Schließen der Futterzufuhr

Mobile Seilwinde
Mit Spezialkonstruktion zum leichten Verziehen der Hütten ohne Traktor bei nassen Böden:
– Batterieantrieb
– Ankoppeln an starkem Baum oder an fester Steckhülse im Boden

M7 Mobilität in der symbiotischen Landwirtschaft

Permakultur – nachhaltige und naturnahe Kreisläufe

Ist Permakultur eine zukunftsweisende Lebensperspektive?

Nachhaltig kann ein System nur dann sein, wenn es sich auch ohne zusätzlichen äußeren Input selbst erhält. Auf die Landwirtschaft übertragen bedeutet das, dass sich das Produktionssystem an natürlichen, sich selbst erhaltenden Kreisläufen orientieren sollte. Der Australier Bill Mollison entwarf landwirtschaftliche Konzepte, die jedem ein nachhaltiges Wirtschaften ermöglichen sollen, und fasste diese unter dem Begriff „Permakultur" zusammen.

1. Ordnen Sie folgendes Zitat des Permakultur-Begründers Bill Mollison in das Konzept der Nachhaltigkeit ein (S. 8, M 1): "We're only truly secure when we can look out our kitchen window and see our food growing and our friends working nearby."
2. Fassen Sie die Ziele und Gestaltungsprinzipien der Permakultur zusammen (M 1 – M 4).
3. Analysieren Sie das Gestaltungsbeispiel eines Permakulturgartens hinsichtlich der Umsetzung der Gestaltungsprinzipien der Permakultur (M 1 – M 4).
4. A Charakterisieren Sie das „Café Botanico" in einem Kurzvortrag (M 5, Internet).

   B Charakterisieren Sie den „Krameterhof" in einem Kurzvortrag (M 6, Internet).
5. Erörtern Sie, ob und inwieweit Permakultur Ansätze für eine Umstellung Ihrer Lebensweise bietet (M 5, M 6).

→ Permakultur, Kulturentwicklung

Die Permakultur – ein Werkzeug

Der Begriff Permakultur (von englisch: „permanent agriculture", deutsch: dauerhafte Landwirtschaft) wurde Ende der 70er-Jahre von dem Australier Bill Mollison und seinem damaligen Studenten David Holmgren geprägt. [...] Permakultur entstand [...] als Konzept zur Gestaltung dauerhafter landwirtschaftlicher Systeme [...]. In den Jahren seit seiner Prägung erfuhr der Begriff Permakultur eine inhaltliche Wandlung. Er wird heute eher als „permanent culture" gefasst, also als ein System zur Entwicklung einer komplexen Lebensraum- und Lebensgestaltung. Die landwirtschaftliche Kultur ist, bei genauem Hinsehen, von unserer zwischenmenschlichen Kultur nicht zu trennen. Die Ziele der Permakultur sind, zusammengefasst, die Entwicklung einer ganzheitlich gestalteten, zukunftsfähigen Umwelt und einer zukunftsfähigen Kulturentwicklung. Um dies zu erreichen, versammelt die Permakultur zahlreiche nützliche Ideen, Methoden, Fähigkeiten und Lebensweisen. Sie stammen aus Betrachtungen von Strukturen und Mustern der natürlichen Ökosysteme, aus traditionellen Techniken und traditionellem Wissen und auch aus der modernen Wissenschaft und Technik. Bildlich gesprochen ist Permakultur ein Werkzeug zur Gestaltung etwa von Landwirtschaftssystemen, von Gärten, vom eigenen Leben oder, allgemein gesprochen, von Zukunftsfähigkeit – genauso wie ein Schraubenzieher ein Werkzeug ist, um einen Stuhl zusammenzubauen.

Meißner, Ulrike (2012): Die Permakultur – ein Werkzeug. Oya-Zeitschrift. Anders denken. Anders leben.

M 2 Was ist Permakultur?

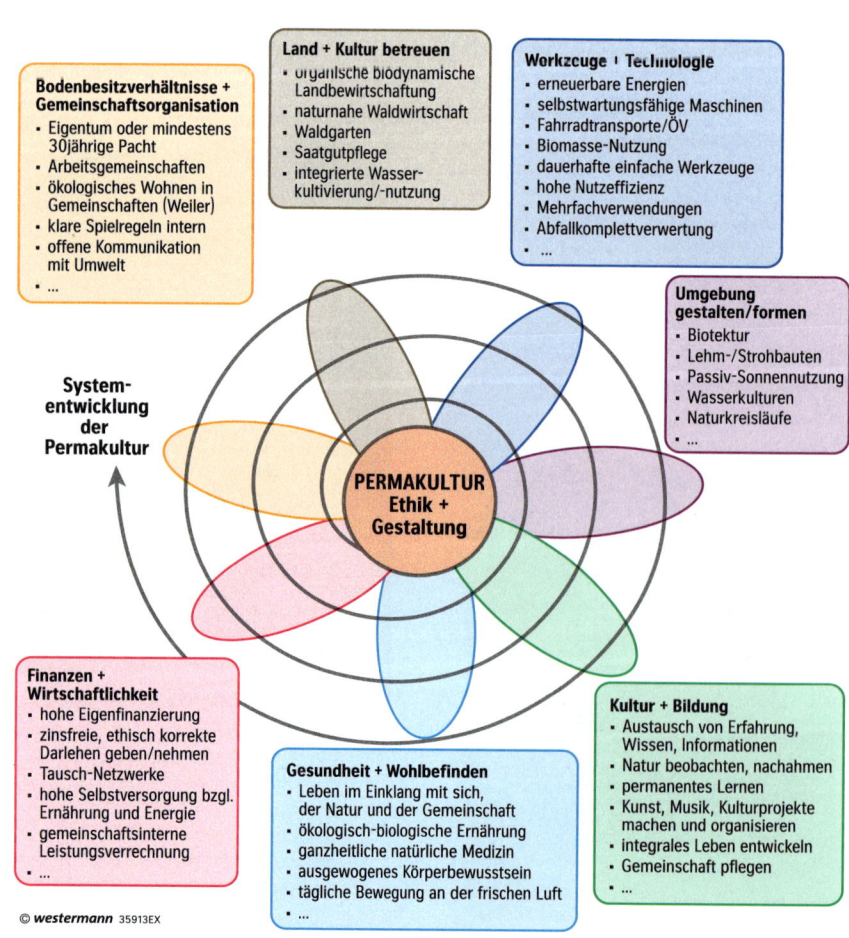

Bodenbesitzverhältnisse + Gemeinschaftsorganisation
- Eigentum oder mindestens 30jährige Pacht
- Arbeitsgemeinschaften
- ökologisches Wohnen in Gemeinschaften (Weiler)
- klare Spielregeln intern
- offene Kommunikation mit Umwelt
- ...

Land + Kultur betreuen
- organische biodynamische Landbewirtschaftung
- naturnahe Waldwirtschaft
- Waldgarten
- Saatgutpflege
- integrierte Wasserkultivierung/-nutzung

Werkzeuge + Technologie
- erneuerbare Energien
- selbstwartungsfähige Maschinen
- Fahrradtransporte/ÖV
- Biomasse-Nutzung
- dauerhafte einfache Werkzeuge
- hohe Nutzeffizienz
- Mehrfachverwendungen
- Abfallkomplettverwertung
- ...

Umgebung gestalten/formen
- Biotektur
- Lehm-/Strohbauten
- Passiv-Sonnennutzung
- Wasserkulturen
- Naturkreisläufe
- ...

System-entwicklung der Permakultur

PERMAKULTUR Ethik + Gestaltung

Finanzen + Wirtschaftlichkeit
- hohe Eigenfinanzierung
- zinsfreie, ethisch korrekte Darlehen geben/nehmen
- Tausch-Netzwerke
- hohe Selbstversorgung bzgl. Ernährung und Energie
- gemeinschaftsinterne Leistungsverrechnung
- ...

Gesundheit + Wohlbefinden
- Leben im Einklang mit sich, der Natur und der Gemeinschaft
- ökologisch-biologische Ernährung
- ganzheitliche natürliche Medizin
- ausgewogenes Körperbewusstsein
- tägliche Bewegung an der frischen Luft
- ...

Kultur + Bildung
- Austausch von Erfahrung, Wissen, Informationen
- Natur beobachten, nachahmen
- permanentes Lernen
- Kunst, Musik, Kulturprojekte machen und organisieren
- integrales Leben entwickeln
- Gemeinschaft pflegen
- ...

© **westermann** 35913EX

M 1 „Blume der Permakultur"

Permakultur-Gestaltungsprinzipien:
1. Beobachte und interagiere.
2. Fange Energie ein und bewahre sie.
3. Erziele eine Ernte.
4. Lass die Natur regulieren, und lerne aus Feedback.
5. Nutze und schätze erneuerbare Ressourcen und Leistungen.
6. Erzeuge keinen Abfall.
7. Gestalte erst das Muster, dann die Details.
8. Integriere mehr, als du trennst.
9. Nutze kleine und langsame Lösungen.
10. Nutze und schätze die Vielfalt.
11. Nutze die Randzonen, und schätze das Marginale.
12. Nutze Veränderung, und reagiere kreativ darauf. [...]

Die **Ethikprinzipien der Permakultur** [...] [werden] in 3 Maximen [...] gefasst:
- Sei achtsam mit der Erde (*„earth care"*).
- Sei achtsam mit den Menschen (*„people care"*).
- Begrenze Konsum und Wachstum, verteile Überschüsse gerecht (*„fair share"*).

Holmgren, David (2016): Permakultur. Gestaltungsprinzipien für zukunftsfähige Lebensweisen. (Aus dem Englischen von M. Fersterer). Klein Jasedow. Drachen Verlag. (S. 6f., S. 39)

M 3 Gestaltungs- und Ethikprinzipien

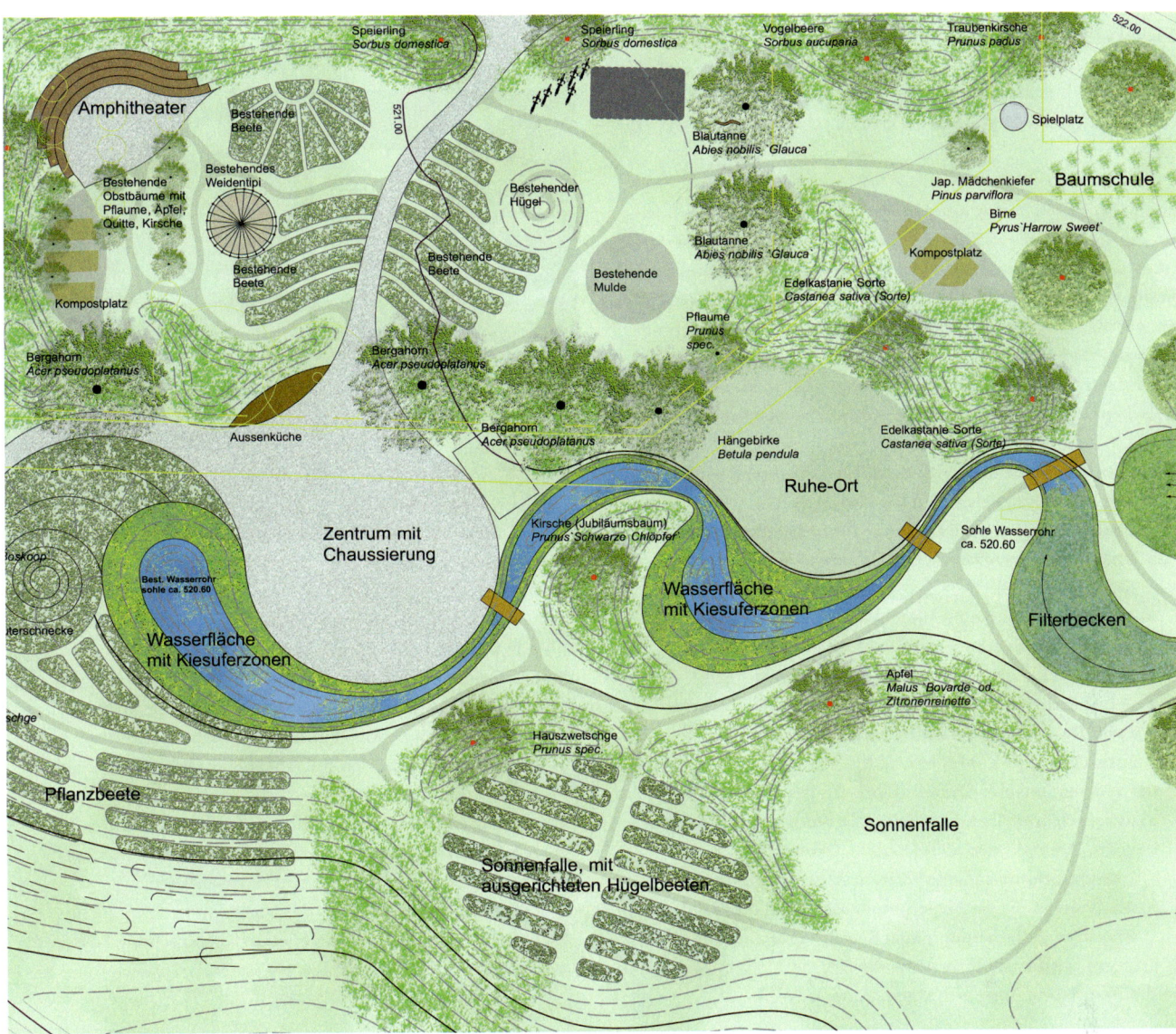

M4 Gestaltungsbeispiel Permakulturgarten

Das Café Botanico Berlin ist eine Kooperation zwischen traditioneller italienischer Gastronomiekunst und modernen Konzepten städtischer Landwirtschaft, Permakultur und Ernährungssouveränität. Die Auswahl der Speisen richtet sich neben ausgesuchten Spezialitäten aus Italien nach dem saisonalen Angebot an Gemüsen, Salaten, Kräutern und Früchten aus der direkt vor Ort liegenden Permakultur-Gärtnerei – der einzigen in Berlin mit Bio-Zertifizierung. Unser Schwerpunkt liegt auf Wildkräutern und mehrjährigen Gemüsepflanzen, die in wilder Mischkultur naturnah angebaut und ganzjährig geerntet werden können. Der wilde Naturgarten („Forest Garden") mit über 200 essbaren Pflanzarten, halb Gemüse, halb Wildkräuter, kann von Restaurantgästen ganzjährig besucht werden (bitte im Café Bescheid sagen). Bei den öffentlichen Führungen können einige essbare Pflanzen auch gekostet werden. Im Café-Restaurant werden Gemüse und Salate geputzt und sämtliche Gerichte von Hand zubereitet: Salumeria und handgeschnittener Schinken mit Wildkräutersalaten, Minestrone mit Urgetreide aus Umbrien, Wildgulasch aus der Region, Eisparfait und hausgemachte Kuchen mit Obst aus dem Garten – je nach Saison.

Café Botanico Berlin (2013): Biologische Stadtgärtnerei und Permakultur, www.cafe-botanico.de

M5 Stadtgärtnerei und Café Botanico (Berlin)

Der Krameterhof befindet sich am Südhang des Schwarzenbergs im Salzburger Lungau. Der Hof umfasst eine Fläche von 45 ha, die sich zwischen 1100 und 1500 m Seehöhe erstrecken. [...] Seit über 50 Jahren werden auf dem Krameterhof verschiedenste Versuche zu alternativer Landbewirtschaftung durchgeführt und mit zahlreichen Betriebssparten experimentiert. Wir sind ständig auf der Suche nach neuen Möglichkeiten, unsere Ressourcen bestmöglich und nachhaltig zu nutzen. So ist es nicht verwunderlich, dass sich der Hof im Laufe der Zeit stetig gewandelt hat. Bewährtes wurde beibehalten und anderes wieder verworfen. In seiner heutigen Form ist der Krameterhof das Ergebnis einer jahrzehntelangen Entwicklung. [...] Wir verstehen unseren Hof als Freiluftlabor, in dem bekannte Bewirtschaftungskonzepte auf ihre Sinnhaftigkeit hinterfragt werden, nach Alternativen gesucht und Neues ausprobiert wird. Aber auch traditionelle und bewährte landwirtschaftliche Methoden werden weiterverfolgt bzw. an die heutigen Gegebenheiten adaptiert. Dabei legen wir Wert auf rationale Konzepte, denn unsere Ansätze basieren auf naturwissenschaftlichen Grundsätzen. Oberstes Gebot ist, all unsere Experimentierfreude und Offenheit für Unkonventionelles mit einer verantwortungsbewussten Grundhaltung [...].

HOLZER permaculture (2013): Krameterhof. www.krameterhof.at/cms60/index.php?id=51

M6 Der Krameterhof bei Salzburg

Global Understanding und Earth Democracy

Warum sind globales Verständnis und Erd-Demokratie wichtig?

Global understanding kann als eine der zentralen übergeordneten Schlüsseldenkweisen der Geographie (> S. 5) gesehen werden. Als eine Weiterentwicklung dieser ist Vandana Shivas Vision von einer Erd-Demokratie für Gerechtigkeit, Nachhaltigkeit und Frieden zu verstehen. Shiva, 1952 in Indien geboren, gilt als herausragende Denkerin unserer Zeit und ist eine der wichtigsten Umweltaktivistinnen unter anderem gegen Globalisierung und Gentechnologie. Sie setzt sich für den Erhalt der Biodiversität sowie den Aufbau basisdemokratischer Organisationen in der globalen Zivilgesellschaft ein.

1. Stellen Sie die Zielrichtungen des Global Understanding an selbst gewählten Beispielen dar (M 1, M 2).
2. a) Beschreiben Sie die Beziehung zur Erde anhand von M 5.
   b) Charakterisieren Sie die Erd-Demokratie von Vandana Shiva (M 3 - M 6).
3. a) Analysieren Sie die Problematik zum Einsatz von gentechnisch verändertem Saatgut in Indien (M 7).
   b) Erläutern Sie die Zielsetzung von Navdanya (M 8).
   c) Begründen Sie auf Basis von a und b die Vision einer Earth Democracy im Kontext einer nachhaltigen Entwicklung (M 4 - M 6, M 1 / S. 8).
4. Die Wurzeln unserer Sprache hinterfragen:
   a) Recherchieren Sie arbeitsteilig die Wortherkunft der Begriffe „Demokratie", „Ökologie", „Ökonomie", „Kultur", „Natur", „Homo sapiens" (Internet, Lexikon).
   b) Analysieren Sie die Beziehungen zwischen diesen Begriffen in Verbindung zum Saatgut und zur Erde.
5. Erörtern Sie die zukunftsweisende Bedeutung von Global Understanding und Earth Democracy.

→ Erd-Demokratie, Global Understanding, Schlüsseldenkweise

M 3   Vandana Shiva

- Alle Spezies, Völker und Kulturen haben einen inneren Wert.
- Die Erdgemeinschaft ist eine Demokratie allen Lebens.
- In Natur und Kultur muss Diversität verteidigt werden.
- Alle Lebewesen haben ein Recht auf Lebensunterhalt.
- Erd-Demokratie basiert auf lebendigen Ökonomien und auf wirtschaftlicher Demokratie.
- Lebendige Ökonomien bauen auf lokale Wirtschaft.
- Erd-Demokratie ist eine lebendige Demokratie.
- Erd-Demokratie basiert auf lebendigen Kulturen.
- Lebendige Kulturen nähren das Leben.
- Erd-Demokratie globalisiert Frieden, Fürsorglichkeit, Solidarität.

Shiva, Vandana (2008): Erd-Demokratie. Alternativen zur neoliberalen Globalisierung. (Aus dem Engl. von Lotta Suter). Zürich: Rotpunktverlag. (S. 21ff.)

M 4   Prinzipien einer Erd-Demokratie

 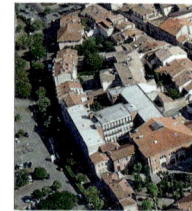  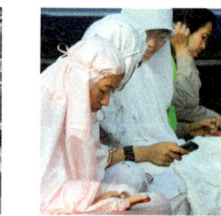  

M 1   Themenbereiche des Global Understanding

Mit der Schlüsseldenkweise Global Understanding soll herausgestellt werden, dass globale und lokale Entwicklungen und Probleme (Global Change) verflochten sind. Unser alltägliches Handeln wirkt sich daher direkt oder indirekt auf den Raum aus, auf unterschiedlichen Maßstabsebenen von lokal bis global. Dies gilt z. B. im Konsumverhalten durch den Kauf von Produkten, die regional oder aber in mehr oder weniger weit entfernten Regionen angebaut und verarbeitet wurden. Unser Konsumverhalten basiert vor allem auf unseren Wertorientierungen und Vorstellungen von Lebensqualität. Wir nutzen täglich und selbstverständlich zur Befriedigung unserer Bedürfnisse Ressourcen, die nicht nur den Raum verändern, sondern auch Folgen für Menschen in anderen Regionen mit sich bringen. Wenn z. B. in Burkina Faso gentechnisch veränderte Baumwolle unter Einsatz von Pestiziden für den Weltmarkt produziert wird, so steht dieses Wasser nicht mehr für die Produktion von Lebensmitteln zur Ernährungssicherung der einheimischen Bevölkerung zur Verfügung. Und das in einer Region, die ohnehin unter Wassermangel leidet. Dies gilt analog für Lebensmittel, die in unseren Breiten nicht angebaut werden können und somit importiert werden (z. B. Kaffee, Tee, Kakao). Der Pestizideinsatz hat zudem Folgen für die Gesundheit der Bevölkerung. Die gentechnisch veränderte Baumwolle wurde womöglich in der Kleidung verarbeitet, die wir tragen. Das Verständnis dieser Beziehungen, die uns in unserer Region global mit anderen Menschen und Räumen verbinden, macht Global Understanding aus.

M 2   Die Schlüsseldenkweise Global Understanding

Erd-Demokratie ist sowohl eine uralte Weltanschauung als auch eine neu entstehende politische Bewegung für Frieden, Gerechtigkeit und Nachhaltigkeit: Erd-Demokratie verbindet das Besondere mit dem Allgemeinen, das Verschiedenartige mit dem, was wir alle gemein haben, und das Lokale mit dem Globalen. Sie beinhaltet, was wir in Indien „vasudhaiva kutumbakam" (Erdfamilie) nennen – die Gemeinschaft aller Lebewesen, die von der Erde getragen und genährt werden. [...] Erd-Demokratie steht für das Bewusstsein dieser Verbindungen und der Rechte und Pflichten, die daraus erwachsen. [...] Erd-Demokratie spricht das Globale in unserem Alltag und in unserer alltäglichen Wirklichkeit an und schafft globalen Wandel, durch lokale Veränderungen. [...] Wirtschaft, Politik und Kultur sind nicht voneinander zu trennen. Die Wirtschaftsformen, mittels derer wir Güter und Dienstleistungen produzieren und handeln, werden durch kulturelle Werte und die Machtverteilung in der Gesellschaft beeinflusst. Die Entstehung von lebendigen Ökonomien, lebendigen Kulturen und lebendigen Demokratien ist deshalb ein synergetischer Prozess. [...] Erd-Demokratie entsteht aus dem Bewusstsein, dass wir zwar lokal verwurzelt sind, aber auch verbunden sind mit der ganzen Welt, ja eigentlich mit dem gesamten Universum. [...] Wenn wir uns daran erinnern, dass wir Kinder und Bürger der Erde sind, können wir unsere gemeinsame Menschlichkeit wiedererlangen und die Barrieren aus Intoleranz, Hass und Angst überwinden, welche durch die Brüche, die Polarisierung und die Grenzziehungen im Zuge der Wirtschaftsglobalisierung errichtet wurden.

Shiva, Vandana (2006): Erd-Demokratie. Alternativen zur neoliberalen Globalisierung. (Aus dem Englischen von Lotta Suter). Zürich: Rotpunktverlag. (S. 9ff.)

M5 Zur Bedeutung einer Erd-Demokratie

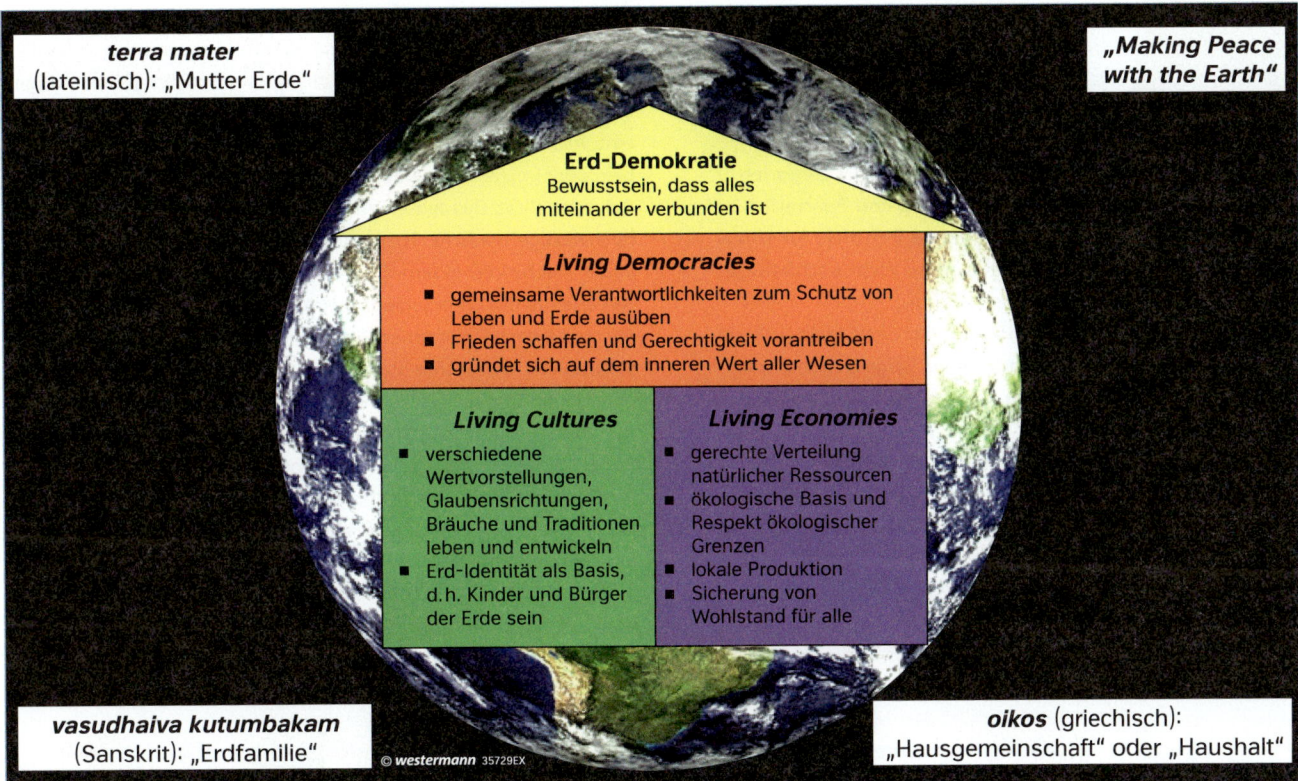

M6 Die Vision einer Erd-Demokratie im Überblick

Gentechnisch veränderte Organismen (GVO) in der Landwirtschaft sollten ursprünglich eine grüne Alternative zu giftigen Chemikalien darstellen, stattdessen haben sie zum Gebrauch von noch mehr Pestiziden und Herbiziden geführt. [...] Es gibt Alternativen zu giftigen Pflanzenschutzmitteln und es gibt Alternativen zu Bt-Baumwolle, der erstmals von Monsanto entwickelten und patentierten transgenen Baumwolle. Der US-Konzern Monsanto* hat eine Monopolstellung auf dem indischen Saatgut-Markt und erzielt so große Gewinne mit patentiertem Saatgut. Infolge der Missernten von betriebsmittelintensiven Bt-Baumwoll-Monokulturen häufen Bauern – die das patentierte Saatgut schon auf Kredit erwerben müssen – immer mehr Schulden an. [...] Das Einkommen der Bauern, die Bt-Baumwolle anbauen, deckt die Ausgaben bei Weitem nicht – so werden indische Bauern in den Selbstmord getrieben.

* Mitte September 2016 hat die Bayer-AG Monsanto übernommen (>S. 49).

Shiva, Vandana (2014): Jenseits des Wachstums. Warum wir mit der Erde Frieden schließen müssen. Zürich: Rotpunktverlag. (S. 172ff.)

M7 Der globale Kampf um das Saatgut

„Navdanya" bedeutet so viel wie „neun Samen", der Name steht symbolisch für die biologische und kulturelle Vielfalt unserer Erde. Gegründet wurde die Organisation Anfang der 1990-er Jahre von Dr. Vandana Shiva [...]. Die Kleinbauernfamilien [...] bekommen von Navdanya nicht nur traditionelle Saatgutsorten zur Verfügung gestellt, sondern lernen auch, wie nachhaltiger, ökologischer Anbau funktioniert. [...] Auf der Versuchsfarm von Navdanya in Dehradun werden Kleinbauern [...] geschult. [...] In Navdanyas Saatgutbank, die sich ebenfalls auf dem Gelände befindet, werden mehr als 650 Sorten Reis aufbewahrt, dazu 60 Arten von Weizen, verschiedene Sorten Bohnen, Hirse, Linsen, Sesam, Senf. Geschätzte 1 000 Sorten Saatgut lagern hier hinter dicken Lehmmauern, kühl und sicher geschützt vor Schädlingen. Im Projektgebiet gibt es zudem inzwischen mehr als 50 regionale Saatgutbanken.

Brot für die Welt (2015): Indien – Zukunft durch Vielfalt (Projektinformation). www.brot-fuer-die-welt.at/de/projekte/ernaehrung-sichern/indien/zukunft-durch-vielfalt. (S. 4)

M8 Das Navdanya-Projekt

Die nachhaltige Stadt

LOKALE AGENDA 21
OSNABRÜCK
Arbeitskreis Stadtentwicklung

Wir setzen
das Rad in
Bewegung

GLOBAL DENKEN

M 1 Ein Flyer der *Lokalen Agenda 21* in Osnabrück

Kann es gelingen, Städte nachhaltig zu gestalten?

Wie kann das theoretische Konzept der nachhaltigen Entwicklung ganz konkret in Städten umgesetzt werden, damit diese eine Transformation zur nachhaltigen Stadt durchlaufen?

1. Nennen Sie die Ziele einer nachhaltigen Stadtentwicklung (M 3, M 5, M 6).

2. Erläutern Sie Einflüsse, die einer nachhaltigen Stadtentwicklung entgegenstehen (M 2, M 4, M 7).

3. a) Beschreiben Sie den urbanen Metabolismus von Paris (M 7).

   b) Entwickeln Sie Maßnahmen, um die dargestellten Material- und Energieflüsse zu optimieren.

4. Entwickeln Sie für die Kategorien Dichte, Mischung und Polyzentralität jeweils konkrete Beispiele für eine nachhaltige bzw. nicht nachhaltige Stadtentwicklung.

ⓩ 5. a) Erstellen Sie für Ihre Heimatstadt oder den Standort Ihrer Schule eine SWOT-Analyse unter der Fragestellung *Kann die Stadt XY als nachhaltige Stadt bezeichnet werden* (M 1, M 7) ◼⁉◻?

   b) Arbeiten Sie in Gruppen zusammen. Formulieren Sie auf Basis Ihrer Analyse in Aufgabe 5 Interviewfragen, die Sie lokalen Akteuren (Stadtplanungsamt, Bürgermeister, Mitarbeitern der Lokalen Agenda 21-Gruppe u.a.) stellen.

   c) Arbeiten Sie mit der Szenario-Technik und entwickeln Sie Szenarien für die von Ihnen gewählte Stadt unter dem Titel: Die Stadt XY im Jahr 2050. Ein positives Beispiel für nachhaltige Entwicklung?

→ Lokale Agenda 21 (LA), Nachhaltige Stadtentwicklung

Mit der Novellierung des Baurechts hat das Gebot einer nachhaltigen Stadtentwicklung Eingang in die generellen Planungsziele des Baugesetzbuchs gefunden. Damit wird verdeutlicht, dass nachhaltige Entwicklung für alle Lebensbereiche als ein Leitbild gilt, dem auch die städtebauliche Planung verpflichtet ist. Die Städte in Deutschland sind in ihrem heutigen Zustand wie auch in ihrer zukünftigen Entwicklung noch weit davon entfernt, nachhaltig zu sein. Drei räumliche Trends widersprechen diesem Ziel [...]:

– der anhaltende Flächenverbrauch für Siedlungs- und Verkehrszwecke,

– die funktionale und soziale Entmischung unserer Städte,

– der Anstieg des motorisierten Individualverkehrs.

Diese Trends sind je nach Lage, Größe und wirtschaftlicher Leistungskraft in den einzelnen Städten unterschiedliche wirksam. Disperse und entmischte Stadtstrukturen fördern das Wachstum des motorisierten Straßenverkehrs. Je [...] entmischter die Siedlungsstrukturen, um so länger werden auch die Entfernungen zwischen den einzelnen Aktivitäten und um so höher auch die Belastungen durch den Verkehr. [...] Ein Ansatz, den räumlichen Trends gegen eine nachhaltige Stadtentwicklung zu begegnen, sind räumliche Leitbilder [...]. Zentrale Kategorien sind dabei Dichte, Mischung und Polyzentralität: Dichte zielt auf kompaktere, aber dennoch qualitativ hochwertige bauliche Strukturen und soll eine weitere Dispersion in der Fläche verhindern. [...] Mischung umfasst das kleinräumige Nebeneinander unterschiedlicher Nutzungen, aber auch die soziale Mischung nach Einkommensgruppen, Haushaltstypen oder Lebensstilgruppen. Gemischte Stadtstrukturen sind die Voraussetzung für eine Minderung des Verkehrs, für die Schaffung von Urbanität und den Abbau von Segregation. Polyzentralität [...] ist der Versuch, die Entwicklung im städtischen Umland zu ordnen. Der anhaltende Siedlungsdruck im Umland soll in ausgewählten Schwerpunkten konzentriert und gebündelt werden, um einer Zersiedelung des Landschaftsraums entgegenzuwirken und den Einsatz des ÖPNV zu ermöglichen. Ein wichtiges Ziel ist es, kleinräumige Vernetzungen und Verflechtungen wieder zu ermöglichen [...]. Gerade für den städtischen Alltag lassen sich mit lokalen Netzwerken bessere Voraussetzungen für eine umweltverträgliche und ressourcenschonende Stadtentwicklung schaffen.

Wiegandt, Claus-Christian (2004): Nachhaltige Stadtentwicklung. In: Nationalatlas Bundesrepublik Deutschland. München: IFL, S. 114.

M 3 Nachhaltige Stadtentwicklung

M 2 Siedlungsstrukturen in Deutschland (im Satellitenbild): a) Gründerzeit-Viertel Nordstadt in Nürnberg, b) Stadtrandbebauung bei Augsburg

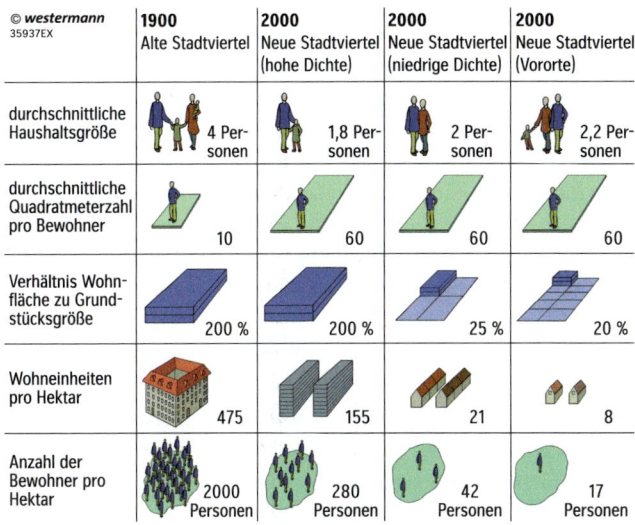

© westermann 35937EX	1900 Alte Stadtviertel	2000 Neue Stadtviertel (hohe Dichte)	2000 Neue Stadtviertel (niedrige Dichte)	2000 Neue Stadtviertel (Vororte)
durchschnittliche Haushaltsgröße	4 Personen	1,8 Personen	2 Personen	2,2 Personen
durchschnittliche Quadratmeterzahl pro Bewohner	10	60	60	60
Verhältnis Wohnfläche zu Grundstücksgröße	200 %	200 %	25 %	20 %
Wohneinheiten pro Hektar	475	155	21	8
Anzahl der Bewohner pro Hektar	2000 Personen	280 Personen	42 Personen	17 Personen

M 4 Flächenbedarf verschiedener Siedlungsformen

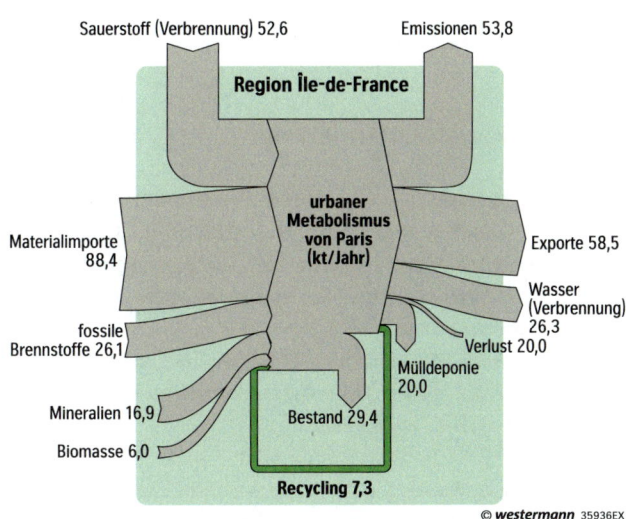

M 7 Der urbane Metabolismus am Beispiel von Paris

Bereits seit Mitte der 1990er-Jahre orientiert sich die Diskussion um die Zukunft der Städte am Konzept der Nachhaltigkeit, womit eine gleichermaßen ökologisch, ökonomisch und sozial zukunftsfähige Entwicklung gemeint ist. Die Übertragung dieses Konzepts auf die Stadt im Sinne einer nachhaltige Stadtentwicklung ist nicht einfach, da zwischen den oben genannten Dimensionen der Nachhaltigkeit vielfältige Wechselwirkungen bestehen [...]. So könnte beispielsweise die Ansiedlung großflächiger Einkaufsmärkte am Stadtrand dort Ackerflächen versiegeln, in der Innenstadt dem Einzelhandel Konkurrenz machen und zudem eine Zunahme des Autoverkehrs auslösen. Die möglichen ökologischen, ökonomischen und sozialen Folgen treten damit teilweise zeitversetzt und nicht am gleichen Ort auf. Während das neue Einkaufsgebiet „brummt", verschwinden womöglich in anderen Stadtteilen – oder auch in der Nachbargemeinde – die wohnstandortnahen Geschäfte für den täglichen Bedarf, auf die aber Menschen ohne Auto, [z. B.], eine zunehmende Zahl von Alten dringend angewiesen sind. Eine nachhaltige Stadtentwicklung orientiert sich daher prinzipiell an den Zielen, Ressourcen (Flächen, öffentliche und private Gelder, soziales Kapital) sparsam und möglichst effizient einzusetzen, negative Auswirkungen (Lärm, Verschmutzung, Klimawandel usw.) auf Ökosysteme so weit zu reduzieren, dass deren Funktionalität dauerhaft gesichert bleibt. [...]

Basten, Ludger, Gerhard, Ulrike (2016): Stadt und Urbanität. In: Freytag, Tim, Gebhardt, Hans, Gerhard, Ulrike, Wastl-Walter, Doris (Hrsg.): Humangeographie kompakt. Berlin, Heidelberg. Springer Verlag, S. 115–139 (S. 136)

M 5 Stadt der Zukunft

❚ Herstellung und Sicherung qualitativer öffentlicher Räume.

❚ Modernisierung der Infrastrukturnetze und Steigerung der Energieeffizienz.

❚ Aktive Innovations- und Bildungspolitik – Städtebauliche Aufwertungsstrategien verstetigen

❚ Stärkung der lokalen Wirtschaft und der lokalen Arbeitsmarktpolitik.

❚ Aktive Bildungs- und Ausbildungspolitik für Kinder und Jugendliche.

❚ Leistungsstarken und preisgünstigen Stadtverkehr fördern.

Leipzig Charta zur nachhaltigen europäischen Stadt. Angenommen anlässlich des Informellen Ministertreffens zur Stadtentwicklung und zum territorialen Zusammenhalt in Leipzig am 24./25. Mai 2007. In: Informationen zur Raumentwicklung. 4/2010, S. 310–319.

M 6 Empfehlungen der Leipziger Charta zur nachhaltigen europäischen Stadtentwicklung (2007 verabschiedet)

Welche Ziele verfolgt die LA 21?

Im Zuge der Globalisierung ist verantwortliches Denken und Handeln im lokalen Kontext die Basis für eine nachhaltige Entwicklung. Global denken – lokal handeln: Dieser Grundsatz beinhaltet Kompetenzen, die sich in den gesellschaftlichen Strukturen etablieren müssen, um negativen Auswirkungen globaler Zusammenhänge (z. B. Textilindustrie) entgegenzuwirken.

Mit welchen Maßnahmen versucht die LA 21, eine nachhaltige Stadtentwicklung zu fördern?

Die Projekte, die vom Verein initiiert werden, bringen verschiedene Akteure und gesellschaftliche Gruppierungen zusammen und können in folgende Bereiche aufgeteilt werden: „Bildung für nachhaltige Entwicklung", „Energie und Klima" und „nachhaltiges Wirtschaften". Hauptinstrument einer nachhaltigen Stadtentwicklung ist das Einbeziehen der Bürger von Anfang an. Durch Bildungsprojekte wie das *Zukunftsdiplom* für Kinder oder das *WeltBürgerFrühstück* soll in der Bevölkerung das Bewusstsein für das eigene Handeln geschaffen werden. Auch Akteure im wirtschaftlichen Bereich werden dazu aufgefordert, die unternehmensinterne Manpower für soziale Projekte einzusetzen. Neben seiner Rolle als Projektentwickler fungiert der Verein hauptsächlich als Netzwerker, der Potenziale verschiedener Organisationen aufgreift, Kräfte und Stärken bündelt und gezielt für eine nachhaltige Entwicklung der Stadt nutzt.

Wie beurteilen Sie rückblickend die Wirkung der Arbeit der LA 21?

Da der Verein auf Basis eines Stadtratsbeschlusses 1998 gegründet wurde, sind die Arbeitsstrukturen eng mit der Stadtverwaltung verknüpft. Somit konnte der Verein durch Maßnahmen, wie das Moderieren von stadtinternen Arbeits- und Steuerungsgruppen, Prozessabläufe beeinflussen. Das Ergebnis: Seit 2010 kann sich Trier als eine *Fair-Trade-Stadt* bezeichnen. Aber auch die Verbindung der Stadtverwaltung mit der Bevölkerung konnte durch die Projektarbeit der Lokalen Agenda gestärkt werden. Zukünftiges Ziel des Vereins ist es auch, Menschen und Familien aus sozial schwächeren Stadtteilen für das Thema Umwelt zu gewinnen und hier ein Bewusstsein zur Selbstverwirklichung zu schaffen.

M 8 Interview mit Dipl.-Geographin Sophie Lungershausen, Geschäftsführerin der Lokalen Agenda 21 Trier e.V.

Fallbeispiele nachhaltiger Stadtentwicklung

Best Practice-Projekte als Orientierung?

Mittels verschiedener Maßnahmen versuchen unterschiedliche Akteure, Städte nachhaltiger zu entwickeln. Eine Vielzahl von Bereichen ist dabei bedeutsam: Architektur und Planung, städtischer Verkehr, Lebensstile bzw. Lebensweise und vieles andere mehr. Interessant ist die Frage, ob sich gelungene Entwicklungen auch auf andere Orte übertragen lassen und auch dort erfolgreich sein können.

M 1   Sticker Tagging in Hannover

1. a) **Fassen Sie die Prinzipien der Citta Slow-Bewegung zusammen (M 2 – 4).**
   b) Ordnen Sie die Citta Slow-Bewegung in das Konzept der Nachhaltigkeit ein (M 2 – M 4).
2. a) Nennen Sie Möglichkeiten einer nachhaltigen Verkehrsentwicklung in Städten (M 5 – M 10).
   b) Beschreiben Sie die Wirkung der Maßnahmen in Kopenhagen und Caracas (M 5 – M 10).
3. Beurteilen Sie, ob und inwiefern eine urbane Seilbahn auch eine Alternative für Städte in Niedersachsen wäre. Gehen Sie dabei auf mögliche Folgen für den Stadtverkehr ein (M 8 – M 10)
4. „Fußgängerzonen tragen zu urbaner Lebensqualität bei." Nehmen Sie Stellung zu dieser Aussage.
5. Auf vielen Laternenpfählen in Hannover sind Sticker mit der Aufschrift COPENHAGENIZE HANNOVER angebracht. Erläutern Sie mögliche Absichten dieser Aktion (M 1, M 5 - M 7).

→ Nachhaltige Stadtentwicklung, Citta Slow-Bewegung

36446EX
Quelle: Cittaslow Goolwa Inc. Australia

M 2   Werte der Citta Slow-Bewegung

Als Gegenreaktion gegen die zunehmende Beschleunigung ist 1999 in Italien die Citta Slow-Bewegung entstanden. Sie ging aus der [...] Slow Food-Bewegung hervor, die der [...] Aktivist Carlo Petrini 1989 ins Leben gerufen hatte, nachdem er sich über die geplante Eröffnung einer McDonald's-Filiale in der Piazza di Spagna in der römischen Altstadt geärgert hatte. [...] Im Jahr 2001 wurden die ersten 28 „lebenswerte Städte" [...] zertifiziert. [...] Gemäß der Satzung der Citta Slow-Bewegung hat eine lebenswerte Stadt eine Bevölkerung von weniger als 50 000 Menschen und die Mitgliedstädte verpflichten sich, die Erzeugung traditionell und ökologisch angebauter und erzeugter Lebensmittel zu fördern, die Umweltbelastung zu minimieren, ein ruhiges Wohnumfeld zu schaffen, den Charme der jeweiligen Stadt zu erhalten und eine entspannte und auf Lebensqualität ausgerichtete Lebensweise der Bewohner zu fördern. [...] Sowohl die Citta Slow- als auch die Slow Food-Bewegung wollen die traditionellen lokalen Kulturen stärken und im Gegensatz zum hektischen postmodernen Lebensrhythmus eine entspannte, heitere und gesellige Lebensweise fördern.

Knox, Paul, Marston, Sallie (2008): Humangeographie. 4. Aufl. Heidelberg: Springer Verlag. (S. 308, 412)

M 3   Die Citta Slow-Bewegung

Projekte rund um die Entschleunigung und Besinnung auf ursprüngliche Werte:

- **Kohl- und Rübentage** im Februar und **Eintopf- und Suppentage** im November. Kohl und Rüben sind regionales Wintergemüse. Grund genug für die Bad Essener Gastronomen, im Februar einen ganzen gastronomischen Themenmonat zu widmen. Fast alle Gastronomen bieten traditionelle und raffinierte Eintöpfe mit einer gemeinsamen Speisekarte an.
- **Die Kartoffelplatte** ist zudem unsere regionale Spezialität [...] und unsere deftige Antwort auf die Pizza.
- **Projekt Obstbaumwiese:** Im Rahmen dieses Projektes wurden vor zwei Jahren Zwischenpflanzungen im Kurpark mit Obstbäumen vorgenommen. Diese Wiese ist auch Teil der Aktion Mundraub – eine Karte, in der frei nutzbares Obst und Gemüse verzeichnet ist.
- **Regionales Gehölz:** Bei gemeindlichen Anpflanzungen wurde der Beschluss gefällt, nur regionales Gehölz anzupflanzen.
- **Willkommenskultur:** 2015 wurde der Verein *Ok! Bad Essen – Offene Kommune* für die Bündelung ehrenamtlicher Flüchtlingsarbeit gegründet.
- **Weg der Sinne:** Ein bewusstes Erleben der Sinne ist an unseren Sinnesstationen im Solepark möglich.
- **Slow Food Deutschland:** Einige Mitglieder sind Teil der Slow Food-Bewegung.
- **Yoga:** Neue Angebote und Workshops rund um das Thema Yoga unterstützen das Wohlbefinden und schaffen Lebensfreude.
- **Gesundheitswandern:** Auch dieses Projekt bietet Bewegung und Entspannung in der Gemeinschaft. Interessierte können unter professioneller Leitung gemeinsam in der Natur wandern.
- **Hafenprojekt Marina:** Wasser bedeutet Leben und mit dem neuen Hafenbecken Marina am Mittellandkanal, das im Jahr 2015 eröffnet wurde, bietet Bad Essen Platz für rund 30 Sportboote und eine schöne Hafenpromenade zum Verweilen und Entspannen.

M 4   Die Citta Slow-Bewegung in Bad Essen (Niedersachsen)

Seit etlichen Jahren baut die Stadt Kopenhagen ihr Straßennetz um und reduziert gezielt die Anzahl von Fahrbahnen und Parkplätzen, um Radfahrern bessere Bedingungen und mehr Verkehrssicherheit zu bieten. [...] Das ganze Stadtgebiet wird heute von einem effizienten Radwegenetz durchzogen. [...] Die Stadt hat ihre Bürger ganz offensichtlich dazu „eingeladen", Rad zu fahren, was sich im veränderten Verkehrsverhalten der Menschen bemerkbar macht. [...] Im Zuge dieser veränderten Bedingungen für Radfahrer entsteht eine neue „Fahrradkultur". [...] Es ist also nicht weiter verwunderlich, dass man auch auf dem Gebiet des fußläufigen Verkehrs und Stadtlebens eine direkte Verbindung zwischen „baulicher Einladung" und Nutzungsmustern nachweisen kann. Unzählige Straßen und Gassen in historischen Städten wurden beispielsweise vor allem für Fußgänger dimensioniert und sind mancherorts nach wie vor zu eng für Autos oder bestehen weiter, weil die lokale Wirtschaft und soziale Netzwerke auf dem Zufußgehen basieren. [...] Nach vielen Jahren, in denen Fußgängerflächen immer stärker beschnitten wurden, ergriff Kopenhagen Anfang der 1960er-Jahre als erste europäische Stadt die Initiative[...]. [...] Dieses Innenstadtmodell wird nun auch in den Außenbezirken umgesetzt [...]. Kopenhagen hat unmissverständlich gezeigt, dass „bauliche Einladungen" die Präsenz von Fußgängern erhöhen und die Stadt beleben.

Gehl, Jan (2015): Städte für Menschen. 2. Auflage. Berlin: jovis, (S. 23ff.)

M5 Städte für Menschen: Schaffung urbaner Qualität

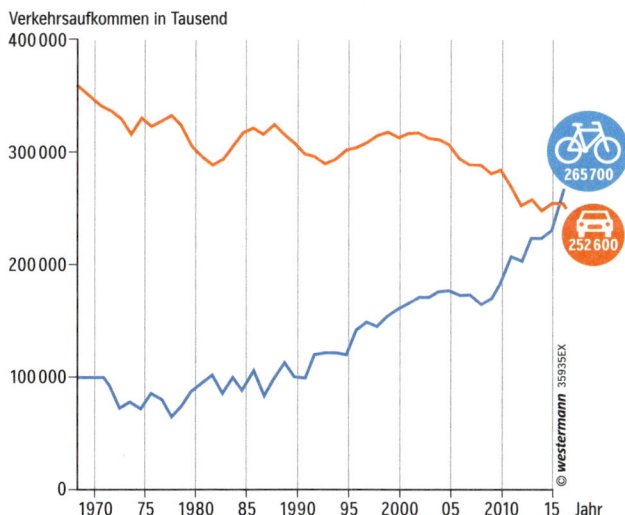

M6 Entwicklung des täglichen Verkehrsaufkommens im Stadtzentrum Kopenhagens (1970 bis 2015)

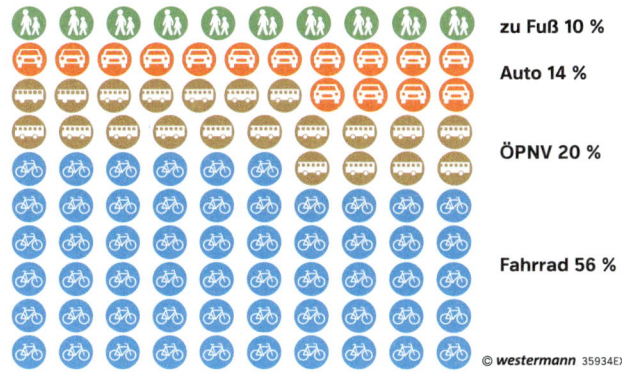

M7 Wahl des Verkehrsmittels von Kopenhagener Bürgerinnen und Bürgern auf dem Weg zur Arbeit

zu Fuß 10 %

Auto 14 %

ÖPNV 20 %

Fahrrad 56 %

Der Fahrweg mittels [...] an Stützen hängenden Fahrseilen bietet den Vorteil einer vom übrigen Verkehr unabhängigen Wegeführung. Die oft gravierenden Platz- und Stauprobleme können so „überfahren" werden. Das gleiche gilt für Hindernisse, die einem ebenerdigen Verkehrsmittel den Weg versperren würden. Unabhängigkeit vom Stadtgrundriss und eine damit einhergehende deutlich größere Flexibilität in der Linienführung ermöglichen völlig neue Perspektiven. [...] Diese schnelle Folge von Kabinen minimiert die Wartezeiten beim Ein- und Umsteigen, garantiert eine hohe Kapazität und die Seilbahn ist nicht zu verpassen. [...] Im dicht besiedelten Stadtgebiet von Caracas grenzen die modernen Geschäftsviertel der Innenstadt unmittelbar an die informellen Siedlungen [...]. Dort wird jeder Quadratmeter Boden genutzt und selbst die steilsten und unzugänglichsten Hänge werden bewohnt. [...] Ein ursprünglicher Erschließungsplan dieses Gebietes sah den Bau eines Straßennetzes vor, wodurch allerdings 30 % der Bewohner ihr Haus verloren hätten, was zu großen Widerständen in der Bevölkerung geführt hat. [Man entschloss sich], das Gebiet mittels Seilbahnen zu erschließen [...]. Die fünf Stationen fungieren nicht nur als Verkehrsknoten, sondern dienen auch als Kristallisationskerne für die soziale und wirtschaftliche Entwicklung in deren Umfeld.

Monheim, Heiner et al. (2010): Urbane Seilbahnen – Moderne Seilbahnsysteme eröffnen neue Wege für die Mobilität in unseren Städten. Köln: KSV. (S. 20f., S. 108)

M8 Potenziale urbaner Seilbahnen

M9 Urbane Seilbahn in Caracas (Venezuela)

Pro Stunde transportiert eine Seilbahn bis zu ...

10000 Personen (5000 je Richtung)
Damit ersetzt eine Seilbahn bis zu ...

Kohlenmonoxid: 0,01 g/Pkm
Treibhausgase: 44 g/Pkm
Flüchtige Kohlenwasserstoffe: 0,003 g/Pkm
Stickoxide: 0,04 g/Pkm
Feinstaub: 0,002 g/Pkm
Verbrauch Benzinäquivalent: 2,4 l/100Pkm

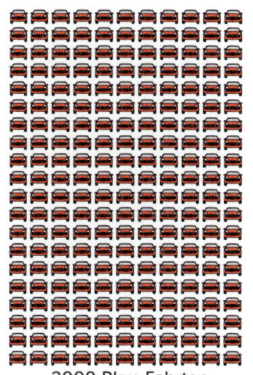

100 Busfahrten beziehungsweise

2000 Pkw-Fahrten

M10 Kapazität und Emissionen urbaner Seilbahnen

Partizipative Stadtplanung in Deutschland

Stadtplanung – wer plant mit?

Wer ist dafür verantwortlich, wie sich unsere Städte entwickeln? Wie können kreative Ideen entwickelt und umgesetzt werden?
Das deutsche Planungssystem sieht ganz unterschiedliche Möglichkeiten vor, wie sich verschiedenste Akteure partizipativ einbringen und Planungsprozesse konstruktiv mitgestalten können.

1. a) Nennen Sie verschiedene Akteure in Planungsprozessen (M1 – M4).
   b) Erklären Sie den Unterschied zwischen Top-down- und Bottom-up-Aktivitäten (M4)
   c) Erläutern Sie mithilfe des Begriffs Governance die Planungskultur in Deutschland (M1 – M3).
2. Erörtern Sie, ob und inwieweit das PLATZprojekt als Beispiel partizipativer Stadtentwicklung verstanden werden kann (M5 – M6).
3. Das PLATZprojekt ist als „Do-ocra-cy" organisiert. Erklären Sie diesen Begriff (M6) ◾⟨?⟩.
4. Könnten Sie sich vorstellen, sich in einem Projekt wie dem PLATZprojekt zu engagieren? Begründen Sie.
Ⓩ 5. Recherchieren Sie weitere Beispiele für partizipative Stadtentwicklungsprojekte, die durch Bottom-up-Aktivitäten entstanden und stellen Sie diese in Ihrer Klasse vor.

→ Stadtplanung, Governance

Governance bezeichnet solche Formen der politischen Steuerung, bei denen nicht der Staat top-down Entscheidungen trifft, sondern bei denen eine Vielzahl oft sehr unterschiedlicher Akteure, sowohl aus der Wirtschaft wie auch der Zivilgesellschaft, in Entscheidungsprozesse eingebunden ist [...]. Raumplanerische Entscheidungen werden damit verstärkt zum Gegenstand kollektiver Formen der Problemlösung, bei denen sich die Grenzen zwischen Markt, Staat und Gesellschaft [...] zunehmend auflösen.

Mattissek, Annika, Prossek, Achim (2014): Regieren und Planen. In: Lossau, Julia, Freytag, Tim, Lippuner, Roland (Hrsg.): Schlüsselbegriffe der Kultur- und Sozialgeographie. Stuttgart: Ulmer, S. 198-209. (S. 202)

M1 Governance als eine Form der Planungskultur

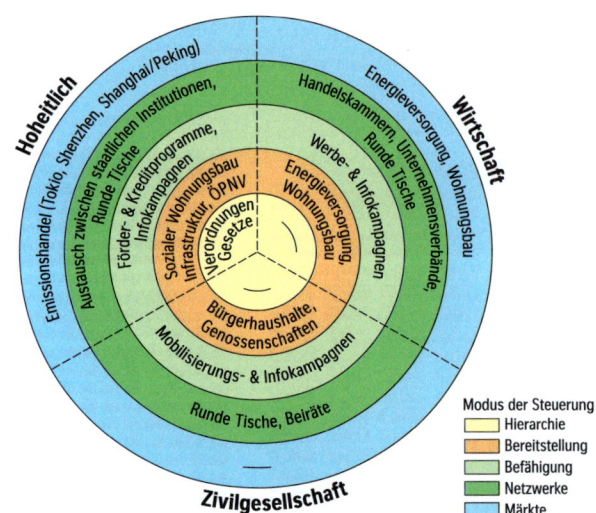

M2 Unterschiedliche Formen urbaner Governance

Die Art und Weise, wie Städte und generell Räume geplant und gestaltet werden, hängt stark vom jeweiligen gesellschaftlichen Kontext ab. Oft wird uns gar nicht bewusst, wie sehr wir in unserem Alltag – unserer Art, uns in der Stadt zu bewegen – den vorgeprägten Pfaden planerischer Entscheidungen folgen. Diese beeinflussen, ob wir zum Shopping in die Innenstadt gehen, um dort durch die Fußgängerzone zu flanieren, oder ob wir mit dem Auto zum nächsten Einkaufszentrum „auf der grünen Wiese" fahren. [...] Planung erfolgt in Deutschland, rechtlich legitimiert und gegliedert, in einem Mehrebenensystem, das dem förderalen Staatsaufbau entspricht. [...] Der Bund stellt Grundsätze und Leitbilder auf, die Länder konkretisieren diese [...] und die Gemeinden sind die eigentlichen Planungsträger. [...] Die „Abwägung aller Belange" ist eine Kernaufgabe der Raumplanung [...]. Die Öffentlichkeit wird [...] auf Landes- und Regionsebene in die Aufstellung von Raumordnungsplänen [...] integriert. [...] Raumplanung (sowohl Stadt- als auch Regionalplanung) verfolgt – mit Blick auf zukünftige, als wünschenswert oder notwendig erachtete gesellschaftliche Verhältnisse – das Ziel, die räumliche Verteilung von Menschen bzw. nicht menschlichen Entitäten (Straßen, Gewerbegebiete, Abwasserleitungen) und damit Landnutzungspraktiken im Raum zu steuern.

Mattissek, Annika, Prossek, Achim (2014): Regieren und Planen. In: Lossau, Julia, Freytag, Tim, Lippuner, Roland (Hrsg.): Schlüsselbegriffe der Kultur- und Sozialgeographie. Stuttgart: Ulmer, S. 198-209. (S. 198; 205; 207; 209)

M3 Aspekte der Stadt- und Raumplanung

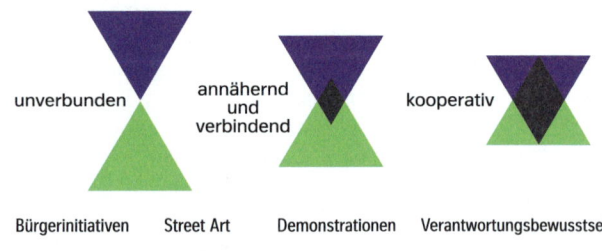

TOP-DOWN:
Stadtplanung und politische Entscheidungen
© *westermann* 36444EX
Investitionsfreundliches Milieu:
Investitionen, Zentralität, Funktionalität

Attraktivitätssteigerung   Flächennutzungsplan   Bebauungspläne   City-Marketing

Schaffung von Arbeitsplätzen   Steuereinnahmen   gesetzliche Rahmenbedingungen

Stadtevents: Feste und Veranstaltungen

unverbunden   annähernd und verbindend   kooperativ

Bürgerinitiativen   Street Art   Demonstrationen   Verantwortungsbewusstsein

Broschüren und Stadtzeitschriften   Urban Gardening

Bürgerfeste und -veranstaltungen   Raumaneignung

BOTTOM-UP:
Engagement und Partizipation von Bürgerinnen und Bürgern

M4 Stadtplanung: Top-down- und Bottom-up-Prozesse

Das PLATZprojekt ist ein städtisches Experimentierfeld für Menschen mit Ideen und Begeisterungsfähigkeit und ein Ort vielfältiger Möglichkeiten. Alternative Raumnutzungen, Finanzierungsansätze und Dialogformate werden erprobt und fließen in die Gestaltung einer neuen Gemeinschaft ein. [...] Rund um einen „Dorfplatz" mit Café sind die unterschiedlichsten Kleingewerbe und Sozialunternehmen entstanden: ein Nähatelier, eine Holzwerkstatt, ein offenes Tattoo-Studio, ein Massage-Container, ein Kleiderkabinett, eine Fahrrad-manufaktur sowie eine Containerburg, in der eine offene Werkstatt und Ateliers mit Künstlerresidenzprogramm eingerichtet werden. [...] Das Neue wird gesucht und verschiedene Möglichkeiten ausgetestet, um gemeinsam Strategien für einen „alternativen Marktplatz" in der Stadt entstehen zu lassen. [...] Die Wirkung des PLATZprojekts reicht mittlerweile über die Grenzen des Stadtteils hinaus. Es ist eine neue städtische Gemeinschaft entstanden, die bei der Stadt-verwaltung Anklang findet und einen wichtigen Beitrag zur jungen und experimentellen Kultur in der Stadt leistet. Das PLATZprojekt wird von der Stadt Hannover schon heute als Best Practice-Projekt für nutzergetragene Stadtentwicklung beworben.

Bundesinstitut für Bau-, Stadt- und Raumforschung (2016): Jugend.Stadt.Labor – Wie junge Menschen Stadt gestalten. Bonn: BBSR. (S. 38)

M 5 Das PLATZprojekt e.V. in Hannover, ein Modellprojekt zur partizipativen Stadtentwicklung, wurde von Jugendlichen als Weiterent-wicklung eines informell erschlossenen Skateparks gestaltet

BBSR: Warum sollen sich eine ländliche Gemeinde, die Eigentümerin einer Fläche im Gewerbegebiet ist, oder eine Stadt, die einen leer stehenden Bahnhof gekauft hat, auf Projekte mit jungen Menschen einlassen?

YS: Uns ist [...] wichtig, dass die unterschiedlichsten Menschen einer Stadt zusammenkommen und sich diesen Ort gemeinsam aneignen können. So wie das hier bei unserem PLATZprojekt der Fall ist. Wir bleiben nicht unter uns. Azubis vom benachbarten Autozulieferer kommen genauso wie Leute, die was repariert haben wollen oder Menschen, die ihre eigene berufliche Zukunft auf dem PLATZ ausprobieren. Bei uns war schon die halbe Stadt. Die Synergieeffekte, die dabei informell entstehen, gibt es in einem durchgeplanten Neubaugebiet nicht.

BBSR: Was sind weitere wichtige Rahmenbedingungen, damit Projekte gelingen können?

YS: Neben einem Raum, den wir selbst bestimmen können, ist aus meiner Sicht der wichtigste Erfolgsfaktor gegenseitige Wertschätzung. Bei uns war das auch ein Lernprozess. Wenn man als öffentlicher Akteur in der Stadt wahrgenommen und akzeptiert werden will, muss man einfach jede noch so nervige Anfrage beantworten – und zwar schnell.

BBSR: Was waren wichtige Formate und Techniken in eurem Projekt?

YS: ... einen Baum pflanzen. Ein Symbol für Langlebigkeit. Das haben wir ganz bewusst gewählt, wir arbeiten darauf hin, dass der Baum hier in 20 Jahren noch blüht.

BBSR: Was ist aus eurer Sicht in Jugendprojekten wichtig, damit das Projekt für beide Seiten – Projektmacher und Stadt – zum Erfolg wird?

BJ: Das Interessante beim PLATZprojekt ist ja, dass es immer in Bewegung ist. Hier entstehen laufend neue Themen und Akzente. Von dieser gesellschaftspolitischen Aktivität und dem Engagement für das Gemeinwesen wollen wir als Stadt Impulse aufnehmen. Gleichwohl ist klar, dass wir zum Projektende des Jugend.Stadt.Labors einen genehmigungsfähigen Zustand erreichen wollen. Das betrifft Parzel-lierung, Fluchtwege, Statik usw. – da bekommt das Projekt auch regelmäßig Aufträge und Hausaufgaben von der Stadt.

BBSR: Brauchen wir neue Plattformen, auf denen Strategien gemeinsam von Stadt und jungen Menschen entwickelt werden?

YS: Wir merken, dass Städte ein großes Know-how-Defizit in informellen Planungsprozessen haben. Mittlerweile werden wir von ande-ren Städten und Jugendprojekten um Unterstützung und Rat angefragt. Im Rahmen des Forschungsprojektes war es wichtig, genau zu verstehen, was auf andere Konstellationen überhaupt übertragbar ist. Wie kann das in einem Dorf, mit einer weniger kooperativen Ver-waltung oder mit ganz anderen Akteuren funktionieren? Was ist hier spezifisch gewesen, was ist übertragbar und was kann man lernen?

BBSR: Flexible Hierarchien, „Do-ocra-cy", evolutionäre Organisationsformen – wie geht eine durchstrukturierte Verwaltung damit um?

YS: Gerade in der Stadtentwicklung kommt es immer mehr darauf an, aus dem Silodenken herauszukommen und in Teams ressortüber-greifend zu arbeiten. Da können wir von den Jugendprojekten eine Menge lernen.

Bundesinstitut für Bau-, Stadt- und Raumforschung (2016): Jugend.Stadt.Labor – Wie junge Menschen Stadt gestalten. Bonn: BBSR. (S. 105-108)

M 6 Was Stadtplanung von jungen Akteuren lernen kann: Interview des Bundesinstituts für Bau-, Stadt- und Raumforschung (BBSR) mit Yannick Sowa (YS), Vorsitzender des Vereins PLATZprojekt e.V. in Hannover und Bernd Jacobs (BJ) von der Stadtverwaltung Hannover

Urban Gardening als Weg zur grünen Stadt

M1 Entwicklungsstadien von Samenbomben (M2)

„Let's green up our cities!"

Urban Gardening erfreut sich seit einigen Jahren einer immer größeren Beliebtheit, was dadurch offensichtlich wird, dass die Zahl von Gartenprojekten auf Grünflächen und Brachen in Städten wächst. Auch im stadtnahen Umland sind Formen, z. B. von Selbstversorgung, zu beobachten. Diese Initiativen fordern uns zu einem Umdenken in Bezug auf das Verhältnis von Natur und Gesellschaft sowie von Stadt und Land auf. Inwieweit ermöglichen urbane Gemeinschaftsgärten ein gutes Leben in der Stadt? Welche Bedeutung haben sie für die Stadtplanung und Stadtentwicklung?

1. a) Beschreiben Sie die beiden Beispiele von Urban Gardening (M2, M4).
   b) Vergleichen Sie die Beispiele in Bezug auf die Charakteristika von Urban Gardening (M3).
   c) Würden Sie diese beiden Formen des Urban Gardenings selbst umsetzen? Begründen Sie Ihre Antwort.
2. a) Beschreiben Sie Facetten des Urban Gardening (M3).
   b) Erläutern Sie die Bedeutung des Urban Gardening für „ein gutes Leben in der Stadt" (M5).
3. a) Charakterisieren Sie das Projekt Prinzessinnengarten in Berlin (M6, M7, Internet).
   b) Erläutern Sie, ob und inwieweit dieses Projekt dem politischen Anspruch des Urban Gardening gerecht wird (M5).
   ⓩ c) Vergleichen Sie das Projekt Prinzessinnengarten in Berlin mit dem Allmende-Kontor in Berlin (Internet).
4. „Die Stadt ist unser Garten". Beurteilen Sie dieses Motto und die Intention des Urban Gardening Manifests (Internet).

→ Urban Gardening, Stadtpolitik

Urbanes Gärtnern ist bemerkenswert facettenreich. Zentrale Charakteristika sind Partizipation und Gemeinschaftsorientierung. Seien es die von AnwohnerInnen betriebenen kleinen **Kiezgärten** [Kiez = überschaubarer Wohnbereich mit identitätsstiftendem Zugehörigkeitsgefühl in der Bevölkerung] in hochverdichteten Stadtvierteln, sei es das punktuelle und gezielt einsetzende, aber spektakuläre **Guerilla Gardening**, das primär für die Bedeutung von innerstädtischem Grün sensibilisieren will [...], seien es **Frauengärten, Stadtteilgärten, Kinderbauernhöfe** [...] oder einfach nur vernetzte Mikrostrategien auf dem Balkon (**Window Gardens** oder **Vertical Gardens**) und gemeinschaftliche **Baumscheibenbegrünung**, [...] sei es der Selbsthilfeverein der Geringverdienenden und Erwerbslosen in Berlin-Pankow mit seiner „Neigungsgruppe **Selbstversorgung und Gartenbau**", der über das gemeinsame Gärtnern den in prekären Lebensverhältnissen lebenden Vereinsmitgliedern persönlichen Halt vermittelt, seien es Initiativen wie die „**Essbare Stadt** Kassel e.V.", die lokale Nahrungsmittelproduktion, insbesondere durch die Anreicherung der Stadt mit Fruchtgehölzen (z. B. Walnuss, Esskastanie und Obst) fördern will, seien es die **Generationengärten**, die darauf abzielen, dass sich voneinander separierte Gruppen wie alte und junge Menschen im öffentlichen Raum und gemeinschaftlich tätig begegnen [...]: Alle haben gemeinsam, dass der städtische Gemüsegarten als Transmitter [vom lat. transmittere = übertragen], Medium und Plattform für so unterschiedliche Themen wie Stadtökologie, Nachbarschaftsgestaltung, lokaler Wissenstransfer oder interkulturelle Verständigung fungiert.

Müller, Christa (2011): Urban Gardening. Grüne Signaturen neuer urbaner Zivilisation. In: Müller, Christa (Hrsg.): Urban Gardening. Über die Rückkehr der Gärten in die Stadt. München: oekom, S. 22-53. (S. 31f.)

M3 Der Facettenreichtum urbaner Gärten

[Das] Guerilla-Gardening [hat sich in den letzten Jahren] zum urbanen Gärtnern oder zu urbaner Landwirtschaft weiterentwickelt und verbindet [...] den Nutzen einer Ernte beziehungsweise einer Verschönerung trister Innenstädte durch Begrünung brachliegender Flächen. [...] Guerilla Gardening hat sich, von Großbritannien ausgehend, seit einigen Jahren insbesondere in den Metropolen der westlichen Welt verbreitet.

https://web.archive.org/web/20120907193429/http://gruenewelle.org/Julia_Jahnke_Msc_Guerrilla_Gardening.pdf, Zugriff am: 09.08.2017

M2 Guerilla Gardening

Moosfitis sind umweltverträglich, nicht gesundheitsschädlich und wenn man sie ab und zu mit Wasser ansprüht, nicht den ganzen Wald ausräubert, nachhaltig und obendrein noch ökologisch abbaubar. Moosfitis scheinen demnach eine echte, zeitgemäße Alternative für Kunst im öffentlichen Raum zu sein. Mit etwas Übung können sie jedem gelingen und andere erfreuen. Um Moosfitis herzustellen, braucht ihr Moosfarbe. Die könnt ihr sogar selbst herstellen.

Seyfferth, Tina: Grüne Wände mit Moosfiti, www.kultfetzen.de/gruene-waende-mit-moosfiti, Zugriff am: 27.07.2017

M4 Moosfitis in der Stadt

Unter dem Begriff **Urban Gardening** versammeln sich verschiedene Ansätze und Initiativen, die eine neoliberale [Wortschöpfung aus dem altgr. neos = neu und dem lat. liberalis = die Freiheit betreffend] Stadtpolitik und -ökonomie insbesondere auf den Ebenen der (Mit-) Gestaltung von Stadträumen sowie der Nahrungsmittelproduktion und -konsumption herausfordern. [...] Nicht alle *Urban-Gardening-* Projekte verbinden ihre Arbeit mit einem politischen Anspruch. Dort, wo ein solcher formuliert wird, ist er jedoch hoch: Es geht um eine Neubestimmung des Verhältnisses urbanen Lebens zu Ökologie und Lebensmittelversorgung. Dabei werden die Probleme des globalen Nahrungssystems ebenso thematisiert wie Klimapolitik, Peak Oil und nachhaltige Stadtentwicklung. Gleichermaßen geht es um die Infragestellung städtischer Verwaltungs- und Flächennutzungspraxis, die meist „von oben" eine funktionale Gliederung der Stadt umzusetzen versucht. [...] Es soll um nicht weniger gehen als

um lokale Lösungsansätze für drängende (globale) Probleme und Konflikte in der postmodernen kapitalistischen Gesellschaft. [...] Es geht erstens um ein anderes Verständnis von Stadt und Ökologie, das die alte Dichotomie von Stadt und Land (bzw. von Gesellschaft und Natur) überwinden will. [...] Zweitens wird Urban Gardening als Beitrag zu einer lokalen Ernährungssouveränität gesehen [...]: Anstelle energie- und chemieintensiver Nahrungsmittel, die unter Ausbeutungsverhältnissen (vielfach im Globalen Süden) hergestellt und über weite Strecken transportiert werden, kann Gemüse direkt im eigenen Quartier oder am Stadtrand selbst gepflanzt, geerntet und gegessen werden [...]. Drittens geht es um Partizipation, urbane Demokratie und um die Gestaltung öffentlicher Räume. [...] Dazu kommt der soziale und kommunikative Aspekt, den die gemeinschaftliche Einrichtung eines Gartens mit sich bringt.

Metzger, Joscha (2014): Urban Gardening. In: Belina, B./Naumann, M./Strüver, A. (Hrsg.): Handb. Krit. Stadtgeographie. Münster: Westfälisches Dampfboot, S. 244-249. (S. 244f.)

M 5 Politischer Anspruch des Urban Gardening

M 6 Prinzessinnengarten in Berlin

M 8 PaGaLiNo – Palettengarten Linden-Nord, Projekt von Transition Town Hannover e.V.

Der Prinzessinnengarten ist ein urbaner Nutzgarten. Auf einer seit Jahrzehnten brachliegenden Fläche wird hier mitten in Berlin Gemüse angebaut. Seine Existenz verdankt der Garten dem Engagement unzähliger Nachbarn, Interessierter und Freunde. Sie haben [...] mit ihrer Arbeit, ihrer Leidenschaft, ihren vielfältigen Fähigkeiten und ihren Ideen diesem vergessenen Ort eine neue Form von urbanem Grün abgewonnen. Der Prinzessinnengarten liegt in Kreuzberg [...] und hat etwa die Größe eines Fußballfeldes. Hier werden ausschließlich Nutzpflanzen angebaut, lokal und ökologisch. Der Garten als Ganzes ist mobil. Bar, Küche, Werkstatt und Lagerräume befinden sich in ausgedienten und umgebauten Überseecontainern, angepflanzt wird in Hochbeeten aus Stapelbehältern und in Reissäcken. Diese vom vorgefundenen Boden unabhängige. Anbauweise und die Verwendung von lebensmittelechten Materialien erlauben einen ökologischen Anbau in der Stadt, in der die verfügbaren Flächen zumeist entweder versiegelt oder kontaminiert sind. Darüber hinaus eröffnet ein mobiler Garten die Möglichkeit zu einer temporären Nutzung. Der Prinzessinnengarten ist mehr als ein Garten in der Stadt, in dem Nutzpflanzen angebaut werden. [...] Mit der Zeit haben sich zunehmend Aktivitäten und Projekte im Garten angesiedelt. Sie sind meist praktischer Natur, befragen aber gleichzeitig unsere

Art zu Leben. Ob Kompostiermethoden, Bienenhaltung oder Workshops zum Selbermachen, neben der Vermittlung handwerklicher Fähigkeiten geht es oft auch darum, wie wir lokal, selbstorganisiert und mit den uns zur Verfügung stehenden Mitteln drängenden Herausforderungen unserer Zeit begegnen können. Wer in der Stadt anfängt Gemüse anzubauen, der entdeckt unter dem Pflaster einen ganzen Planeten. Gerade die aktive Verbindung zur Produktion von Lebensmitteln, die der Garten vor der eigenen Haustür und sinnlich erfahrbar herzustellen vermag, eröffnet ein weites Feld von Fragen. Welche Auswirkungen hat unsere Art zu Essen auf den Klimawandel? Welche Beziehung stellt das Gericht auf unserem Teller zwischen uns und dem rapiden Verschwinden der Artenvielfalt, der Monopolstellung einzelner globaler Akteure der Agrarindustrie, der maßlosen Verschwendung von Ressourcen, dem Aussehen unserer Städte und den prekären Lebens- und Arbeitsbedingungen anderer Menschen her? Urbane Gärten bearbeiten auf ihre pragmatische Art nicht nur weitergehende gesellschaftliche Fragen, sie können selbst Auslöser von Diskussionen über gesellschaftlich relevante Themen sein. Eines davon ist beispielsweise das Thema Gemeingüter, das der Gemeinschaftsgarten Allmende-Kontor auf dem Tempelhofer Feld mit seinem Namen aufgreift.

Clausen, Marco (2012): Der Prinzessinnengarten: Anders gärtnern in der Stadt. Auszug aus der Einleitung, http://prinzessinnengarten.net

M 7 „Eine andere Stadt kultivieren"

Reflexive Fotografie

„Ich sehe was, das du nicht siehst!"

Verschiedene Menschen nehmen den geographischen Raum sehr unterschiedlich wahr. So kann es sein, dass z. B. die Schule von Schülerinnen und Schülern ganz anders wahrgenommen wird als von Lehrkräften. Auch in diesem Schulbuch werden viele unterschiedliche Perspektiven auf den Raum präsentiert, schließlich erfasst auch die Geographie mittels verschiedener Konzepte den Raum als ihren wichtigsten Bezugsgegenstand. Auf dieser Seite wird eine Methode vorgestellt, mit der Sie sich Ihre eigene Raumwahrnehmung und die Ihrer Mitschülerinnen und Mitschüler bewusst machen können.

1. Vergleichen Sie die Ergebnisse, die Schülerinnen und Schüler durch Anwendung der Methode *Reflexive Fotografie* erzielt haben (M 1).
2. a) Erklären Sie die Begriffe *space* und *place* (M 2 – M 5).
   b) Fassen Sie das geographische Verständnis des Begriffs Raum zusammen (M 2, M 3).
3. Führen Sie die Methode *Reflexive Fotografie* durch (M 5).
Ⓦ 4. A Nehmen Sie auf Basis Ihrer Erfahrungen mit der Methode *Reflexive Fotografie* zu folgender These Stellung:
   „Ein Raum ist ein soziales Konstrukt. Das heißt, er wird von Menschen gemacht und ist mehr als die Summe von Materiellem wie etwa Straßen und Häuser."
   B Reflektieren Sie, ob und inwiefern sich Ihre Raumwahrnehmung bei Anwendung der Methode *Reflexive Fotografie* verändert hat.
Ⓩ 5. a) Arbeiten Sie mit Personen Ihrer Wahl (z. B. Eltern, Geschwistern, Großeltern oder Freunden) und führen Sie die Methode durch zum Thema: *Klimawandel in meinem Alltag?!*
   b) Vergleichen Sie die Ergebnisse aus 5a mit den Beispielen in M 1.

→ Reflexive Fotografie, Raumwahrnehmung

„Ich habe einen Weinstock in unserem Garten fotografiert. Er ist für mich ein gutes Symbol für den Klimawandel, weil er zeigt, dass es zunehmend wärmer wird. Eigentlich konnte Wein nur in südlicheren Regionen angebaut werden. Diese Rebe steht bei uns in Hannover im Garten und sogar auf Sylt gibt es mittlerweile Weinreben. Das Beispiel zeigt, dass nicht alle Folgen des Klimawandels unbedingt schlecht sein müssen, zumindest nicht bei uns. Aber wenn es in einigen Regionen, wie z.B. im Mittelmeerraum, noch wärmer wird als bisher, dann wird die Hitze unerträglich und es wird dort kaum noch etwas wachsen, das führt dann auch zu Problemen."

Julia

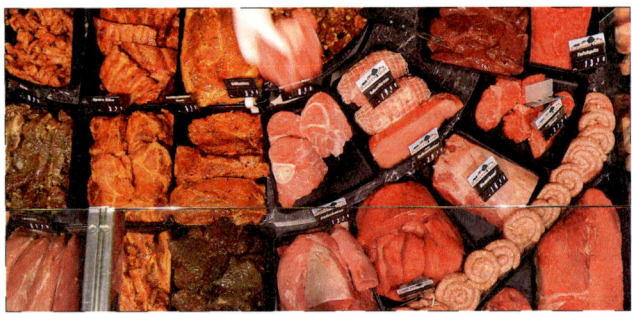

„Ich habe ganz bewusst die Fleischtheke in einem Supermarkt fotografiert. Wenn man mal ehrlich ist, dann sieht das schon ekelhaft aus. Das ist totes Tier! Aber das ist es ja nicht allein. Wir essen sooooo viel Fleisch in Deutschland, das ist schlecht für's Klima. Wenn wir wirklich Klimaschutz betreiben wollen, dann sollten wir auch unsere Essgewohnheiten ändern. Ich bin jetzt kein krasser Vegetarier oder so, aber ich esse wirklich selten Fleisch. Eigentlich nur, wenn etwas Besonderes ist, Feiertag oder so."

Luise

„Das ist doch Quatsch, dass jeder immer vom Klimawandel redet. Dabei ist es ganz einfach, selbst auch etwas zu tun. Ich fahre deshalb immer mit dem Fahrrad. Das hat nur Vorteile: Es ist absolut klimaneutral, kostet nichts, macht Spaß und ich bin an der frischen Luft. Das fühlt sich voll gut an, man ist dann einfach sportlich. Außerdem ist es einfach cool! Ich liebe mein Rad. Deshalb habe ich das mal so dahin gestellt. Vor das Auto, in den Vordergrund. Damit man sieht, dass das Auto uncool ist und wir alle mehr Radfahren sollten."

Finn

M 1 Schülerergebnisse zum Thema „Klimwandel in meinem Alltag?!" – Schülerinnen und Schüler am Gymnasium St. Ursula-Schule Hannover haben die Methode ausprobiert.

Mit dem englischsprachigen Begriffspaar „*space*" und „*place*" werden zwei grundlegende Konzepte der Geographie bezeichnet. Dabei verweist „*space*" vor allem auf einen abstrakten geometrischen Raum, innerhalb dessen sich Menschen und Objekte sowie deren Beziehungen an spezifischen Standorten verorten lassen. [...] *Place* steht dagegen für ein ganzheitliches [...] Verständnis von Raum, das neben der materiellen Dimension von Orten auch deren Wahrnehmung, die symbolischen Bedeutungen und die Aufenthaltsqualitäten beinhaltet. In diesem Sinne sind Orte oder Landschaften als „*places*" bedeutsam für unser Alltagsleben: Sie können uns vertraut oder fremd sein, wir können uns in ihnen wohl oder unwohl fühlen. Solche Eigenschaften ergeben sich aus einem fortwährenden Prozess der Produktion und Reproduktion ortsbezogener Bedeutungen.

Freytag, Tim (2014): Raum und Gesellschaft. In: Lossau, Julia, et al. (Hrsg.): Schlüsselbegriffe der Kultur- und Sozialgeographie. Stuttgart: UTB-Verlag, S. 12–24.

M2 Die Konzepte „*space*" und „*place*"

Ein „*place*" ist ein bestimmter Teil der Erdoberfläche, der durch Menschen einen Namen sowie eine Bedeutung erhalten hat, auch wenn diese Bedeutungen unterschiedlich sein können. *Places* können unterschiedlich groß sein – von der Wohnung und einer Ortschaft, bis hin zu einer wichtigen Weltregion. [...] Bei der Untersuchung von „*place*" in der Schule:

- erforschen wir die ästhetischen, emotionalen, kulturellen und spirituellen Verbindungen von Menschen mit „*places*"; die Rolle von „*places*" in ihrem jeweiligen Identitäts-, Orts- und Zugehörigkeitsgefühl sowie die Art und Weise, wie sie „*places*" erleben und nutzen.

- stellen wir fest, dass „*places*" durch den Menschen verändert und erneuert werden können, und dass Veränderungen, die eine Gruppe fordert, von einer anderen infrage gestellt werden können.

- nutzen wir die Einzigartigkeit von „*places*", um zu erklären, warum die Folgen von universalen Handlungsprozessen und universalen menschlichen Handlungen unterschiedlich sein können, und warum ähnliche Probleme in unterschiedlichen „*places*" unterschiedliche Strategien benötigen.

Lambert, David (2013): Geographical Concepts. In: Rolfes, Manfred/Uhlenwinkel, Anke (Hrsg.): Metzler Handbuch 2.0. Geographieunterricht. Ein Leitfaden für Praxis und Ausbildung. Braunschweig: Westermann, S. 174–181. (S. 176)

M3 Der Raum als „*place*"

METHODE: Reflexive Fotografie

Die Reflexive Fotografie ist eine Methode, um sich der eigenen Raumwahrnehmung, aber auch der Art und Weise wie andere Menschen auf den Raum schauen, bewusst zu werden.

Dazu besteht die Aufgabe, zu einer bestimmten, recht allgemein gehaltenen Fragestellung bis zu drei Fotos aufzunehmen. In einem zweiten Schritt wird im Rahmen eines Interviews begründet Auskunft über die Auswahl der Motive und die persönliche Bedeutung selbiger gegeben.

Gehen Sie bei der Durchführung wie folgt vor:

1. Bestimmen Sie einen thematischen Fokus und formulieren Sie dazu eine Fragestellung; z.B.:
   Nachhaltige Entwicklung in Niedersachsen – unrealistischer Wunschtraum oder bereits Realität?

2. Nehmen Sie bis zu drei Fotos auf. Wo Sie die Fotos aufnehmen, ist Ihnen überlassen.

3. Wählen Sie eines Ihrer Fotos aus und präsentieren Sie dieses vor der Klasse. Gehen Sie dabei auf folgende Fragen ein:
   - Was hat mich bewegt, genau dieses Motiv auszuwählen?
   - Wo habe ich das Foto aufgenommen?
   - Warum habe ich genau dieses Motiv und nicht Benachbartes aufgenommen?
   - Wie würde sich die Aussage des Fotos verändern, wenn ich einen anderen Bildausschnitt gewählt hätte?
   - Welches ist meine persönliche Verbindung zum Dargestellten?
   - Welche Gefühle verbinde ich mit diesem Motiv?

4. Reflektieren Sie Ihre Erfahrungen bei der Durchführung der Methode im Hinblick auf Ihre Raumwahrnehmung (M4).

5. a) Vergleichen Sie im Klassenverband die vorgestellten Fotos.
   b) Beantworten Sie die im ersten Schritt formulierte Fragestellung.

M5 Eine Anregung zur Anwendung der Methode Reflexive Fotografie

---

© *westermann* 36443EX

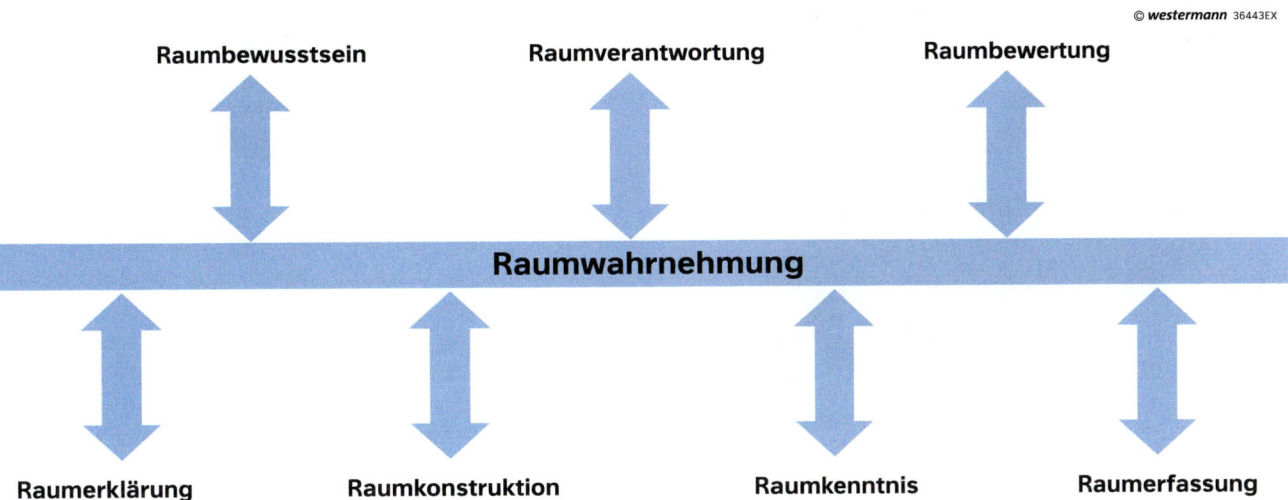

M4 Wahrnehmung als Zugang zum Raum

Ökodörfer als Laboratorien der Zukunft

Ökodörfer als Modelle gelebter Nachhaltigkeit?

Was ist ein Ökodorf? Der Begriff „Ökodorf" setzt sich aus zwei Komponenten zusammen. „Öko" steht dabei für den achtsamen und verantwortungsbewussten Umgang mit der Umwelt, während „Dorf" eine relativ kleine, überschaubare und selbstständige Gemeinschaft meint. Menschen in Ökodörfern erproben neue Lebens- und Arbeitsformen. Sie sind ökologisch und sozial eingestellt und wollen in einer vielfältigen Gemeinschaft leben.

1. **a)** Beschreiben Sie das Titelbild einer Broschüre über Ökodörfer (M1).

　　b) Analysieren Sie M1 in Bezug auf die Merkmale von Ökodörfern (M2, M3).

Ⓩ **c)** Recherchieren Sie die Verbreitung von Ökodörfern in Deutschland, Europa und weltweit (M4, Internet).

Ⓦ **2. A** Charakterisieren Sie die gelebte Nachhaltigkeit von Ökodörfern (M2, M3).

　　B Vergleichen Sie das Ecovillage-Design-Mandala mit den Dimensionen der Nachhaltigkeit in M1 auf S. 8 (M3).

3. Erläutern Sie die Bedeutung des Global Ecovillage Network (GEN) (M4).

4. **a)** Charakterisieren Sie das Ökodorf „Lebensgarten Steyerberg" (M5 – M7, Internet).

　　b) Vergleichen Sie den Lebensgarten Steyerberg mit einem anderen Beispiel eines Ökodorfes aus Deutschland (M6, Internet).

　　c) Erläutern Sie anhand dieser Beispiele den ganzheitlichen Ansatz eines Ökodorfs (M2, M3).

5. Erörtern Sie, ob und inwieweit Ökodörfer ganzheitliche Modelle gelebter Nachhaltigkeit sind.

→ Ecovillage-Design-Mandala, Terra Preta

M1　Titelbild einer Broschüre über Ökodörfer

Ökodörfer (sind) [...] „gewachsene Dorf-, Stadtteil- oder Lebensgemeinschaften, die durch bewusste Beteiligung all ihrer BewohnerInnen gestaltet werden. Ein Ökodorf verbessert die Lebensqualität der Menschen und trägt gleichzeitig dazu bei, die umliegende Natur nicht nur zu schützen, sondern sogar zu regenerieren. [...]."

Ökodörfer [...] sind Laboratorien der Zukunft, in denen sich zivilgesellschaftliches Engagement zeigt. Sie gewinnen schnell an Anerkennung als Demonstrationsplätze für gelebte Nachhaltigkeit und inspirieren ihre umgebenden Regionen und Gesellschaften. In Ökodörfern können wirkliche Lösungen für den Planeten gesehen und angefasst werden.

Idealerweise würde aus jedem Dorf und jeder Stadt auf diesem Planeten ein Ökodorf oder eine grüne Stadt mit ökologischen Stadtteilen. [...] Ökodörfer zeigen, was alte Weisheiten lehren: Es liegt in unserer menschlichen Kraft, Gemeinschaften aufzubauen, die sich nicht nur selbst erhalten, sondern sogar die Natur regenerieren – durch unseren intelligenten und liebenden Einsatz. In Gemeinschaft können sich Seelen wieder aufrichten, die Vielfalt der Ökosysteme sich vergrößern, können wir Wälder neu pflanzen und Wasser reinigen; wir können die Wunden der Vergangenheit heilen und [...] den Übergang zu einer lebenswerten und lebensunterstützenden Zukunft (gestalten).

Joubert, Kosha Anja (2015): Ökodörfer und die Welt, die wir gemeinsam erschaffen. In: Joubert, Kosha Anja, Dregger, Leila (Hrsg.): Ökodörfer weltweit. Lokale Lösungen für globale Probleme. Saarbrücken: Neue Erde, S. 18-25. (S. 22)

M2　Was ist ein Ökodorf?

DIE VIER DIMENSIONEN DER NACHHALTIGKEIT:
EIN GANZHEITLICHER ANSATZ.

Die kulturelle Dimension: Weltsicht, Werte, Verantwortung
Bei aller Vielfalt der Ökodörfer gibt es in ihrer Kultur und Weltanschauung einen gemeinsamen Wert: Respekt vor dem Leben. Verantwortung und aktiver Einsatz für die Erde und all ihre Bewohner sind die Basis einer Kultur der Nachhaltigkeit. Diese Ethik ist kultur- und religionsübergreifend.

Joubert, Kosha Anja, Dregger, Leila (Hrsg.): Ökodörfer weltweit. Lokale Lösungen für globale Probleme. Saarbrücken: Neue Erde. (S. 9)

M3　Dimensionen der Nachhaltigkeit im Ecovillage-Design-Mandala

GEN (*Abk.* = Global Ecovillage Network) dient als Allianz zwischen den ländlichen und städtischen, traditionell gewachsenen und bewusst gegründeten Gemeinschaften mit dem Ziel, ein Leben mit hoher Qualität bei geringem Ressourcenverbrauch zu führen. Einige Siedlungen, die zum Netzwerk gehören, besitzen die niedrigsten ökologischen Fußabdrücke pro Kopf, die in der industriellen Welt gemessen wurden. GEN ist inzwischen weltweit vertreten. Next-GEN beheimatet die Jugendbewegung. Zusammen verbinden diese Netzwerke schätzungsweise 10 000 Gemeinden in mehr als 100 Ländern. Indem GEN die innovativsten Lösungen mit tief verwurzeltem, traditionellem Wissen verwebt, bildet es einen Pool an Weisheit für nachhaltiges Leben auf dem Planeten.

Joubert, Kosha Anja (2015): Ökodörfer und die Welt, die wir gemeinsam erschaffen. In: Joubert, Kosha Anja / Dregger, Leila (Hrsg.): Ökodörfer weltweit. Lokale Lösungen für globale Probleme. Saarbrücken: Neue Erde, S. 18- 25. (S. 21)

M4   Das Global Ecovillage Network

M5   Declan Kennedy und Maria Tacke (Aufnahme: Februar 2017)

Merkmal	Industriekultur	Nachhaltigkeits-kultur
Energieträgerbasis	nicht erneuerbar	erneuerbar
Stoffströme	linear	zyklisch
Natürliche Reichtümer	Konsum	Speicherung
Organisationsweise	zentralisiert	dezentralisiert
Größenordnung	groß	klein
Bewegung	schnell	langsam
Aktivität	episodischer Wandel	rhythmische Stabilität
Denken	reduktionistisch	ganzheitlich

Holmgren, David (2016): Permakultur. Gestaltungsprinzipien für zukunftsfähige Lebensweisen. Klein Jasedow: Drachen Verlag. (S. 36)

M7   Industriekultur und Nachhaltigkeitskultur

Warum hast du dich dafür entschieden, in einem Ökodorf zu leben?

Nach dem Abitur war ich über WWOOF (World Wide Opportunities on Organic Farms) für sechs Monate in Australien und habe dort das Ökodorf „Crystal Waters" und andere Gemeinschaften kennengelernt. Zudem habe ich fünf Jahre in einer Gemeinschaft gelebt [...]. Daher spielt für mich besonders der Gemeinschaftsaspekt eine große Rolle. Nachhaltigkeit als Lebensstil gemeinsam mit anderen Menschen auf alle Lebensbereiche anzuwenden und gemeinsam zukunftsfähige Ideen auf den Boden holen, waren ausschlaggebend für mich.

Ökodörfer gelten als Modelle gelebter Nachhaltigkeit. Inwiefern trifft das auf den Lebensgarten Steyerberg zu?

Der Lebensgarten Steyerberg erfüllt viele Aspekte der Dimensionen Soziales und Weltsicht bzw. Kultur. Bezüglich der Ökologie werden Schritte in Richtung erneuerbare Energien gegangen. Wesentlich in diesem Zusammenhang ist die weit verbreitete Anwendung von Fotovoltaik und Elekromobilität, die im Rahmen eines großen E-Car-Pools organisiert ist. Dieser ist als Pionierprojekt für E-Carsharing im ländlichen Gebiet gemeinsam mit der Gemeinde Steyerberg ein Forschungsprojekt von zwei Universitäten. Die Häuser [...] wurden weitgehend nach ökologischen Kriterien saniert. Auch der Permakulturpark am Lebensgarten Steyerberg (PaLS) ist hier zu nennen. Hier wird intensiver Anbau auf 2 ha Fläche betrieben, 5 ha werden extensiv genutzt. Wie bei fast allen deutschen Ökodörfern spielt auch bei uns selbst hergestellte „**Terra Preta**" eine Rolle, indem dem Boden u. a. zerkleinerte Holzkohle beigemischt wird, die als CO_2-Speicher gilt. Wir sind allerdings etwas anders aufgestellt als zum Beispiel das Ökodorf „Sieben Linden" in Sachsen-Anhalt, welches einen starken Fokus auf der Ökologie hat. Viehhaltung haben wir abgesehen von fünf Hühnern nicht. Vier Pferde werden für Reittherapien gehalten. Wir haben hier kein Selbstversorger-Konzept und kaufen in unserem Coop-Laden zu, der typische Produkte im Sortiment hat, die auch in Naturkostläden zu finden sind. Die Prioritäten sind jedoch beim Einkauf wie folgt: 1. Selbstversorgung, 2. regionale Produkte von Bio-Bauern in der Nachbarschaft und 3. Zukauf, so regional wie möglich. Um in unserem Coop-Laden einkaufen zu können, muss man Gesellschafter der GbR werden und verpflichtet sich zugleich zu einer Stunde Mitarbeit pro Monat im Sinne der gemeinsamen Verantwortung. Die VK-Preise sind Einkaufspreise plus Mwst. und liegen somit 30 - 40 % unter Durchschnitt. Einzelhandelspreis. [...]

Welche Besonderheiten weist das Ökodorf „Lebensgarten Steyerberg" auf?

Hier ist auf jeden Fall das Wirken von Declan Kennedy (M5) zu nennen. Er war für den Lebensgarten Steyerberg prägend, u.a. im Hinblick auf die Permakultur sowie ökologisches und ressourcensparendes Bauen. Seine 2013 verstorbene Frau Margrit Kennedy [...] zählt zu den Gründern des Regiogeld-Netzwerkes und hat die „Money Network Alliance" (MonNetA), ein Kompetenzzentrum für nachhaltige Finanzwirtschaft, soziale Ökonomie, Komplementärwährungen und alternative Geldsysteme gegründet. Der Lebensgarten [...] [aus dem Jahre 1984 ist] das älteste Ökodorf in Deutschland [...][und] war im Jahr 2000 auch ein EXPO-Projekt. Unser Ökodorf zeichnet sich insbesondere durch viele Seminarangebote aus, u.a. zu Yoga, Meditation oder gewaltfreier Kommunikation. [...] Unser Kulturbetrieb, die sogenannte „Kultur-Küche", bietet diverse Kulturveranstaltungen z.B. zu Tanz und Musik, Literatur und Film an. [...]

Vielen Dank für dieses interessante Gespräch!

M6   Interview mit Maria Tacke (Jg. 1980), Mitglied im Vorstand von GEN Deutschland e.V., die seit fünf Jahren im Ökodorf „Lebensgarten Steyerberg" in Niedersachsen lebt

„A sustainability worldview"

Was zeichnet eine Weltanschauung für Nachhaltigkeit aus?

„In einer Epoche, in der wir den Planeten und dessen Ressourcen wie nie zuvor plündern und damit sogar die Zukunft der Menschheit gefährden, ist Nachhaltigkeit der Schlüssel zum menschlichen Überleben" (C. G. Weeramantry 2009; in Grober 2016, S. 270). Dieser Schlüssel ist verbunden mit einer bestimmten Weltanschauung, die u.a. die Mensch-Umwelt-Beziehungen zum Ausdruck bringt. Eine Weltanschauung ist verinnerlicht und entspringt dem Bewusstsein jedes Menschen – insbesondere in Bezug auf Nachhaltigkeit.

1. a) Beschreiben Sie die Anfangs- und Schlussszene des Films HOME (M 1).

   b) Erläutern Sie den Zusammenhang zum Titel „HOME" (M 2, M 3).

2. Erläutern Sie, ob und inwieweit das indigene Wissen für eine nachhaltige Entwicklung von Bedeutung ist (M 2, M 3, siehe auch S. 49 M 4, S. 79 M 5).

3. Beurteilen Sie, ob und inwieweit ein Zusammenhang zwischen dem großen Wandel und einer Weltanschauung für Nachhaltigkeit besteht (M 4, Kasten, Internet).

4. Kann unsere Schule Erd-Charta-Schule werden?

   a) Recherchieren Sie den Geist und die Ziele der Erd-Charta (M 5, Internet).

   ⓩ b) Führen Sie eine Befragung zur obigen Frage durch (Schulleitung, Lehrkräfte, Schülerschaft, Elternvertretung).

   c) Begründen Sie, ob und inwieweit Ihre Schule Erd-Charta-Schule werden kann.

5. Die Erd-Charta basiert auf einem Weltbild für Nachhaltigkeit. Beurteilen Sie diese Aussage.

6. Victor Nolet fragt: „Do you think you have a sustainability worldview?" Nehmen Sie Stellung (M 5).

→ „A sustainability worldview"

M 1 Anfangs- und Schlussszene des Films HOME (Dokumentarfilm von Yann Arthus-Bertrand 2009, Zeit: 1:22; 1:27:17)

▌ Kulturen definieren sich durch ihr Weltbild, durch die Art und Weise, wie ihre Menschen den Kosmos wahrnehmen. [...] Die Kosmologie ist das Muster des Lebens selbst. [...] In der Kosmologie der Dagara ordnen Bild und Struktur des Kreises – oder Rades – die Wahrnehmung der Welt [...]. Das Rad stellt nicht nur die zyklische Natur des Lebens dar, sondern ist auch ein Mikrokosmos im Makrokosmos des Planeten, auf dem wir leben.

▌ Wir gehören zur Erde. Sie ist unsere Heimat. [...] Von der Erde kommen wir, zur Erde gehen wir. [...] Die Erde ist der Mutterschoß, aus dem wir hervorgegangen sind.

Somé, Malidoma Patrice (2001): Die Weisheit Afrikas. Rituale, Natur und der Sinn des Lebens. Kreuzlingen/München: Diederichs. (S. 177f., S. 249)

M 2 Aussagen des Schamanen Malidoma Somé von der Volksgruppe der Dagara aus Burkina Faso (Westafrika)

Es ist unsere Art, die Menschheit, die diese überwältigende Zerstörung anrichtet. Die Menschheit, die Krone der Schöpfung, homo sapiens sapiens [...]. Als ich meine Ältesten vor vielen Jahren fragte, warum das so ist, haben sie traurig die Köpfe geschüttelt. „Die Menschen haben ihre Weisungen verloren", sagten sie. [...] Weisungen? Es gibt Weisungen für uns Menschen? [...] „Sicher", sagten die Ältesten: „Alles hat seine Weisungen. Schau auf diesen Grashalm. Er weiß einfach so genau wie er zu wachsen hat [...]. Dieser Fink da liebt es in der Sonne zu singen, aber die Eule dort drüben wartet auf die Dämmerung, bevor sie ihre stille Jagd beginnt. Die Schöpfung hat ihnen Weisungen gegeben und sie folgen ihnen." [...] „Nur der Mensch ist verwirrt und folgt seinen Weisungen nicht mehr. Dadurch wird er zum Problem für sich selbst und für alles Leben auf der Erde."

Manitonquat (2012): Die Ursprünglichen Weisungen. Zell an der Pram: Eigenverlag. (S. 25f.)

M 3 Aussagen des Wampanoaq-Ältesten Manitonquat aus dem Nordosten der USA

Anfangsszene von HOME (Zeit: 1:22-1:54):

„Darf ich um Ihre Aufmerksamkeit bitten? Sie alle sind wie ich ein Homo sapiens, ein vernunftbegabtes Wesen. Das Leben, dieses Wunder unseres Universums, entstand vor vier Milliarden Jahren. Der Mensch trat zum ersten Mal vor rund 200 000 Jahren auf. Und doch hat er es in dieser relativ kurzen Zeit geschafft, das Gleichgewicht der Natur zu gefährden. Die Geschichte, die wir erzählen, ist auch Ihre Geschichte. Und jeder von Ihnen kann seine eigenen Schlussfolgerungen ziehen."

Schlussszene von HOME (Zeit: 1:27:15-1:28:30):

„Wichtig ist nicht, was verloren ist, sondern was bleibt. Wir stehen an einem Scheideweg. Wir alle tragen einen Teil der Lösung in uns. Vielleicht leben wir nicht im gleichen Land und haben nicht die gleiche Lebensauffassung – es ist jedoch Zeit, gemeinsam zu handeln. Lasst uns retten, was uns blieb. Wir müssen diese neue Herausforderung annehmen. Was wir hier sehen, ist mehr als eine Landschaft. Es ist das Antlitz eines Planeten, den wir lieben: die Erde. Es soll uns daran erinnern, dass wir ihr Schicksal noch in den Händen halten. Also, worauf warten wir?
Wir schreiben die Fortsetzung unserer Geschichte. Gemeinsam."

Der Beginn von Ackerbau und Viehzucht vor 10 000 Jahren führte zu einer radikal veränderten Lebensweise der Menschen. Die Industrielle Revolution, die erst vor einigen Hundert Jahren begann, brachte eine ähnlich dramatische Umgestaltung mit sich. [...] Das gesamte Fundament der Gesellschaft wandelte sich, einschließlich der Beziehungen der Menschen untereinander und zur Erde. Derzeit findet eine Umstellung vergleichbarer Reichweite und Größe statt. Man bezeichnet sie als „Ökologische Revolution". [...] Wir nennen sie ‚Der große Wandel' [...]. Es geht um den Übergang der zum Scheitern verurteilten Wirtschaft der industriellen Wachstumsgesellschaft zu einer das Leben erhaltenden Gesellschaft, mit der wir die Selbstheilungskräfte der Erde unterstützen. Dieser Prozess ist bereits in vollem Gange. [...] Damit Sie leichter wahrnehmen können, in welcher Weise Sie vielleicht schon Teil dieser Geschichte sind, wollen wir als Hilfestellung drei Dimensionen des Großen Wandels identifizieren.

Die drei Dimensionen des Wandels
wirken gleichzeitig und verstärken sich gegenseitig

Protestaktionen
z. B. Kampagnen zur Verteidigung des Lebens auf der Erde

Bewusstseinsveränderung
z. B. die Veränderung von Wahrnehmung, Denken und Werten

Leben erhaltende Systeme und Handlungsweisen
z. B. Entwicklung neuer ökonomischer und sozialer Strukturen

© *westermann* 35814EX

Macy, Joanna, Johnstone, Chris (2014): Hoffnung durch Handeln. Dem Chaos standhalten, ohne verrückt zu werden. Paderborn: Junfermann Verlag. (S. 36ff.)

M4 Der Große Wandel

ERD-CHARTA
Achtung vor dem Leben und Sorge für die Gemeinschaft des Lebens.
1. Achtung haben vor der Erde und dem Leben in seiner ganzen Vielfalt.
2. Für die Gemeinschaft des Lebens in Verständnis, Mitgefühl und Liebe sorgen.
3. Gerechte, partizipatorische, nachhaltige und friedliche demokratische Gesellschaften aufbauen.
4. Die Fülle und Schönheit der Erde für heutige und zukünftige Generationen sichern.

Unterzeichnungsurkunde
verliehen an

Gymnasium Marianum, Brüderkirchhof 3, 34414 Warburg

für die Unterzeichnung der folgenden Erklärung:

Wir, die Unterzeichnerinnen und Unterzeichner, erklären uns mit der Erd-Charta einverstanden.
Wir unterstützen den Geist und die Ziele dieses Dokuments.
Wir versprechen, uns an der globalen Partnerschaft für eine gerechte, nachhaltige und friedliche Welt zu beteiligen und für die Verwirklichung der Werte und Prinzipien der Erd-Charta zu arbeiten.

Das Gymnasium Marianum fühlt sich im Rahmen seines Bildungsauftrags der Vermittlung der in der Erdcharta verankerten Gedanken der Achtung vor dem Leben, der ökologischen Ganzheit, der sozialen Gerechtigkeit, der Demokratie und des Friedens gegenüber seinen Schülerinnen und Schülern verpflichtet. Insofern bilden die genannten Themen ein permanentes Leitbild sowohl der unterrichtlichen als auch außerunterrichtlichen Schulentwicklung.

Warburg, den 8. Juli 2016

Die Erd-Charta versteht sich als eine inspirierende Vision für eine zukunftsfähige und gerechte Welt. Nie zuvor haben so viele Menschen an der Ausarbeitung einer internationalen Erklärung zusammengearbeitet. Als die grundlegende Ethik für eine nachhaltige Entwicklung stellt sie eine Art „Menschenrechtserklärung des 21. Jahrhunderts" dar. Die UNESCO, UNEP, sowie Tausende große Organisationen und Parlamente sowie Zehntausende Einzelpersonen haben die Erd-Charta bereits unterzeichnet.

http://erdcharta.de/fileadmin/Aktivitaeten/Unterzeichnungsurkunden/20160709_EC-Unterzeichnungsurkunde_Marianum-Warburg_u.pdf

M6 Erd-Charta-Schule Gymnasium Marianum in Warburg

Der amerikanische Professor Victor Nolet begründet und definiert eine Weltanschauung für Nachhaltigkeit, wie folgt: „The new type of thinking we need today is a **sustainability worldview** – seeing and interacting with the world through the lens of sustainability". Dieses bestimmte Sehen und Interagieren mit „den Linsen" der Nachhaltigkeit ist ganzheitlich: „(A) sustainability worldview is a holistic phenomenon that involves a combination of **values, knowledge, dispositions** and **agency**". Es basiert auf bestimmten Werten und Erkenntnissen, die Einstellungen und Handlungen unterliegen. Für eine solche Weltanschauung sind bestimmte Denkweisen, die Sie auch im Erdkundeunterricht vermittelt bekommen, von besonderer Bedeutung:

1. **Wissen anwenden:** Wissen flexibel und kreativ auf neue und einzigartige Kontexte übertragen.

2. **Vernetztes und systemisches Denken:** Systemzusammenhänge und Beziehungen zwischen Systemen erkennen, auch unter Berücksichtigung der zeitlichen Dimension.

3. **Kritisches Denken:** Argumente vernunftbasiert und reflektiert auf die zugrunde liegenden Annahmen hin hinterfragen, Quellen auf ihre Glaubwürdigkeit hin beurteilen und entscheiden, welche Argumente oder Quellen annehmbar sind.

4. **Werturteile fällen:** Fakten, Sachzusammenhänge, Perspektiven und Intentionen, Werte und Normen hinterfragen, um eine reflektierte (Handlungs-) Entscheidung zu treffen.

5. **Charakterstärke:** die Werte und Einstellungen, die zu Wohlbefinden und Glück beitragen, anwenden, um die Fähigkeiten zu verbessern, neue Erkenntnisse zu gewinnen, Urteile zu fällen und somit Probleme zu lösen.

Eine Weltanschauung für Nachhaltigkeit fordert und bestimmt uns als ganze Person, die **Verantwortung** übernimmt. Da Nachhaltigkeit ein ethisches Prinzip ist, werden Folgen von Handlungen bedacht. Handeln und Engagement basieren auf unserer Identität und Integrität, d.h. sie stimmen mit unseren persönlichen Wertvorstellungen, Maßstäben und Überzeugungen überein, die uns bewusst (geworden) sind.

Nolet, Victor (2016): Educating for Sustainability. (...) New York. Verlag: Routledge. (S. 62, 64, 108)

M5 Die Schlüsseldenkweise „A Sustainability Worldview"

Entwicklung in der Diskussion

Was heißt Entwicklung?

„Entwicklung" ist ein sehr präsenter Begriff, der zunehmend in die Kritik gerät. Dies gilt auch für das Ziel von Entwicklung: Ist immer mehr Wachstum nach wie vor zeitgemäß? Was ist der wahre Preis für eine so gedeutete Entwicklung durch Wachstum? Die Agenda 2030 (> S. 9) weist die gesamten Staaten der Erde als „Entwicklungsländer" aus, da alle vor der Herausforderung einer Orientierung an den Sustainable Development Goals stehen. Doch inwiefern wird „Entwicklung" genau kritisiert?

1. a) Beschreiben Sie die Karikatur (M 2).
   b) Ordnen Sie die Karikatur in einen passenden Zusammenhang ein.
2. a) Benennen Sie Ihr persönliches Verständnis des Begriffs Entwicklung.
   b) Vergleichen Sie Ihre Ergebnisse aus Aufgabe 2 a mit M 1, M 3 und M 5.
3. Erläutern Sie den Zusammenhang zwischen den Begriffen *Entwicklung, Wachstum* und *Beschleunigung* (M 4 - M 6).
4. a) Erklären Sie die Problematik des Begriffs „Entwicklung" (M 2, M 3).
   b) Recherchieren Sie sozioökonomische Informationen zu den Staaten Somalia, Brasilien und Indien.
   c) Vergleichen Sie diese und erläutern Sie die Aussage, dass man diese Staaten nicht unter einem Sammelbegriff „Entwicklungsländer" zusammenfassen könnte (M 3, Atlas, Internet).
5. A Wählen Sie eines der Materialien in M 1, M 3, M 5, M 6 aus und analysieren Sie dieses im Hinblick auf die Perspektiven in M 4 ■?].
   B Die Postwachstumsökonomie vertritt die Auffassung, dass nicht alle Länder auf dem Standard der Industrieländer leben können. Erörtern Sie den Begriff „Entwicklung" vor diesem Hintergrund.
6. a) Charakterisieren Sie den grünen New Deal (M 5).
   b) Nehmen Sie Stellung, ob und inwiefern Sie einen grünen New Deal als realistische Option erachten.

→ Entwicklung, grüner New Deal

M 2   Eine Karikatur zum Thema Entwicklung

[Die] Begriffe „Entwicklung" und „Entwicklungsländer" werden meist nur noch in Anführungszeichen gesetzt [...]. Damit wird zum Ausdruck gebracht, dass diese Begriffe [...] eine problematische politische Geschichte besitzen – sie sind Teil eines mittlerweile kritisch hinterfragten Denkmusters geworden. Es ist [...] politisch unkorrekt, von „Entwicklungsländern" zu sprechen, denn damit wird eine Art Hierarchisierung zwischen schon entwickelten und noch zu entwickelnden Ländern und Gesellschaften hergestellt. [...] Es ist [...] problematisch, mit dem Begriff „Entwicklungsländer" eine Art Sammelbegriff für so unterschiedliche Gesellschaften oder Länder wie etwa Somalia, Brasilien und Indien zu verwenden. Diese Gesellschaften durchlaufen eine Vielzahl unterschiedlicher Entwicklungspfade. [...] Außerdem ist es [...] fragwürdig, [...] den Westen als Maßstab für die Beurteilung und Einteilung in fortgeschrittene und rückständige Gesellschaften [anzusehen]. [...] Damit wird das Entwicklungsmodell des Westens jedoch unhinterfragt akzeptiert.

Korf, Benedikt, Rothfuß Eberhard (2016): Nach der Entwicklungsgeographie. In: Freytag, Tim et al. (Hrsg.): Humangeographie kompakt. Heidelberg: Spektrum Akademischer Verlag. S. 163-183. (S. 164f.)

M 3   Ein Begriff in kritischer Diskussion

Während Ende des 19. Jahrhunderts ein typischer deutscher Jugendlicher zusammen mit seinen Eltern und Geschwistern einen einzigen Raum bewohnte und eine sehr überschaubare Anzahl persönlicher Gegenstände sein Eigen nennen konnte, besitzt der typische deutsche 18-Jährige zum beginnenden 21. Jahrhundert [...] ca. 500 verschiedene Produkte [...]. Eine derartige Anhäufung materieller Konsumgüter wirft nicht allein vor dem Hintergrund der Endlichkeit der natürlichen Ressourcen [...] Fragen auf, sondern auch in Bezug auf die für Menschen grundsätzlich begrenzte Zeit. Wann sollen die Videospiele gespielt, die Bücher gelesen, die DVDs geschaut und die verschiedenen Sportarten betrieben werden? [...] Vor diesem Hintergrund zeichnet sich eine Problemstellung ab, die paradoxe Züge trägt: die zunehmende Zerstörung von Naturressourcen und damit heutiger und künftiger Überlebensvoraussetzungen erfolgt für einen Hyperkonsum, der das Glück keineswegs weiter erhöht, sondern eher Leiden verursacht – Konsumstress, Freizeitstress, Zeitnot, Burn-out, Fettleibigkeit sind einschlägige Schlagworte. Die zugrunde liegende Ökonomie des Wachstums sorgt also nicht nur für eine beständige Erhöhung der verarbeiteten und gekauften Mengen, sondern auch dafür, dass diese Erhöhung lebenspraktisch immer mehr zur Belastung wird. Die wachsende Zerstörung erzeugt wachsendes Unglück. Eine Umkehrung der Richtung von „mehr" auf „weniger" scheint daher sinnvoll, um es zurückhaltend zu formulieren.

Sommer, Bernd , Welzer, Harald (2014): Transformationsdesign. Wege in eine zukunftsfähige Moderne. München: oekom. (S. 19ff.)

M 1   Weniger ist mehr?

M 4   Eindeutige Perspektiven?

Naturvergessenheit prägt die neuzeitliche Zivilisationsgeschichte. Seit der industriellen Revolution war Wachstum der zentrale Hebel für gesellschaftlichen Fortschritt. Quantitatives Wachstum wird jedoch immer mehr zur Wohlstandslüge auf Kosten Dritter, vor allem der Armen, der Natur und künftiger Generationen. [...]

Die Ökonomie muss der Gesellschaft dienen. Nur in Einklang mit der Natur ist sie überlebensfähig. Was dabei für den Einzelnen gutes Leben bedeutet, ist sicher unterschiedlich. Das ist auch gut so. Aber die Grundbedürfnisse saubere Luft, Wärme, reines Trinkwasser, gesunde Nahrung, Gesundheit und Freundschaft brauchen alle. Unser Handeln sollte sich daran orientieren, diese Bedürfnisse zu erfüllen. [...] Von daher ist das Bruttoinlandsprodukt (BIP) als Kennziffer für Wirtschafts- und Lebensqualität ungeeignet. Es misst in reinen Geldgrößen die Waren und Dienstleistungen, die in einem Wirtschaftsraum umgesetzt werden. [...] Die soziale und ökologische Qualität der Güter spielt bei der Messung keine Rolle, ebenso die Schäden, die es hinterlässt. [...]

Wenn die Wirtschaft mit ihren Wachstumsansprüchen die Biosphäre zerstört, wenn sie Naturkapital wie Bodenschätze, Wälder, Wasser oder die Artenvielfalt verbraucht, ist dies kurzsichtig. Dieses Wachstum ist unwirtschaftlich, unsozial, unökologisch und katastrophal. [...] Es geht darum, die Qualität des Wohlstands zu steigern und zu erleben. Mehr Wohlstand dadurch, dass man sich vom Zwang des schneller, höher und weiter befreit, zu immer mehr Arbeit, zu immer mehr Geld und immer mehr Konsum. Was, wenn wir uns aus diesem Zwang befreien würden? [...]

Wir würden in eine Phase des qualitativen Wachstums übergehen: effizienter produzieren, weniger verbrauchen und das Leben mehr genießen. Wir würden wirtschaften, ohne die Natur oder die Gemeinschaft zu zerstören. Das wäre gelebte Nachhaltigkeit. [...] Schrumpfen muss, was den sozialen Zusammenhalt gefährdet und die natürlichen Ressourcen übernutzt. Wachsen muss, was zugleich der Lebensqualität als auch der Nachhaltigkeit dient. An diesen Leitbildern richtet der grüne New Deal unser zukünftiges Wirtschaften aus.

Müller, Michael, Niebert, Kai (2009): Epochenwechsel. Plädoyer für einen grünen New Deal. München: oekom-Verlag. (S. 99 ff.)

M 5   Ein grüner New Deal?

Herr Rosa, glauben Sie, dass die Beschleunigungsgesellschaft ein Modell für die Zukunft ist?

Zuerst [...] stellt man logisch fest, dass diese Beschleunigung nicht ewig gut gehen kann. Wir setzen die Welt materiell buchstäblich in Bewegung. Ströme von Rohstoffen, von Gütern, aber auch von Menschen. Mehr als eine halbe Millionen Menschen sind gleichzeitig in der Luft. [...] Zusätzlich erhöhen sich die Veränderungsgeschwindigkeiten. Ewig kann das so nicht gut gehen. Viele Menschen denken heute: Die Umwelt wird uns stoppen. [...] Ich bin nicht sicher, ob dieses Warten auf äußere Grenzen die richtige Strategie ist. Es gibt uns immer das Gefühl, dass diese Beschleunigungslogik wie ein Naturgesetz sei, was sie meines Erachtens nicht ist. Andere soziale Formationen, eigentlich alle Kulturen einschließlich der Hochkulturen – kannten das gar nicht. [...] Moderne Gesellschaften müssen sich systematisch steigern, um die Struktur [...] zu erhalten. Ohne Wachstum können wir nicht bleiben wie wir sind. Die Logik moderner Gesellschaften ist deshalb auf Steigerung hin angelegt. [...] Schauen wir nicht nach außen und warten, bis uns etwas stoppt, sondern schauen wir nach innen mit der Frage: Ist das, was da abläuft, gut für uns? Ist das ein gutes Leben? Das Beschleunigungsspiel läuft seit mindestens 200 Jahren und ich glaube, es kann noch ziemlich lange so weitergehen.

Es gibt ja zahlreiche Entschleunigungs-Initiativen. Ist das ein Trend für die Zukunft?

Ich glaube schon, dass diese Slow-Everything-Bewegung ein Thema werden kann. [...] In allen Schichten der Gesellschaft ist der Wunsch nach Entschleunigung in irgendeiner Form ziemlich stark. Trotzdem bin ich skeptisch [...]. Die Idee, die sich damit verknüpft, ist die Vorstellung, dass alles so bleibt wie es ist. Man macht es nur langsamer. Die Struktur der Gesellschaft und ihre kulturelle Logik lassen wir gleich und nehmen nur das Tempo raus. Das geht nicht. Zeit ist nicht ein isolierter Faktor im Leben, sondern durch und durch verwoben und durchdrungen mit unseren kulturellen Orientierungen und auch den Institutionen des Lebens. Zu diesen Institutionen gehört der Kapitalismus. Ein kapitalistisches Wirtschaftssystem kann nicht langsamer werden. [...] An dieser Stelle streite ich mich auch gerne mit Menschen, für die ich sonst große Sympathie habe. Nehmen wir Slow-Food. In der Regel wirkt sich das so aus, dass man dann einmal in der Woche oder sogar einmal im Monat am Freitagabend [...] zusammen kocht oder so. Ich will da gar nichts gegen sagen. Das ist schon eine gute Erfahrung. Aber das wird so zur Oase, zum Ausnahmezustand. [...] Deshalb müssen wir andere Wege finden. [...] Es geht um eine Neureflektion, auch eine Neuverhandlung der institutionellen und kulturellen Grundlagen der Welt.

Sind Sie bei einem Blick in die Zukunft eher optimistisch oder pessimistisch?

Als Person bin ich eher Optimist, aber als Soziologe, als Zeitdiagnostiker neige ich tatsächlich eher zu Pessimismus. Pessimismus im Sinne einer Hoffnung auf eine gewisse aufrüttelnde Wirkung. Also zu sagen: Wenn es so weiterläuft, dann geht es schief! Also lasst uns was tun. [...] Wir sollten nicht auf Blindflug gehen und sagen, da kann man sowieso nichts tun. Das Versprechen moderner Gesellschaften ist, dass man etwas tun kann.

Lesch, Harald, Kamphausen, Klaus (2016): Die Menschheit schafft sich ab. Die Erde im Griff des Anthropozän. München: Komplett-Media Verlag, S. 382-391. (S. 382ff.)

M 6   Ein Interview mit dem Soziologen Hartmut Rosa

Das Cradle to Cradle-Konzept

Umweltschutz oder Verschwendung?

Das Konzept Cradle to Cradle (C2C) steht für kontinuierliche Stoffkreisläufe und positiv definierte Materialien, die für Mensch und Umwelt gesund sind. Dies umfasst die Nutzung erneuerbarer Energien, um Kreisläufe zu ermöglichen. Der gemeinnützige Cradle to Cradle e.V. hat das Ziel, die C2C-Denkschule in Wirtschaft, Wissenschaft, Politik und Gesellschaft zu etablieren. Inzwischen wird von 140 Unternehmen und mehr als 500 Mitgliedern, die in 36 Regionalgruppen bundesweit organisiert sind (Stand: 2017), die Idee von C2C in der Bevölkerung vorgelebt. Doch wie funktioniert das C2C-Konzept und welche nachhaltigen Akzente kann C2C in unserer Konsumwelt setzen?

1. Geben Sie die Bedeutung von Cradle to Cradle im Kontext von Nachhaltigkeit wieder (M 1).
2. Erklären Sie anhand des biologischen und technischen Kreislaufes das Wiege-zu-Wiege-Konzept (M 2 - M 5).
3. Erklären Sie die *C2C*-Zertifizierung von Produkten (M 6).
4. Fassen Sie wesentliche Schwierigkeiten bei der Entwicklung eines *C2C*-Produktes laut der Unternehmerin Annette Hempel zusammen (M 7).
5. Nehmen Sie Stellung: „*C2C* – Umweltschutz oder Verschwendung?" (M 1, M 4).
6. a) Ordnen Sie Produkte aus Ihrem Alltag einem der beiden Kreisläufe zu (M 5).
   b) Entwickeln Sie aus Unternehmersicht eine Projektskizze zur Herstellung eines *C2C*-zertifizierten Produktes (T-Shirt, Schuh, Schultasche) ◼[?].

→ Stoffkreislaufwirtschaft, Cradle to Cradle

M 2   Das Cradle to Cradle e.V.-Logo

Brotbox aus nachwachsenden Rohstoffen: *Zuckerrohr, Mineralien und Wachs. Ohne Weichmacher, ohne Erdöl, schadstofffrei und lebensmittelecht.*

Trinkflasche aus nachwachsenden Rohstoffen: *Nach Gebrauch können die einzelnen Bestandteile getrennt und somit zu 100 % dem technischen Kreislauf zugeführt werden.*

M 3   Beispiele für C2C-zertifizierte Produkte

[Der Hamburger Forscher Michael Braungart und der amerikanische Architekt William McDonough] entwickelte[n] in den 90 er-Jahren ein Konzept, damit Produkte auf ihrem „Lebensweg" nicht von der Wiege ins (Müll-) Grab kommen, sondern von der „Wiege zur Wiege" (englisch: Cradle to Cradle). [...] Das Produkt kehrt entweder als Kompost in die Natur zurück, da es schadstofffrei und natürlich ist, oder es wird wieder industrieller Rohstoff. Das war die Vision einer völlig abfallfreien Wirtschaft nach dem Vorbild der Natur. Braungart: „Die Natur produziert keinen Müll, deswegen muss sie auch keinen vermeiden."
[...] Die „Cradle to Cradle"-Idee, kurz C2C, hat Kreise gezogen: Turnschuhe, T-Shirts, Damen-Unterwäsche, Bürostühle, Möbelstoffe, Teppichböden, [Haushaltswaren, Reinigungsmittel, Trinkflaschen, Schreibwaren] und Lampen [...]. Trigema tritt mit einem „kompostierbaren Wellness-Shirt" an. Statt in die Mülltonne kann es nach dem Gebrauch auf den Komposthaufen oder in die Biotonne. Tests zeigten: Die Textilfasern werden von Pilzen rückstandsfrei abgebaut. Nach sechs Monaten ist es praktisch weg [...].
Ähnliches, sagt Braungart, käme auch für die Elektro-Industrie infrage. Er schlägt vor, Geräte wie Fernseher, Computer, MP3-Player vom Hersteller bloß noch zu leihen, damit der sich mehr Gedanken über sein Produkt macht und es auf maximale Wiederverwertung trimmt. Neuartige Produkte sind am Ende ihres Lebens kein Müll, sondern Rohstoffe für die nächsten Waren.

Wille, Joachim (14.11.2008): Von der Wiege zur Wiege. FR online

M 1   Was bedeutet Cradle to Cradle?

Zwar gibt es inzwischen rund 140 Unternehmen, die Produkte nach dem Cradle to Cradle-Konzept auf den Markt gebracht haben. Aber anders als Braungarts Kirschbaum, der seine Inhaltsstoffe freizügig der Natur überlässt, betrachten die meisten Firmen ihre C2C-Materialien als Geschäftsgeheimnis. Die Entwicklung geeigneter Stoffe koste viel Zeit und Geld, sagt Bleymehl. „Da wird beispielsweise der Trikothersteller Trigema einem Mitbewerber kaum offenlegen, welche biologisch abbaubaren Textilfarben er verwendet."
Besser bekannt ist, welche Stoffe Produktentwickler nicht verwenden sollten. Zum Beispiel PVC wegen der darin enthaltenen Weichmacher oder Brom als Flammhemmer in den Plastikgehäusen von Elektronikgeräten. [...] Haben Kaffeemaschinen, Computer oder Stereoanlagen ausgedient, können Kunststoff- und Metallteile wieder zurück in den Rohstoffkreislauf gebracht werden. Auch aus den Elektrobauteilen lassen sich inzwischen viele der darin enthaltenen Metalle herauslösen. [...] Kritiker monieren, Michael Braungart propagiere verschwenderischen Konsum, indem er Abfall zu Nährstoffen etikettiere und nicht zu Müll, den es zu vermeiden gelte. Braungart entgegnet, der Umgang der Deutschen mit Nachhaltigkeit und Abfall sei von einem Schuldkomplex geprägt. Deutschland setze im großen Stil Müllverbrennungsanlagen ein, um „die bösen Müllgeister" zu vernichten. [...] Die Boomländer Asiens können mit der hiesigen Vorstellung, auf Konsum zu verzichten, um die Welt besser zu machen, ohnehin nichts anfangen.

Boeing, Nils (04.12.2012): Recycling, aber richtig. (Zeit online)

M 4   Verschwendung oder Umweltschutz?

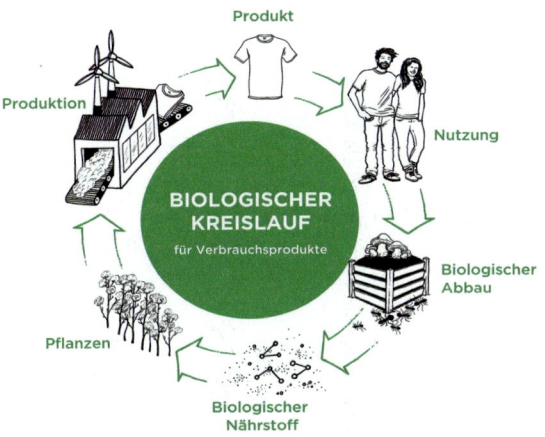

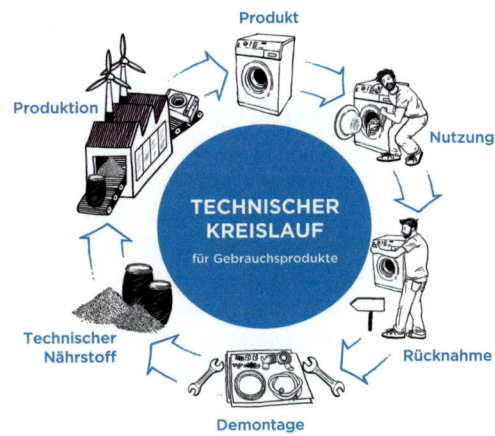

M 5 Biologischer und technischer Kreislauf

A product receives an achievement level in each category – Basic, Bronze, Silver, Gold, or Platinum – with the lowest achievement level representing the product's overall mark.

The certification process recognizes transition and human intention as part of any successful protocol for continuous product improvement. The program also recognizes that any manufacturer's knowledge may vary widely regarding the chemicals used in a product, the extent to which the materials in a product can be reused in biological or technical cycles, and the energy and water used to produce a product. The goal of continuous improvement is not "zero" or simply reducing the human and environmental impact of a product, but instead combines the progressive reduction of "bad" with the increase in "good."

www.c2ccertified.org/get-certified/levels, Zugriff am: 12.06.2017

M 6 C2C-Zertifizierung

Wie kamen Sie auf die Idee, einen Anzug nach C2C-Norm herzustellen?

Seit 2007 beschäftigen wir uns mit dem Thema Nachhaltigkeit. [...] Im Hinblick auf den ökologischen Aspekt der Nachhaltigkeit ist die Idee der Kreislaufwirtschaft [...] absolut zukunftsweisend. Die Textilindustrie verwendet eine unglaubliche Vielzahl an Materialien und Chemikalien. Eine Verbesserung des stofflichen Inputs zu erreichen, sich auf nichttoxische, abbaubare Inhaltsstoffe zu beschränken und somit eine Qualitätssteigerung [...] vom Anbau des Rohstoffs bis zur Näherei zu erzielen, ist nicht nur der Gesundheit des Konsumenten und der in der Textilindustrie beschäftigten Menschen zuträglich, sondern schont auch natürliche Ressourcen.

Welche Probleme gab/gibt es beim Umsetzungsprozess?

Trage- und Pflegeeigenschaften wie Strapazierfähigkeit, Knitterfreiheit, Elastizität und Waschbarkeit müssen mindestens denen konventioneller Bekleidungsstücke entsprechen, und nicht zuletzt können Optik und Beschaffenheit des Stoffes in Abhängigkeit des Einsatzzweckes eine Herausforderung für die Faserherstellung sein. Eine weitere Problematik besteht in der Wiederaufbereitung der gebrauchten Kleidungsstücke. Das Ziel liegt darin, eine gleichwertige Faser herzustellen, die immer und immer wieder ohne Qualitätsverlust recycelt werden kann. [...] Bis substanzielle Mengen retourniert werden, die die Aufnahme des Recyclingprozesses rechtfertigen, müssen Lagerkapazitäten bereitgestellt werden.

Wie ist der weitere Verlaufsplan bis zur Vermarktung und zum Verkauf?

Aufgrund unseres Anforderungsprofils, das sich an den Ansprüchen von Businesskunden misst, stellt die Weberei einen Stoff her, der für einen strapazierfähigen Anzug taugt. Daraufhin wird ein Schnittmuster erstellt und ein Prototyp in verschiedenen Größen gefertigt, der in einer Testphase von Firmenkunden getestet wird. [...] Grundsätzlich soll es möglich sein, für Firmenkunden bei gleicher Funktionalität im Hinblick auf das Design individuelle Lösungen anzubieten.

Woher kommt Ihre C2C-Überzeugung und glauben Sie, dass sich der C2C-Anzug gegen konventionell gefertigte Anzüge etablieren wird?

Natürliche Ressourcen werden immer knapper [...]. Da die Einschränkung des Konsums aber kein realistischer Weg zu sein scheint, ist die Kreislaufwirtschaft eine innovative Lösung zur Bewahrung wertvoller Ressourcen bei gleichzeitiger Bedürfnisbefriedigung der Menschen. Anstatt die linearen Stoffströme zu verringern, was dem Prinzip der Effizienz entspricht, ist es effektiver, einmal der Natur entnommene Rohstoffe in Kreisläufen zu halten und [...] zuzuführen.

Neben dem Verkauf ist ein Verleih von Bekleidung für kurzfristige Anlässe denkbar, was junge Endkunden [...] zum einen finanziell entlasten würde. Zum anderen verbleibt die Verantwortung für die vereinbarte Tragezeit beim Händler, sodass sichergestellt ist, dass der Anzug zurückgeführt wird.

M 7 Die Wolfsburger Unternehmerin Annette Hempel über die Entwicklung C2C-zertifizierter Kleidung

Tourismus im Überblick

Ist nachhaltiges Reisen möglich?

Der Tourismussektor gehört zu den stark wachsenden Wirtschaftszweigen. Nach Schätzungen der Weltorganisation für Tourismus (UNWTO) wird die Zahl der internationalen Touristenankünfte von 1,2 Milliarden (2016) auf 1,8 Milliarden (2030) steigen. Hierin stecken insbesondere wirtschaftliche Chancen, gleichermaßen aber auch Gefahren für Umwelt und Gesellschaft der bereisten Regionen. Eine große Herausforderung besteht demnach in der nachhaltigen Ausrichtung der Tourismusangebote.

1. Beschreiben Sie die internationalen Touristenankünfte weltweit (M 3, M 4).
2. a) Erstellen Sie eine Mindmap mit Faktoren, die ein nachhaltiges Tourismusangebot erfüllen muss. Orientieren Sie sich hierbei an den Dimensionen der Nachhaltigkeit (S. 8, M 1).
    b) Vergleichen Sie Ihre Mindmap mit der Definition von nachhaltigem Tourismus durch die UNWTO (M 2).
3. Analysieren Sie die Entwicklungen im weltweiten Tourismus (M 3, M 4, M 5).
4. Charakterisieren Sie die klimatischen Auswirkungen verschiedener Urlaubsformen (M 6).
5. Erläutern Sie anhand eines selbst gewählten Beispiels mögliche Auswirkungen von Tourismus (M 6 - M 8).
6. Überprüfen Sie „nachhaltige" Tourismusangebote hinsichtlich ihrer nachhaltigen Ausrichtung (M 2, Internet).
Ⓦ 7. A Erörtern Sie, ob und inwieweit nachhaltiger Tourismus eine zukunftsfähige Art des Reisens darstellt (M 9, M 10).
    B Führen Sie in Ihrem Jahrgang eine Umfrage zur Akzeptanz nachhaltiger Tourismusangebote durch (M 9, M 10).

→ Nachhaltiger Tourismus

M 1   Nachhaltiger Tourismus in Tasmanien?

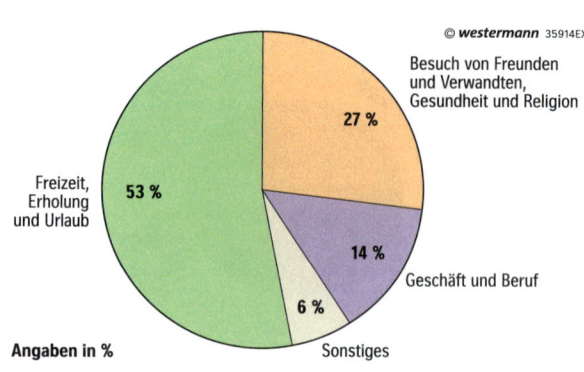
M 3   Weltweite Touristenankünfte nach Reisezweck (2014)

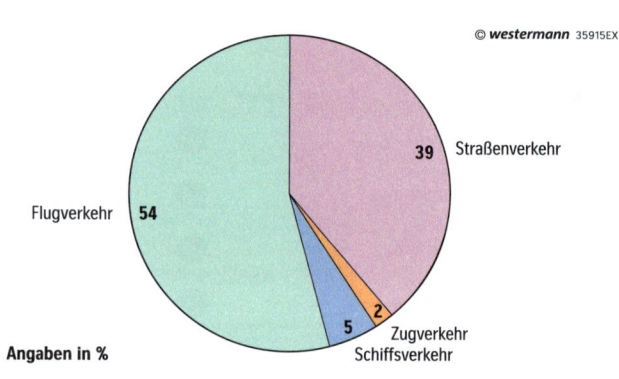
M 4   Weltweite Touristenankünfte nach verwendetem Transportmittel (2014)

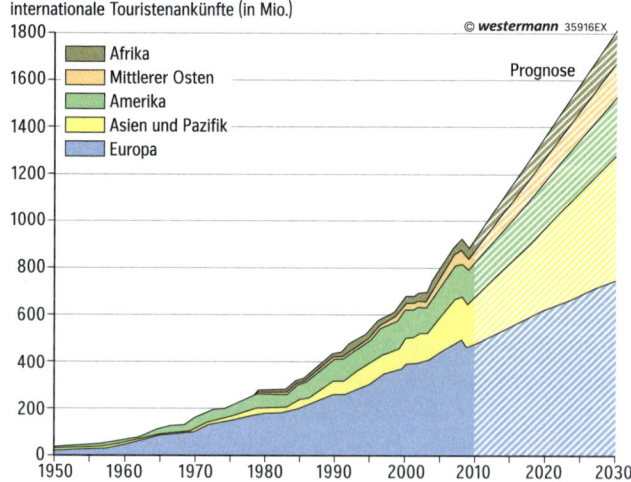
M 5   Entwicklung des Tourismus nach Weltregionen (1950 - 2030)

„Nachhaltige Tourismusentwicklung"

befriedigt die heutigen Bedürfnisse der Touristen und Gastregionen, während sie die Zukunftschancen wahrt und erhöht. Sie soll zu einem Management aller Ressourcen führen, das wirtschaftliche, soziale und ästhetische Erfordernisse erfüllen kann und gleichzeitig kulturelle Integrität, grundlegende ökologische Prozesse, die biologische Vielfalt und die Lebensgrundlagen erhält." (UNWTO)

FUR e.V. (2014): Abschlussbericht zu dem Forschungsvorhaben: Nachfrage für nachhaltigen Tourismus im Rahmen der Reiseanalyse. Kiel: FUR. (S. 1)

M 2   Definition von nachhaltigem Tourismus durch die Weltorganisation für Tourismus (UNWTO)

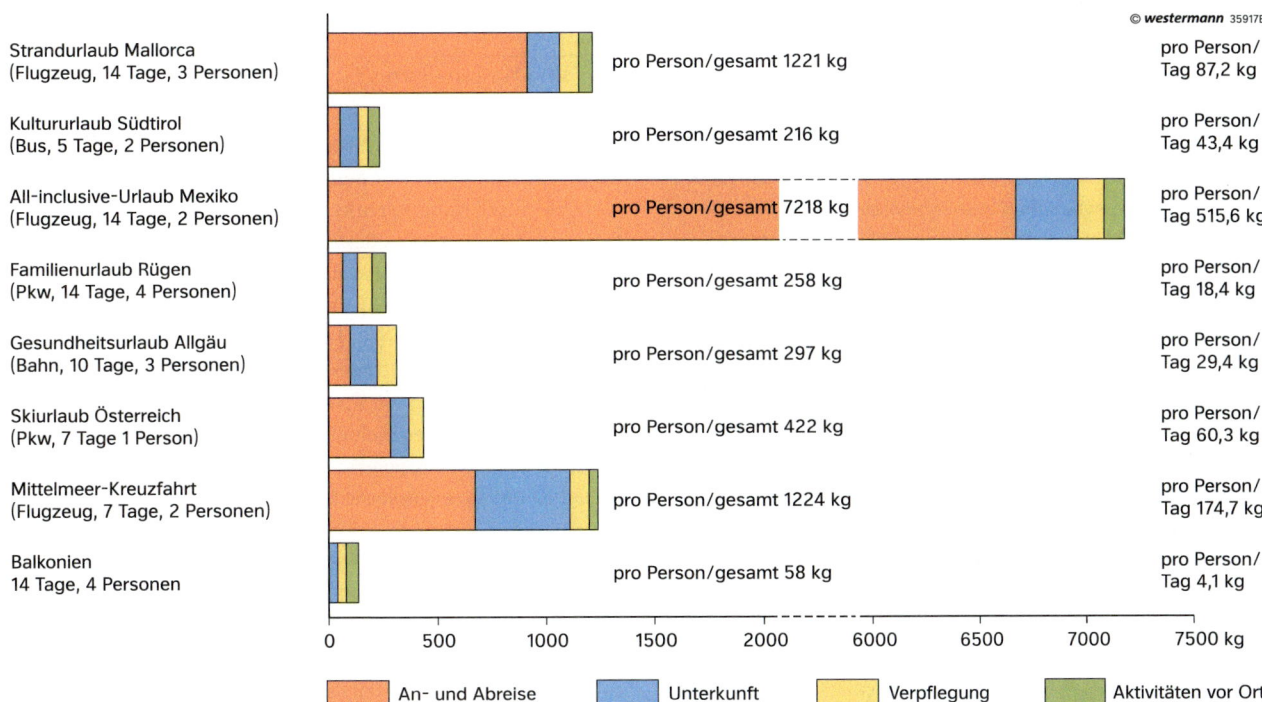

© westermann 35917EX

	pro Person/gesamt	pro Person/Tag
Strandurlaub Mallorca (Flugzeug, 14 Tage, 3 Personen)	pro Person/gesamt 1221 kg	pro Person/Tag 87,2 kg
Kultururlaub Südtirol (Bus, 5 Tage, 2 Personen)	pro Person/gesamt 216 kg	pro Person/Tag 43,4 kg
All-inclusive-Urlaub Mexiko (Flugzeug, 14 Tage, 2 Personen)	pro Person/gesamt 7218 kg	pro Person/Tag 515,6 kg
Familienurlaub Rügen (Pkw, 14 Tage, 4 Personen)	pro Person/gesamt 258 kg	pro Person/Tag 18,4 kg
Gesundheitsurlaub Allgäu (Bahn, 10 Tage, 3 Personen)	pro Person/gesamt 297 kg	pro Person/Tag 29,4 kg
Skiurlaub Österreich (Pkw, 7 Tage 1 Person)	pro Person/gesamt 422 kg	pro Person/Tag 60,3 kg
Mittelmeer-Kreuzfahrt (Flugzeug, 7 Tage, 2 Personen)	pro Person/gesamt 1224 kg	pro Person/Tag 174,7 kg
Balkonien 14 Tage, 4 Personen	pro Person/gesamt 58 kg	pro Person/Tag 4,1 kg

Legende: ■ An- und Abreise ■ Unterkunft ■ Verpflegung ■ Aktivitäten vor Ort

M 6 Treibhausgasemissionen pro Person und Reise (2007, Ausgangspunkt der Reisen: Frankfurt/Main; berechnet als CO_2-Äquivalente)

Auswirkungen	ökonomisch	sozio-kulturell	ökologisch
positiv	· Beschäftigungsmöglichkeiten · Einkommenszuwachs · Zunahme in internationalem Austausch · Infrastrukturentwicklung	· Schutz historischen und kulturellen Erbes sowie lokaler Bräuche	· Schutz natürlicher Lebensräume
negativ	· Sickerrate (Rückfluss von Deviseneinnahmen ins Ausland) · saisonale Arbeitslosigkeit · unausgelastete Tourismuseinrichtungen · Mangel an Tourismuseinrichtungen	· Vermischung historischen und kulturellen Erbes sowie lokaler Bräuche · zunehmende Kriminalität	· Vandalismus · Vermüllung und Verschmutzung · Zerstörung von Lebensräumen · erhöhter CO_2-Fußabdruck · erhöhte Verkehrsbelastung

© westermann 35918EX

M 7 Auswirkungen von Tourismus

Ich würde meine Urlaubsreisen gerne nachhaltig gestalten, dabei wäre es mir eine Hilfe, wenn:	
damit keine zusätzlichen Kosten verbunden wären	55 %
meine Urlaubswünsche auch dann erfüllt würden	49 %
ich mehr Information darüber bekäme	43 %
es für die Nachhaltigeit ein klares Siegel/Gütezeichen gäbe	42 %
das Angebot größer wäre	32 %
ich mehr über die Vorzüge nachhaltigen Reisens erfahren würde	32 %
auch die Mobilität vor Ort gesichert wäre	31 %
die Suche nach Angeboten nicht so mühsam wäre	30 %
es genau so etwas für meine Vorstellung des Reisens gäbe	21 %
mein Reisepartner das auch wollen würde	20 %

Quelle: Deutschsprachige Wohnbevölkerung (Onliner) 14–70 Jahre, die ihre Urlaubsreise gerne nachhaltig gestalten würden (= 1564; 36,4 Mio.). Mehrfachnennungen möglich
Quelle: RA 11/2013 online
© westermann 35920EX

M 9 Hürden für nachhaltiges Reiseverhalten

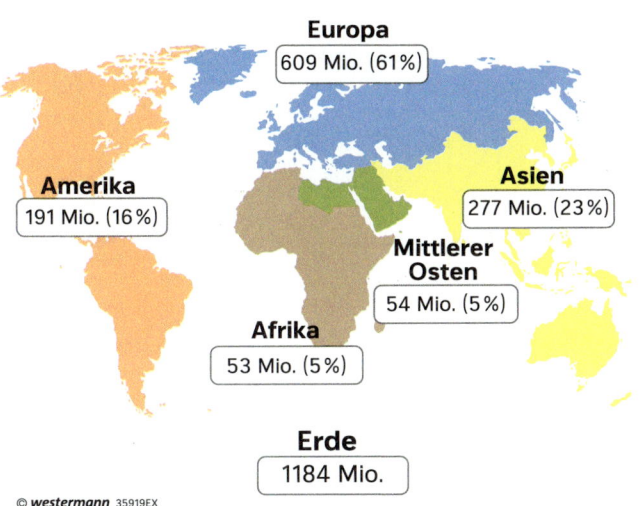

Europa 609 Mio. (61%)
Amerika 191 Mio. (16%)
Asien 277 Mio. (23%)
Mittlerer Osten 54 Mio. (5%)
Afrika 53 Mio. (5%)
Erde 1184 Mio.

© westermann 35919EX

M 8 Internationale Tourismusankünfte (2015)

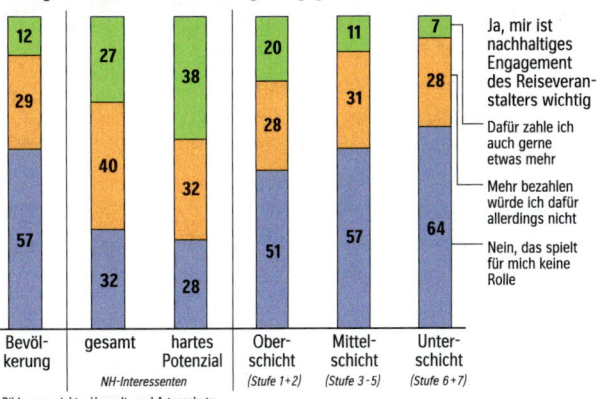

Zahlungsbereitschaft für nachhaltiges Engagement* des Reiseveranstalters

	Bevölkerung	gesamt NH-Interessenten	hartes Potenzial	Oberschicht (Stufe 1+2)	Mittelschicht (Stufe 3-5)	Unterschicht (Stufe 6+7)
Ja, mir ist nachhaltiges Engagement des Reiseveranstalters wichtig. Dafür zahle ich auch gerne etwas mehr	12	27	38	20	11	7
Mehr bezahlen würde ich dafür allerdings nicht	29	40	32	28	31	28
Nein, das spielt für mich keine Rolle	57	32	28	51	57	64

* Bildungsprojekte, Umwelt- und Artenschutz
Die soziale Schicht wird mithilfe eines Punktesystems ermittelt, in das die Variablen Schulbildung, Beruf und Haushaltseinkommen einfließen.
Fehlende Angaben zu 100 % – keine Angabe
Basis: Deutschsprachige Wohnbevölkerung ab 14 Jahre (n = 7795; 70,3 Mio.)
Quelle: RA 2014, Face to Face
© westermann 36442EX

M 10 Zahlungsbereitschaft für nachhaltiges Engagement des Reiseveranstalters

Nachhaltiger Tourismus an Welterbestätten

Die Welterbestätten Wattenmeer als Tourismusziel?

Weltnaturerben sind besondere Anziehungspunkte für Touristen aus aller Welt. Dabei stellen die häufig großen Touristenzahlen eine besondere Herausforderung für die jeweilige Region dar, denn sie muss Konzepte entwickeln, um wirtschaftlich vom Tourismus profitieren zu können, ohne jedoch die zu schützende Stätte zu gefährden. Insbesondere gilt dies für Welterbestätten wie das Wattenmeer, das in Deutschland zudem als Nationalpark ausgewiesen ist.

1. Charakterisieren Sie die Welterbestätte Wattenmeer (M 1, M 2, Atlas).
2. Überprüfen Sie, ob und inwieweit der Tourismus im Wattenmeer mit den Zielen von Nationalparks kollidieren könnte (M 1, M 2).
3. Beurteilen Sie das Nachhaltigkeitskonzept der Gemeinde Juist (M 5, M 6, Internet.)
Ⓦ 4. A Erörtern Sie, ob Tourismus an Welterbestätten stattfinden sollte (M 1 - M 5, Internet).
   B Führen Sie eine Pro-Kontra-Debatte zum Thema Tourismus an Welterbestätten durch (M 1 - M 5, Internet).

→ Welterbestätte, Nationalpark

Was sind Nationalparks?

Die Idee der Nationalparks ist global. Auf der ganzen Welt gibt es heute Nationalparks, die Natur und Artenvielfalt schützen, ihre Schönheit aber auch den Menschen zugänglich machen wollen. Manche dieser Nationalparks geben dem Schutz von Arten und Lebensräumen ein starkes Gewicht, während andere eher touristische Aspekte in den Vordergrund rücken. Welche Schutzvorschriften in einem Nationalpark gelten, ist also in verschiedenen Ländern der Erde sehr unterschiedlich. [...] Nach der Schutzgebietskategorisierung der Internationalen Union zum Schutz der Natur (IUCN) hat ein Schutzgebiet der Kategorie II „Nationalpark" als vorrangiges Ziel den „Schutz der natürlichen biologischen Vielfalt zusammen mit der ihr zugrunde liegenden ökologischen Struktur und den unterstützenden ökologischen Prozessen sowie Förderung von Bildung und Erholung". Alle deutschen Nationalparks verfolgen dieses Ziel und sind folglich als Schutzgebiete der Kategorie II an die IUCN gemeldet. Insgesamt gibt es auf der Welt knapp 4000 von der IUCN offiziell anerkannte Nationalparks der Kategorie II. [...] 1970 wurde mit dem Nationalpark Bayerischer Wald der erste Nationalpark in Deutschland eingerichtet, zu Beginn des Jahres 2015 mit dem Nationalpark Hunsrück-Hochwald der 16. und bis dato jüngste Nationalpark.

www.wissen-nationalpark.de/wissensbasis/nationalparks-in-der-welt, Zugriff am: 17.08.2017

M 2 Definition des Begriffs Nationalpark

Das Wattenmeer entlang der dänischen, deutschen und niederländischen Nordseeküste ist ein weltweit einzigartiges Ökosystem und eines der letzten „wilden" Gebiete Westeuropas. Großflächig geschützt und seit 2009 als UNESCO-Welterbe anerkannt, besitzt das gesamte Gebiet einen hohen Schutzstatus, der eine ungestörte natürliche Entwicklung und Dynamik zum wichtigsten Ziel hat. Gleichzeitig gehören die Küsten und Inseln des Wattenmeeres zu den beliebtesten Zielen [...] für einen Urlaub am Meer. Rund 30 - 40 Mio. Tagesausflügler und 10 Mio. Übernachtungsgäste besuchen die Wattenmeer-Region jedes Jahr.

www.waddensea-worldheritage.org/sites/default/files/downloads/prowad-reisen_und_schutzen_wwf.pdf, S. 5.; Zugriff am 09.10.2016

M 1 Welterbestätte Wattenmeer

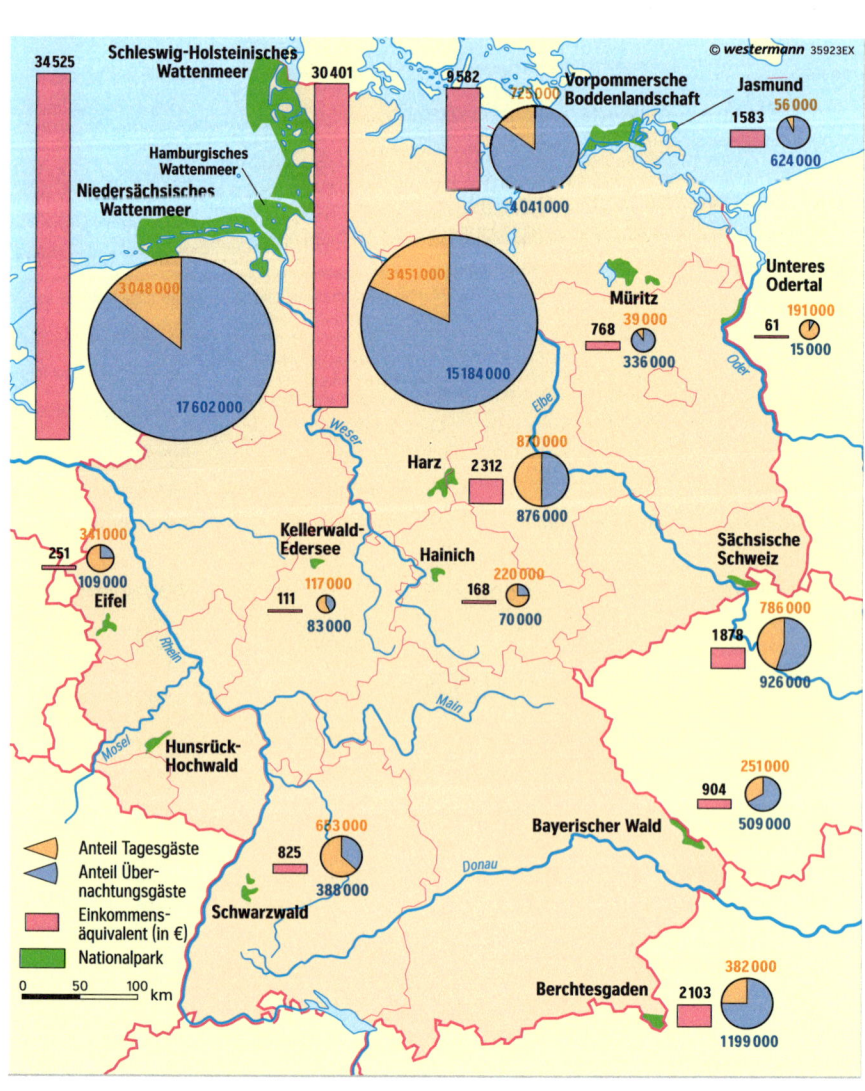

M 3 Besucherzahlen in Nationalparks in Deutschland

www.diercke.de
100800-032-01
www.diercke.de
100800-033-05

Juist ist Vorreiter mit Blick auf den nachhaltigen Tourismus. Mit dem Leitbild eines CO_2-armen Urlaubsortes adressiert die Gemeinde gezielt klimabewusste und nachhaltigkeitsaffine Reisende. Dabei werden die Belange der Gäste durch ein Gästeparlament, bestehend aus zehn gewählten Repräsentanten, in entsprechende Entscheidungsfindungsprozesse eingebunden. Als autofreie Insel sind im gesamten Gebiet ausschließlich Fahrrad- und Fußverkehr sowie Transporte durch Pferdefuhrwerke zur Fortbewegung zugelassen. Zudem werden die Gäste motiviert, mit Bahn oder Fernbus anzureisen. Um den saisonalen Schwankungen des Tourismus entgegenzuwirken und Kurzzeitstellen in Ganzjahresstellen zu überführen, wird durch Schaffung von ganzjährigen nachhaltig orientierten Angeboten (wie Informationen zu nachhaltigem Konsum) eine Saisonverlängerung angestrebt.

Eine zentrale Stellung in der Juister Nachhaltigkeitspolitik nimmt der Klimaschutz ein, nicht zuletzt, da die Insel durch Sturmfluten und Anstieg des Meeresspiegels unmittelbar von den Folgen des Klimawandels betroffen ist. Entsprechende Maßnahmen basieren auf einem integrierten Energie- und Klimaschutzkonzept, das im Rahmen einer vorbildlichen interkommunalen Zusammenarbeit mit Norderney, Baltrum und Norden erarbeitet wurde. Ein Klimaschutzmanager ist für die Umsetzung verantwortlich. Die Projekte KlimaInsel Juist und Energiewende Juist beinhalten umfassende Maßnahmenpakete für Unternehmen, Bevölkerung und Gäste zur Erreichung der angestrebten und für die Insel prioritären Klimaneutralität bis 2030. Beispielsweise soll ein Klimaschutzfonds geschaffen werden, der mit freiwilligen Abgaben von Gästen gespeist wird. Des Weiteren erfolgt 90 % der Straßenbeleuchtung über LED-Lampen. Zum Monitoring der Maßnahmen wurde 2008 und 2010 jeweils ein CO_2-Fußabdruck erstellt. Dabei wurden der IST-Zustand und die Nutzungsmöglichkeiten der regenerativen Energien mit Fokus auf Wind, Sonne, Geothermie und Biomasse eruiert. Die niedersächsische Insel ist zudem Hotspot der Biodiversität: 80 % der Insel sind Schutzgebiet im Nationalpark „Niedersächsisches Wattenmeer".

Seit 2015 ist die Nachhaltigkeitsarbeit auch institutionell verankert: Für die Aktivierung des Nachhaltigkeitsprozesses, die Sicherung der Erfolge und Evaluierung der Maßnahmen setzt der Gemeinderat Juist einen Nachhaltigkeitsbeauftragten ein. Dieser leitet den gleichermaßen neu eingesetzten Nachhaltigkeitsrat, aktiviert den Nachhaltigkeitsprozess, sichert Erfolge und evaluiert die Maßnahmen. Juist ist es auf eindrucksvolle Weise gelungen, Nachhaltigkeit als zentralen Wirtschaftsfaktor zu etablieren und gleichzeitig partizipativ zu gestalten. Die Jury würdigt die konsequente und authentische Nachhaltigkeitspolitik der Nordseeinsel und wählt Juist zu „Deutschlands nachhaltigster Gemeinde 2015".

Stiftung Deutscher Nachhaltigkeitspreis (2017): Die Nordinsel Juist ist „Deutschlands nachhaltigste Gemeinde", www.nachhaltigkeitspreis.de/2015_ks_juist_detail

M 4 Juist – nachhaltigste Gemeinde 2015

Donnerstag ist Veggie-Day – Mitmachen und CO_2 sparen

Beim Schlemmen können Sie die Welt ein klein wenig verbessern. Auch auf Juist ist der Donnerstag jetzt Veggie-Tag. Wir trennen den Müll und lassen öfter mal das Auto stehen. Können wir der Welt sonst noch was Gutes tun? Ja, zum Beispiel lecker essen beim „Veggietag auf Juist". Viele Restaurants und Hotels auf dem Töwerland rücken am Donnerstag ein besonderes fleischloses Gericht auf ihre Karte – und in den Mittelpunkt einer beispielhaften Aktion im Rahmen des ehrgeizigen Ziels, Juist so schnell wie möglich zur klimaneutralen Insel zu machen. Das gibt es an der Nordsee nur auf Juist. Mit saftiger Lasagne, knusprigen Gemüsepfannen, raffinierten Bratlingen & Co wird sogar eingefleischten Steakfans Appetit gemacht und letztlich jede Menge CO_2 eingespart. Jedes Kilo Fleisch auf dem Teller belastet nämlich die Umwelt genauso wie eine Autofahrt über 250 Kilometer. Ein einziger vegetarischer Wochentag weltweit erspart dem Klima übers Jahr die Abgase, die sonst sechs Millionen Autos von sich geben.

Die Gemeinde- und Kurverwaltung der Nordseeinsel Juist gleicht CO_2-Emissionen aus.

Auf dem Weg zur klimafreundlichen Insel sind wir einen großen Schritt vorangekommen: Die Inselgemeinde und die Kurverwaltung haben den Ausstoß von Kohlendioxid (CO_2), der im vergangenen Jahr durch den Erdgasverbrauch entstanden ist, komplett ausgeglichen. Somit waren alle Erdgasverbräuche und damit z. B. auch das Juister Rathaus 2010 klimaneutral, ebenso wie das Meerwasser-Erlebnisbad, das Haus des Kurgastes usw. [...] Pro Jahr fallen auf Juist rund 900 Tonnen Kohlendioxid für den Wärmebedarf der Gemeindeverwaltung an. Diese Emissionen werden über – von den Vereinten Nationen anerkannte – Klimaschutzzertifikate an anderer Stelle eingespart. Mit den Zertifikaten werden Klimaschutzprojekte in Entwicklungs- und Schwellenländern unterstützt – im Juister Fall ein Windenergieprojekt in China. Durch den Einsatz von erneuerbaren Energiequellen statt der Verbrennung von fossilen Brennstoffen, zum Beispiel Kohle, werden dabei jährlich Einsparungen von rund 100 000 Tonnen CO_2 erwartet. Das Projekt hat eine Laufzeit von sieben Jahren.

Kinderanimation zum Thema „Klimawandel" und „Energiesparen" auf der Nordseeinsel Juist 2011

In den Kinderclubs Wiegand Wattwurm-Club von 4-7, dem Youngster-Club von 8-12 und dem Friends-Club von 13-15 Jahren auf der Nordseeinsel Juist wurden dreimal in der Sommerzeit Klima-Wochen von montags bis donnerstags durchgeführt. Für jeweils zwei Stunden am Tag stand das Thema „Klimawandel" und „Energiesparen" im Mittelpunkt des Geschehens am Strand. So wurden z. B. Solarautos gebaut, um anschließend ein Rennen zu starten. Es gab eine Klimaschnitzeljagd zu den Themen „erneuerbare Energien" und „Energiesparen" und viele spannende Experimente zum Thema. So sollten unsere Gästekinder für das Thema sensibilisiert und begeistert werden, um ihren Eltern im Anschluss viel beizubringen.

Das Projekt wurde durch Preisgelder des Niedersächsischen Klimaschutzwettbewerbes „Klima kommunal 2010" des Niedersächsischen Ministeriums für Umwelt- und Klimaschutz und dem Niedersächsischen Ministerium für Soziales, Frauen, Familie, Gesundheit und Integration gefördert.

www.juist.de/inselurlaub/natur-umwelt/klimainsel-juist/veggietag.html, www.juist. de/inselurlaub/natur-umwelt/klimainsel-juist/oekogas.html, www.juist.de/inselurlaub/natur-umwelt/klimainsel-juist/kinderanimation.html

M 5 KlimaInsel – Projekte zum nachhaltigen Tourismus und zur CO_2-Reduktion

Alternatives Reisen

Couchsurfing und Mikroabenteuer – Beispiele für einen nachhaltigen Tourismus?

InterRail, internationale Radwanderwege, AirBnB, Fernbuslinien, AuPair-Aufenthalte – heutzutage gibt es viele Möglichkeiten, abseits der konventionellen Pauschalreisen individuell die Welt kennenzulernen. Der Reisende hat hierbei die Möglichkeit, nicht nur die eigenen Wunschdestinationen und die Form der Fortbewegung festzulegen, sondern auch konkrete Vorstellungen von nachhaltigem Tourismus in die Reiseplanungen einzubeziehen.

1. Beschreiben Sie das Konzept von „Couchsurfing" und von „Mikroabenteuer" (M 1 – M 7).
2. Vergleichen Sie „Couchsurfing" und „Mikroabenteuer" hinsichtlich der Kriterien für nachhaltigen Tourismus (M 1 – M 7, S. 100 / 101).
3. a) Recherchieren Sie mögliche Risiken für Nutzer von „Couchsurfing" und „Mikroabenteuer" (Internet).
   b) Erörtern Sie, ob und inwieweit „Couchsurfing" eine Alternative zu konventionellen Tourismusangeboten darstellt (M 1 – M 4).
4. Nehmen Sie Stellung, ob und inwieweit „Mikroabenteuer" als Tourismusangebot für Sie infrage kommen (M 5 – M 8).
5. Planen Sie eine möglichst nachhaltige Reise zu einer Destination Ihrer Wahl (M 1 – M 8).

→ Destination, Mikroabenteuer

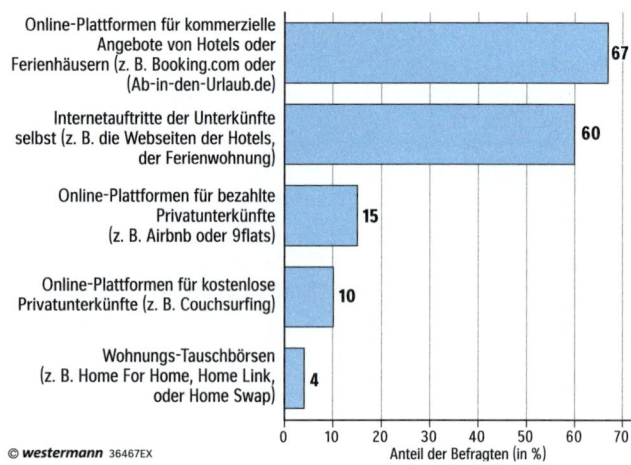

© **westermann** 36467EX

M 2 Nutzung von Plattformen für Online-Buchungen von Unterkünften 2016

M 3 Ausflug mit dem Hundeschlitten

Oh I had many really amazing hosts! But I think one of the best of all experiences was still the one in northern Siberia (Novy Urengoy). He told me that I was the first tourist that he had seen in this city. Not only is it a very cold city (in winter) with nothing for tourists, but it is also a restricted area of Russia. So normally I would not have been allowed to go there without asking for a permit well in advance. But as I was traveling by train, bus, and hitchhiking, I didn't know and nobody checked me! I surfed his place for 5 days, and he and his family were really amazing hosts, even though they didn't speak English. It was a family with 2 kids (8 and 10 years at that time). We tried Banja (Russian Sauna) where we jumped out in the snow at -36°C. He took me to a trip with huskies (where I could ride on a sledge behind the dogs). On the 19th of January we participated in the traditional orthodox event where men take a bath in an ice hole in a frozen river. It was -34°C and I succeeded in putting my head 3 times below water while swimming in the ice hole, like the Russians! Something I will always remember! When I was playing monopoly with the kids they taught me Russian numbers and colors. That's the moment when I really started liking the Russian language, and maybe one of the reasons I started learning a little bit of Russian last year. It was really cool to be integrated in a family, even though nobody spoke my language! And it's only thanks to Couchsurfing I could do some activities so far in the north of Siberia, because there are no tourist agencies or any information available in English in this town.

http://blog.couchsurfing.com/featured-couchsurfer-syril-from-bern-switzerland/, Zugriff am: 27.09.2016

M 1 Erlebnisbericht eines Couchsurfers

Couchsurfing heißt Übernachten in der Wohnung, dem Gästezimmer oder auf dem Sofa eines Fremden. Doch das kann durchaus etwas für sich haben. Man ist mitten im Leben und nicht in einer sterilen Bettenburg. Und obwohl man bei Fremden übernachtet, sind es doch Gleichgesinnte, die i. d. R. [...] mehr über das Reiseziel preisgeben als der allgemeine Reiseführer. Das Couchsurfing hat damit den großen Vorteil, dass es ein Reiseerlebnis fernab des unpersönlichen Pauschaltourismus bietet. Wer die Kommentare auf der [Internetseite] liest, erkennt schnell, dass gerade die Couchsurfer vor Ort den Ferienaufenthalt für die Reisenden oft zu einem besonderen Erlebnis machen. Der große Nachteil des Couchsurfing: Es gibt keinen Hotelservice, bei dem man sich beschweren kann, sollte irgendetwas nicht passen. Auch für Menschen, die sich nicht gerne auf Fremde einlassen, wird es schwierig. Es kann zudem schwierig werden, [...] [da nicht jeder Gastgeber [...] zu der gewünschten Reisezeit sein Bett oder seine Couch an[bietet]. Für alle, die bereit sind, sich darauf einzustellen, bietet Couchsurfing eine gute und kostenlose Übernachtungsmöglichkeit inklusive persönlichem Austausch unter Gleichgesinnten. Dabei ist der nachhaltige Reisetrend nicht nur etwas für Jugendliche und Studenten. Zwei Drittel der registrierten Couchsurfing-Anbieter sind zwischen 20 und 30, die zweitgrösste Gruppe hat ein Alter zwischen 50 und 60 Jahren. [...] Jeder der Couchsurfer legt ein individuelles Profil an, bestätigt seine Identität, liefert die ersten persönlichen Informationen und hat eventuelle Referenzen von Couchsurfern, die dort bereits übernachtet haben. [...]

www.nachhaltigleben.ch/themen/nachhaltiges-reisen/couchsurfing-tipps-zu-dem-reisetrend-und-angebote-in-der-schweiz-2896 , Zugriff am: 01.01.2017

M 4 Couchsurfing

www.diercke.de
100800-272-01

www.diercke.de
100800-272-02

SPIEGEL ONLINE (S.O.): Was war Ihr erstes sogenanntes Mikroabenteuer?

Humphreys: Eine Winterwanderung entlang der M25, die London umkreist. Jeder hasst diese Autobahn. Sie ist fast schon berühmt dafür, langweilig, hässlich und schrecklich zu sein. Ich wollte herausfinden, ob ich auch dort ein Abenteuer erleben kann.

S.O.: Und?

Humphreys: Ja, das ging – genauso wie an jeder anderen beliebigen Straße, die rund um eine Stadt führt. Dort lassen sich Wildnis und Schönheit in all dem Hässlichen und Langweiligen entdecken. Wenn du 50 oder 100 Meter von der Straße entfernt unter Bäumen schläfst, hörst du zwar noch die Autos, aber die Vögel zwitschern. Der Ausflug gefiel so vielen Leuten auf meinen Social-Media-Kanälen, dass ich beschloss, damit weiterzumachen.

S.O.: Was ist das Erfolgsgeheimnis dieser Kurztrips?

Humphreys: Sie helfen, den Kopf freizubekommen. Wir sind heute so beschäftigt, so abhängig von Internet und Smartphone. Das alles einfach mal abzuschalten, rauszugehen, ein bisschen Stille zu genießen, den Sonnenuntergang anzuschauen, den Vögeln zuzuhören – das ist wichtig, vor allem für vielbeschäftigte Städter, die den Bezug zur Natur verloren haben. Ich fühle mich danach immer glücklich.

S.O.: Was wäre denn ein geeignetes Abenteuer für den Einstieg – ein Mikroabenteuer light?

Humphreys: [...] Nimm dein Bettzeug mit in den Garten, eine heiße Schokolade oder ein Glas Wein, genieße die Nacht unter freiem Himmel und wache mit dem Sonnenaufgang auf. Vielleicht gibt dir das so viel Energie, dass du schon am nächsten Wochenende auf einem Hügel übernachtest.

S.O.: Wenn ich aber keinen Garten habe und dazu einen Vollzeitjob – wie kann ich im Alltag Mikroabenteuer einbauen?

Humphreys: Du stellst einfach deine Denkweise auf den Kopf. Statt zu sagen: Ich kann keine Abenteuer wegen meines Jobs erleben, stellst du dir die Frage: Was für Möglichkeiten habe ich, wenn ich um 17 Uhr gehe und um 9 Uhr am nächsten Morgen wieder in der Arbeit sein muss?

S.O.: Zum Beispiel?

Humphreys: Pack nach Feierabend deine Sachen – auch ein Abendessen –, schwing dich aufs Fahrrad und fahre irgendwo hin, wo du noch nie warst. An einen Fluss zum Beispiel, in dem du morgens baden kannst. Am nächsten Morgen radelst du nach Hause, machst Frühstück und gehst ins Büro. Gerade jetzt, wo es so lange hell ist, kann man die Zeit gut nutzen. [...]

S.O.: In Deutschland darf man ja nicht überall wild campen – im Gegensatz zu Skandinavien mit seinem Jedermannsrecht.

Humphreys: Dasselbe gilt für England. Alle weisen mich darauf hin, gleichzeitig fahren alle zu schnell mit dem Auto durch die Stadt. Natürlich könntest du einen Bauern um Erlaubnis fragen, aber die meisten von uns kennen ja keinen. Wenn du abends jedoch aufs Land in eine einsame Gegend fährst, keinen Müll hinterlässt und am frühen Morgen wieder aufbrichst, verursachst du ja in der Regel keine Probleme. [...]

S.O.: Was waren Ihre eigenen schönsten Alltagsabenteuer?

Humphreys: [...] Einmal habe ich mit Freunden zusammen sehr günstige Schläuche von Traktorreifen gekauft, und wir ließen uns damit auf dem Teifi in Wales treiben. Nachts haben wir uns einen Rastplatz gesucht, Feuer gemacht, gegessen und auf den Reifen gesessen. Das war ein kindliches Vergnügen, und es war herrlich.

Hensel, Bettina: Spring in den Fluss – und ab ins Büro. Abenteuer vor der Haustür. Spring in den Fluss – und ab ins Büro, Spiegel online, 07.07.2015

M 5 Interview mit Alastair Humphreys

M 6 Ein Beispiel für ein Mikroabenteuer

The term microadventure was made common by British adventurer and author Alastair Humphreys and is defined as an overnight outdoor adventure that is „small and achievable, for normal people with real lives". The New York Times described a microadventure as „short, perspective-shifting bursts of travel closer to home, inspiring followers to pitch a tent in nearby woods, explore their city by moonlight, or hold a family slumber party in the backyard." The concept is flexible enough in its definition to allow the individual to choose the location, duration, and overall scope of the adventure.

https://en.wikipedia.org/wiki/Microadventure#cite_note-NewYorkTimes-3, Zugriff am: 02.01.2017

M 7 Microadventure (Mikroabenteuer) – Definition

M 8 Mikroabenteuer – Ideen

Klausurtraining:
Nachhaltige Entwicklung von Räumen

Berlin sagt NEIN zum Masterplan für das Tempelhofer Feld!

1. Beschreiben Sie die Lage des Tempelhofer Feldes sowie die historische und bis 2014 geplante Nutzungsstruktur auf dem Tempelhofer Feld (M 1, M 3, Atlas).

2. Vergleichen Sie das Fünf-Bausteine-Programm mit dem Entwicklungs- und Pflegeplan für das Tempelhofer Feld (M 3 - M 6).

3. Beurteilen Sie die geplante Nutzungsstruktur unter Berücksichtigung der Kriterien einer nachhaltigen Stadtplanung (M 2, M 3, M 5, M 6).

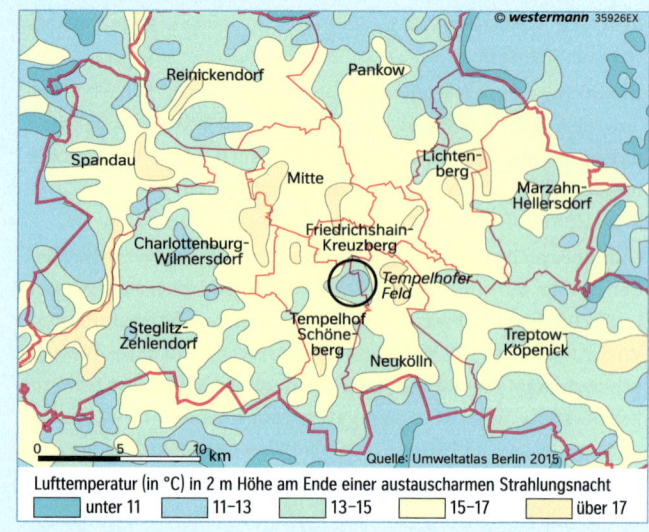

Lufttemperatur (in °C) in 2 m Höhe am Ende einer austauscharmen Strahlungsnacht

| unter 11 | 11–13 | 13–15 | 15–17 | über 17 |

M 2 Klimasituation des Tempelhofer Feldes in Berlin, 2015

1912–1923
Bau und Eröffnung des Flughafens nach vorheriger militärischer Nutzung

1936–1941
Erbauung und Nutzung zur Selbstinszenierung des NS-Regimes; Umwandlung des Gefängnisses Columbiahaus zum KZ

1948–1949
Nutzung als sogenannte „Luftbrücke" zur Versorgung der Bevölkerung im Westen Berlins durch die USA

1995
Flughafen Tempelhof wird unter Denkmalschutz gestellt

2008
Schließung des Flughafens Tempelhof aufgrund der 1996 geplanten Errichtung des neuen Flughafens Berlin-Brandenburg

2010
Freigabe des Areals zur Erholungs- und Freizeitnutzung für die Bevölkerung

2014
Volksentscheid gegen die Nutzungspläne des Senats

2014–2017
Ausarbeitung des Entwicklungs- und Pflegeplans (EPP)

© westermann 35927EX

M 1 Nutzung des Geländes im zeitlichen Überblick

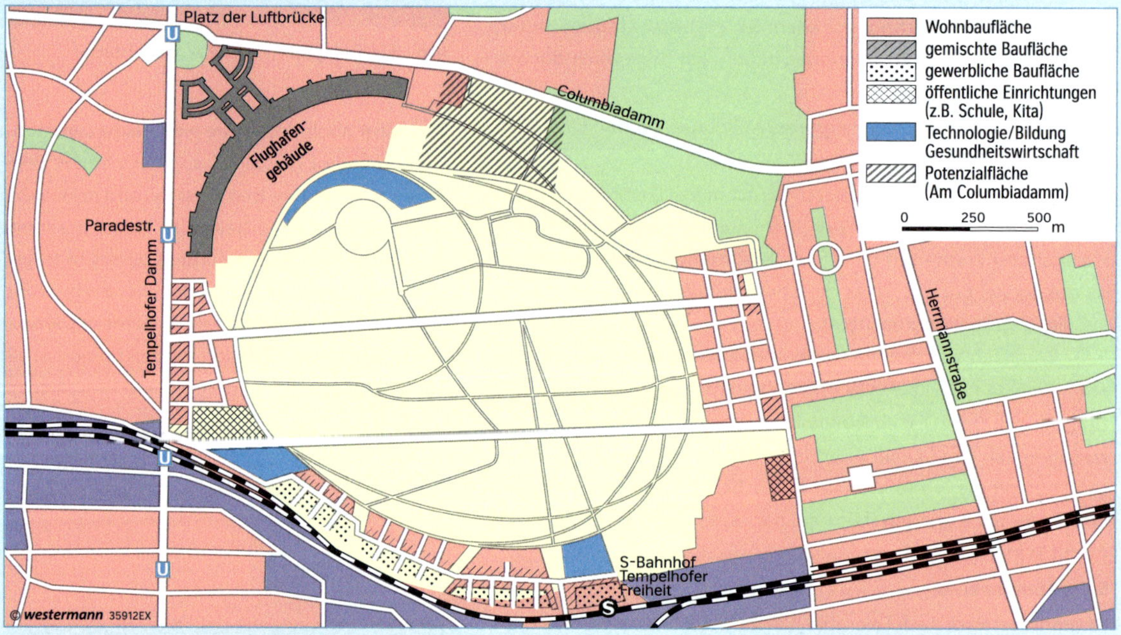

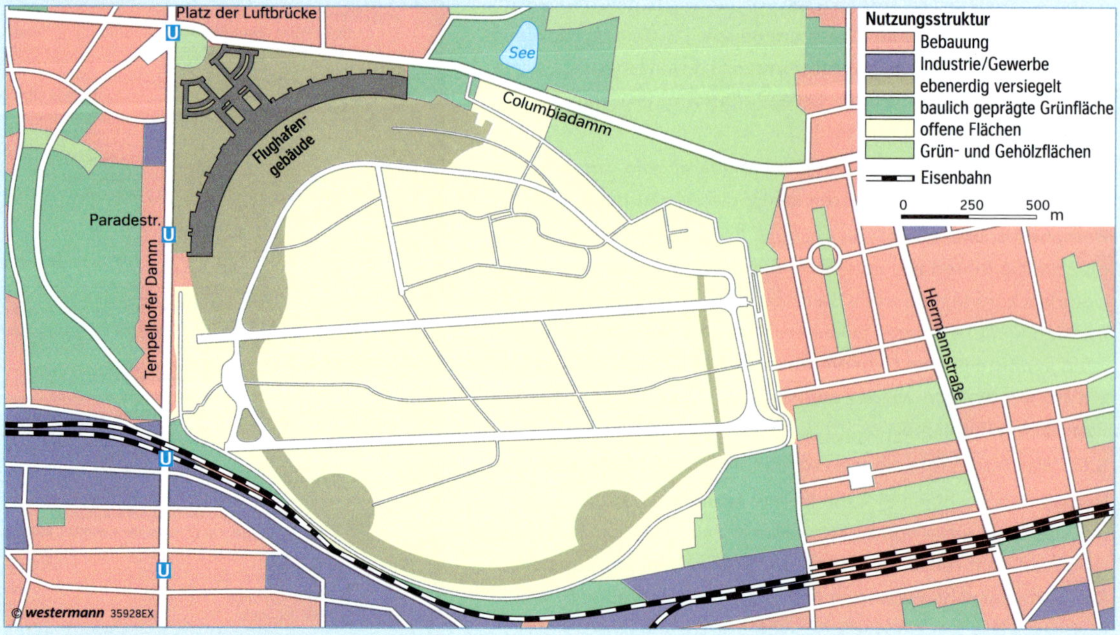

Obere Karte (geplant)

	Wohnbaufläche
	gemischte Baufläche
	gewerbliche Baufläche
	öffentliche Einrichtungen (z.B. Schule, Kita)
	Technologie/Bildung Gesundheitswirtschaft
	Potenzialfläche (Am Columbiadamm)

Platz der Luftbrücke
Columbiadamm
Flughafengebäude
Paradestr.
Tempelhofer Damm
Hermannstraße
S-Bahnhof Tempelhofer Freiheit

© westermann 35912EX

Untere Karte (aktuell)

Nutzungsstruktur

	Bebauung
	Industrie/Gewerbe
	ebenerdig versiegelt
	baulich geprägte Grünfläche
	offene Flächen
	Grün- und Gehölzflächen
	Eisenbahn

Platz der Luftbrücke
See
Columbiadamm
Flughafengebäude
Paradestr.
Tempelhofer Damm
Hermannstraße

© westermann 35928EX

M 3 Aktuelle (unten) und geplante (oben) Nutzungsstruktur des Tempelhofer Feldes

www.diercke.de
100800-069-07

www.diercke.de
100800-069-08

1. Parklandschaft Tempelhof

Trotz Bebauung an den Rändern bleibt die Freifläche des Tempelhofer Feldes im Wesentlichen erhalten. Es entsteht eine Parklandschaft von ca. 220 ha Größe, die auch in Zukunft durch ihre besonderen klimatischen Besonderheiten als „Kühlschrank Berlins" frische Luft in die Stadt bringt. [...] Selbstverständlich ist hier Platz für Sport, Freizeit, für Fußball, Beachvolleyball, Skating, Basketball oder Tennis.

2. Tempelhofer Forum THF – Kultur – Medien- und Kreativwirtschaft

Neben der Parklandschaft Tempelhof wird das Flughafengebäude eine herausragende Funktion erhalten. Das Tempelhof Forum THF wird die Berliner Adresse für Kultur-, Medien- und Kreativwirtschaft mit internationaler Ausstrahlung. Im THF können bis zu 5000 Arbeitsplätze entstehen.

3. Stadtquartier Tempelhof – Zukunftstechnologie

Im Stadtquartier Tempelhof werden sich in idealer innerstädtischer Lage Unternehmen, die Produkte des Klimaschutzes, der Umwelt- und Solartechnik oder der nachhaltigen Gebäudetechnologie herstellen, niederlassen.

Nettobauland	283 000 m², 25 % Wohnen, 75 % Gewerbe und Dienstleistungen
Wohnungen	ca. 2300
Arbeitsplätze	ca. 4500

4. Columbia-Quartier – innovatives Wohnen

Im Columbia-Quartier werden in über 1500 Wohneinheiten ungefähr 3000 Menschen leben – Familien, Alte und Junge, mitten in Berlin. [...]

Nettobauland	105 800 m²
Wohnungen	ca. 1500
Arbeitsplätze	ca. 200

5. Stadtquartier Neukölln – städtisches Wohnen am Park

Das Stadtquartier Neukölln soll ein gemischtes Quartier werden. [...] Die sonnige Westlage, ausgerichtet zur Parklandschaft, und eine hervorragende verkehrliche Anbindung werden diesen neuen Stadtteil prägen.

Nettobauland	84 300 m²
Wohnungen	ca. 1200
Arbeitsplätze	ca. 300

Senatsverwaltung für Stadtentwicklung und Umwelt: Zukunft - Tempelhofer Feld vom 5.03.2008 in Schuster, M. (2015): Masterplan, Brache oder irgendwas dazwischen? Nachhaltige Nutzung des Tempelhofer Feldes. In: Praxis Geographie, H. 9, S. 8-12. (S. 11)

M 4 Das Fünf-Bausteine-Programm des Berliner Senats (Stand: 2014)

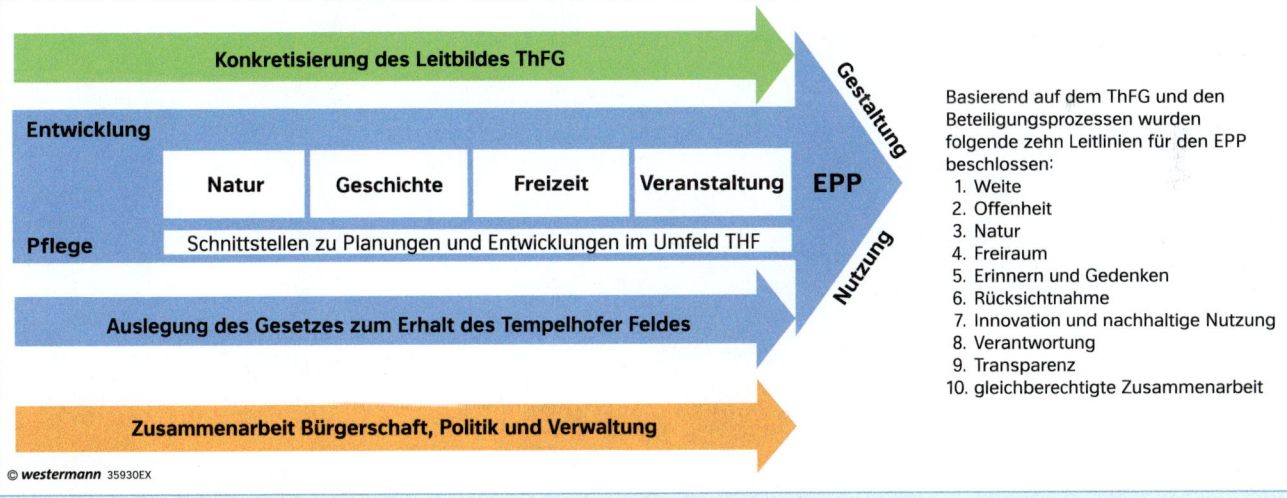

M 5 Leitlinien und Struktur des Entwicklungs- und Pflegeplans für das Tempelhofer Feld

▌ **§1:** (1) Ziel dieses Gesetzes ist es, die wertvollen Eigenschaften des Tempelhofer Feldes und die darauf beruhenden Funktionen dauerhaft zu erhalten und vor Eingriffen zu schützen.

▌ (2) Das Tempelhofer Feld in seiner Gesamtheit ist wegen a) seiner Leistungs- und Funktionsfähigkeit im Naturhaushalt, b) der Eigenheit und Schönheit seiner Landschaft, c) seines Nutzens für die Erholung und d) seiner kulturhistorischen Bedeutung und als Ort der Berliner Geschichte, der Flugfahrt und des Gedenkens der Opfer des Nationalsozialismus von einmaligem Wert. Es hat diesen Wert unabhängig von öffentlichen und privaten Investitionen.

▌ **§6:** Das Tempelhofer Feld steht im Rahmen der mit diesem Gesetz zu seinem Schutz getroffenen Regelungen der Bevölkerung Berlins und den Besucherinnen und Besuchern Berlins grundsätzlich vollumfänglich, dauerhaft, uneingeschränkt und unentgeltlich zur Freizeitgestaltung und Erholung zur Verfügung.

▌ **§8:** In Widerspruch zu den Schutzzielen stehend und folglich untersagt sind: a) Erweiterungen der Gebäude, Bauwerke und bauliche Anlagen, b) jede Form von Camping und provisorischen Behausungen, c) nicht nur vorübergehende Einfriedungen und Einzäunungen (...), d) der Einsatz motorisierter Verkehrsmittel (...).

M 6 Gesetzesauszüge für den Erhalt des Tempelhofer Feldes (15.06.2014)

IV Geographisches Basiswissen

- Lebensgrundlage Wasser
- Bodengeographische Grundlagen
- Grundlagen von Wetter und Klima
- Blicke auf den Klimawandel
- Bevölkerungsgeographische Grundlagen
- Rohstoffe und Ressourcen
- Wirtschaftsgeographische Grundlagen

M 1 Die Alpenlandschaft

"Reliefsphäre"

Pedosphäre

Anthroposphäre

Lebensgrundlage Wasser

Für die Entwicklung des Lebens auf der Erde war Wasser eine wichtige Voraussetzung. Auch für den Menschen ist Wasser essenziell – er besteht zu 50-75 % aus Wasser (je nach Körpergewicht, Geschlecht und Alter). 71 % der Erdoberfläche sind von Wasser bedeckt. Wasser spielt in verschiedenen Wissenschaften eine Rolle. Aus geowissenschaftlicher Perspektive beschäftigt sich die Hydrologie [altgriechisch: hydōr=Wasser, lógos=Lehre] mit der räumlichen und zeitlichen Verteilung sowie den Erscheinungsformen von Wasser. Auch Kreisläufe von Wasser sowie Beziehungen zur Umwelt und zu Lebewesen werden von ihr betrachtet.

1. a) Beschreiben Sie den Wasserkreislauf unter Berücksichtigung der Aggregatzustände des Wassers (M 1, M 2).
   b) Charakterisieren Sie die Bedeutung von Wasser als Motor des Lebens (M 3).
   c) Erläutern Sie die Verteilung der Wassermengen im Hinblick auf die Verfügbarkeit für den Menschen (M 4).
2. a) Nennen Sie jeweils drei Staaten, die deutlich über, unter oder in etwa im Bereich des globalen durchschnittlichen Wasser-Fußabdrucks liegen (M 5).
   b) Erklären Sie die Unterschiede aus 2 a unter Berücksichtigung des Wasser-Fußabdrucks in Deutschland (M 6 – M 8).
3. Erläutern Sie die Unterschiede zwischen direktem, indirektem und virtuellem Wasserverbrauch (M 8, M 9)
4. A Ist Deutschland aufgrund seines Wasserreichtums verpflichtet, zum Wasserexporteur zu werden? Nehmen Sie Stellung.
   B Wasser ist ein Menschenrecht. Beurteilen Sie diese Aussage (Internet).

→ Wasserkreislauf, Wasser-Fußabdruck, virtuelles Wasser

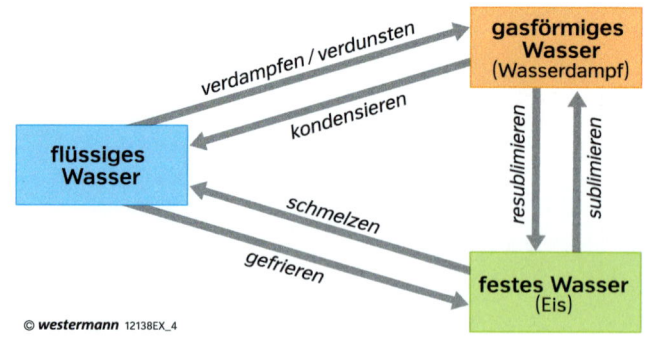

© **westermann** 12138EX_4

M 2 Aggregatzustände des Wassers

Pflanzen existieren durch die Energie der Sonne. Dadurch können sie das Wassermolekül aufbrechen und Sauerstoff freisetzen. Dieser Sauerstoff erfüllt die Luft.

Der Kreislauf des Wassers ist ein Prozess ständiger Erneuerung. Wasserfälle, Wasserdampf, Wolken, Regen, Quellen, Flüsse, Meere, Ozeane, Gletscher. Dieser Kreislauf wird niemals unterbrochen. Die Wassermenge auf der Erde bleibt immer die gleiche. Alle aufeinanderfolgenden Arten haben das gleiche Wasser getrunken.

Wasser ist ein erstaunlicher Stoff, einer der wandelbarsten überhaupt, in seiner flüssigen Form, gasförmig als Dampf oder fest als Eis. In Sibirien kann man im Winter an den gefrorenen Oberflächen der Seen erkennen, welche gewaltigen Kräfte das Wasser entwickelt, wenn es friert. Leichter als Wasser schwimmt das Eis oben und bildet einen Schutzmantel gegen die Kälte, sodass das Leben im Wasser weitergehen kann.

Der Motor des Lebens basiert auf gegenseitiger Abhängigkeit. Alles hängt zusammen. Nichts ist autark [unabhängig, ungebunden]. Wasser und Luft sind untrennbar verbunden für das Leben auf der Erde, unser Leben auf der Erde.

HOME (Arthus-Bertrand 2009, Zeit: 7:26-9:40)

M 3 Kommentar aus dem Dokumentarfilm HOME

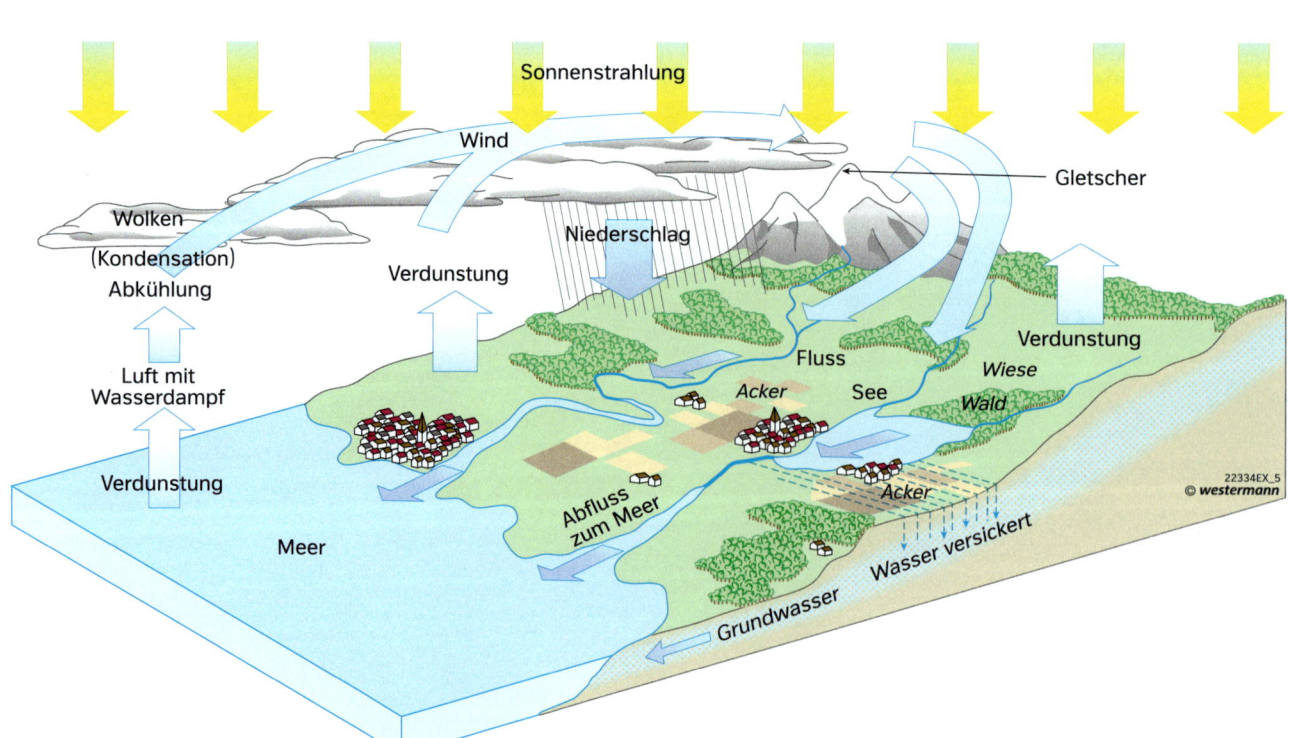

M 1 Der natürliche Wasserkreislauf

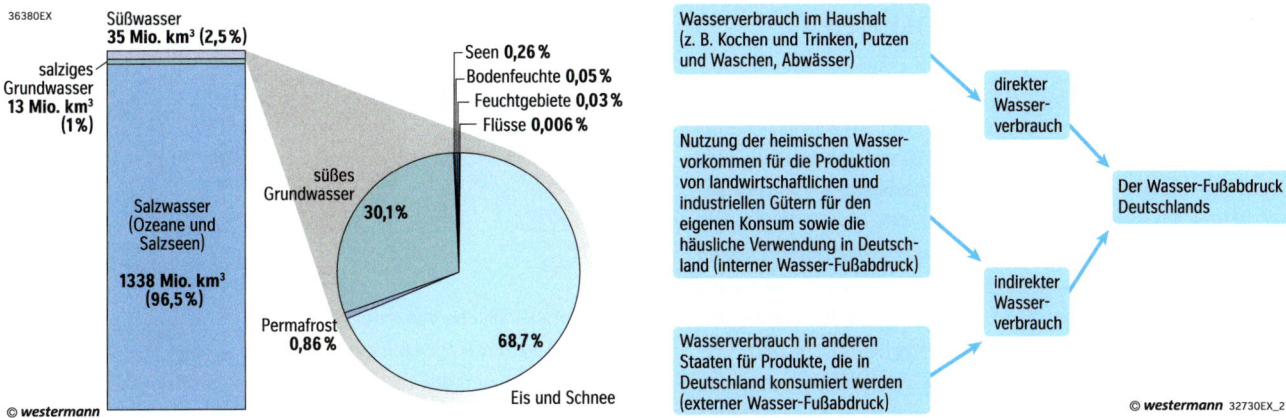

M 4   Verteilung der Wassermengen auf der Erde

M 8   Zusammensetzung des Wasser-Fußabdrucks Deutschlands

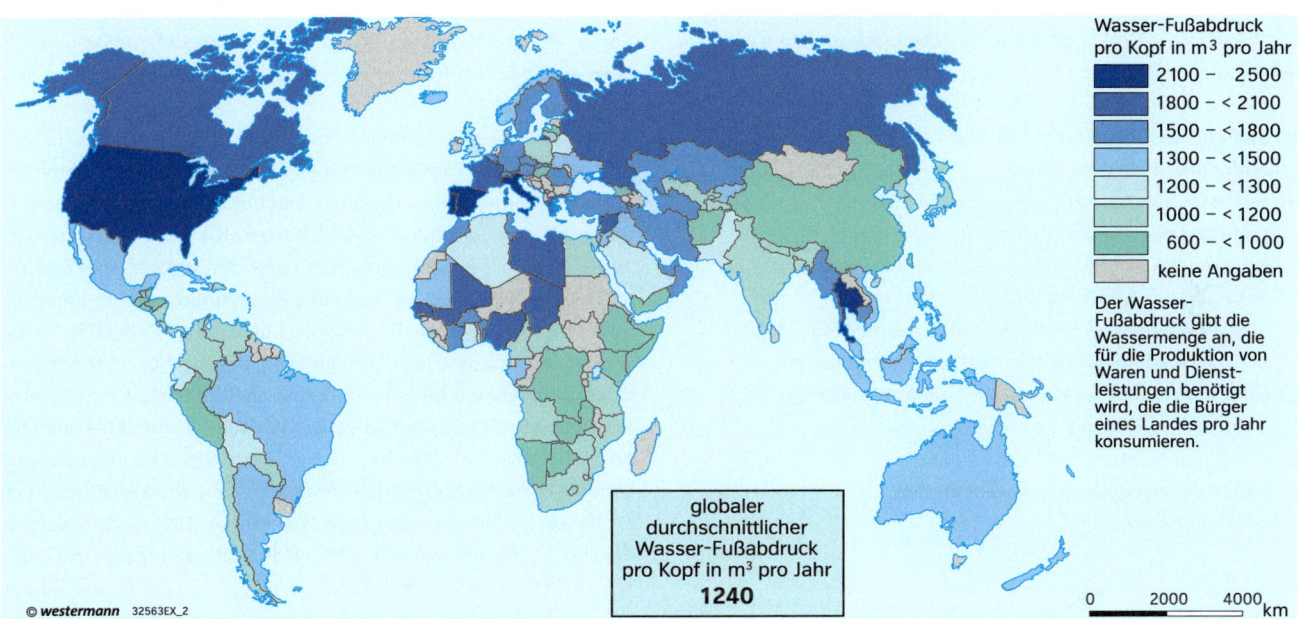

M 5   Der Wasser-Fußabdruck weltweit 2015

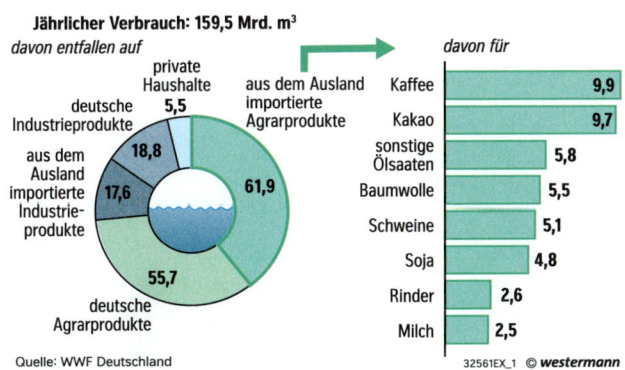

M 6   Deutschland – Wasserverbrauch 2009

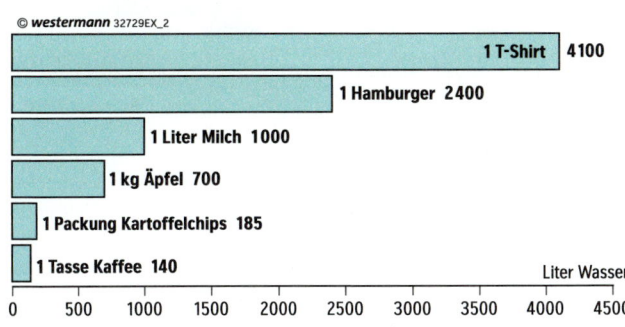

M 7   Virtueller Wasserverbrauch von Produkten (2015)

Als virtuelles Wasser wird das gesamte Süßwasser bezeichnet, das bei der Herstellung einer Ware eingesetzt wurde. So sind etwa 140 l Wasser nötig, um eine Tasse Kaffee zu erzeugen; vor allem beim Anbau der dafür nötigen Menge Kaffeebohnen. Unter allen Lebensmitteln nimmt Fleisch beim Wasserverbrauch einen Spitzenplatz ein. Dabei ist die Rindfleischproduktion besonders strapazierend für die Wasserressourcen: Für ein kg Steak sind durchschnittlich 14 000 l Wasser nötig, mit dem das Rind getränkt wurde und mit dem sein Futter herangewachsen ist. [...] Da das Süßwasser auf der Erde sehr unterschiedlich verteilt ist, muss der indirekte Wasserverbrauch eines Produkts im Zusammenhang mit dem sogenannten Wasserstress einer Region gesehen werden. Z. B. ist der Wasserbedarf einer Tomate, die im niederschlagsreichen Deutschland wächst, anders zu bewerten, als einer Tomate, die im regenarmen Südspanien gedeiht. Deutschland ist trotz seines relativen Wasserreichtums ein Netto-Wasserimporteur, weil es mehr Wasser ein- als ausführt. Wasser wird nicht nur für die Herstellung von Lebensmitteln benutzt, sein Verbrauch zieht sich durch die gesamte Konsumpalette. Z. B. entsteht ein Baumwoll-T-Shirt unter Einsatz von durchschnittlich 2 000 l Wasser.

www.oeko-fair.de/index.php/cat/1039/title/Was_ist_virtuelles_Wasser, Zugriff am: 08.08.2017

M 9   Was ist virtuelles Wasser?

Bodengeographische Grundlagen

Aus geographischer Sicht ist der Boden der extrem dünne, oberste belebte Bereich der Erdoberfläche von der Streu bis zum unverwitterten Ausgangsmaterial. Grundsätzlich besteht ein Boden aus etwa 50 % Poren, 45 % mineralischer Substanz sowie etwa 5 % organischer Substanz. Die Bodenbildung geht mit einer Nährstofffreisetzung und einer Nährstoffspeicherung für die Pflanzendecke einher. Böden bilden damit die Grundlage für die Ernährungssicherung der Menschen und nehmen eine zentrale Stellung im Landschaftsökosystem ein. Vielfältige Wechselwirkungen zwischen Organismen, Wasser und Luft im dynamischen System Boden führen mit der Zeit zu Abbau, Umbau und Verlagerung von organischen und anorganischen Stoffen im Boden. Die weltweite Übernutzung der Böden durch intensive Landwirtschaft, Siedlungs- und Straßenbau führt zu einer starken Degradation (Verschlechterung des Bodenökosystems).

1. Stellen Sie die Bedeutung des Faktors Zeit bei Bodenbildungsprozessen dar (M 1).
2. Erläutern Sie die wichtigsten bodenbildenden Prozesse und Bodenbestandteile (M 2).
3. Erklären Sie die Bedeutung der Bodenlebewesen für den Bodenbildungsprozess (M 2, M 3, M 6).
4. a) Charakterisieren Sie die Bodenhorizonte (M 4, M 5).
   b) Charakterisieren Sie die Funktionen von Böden.
5. Gute Böden sind für Menschen überlebenswichtig. Nehmen Sie Stellung.

→ Bodenbildung, Bodenart, Bodenhorizont, Verwitterungsprozesse

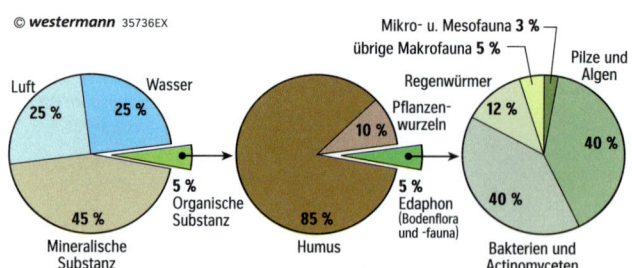

Durch physikalische Verwitterungsprozesse werden die Gesteine in Bruchstücke unterschiedlicher Korngröße zerlegt. Durch biochemische Prozesse wird das zerkleinerte Gestein stofflich verändert und in Tonminerale umgewandelt. Auch das abgestorbene Pflanzenmaterial unterliegt einer mechanischen und biochemischen Zerkleinerung. Die Lagerung der einzelnen Körner im Boden lässt Hohlräume und Poren, aber auch größere Zwischenräume entstehen. Sie sind mit Wasser und Luft gefüllt oder werden von Bodentieren und Wurzeln eingenommen. [...]

Die mineralischen Bestandteile eines Bodens setzen sich aus Körnern unterschiedlicher Größe zusammen und bilden somit ein Gemisch. Für diese Körnungsmischung des Feinbodens hat sich der Begriff **Bodenart** durchgesetzt. Die Hauptbodenarten sind **Sand, Schluff, Ton** und **Lehm** [...]. Die organischen Bodenbestandteile eines Bodens setzen sich in ihrer Gesamtheit aus der abgestorbenen organischen Substanz (Humus), dem Bodenleben [...] sowie aus lebenden Pflanzenwurzeln zusammen. [...] Die lebenden pflanzlichen und tierischen Bodenorganismen bilden eine Lebensgemeinschaft [...]. [Diese] bewirkt bodenbiologische Umsetzungsprozesse und ist daher direkt an der Bodenentwicklung beteiligt. [...] Die **chemische Verwitterung** beinhaltet die Prozesse [...] der Hydrolyse bzw. Protolyse sowie der Oxidation [...]. Im Zuge der Protolyse freigesetzte Metalle werden oxidiert. [...] Die gebildeten Fe(III)-Oxide sind meist braun, gelb oder rot. Sie stehen für die Verbraunung im Zuge [...] der Bodenbildung (...). Mit der Hydrolyse verbunden ist der Umbau primärer Minerale zu sekundären (Ton-)Mineralen, die [...] bedeutende Sorptionsfunktionen (Aufnahme) für Nährstoffe erfüllen können.

Faust, Dominik (2010): Boden. Eine endliche Ressource. In: Glaser, Rüdiger et al.: Physische Geographie kompakt. Heidelberg: Spektrum Ak. V., S. 117-131. (S. 119)

M 2 Verwitterungsprozesse bei der Bodenbildung

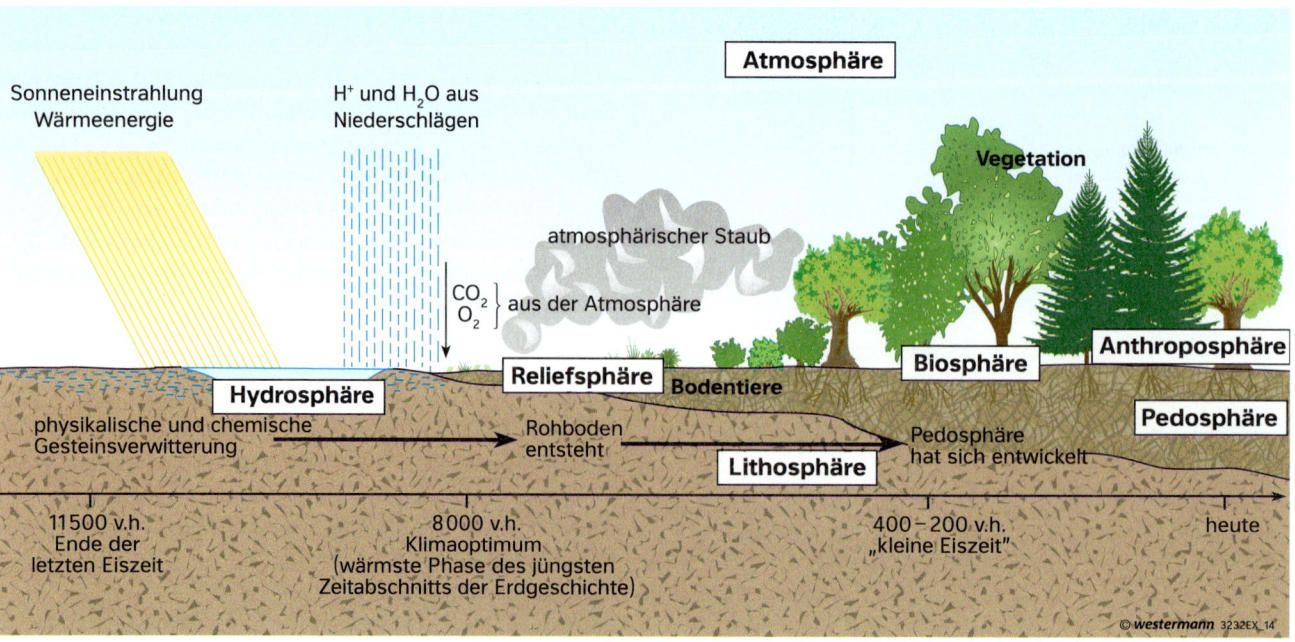

M 1 Entwicklungsphasen der Bodenbildung im zeitlichen Verlauf

Bei der Mineralisierung (Rückwandlung in Pflanzennährsalze) eines Buchenblattes treten Bodenlebewesen an der für sie charakteristischen Abbaustelle in großer Zahl auf. Regenwürmer zum Beispiel spielen eine entscheidende Rolle: Zum einen reißen sie aufgeweichte und von Springschwänzen oder Hornmilben angefressene Gewebestücke aus dem Blatt. Zum anderen vermischen sie Zersetzungsreste mit feinsten Gesteinsteilen.

Milbe

Regenwurm

Fliegenlarve

Springschwanz

Käferlarve

Fliegenlarve

Milbe

Springschwanz

Regenwurm

3595E

M 3 Vom Blattfall zum Zerfall

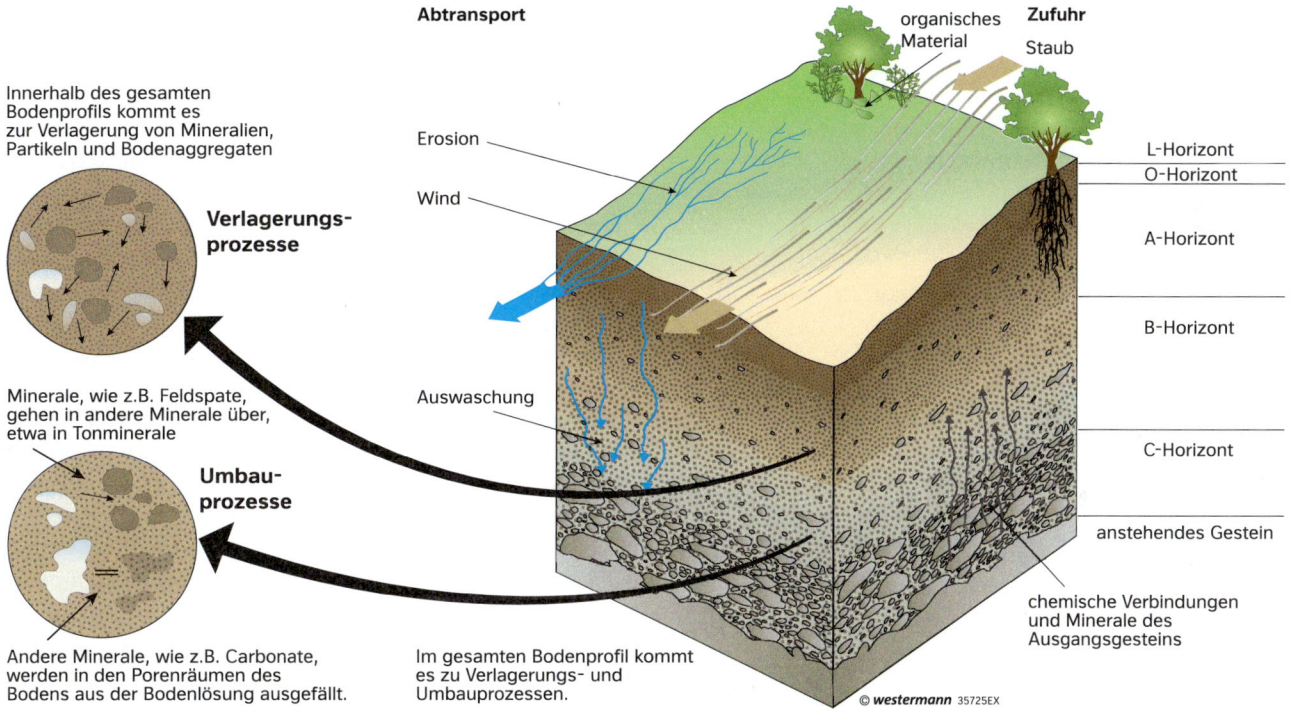

Abtransport

organisches Material

Zufuhr

Staub

Innerhalb des gesamten Bodenprofils kommt es zur Verlagerung von Mineralien, Partikeln und Bodenaggregaten

Erosion

Wind

Verlagerungsprozesse

Minerale, wie z.B. Feldspate, gehen in andere Minerale über, etwa in Tonminerale

Auswaschung

Umbauprozesse

Andere Minerale, wie z.B. Carbonate, werden in den Porenräumen des Bodens aus der Bodenlösung ausgefällt.

Im gesamten Bodenprofil kommt es zu Verlagerungs- und Umbauprozessen.

L-Horizont

O-Horizont

A-Horizont

B-Horizont

C-Horizont

anstehendes Gestein

chemische Verbindungen und Minerale des Ausgangsgesteins

© *westermann* 35725EX

M 4 Verlagerungs- und Umbauprozesse im Boden

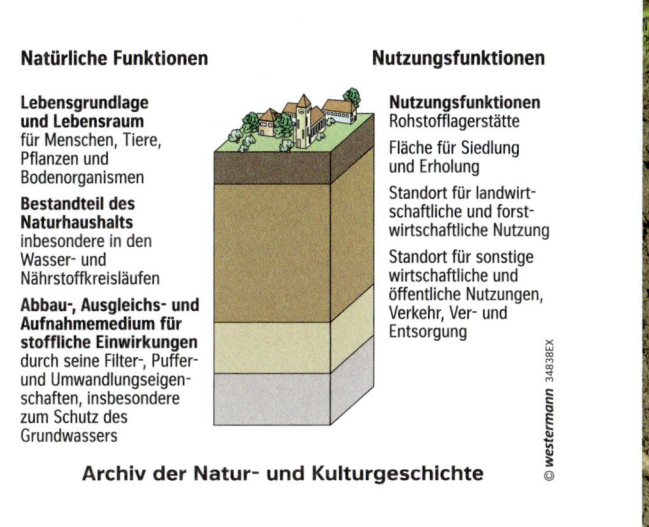

Natürliche Funktionen

Lebensgrundlage und Lebensraum für Menschen, Tiere, Pflanzen und Bodenorganismen

Bestandteil des Naturhaushalts inbesondere in den Wasser- und Nährstoffkreisläufen

Abbau-, Ausgleichs- und Aufnahmemedium für stoffliche Einwirkungen durch seine Filter-, Puffer- und Umwandlungseigenschaften, insbesondere zum Schutz des Grundwassers

Archiv der Natur- und Kulturgeschichte

Nutzungsfunktionen

Nutzungsfunktionen Rohstofflagerstätte

Fläche für Siedlung und Erholung

Standort für landwirtschaftliche und forstwirtschaftliche Nutzung

Standort für sonstige wirtschaftliche und öffentliche Nutzungen, Verkehr, Ver- und Entsorgung

© *westermann* 34838EX

M 5 Der Boden – ein Multitalent

M 6 Regenwürmer lockern den Boden auf

Grundlagen von Wetter und Klima

Wetter und Klima (> S. 122) sind zentrale Themenbereiche der Meteorologie und Klimatologie, die sich mit den physikalischen Bedingungen und Erscheinungen in der Atmosphäre beschäftigen. Die Erkenntnisse dieser beiden Nachbarwissenschaften der Geographie sind beispielsweise erforderlich, um die Entstehung unterschiedlicher Klimazonen oder den Klimawandel (> Seite 114) zu erklären, aber auch, um alltägliche Wetterphänomene (wie z.B. Wolkenbildung oder Windentstehung) zu verstehen.

1. Stellen Sie mögliche Zusammenhänge zwischen den verschiedenen Klimaelementen dar (M1).
2. Erläutern Sie die Entstehung unterschiedlicher Jahresmitteltemperaturen auf der Erde (M2 – M4).
3. Stellen Sie die Einstrahlungswinkel der Sonnenstrahlung am 21.12. in einer Skizze dar (M4).
4. Erklären Sie die Entstehung unterschiedlicher Tageslängen auf der Erde (M2).
5. Erklären Sie mithilfe der Textbausteine in M6 die Entstehung des Seewindes (M5, M6).
6. Erläutern Sie die Entstehung der Passatzirkulation und die Niederschlagsverhältnisse (M5, M7, M8).

→ Beleuchtungszonen, Luftdruck, Sättigungsfeuchte

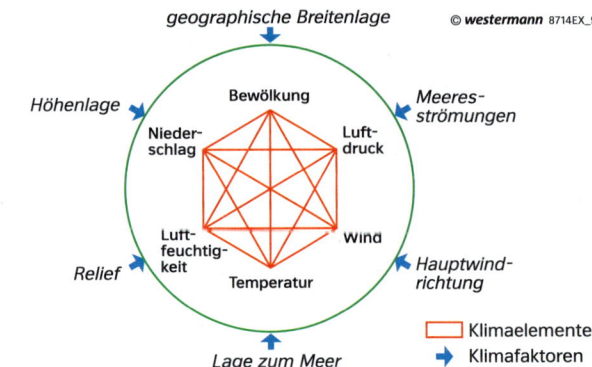

M1 Klimaelemente

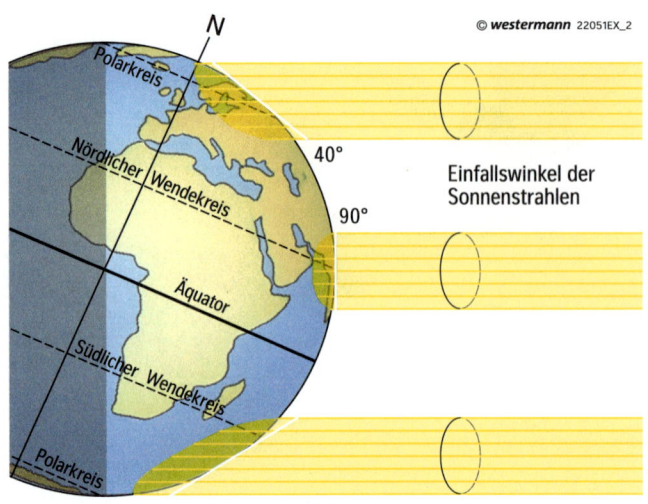

M3 Einfallswinkel der Sonnenstrahlen am 21.06.

Entscheidend ist der Betrag an Sonnenenergie, der an der Erdoberfläche ankommt. Und der hängt davon ab, unter welchem Winkel die Sonnenstrahlen auftreffen und natürlich auch davon, wie lange die Sonne scheinen kann. Aus Erfahrung wissen wir, dass Sonnenstrahlen umso intensiver sind, je höher die Sonne am Himmel steht. Warum das so ist, lässt sich mit einer Taschenlampe leicht erklären. Genau senkrecht über einer Fläche erzeugt sie einen kleinen, kreisrunden und sehr hellen Fleck. Je mehr Sie die Taschenlampe neigen, umso größer wird der Fleck, aber auch blasser, da die gleiche Lichtmenge nun über die größere Fläche verteilt wird. Auf der Erde kommt noch hinzu, dass bei niedrigem Sonnenstand die Sonnenstrahlen einen weiteren Weg durch die Atmosphäre zurücklegen müssen und dabei zusätzlich gestreut und absorbiert werden, sodass die am Erdboden ankommende Strahlung weiter reduziert wird. Doch nicht nur die Höhe der Sonne über dem Horizont bestimmt, wie warm die Erdoberfläche wird. Wichtig ist natürlich auch, wie lange die Sonne denn scheinen kann.

Walch, Dieter (2005): Wetter verstehen. München: BLV Buchverlag. (S. 18 f.)

M4 Sonnenstrahlung und Klima

	geogr. Breite	Tageslänge in Stunden			Mittagshöhe der Sonne		Temperatur	% der Erdoberfläche
		21.6.	21.3. 23.9.	22.12.	höchster Stand	niedrigster	im Jahresmittel	
nördliche Polarzone	90° N	24	12	0	23,5°	–	–23°C	
	66,5° N	24	12	0	47°	0°	–7°C	5
	50° N	16	12	8	63,5°	16,5°	+6°C	
nördliche gemäßigte Zone								25
	23,5° N	13,5	12	10,5	90°	43°	+24°C	
tropische Zone	0°	12	12	12	90°	66,5°	+26°C	40
	23,5° S	10,5	12	13,5	90°	43°	+22°C	
südliche gemäßigte Zone								25
	50° S	8	12	16	63,5°	16,5°	+4°C	
	66,5° S	0	12	24	47°	0°	–8°C	5
südliche Polarzone	90° S	0	12	24	23,5°	–	–33°C	

M2 Beleuchtungszonen der Erde

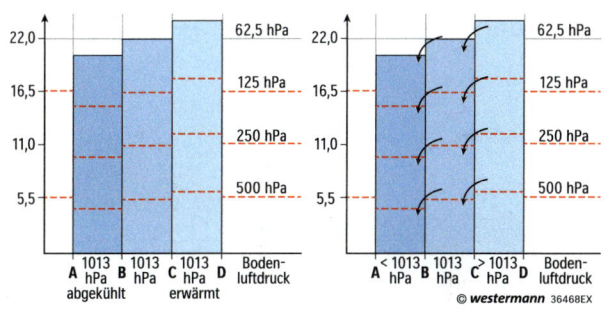

© westermann 36468EX

Infolge der Schwerkraft übt die atmosphärische Luft Druck auf die Erdoberfläche aus. Dieser entspricht dem Gewicht der Luft, die sich senkrecht über einer bestimmten Fläche befindet (gemessen in Hektopascal; 1 hPa = 100 N/m²⁾). Mit der Höhe nimmt der Luftdruck ab. Erwärmt sich eine Luftmasse, so dehnt sie sich aus. Das Gesamtgewicht der Luftmasse ändert sich hierbei nicht und der Luftdruck bleibt am Boden (Bodenluftdruck) zunächst unverändert. Mit zunehmender Höhe entsteht jedoch ein Luftdruckunterschied gegenüber einer nicht erwärmten Luftmasse, d.h. der Luftdruck in einer erwärmten Luftmasse ist in allen Höhen (außer am Boden) höher als in einer nicht erwärmten. Luftdruckunterschiede werden durch Luftströmungen (Wind) ausgeglichen. Hierbei bewegt sich die Luft vom hohen zum tieferen Druck; im Beispiel strömt in der Höhe Luft von der erwärmten zur nicht erwärmten Luftmasse. Durch den Zufluss von Luft in der Höhe steigt nun das Gewicht und damit auch der Bodenluftdruck in der nicht erwärmten Luftmasse. Der Bodenluftdruck der erwärmten Luftmasse verringert sich entsprechend durch das Abfließen von Luft. Der dadurch am Boden entstandene Luftdruckunterschied wird durch eine Windströmung ausgeglichen.

Häckel, Hans (1999): Meteorologie. 4. Aufl. Stuttgart: UTB. (S. 36, verändert)

M5 Luftdruck und Wind

Luftfeuchtigkeit und Wolkenbildung

Bei der Erwärmung feuchter Oberflächen verdunstet Wasser zu gasförmigem, unsichtbaren Wasserdampf. [...]. Die Luft kann nur eine bestimmte Menge Wasserdampf aufnehmen. Je wärmer die Luft ist, umso größere Mengen Wasserdampf kann sie aufnehmen. Kühlt die Luft ab, so verringert sich auch ihre Aufnahmefähigkeit für Wasserdampf.

Als spezifische Feuchte bezeichnet man die tatsächlich in der Luft vorhandene Menge von Wasserdampf. Sie wird in g/kg feuchter Luft angegeben. Die Sättigungsfeuchte ist die größtmögliche Wasserdampfmenge, die Luft einer bestimmten Temperatur enthalten kann. Sie wird ebenfalls in g/kg feuchter Luft angegeben. Die relative Luftfeuchtigkeit ist das Verhältnis der spezifischen Feuchte zur Sättigungsfeuchte. Sie wird in Prozent angegeben. [...] Kühlt sich Luft ab, die bereits mit Wasserdampf gesättigt ist, so werden die überschüssigen Wassermoleküle ausgeschieden. Diesen Vorgang nennt man Kondensation. [...] Die Temperatur, bei der Kondensation einsetzt, wird Taupunkt genannt. Oftmals wird der Taupunkt nicht nur an wenigen Stellen der Luft erreicht, sondern über einem größeren Gebiet. Diese Höhenschicht bildet dann das Kondensationsniveau. Oberhalb des Kondensationsniveaus bilden sich viele Millionen von Wassertröpfchen (Wolkentröpfchen). So entstehen Wolken [...]. Nebel bildet sich bei Kondensation in einer bodennahen Luftschicht.

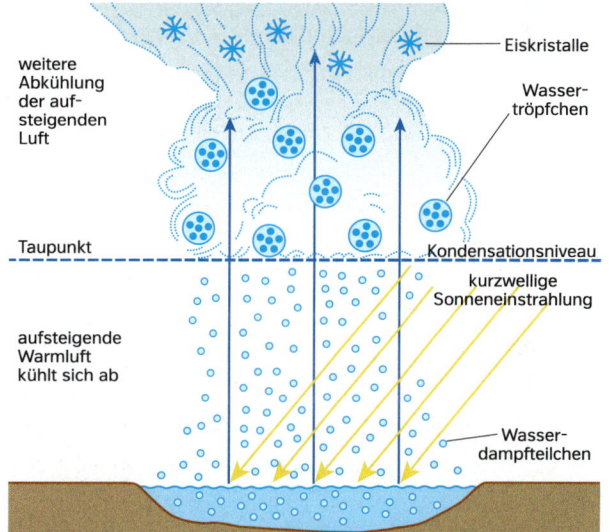

© westermann 36469EX

Richter, Dieter (2000): Geographie 1 kurz und klar. 3. Aufl. Donauwörth: Auer, S. 31

M7 Luftfeuchtigkeit und Wolkenbildung

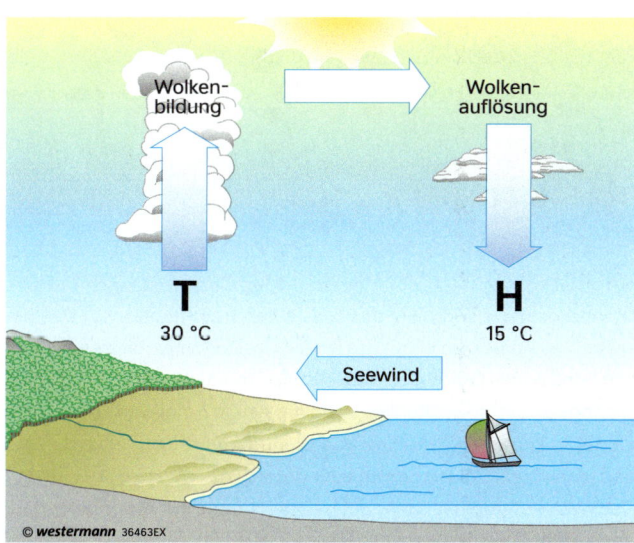

© westermann 36463EX

Zunahme des Bodenluftdrucks über dem Wasser und Abnahme des Bodenluftdrucks über dem Land

Unterschiedliche Erwärmung von Wasser und Land

Ausgleich des Luftdruckunterschieds am Boden durch den Seewind

Ausdehnung und Aufstieg der sich erwärmenden Luft über dem Land

Ausgleichsströmung in der Höhe vom Land zum Wasser

Entstehung eines Höhenluftdruckunterschieds zwischen Land und Wasser

M6 Entstehung des Seewindes

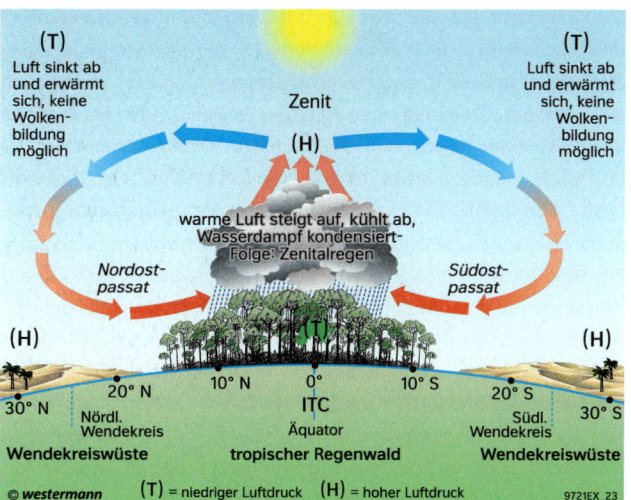

© westermann   (T) = niedriger Luftdruck (H) = hoher Luftdruck   9721EX_23

M8 Passatkreislauf

Blicke auf den Klimawandel

Der Klimawandel wird nicht nur in der Klimageographie bzw. vonseiten der Wissenschaft diskutiert. Er ist im Zusammenhang mit dem globalen Wandel in der Realität sowie den Medien allgegenwärtig. Seit 1880 hat sich die Durchschnittstemperatur der Erde um 0,7°C erhöht. Man spricht deshalb auch von einer globalen Erwärmung. Der Klimawandel kann objektiv als Phänomen erklärt werden und von Personen(gruppen) aus ihrer subjektiven (kollektiven) Perspektive heraus bewertet werden.

1. a) Beschreiben Sie den natürlichen Treibhauseffekt (M1).
   b) Erklären Sie die Bedeutung der Treibhausgase für das Klima (M1).
2. a) Erläutern Sie den anthropogenen Treibhauseffekt (M2, M4).
   b) Vergleichen Sie die Wirksamkeit der Treibhausgase (M3).
3. a) Vergleichen Sie die Auswirkungen des Klimawandels für zwei ausgewählte Kontinente (M5).
   b) Fassen Sie unterschiedliche Perspektiven auf den Klimawandel zusammen (M6)
   c) Sind wir verpflichtet, unseren Wohlstand einzuschränken, um die Mitwelt und Nachwelt vor Klimaschäden zu bewahren? Nehmen Sie Stellung (M7, M8).
4. Erläutern Sie mögliche Blicke auf den Klimawandel in der Geographie (M1–M8, Internet, vgl. S. 127).

→ Klima, natürlicher / anthrop. Treibhauseffekt, Klimawandel

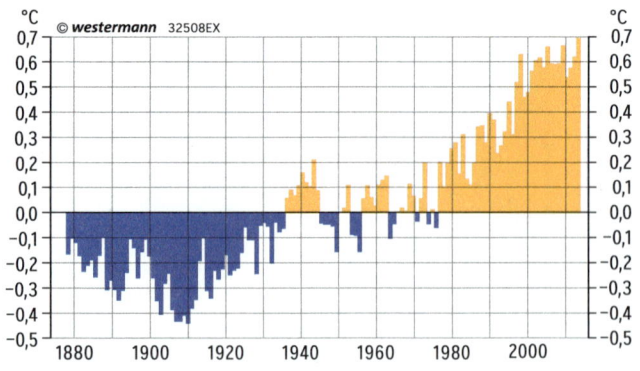

M2 Abweichung der globalen Jahresmitteltemperatur 1880–2014 vom Mittelwert 1901–2000

Treib-hausgas	Anteil am Treibhaus-effekt (2014)	Wirksamkeit in Relation zu CO_2	Verweildauer in der Atmosphäre (Angaben in Jahren)
CO_2	87,9%	1	120
CH_4	6,2%	25	9–15
N_2O*	4,3%	298	114
F-Gase (fluorierte Kohlenwasser-stoffverbin-dungen)	1,6%	100–24 000	sehr lange z.B. NF_3,** 550–740; SF_6*** etwa 3200

* auch Lachgas.
** NF_3: Stickstofftrifluorid.
*** SF_6: Schwefelhexafluorid

M3 Wichtige Treibhausgase

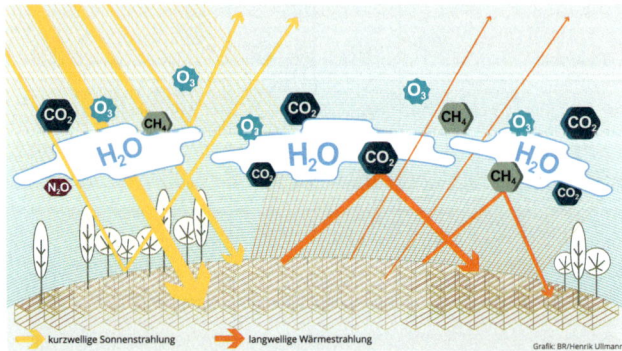

kurzwellige Sonnenstrahlung   langwellige Wärmestrahlung   Grafik: BR/Henrik Ullmann

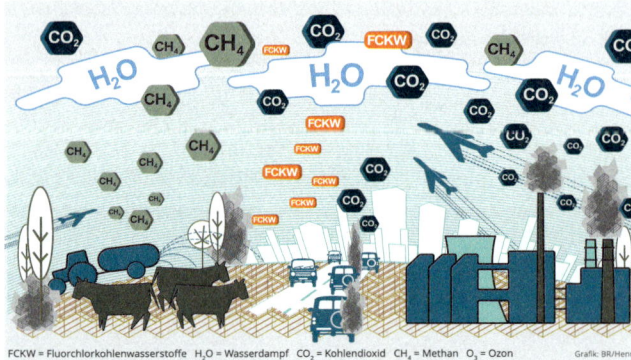

FCKW = Fluorchlorkohlenwasserstoffe H_2O = Wasserdampf CO_2 = Kohlendioxid CH_4 = Methan O_3 = Ozon   Grafik: BR/Henri

Warum ist es auf der Erde im Vergleich zu den anderen Planeten in unserem Sonnensystem recht mild? [...] Die kurzwellige Sonnenstrahlung ist der Energielieferant fast aller Lebensformen auf der Erde. [...] Die Sonnenenergie wird über kurz oder lang in Wärme umgewandelt und diese verlässt die Erde auch wieder in Form von Strahlung, aber als Infrarotstrahlung, also im nichtsichtbaren Bereich. Sie ist auch der wichtigste Treiber der Bewegungen im Meer und in der Luft. Bei einer Erde ohne Atmosphäre wäre ihre Oberflächentemperatur [...] im Durchschnitt [...] etwa -18°C [...]. Selbst eine nur aus Stickstoff (78%), Sauerstoff (21%) und Edelgasen (0,9%) bestehende Atmosphäre [...] würde dies kaum ändern. Einige der verbleibenden und in nur sehr geringen Mengen in der Luft vorkommenden Gase wie der Wasserdampf und das Kohlendioxid, die nur einen Bruchteil der verbleibenden 0,1% an der Erdatmosphäre ausmachen, sind allerdings äußerst klimaaktiv und bestimmen im Wesentlichen die Temperatur der Erdoberfläche durch ihren Treibhauseffekt. Sie absorbieren die von der Erdoberfläche ausgehende Infrarotstrahlung und emittieren sie wieder, zum Teil auch in die Richtung der Erdoberfläche.

Latif, Mojib (2012): Globale Erwärmung. Stuttgart: UTB. (S. 29ff.)

M1 Der natürliche Treibhauseffekt

Die Atmosphäre wirkt wie das Glas eines Treibhauses. [...] Das bei weitem wichtigste Treibhausgas ist der Wasserdampf mit einem Anteil von knapp zwei Dritteln am natürlichen Treibhauseffekt. Das zweitwichtigste Gas ist das Kohlendioxid mit einem Anteil von etwa einem Viertel. [...] Je höher die Temperatur ist, umso mehr Wasser verdunstet und umso mehr Wasserdampf befindet sich dauerhaft in der Luft. [...] Der Wasserdampf ist daher auch ein wichtiges Rückkopplungsgas, das anfängliche Tendenzen verstärkt. [...] Die Treibhausgase nehmen wegen unserer Aktivitäten seit Beginn der Industrialisierung kontinuierlich zu: Kohlendioxid (CO_2) um 40%, Methan (CH_4) um 120% und Distickstoffoxid (N_2O) um 10%. Außerdem befinden sich immer noch große Mengen an [...] Fluorchlorkohlenwasserstoffen (FCKW) in der Atmosphäre, die ausschließlich anthropogenen Ursprungs und auch treibhauswirksam sind. Mehr Treibhausgase verstärken den irdischen Treibhauseffekt und führen unweigerlich zu einer globalen Erwärmung. [...] Man spricht in diesem Zusammenhang auch vom zusätzlichen oder anthropogenen Treibhauseffekt.

Latif, Mojib (2012): Globale Erwärmung. Stuttgart: UTB. (S. 32f.)

M4 Der anthropogene Treibhauseffekt

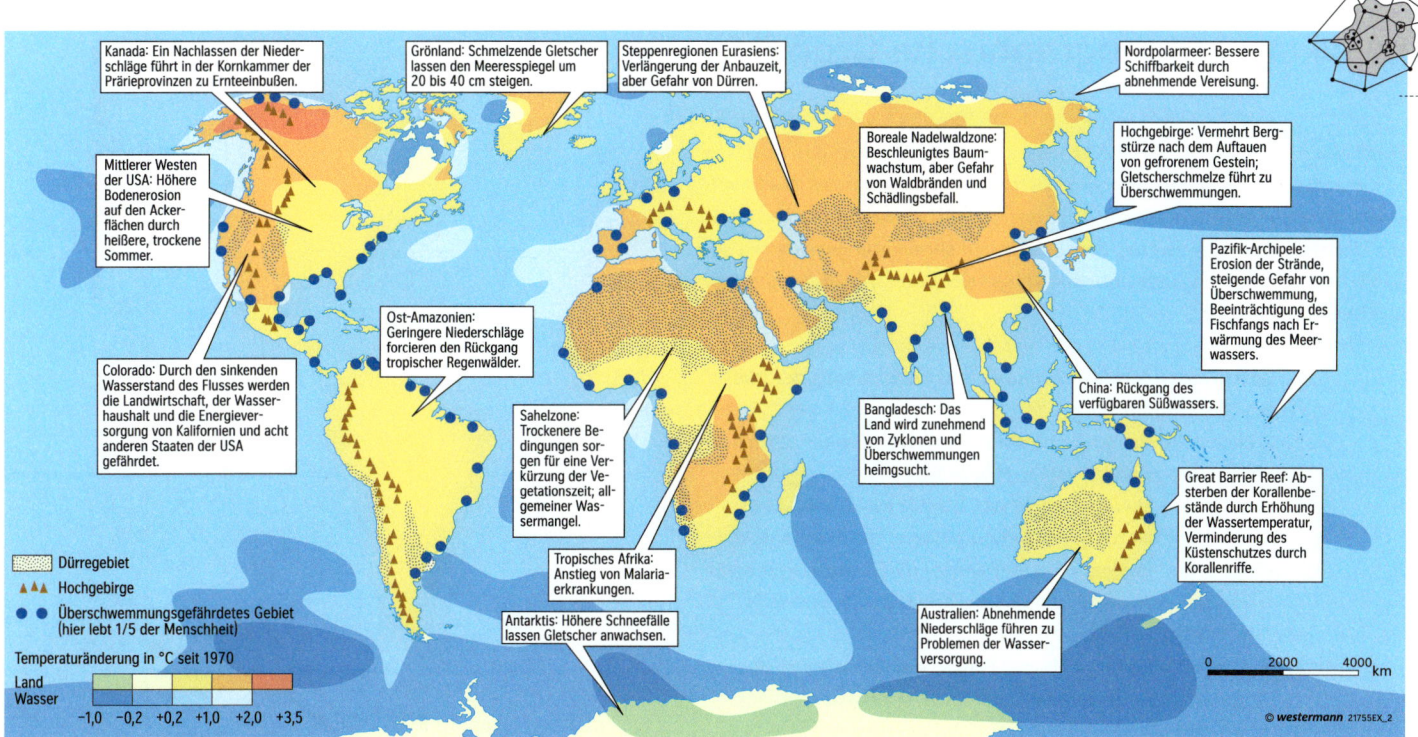

Kanada: Ein Nachlassen der Niederschläge führt in der Kornkammer der Prärieprovinzen zu Ernteeinbußen.

Grönland: Schmelzende Gletscher lassen den Meeresspiegel um 20 bis 40 cm steigen.

Steppenregionen Eurasiens: Verlängerung der Anbauzeit, aber Gefahr von Dürren.

Nordpolarmeer: Bessere Schiffbarkeit durch abnehmende Vereisung.

Mittlerer Westen der USA: Höhere Bodenerosion auf den Ackerflächen durch heißere, trockene Sommer.

Boreale Nadelwaldzone: Beschleunigtes Baumwachstum, aber Gefahr von Waldbränden und Schädlingsbefall.

Hochgebirge: Vermehrt Bergstürze nach dem Auftauen von gefrorenem Gestein; Gletscherschmelze führt zu Überschwemmungen.

Pazifik-Archipele: Erosion der Strände, steigende Gefahr von Überschwemmung, Beeinträchtigung des Fischfangs nach Erwärmung des Meerwassers.

Colorado: Durch den sinkenden Wasserstand des Flusses werden die Landwirtschaft, der Wasserhaushalt und die Energieversorgung von Kalifornien und acht anderen Staaten der USA gefährdet.

Ost-Amazonien: Geringere Niederschläge forcieren den Rückgang tropischer Regenwälder.

Sahelzone: Trockenere Bedingungen sorgen für eine Verkürzung der Vegetationszeit; allgemeiner Wassermangel.

Bangladesch: Das Land wird zunehmend von Zyklonen und Überschwemmungen heimgesucht.

China: Rückgang des verfügbaren Süßwassers.

Great Barrier Reef: Absterben der Korallenbestände durch Erhöhung der Wassertemperatur, Verminderung des Küstenschutzes durch Korallenriffe.

Tropisches Afrika: Anstieg von Malariaerkrankungen.

Australien: Abnehmende Niederschläge führen zu Problemen der Wasserversorgung.

Antarktis: Höhere Schneefälle lassen Gletscher anwachsen.

Dürregebiet

Hochgebirge

Überschwemmungsgefährdetes Gebiet (hier lebt 1/5 der Menschheit)

Temperaturänderung in °C seit 1970
Land
Wasser
–1,0   –0,2   +0,2   +1,0   +2,0   +3,5

0   2000   4000 km

© westermann 21755EX_2

M 5   Mögliche globale Folgen des Klimawandels (Modellrechnung für 2050)

„Ihr seht, wie klein unsere Inseln sind. Eine Welle kann vom Ozean her bis auf die andere Seite gelangen. So gefährlich ist unsere Lage. Wir können nirgendwohin flüchten. Wir wollen nicht von dieser Erde verschwinden. Wir wollen gemeinsam mit allen anderen Ländern und Nationen leben. Wir wollen als Nation existieren, weil wir, genauso wie Ihr, ein fundamentales Recht dazu haben."
Apisai Lelemai, Premierminister von Tuvalu, 2009 auf der UN-Klimakonferenz in Kopenhagen

„Die reichen Staaten sollten sich auf eine andere, gewaltige Flüchtlingsbewegung gefasst machen: die Klimaflüchtlinge. Deren Abweisung dürfte noch schwieriger werden. Die Grenze des Zumutbaren aber ist ein rechtliches und moralisches Dilemma."
Reinhard Merkel, FAZ 2015

„Das Volk der Kalaallit-Eskimos hat eine alte Prophezeiung: Wenn eines Tages das einst steinharte Große Eis so weich wird, dass du ihm keinen Abdruck deiner Hand einprägen kannst, dann wird das ein Zeichen dafür sein, dass Mutter Erde in großer Aufruhr ist. Meine Mutter Aanaa Aanaqqii sagte, sie hätte nie gedacht, dass sich diese Prophezeiung zu ihren Lebzeiten erfüllen und sie Zeugin dieser Erfüllung werden würde. [...] Nun, da das Eis auf dem Boden schmilzt und die Tränen von Mutter Erde in Fluss kommen, scheint es, als würde das Eis in den Herzen der Menschen noch fester gefrieren – fester als je zuvor. Doch je fester das Eis in den Herzen der Menschen gefriert, desto schwieriger ist es, einen wirklichen Wandel zu vollbringen. Deshalb sagte meine Mutter Aanaa Aanaqqii, dass die Menschheit sich nicht ändern würde, solange das Eis in den Herzen der Menschen nicht schmilzt."
Angaangaq Angakkorsuaq, Grönland-Schamane, Delegierter bei der UN und UNESCO, über den Klimawandel (2014)

M 6   Unterschiedliche Perspektiven auf den Klimawandel

Der Klimawandel stellt uns aber auch vor eine ganze Reihe offener Fragen. Viele davon sind naturwissenschaftlicher Art: Findet der Klimawandel bereits statt? Wie stark wird er ausfallen? In welchem Maße wird er vom Menschen verursacht?

[...] Es gibt aber noch einen anderen Bereich von Fragen, der eher mit Politik und unseren alltäglichen Handlungen zu tun hat: Was muss die Regierung gegen den Klimawandel tun? Wie sieht ein gerechtes internationales Klimaschutzabkommen aus? Sind wir verpflichtet, unseren Wohlstand einzuschränken, um die Nachwelt vor Klimaschäden zu bewahren? Darf ich noch mit dem Auto zum Supermarkt fahren oder für den Kurzurlaub nach Spanien fliegen? Bei diesen Fragen geht es [...] darum, [...] was geschehen soll und was wir angesichts des Klimawandels tun sollen. [...] In diesem zweiten Bereich von Fragen geht es also um die moralisch richtige Reaktion auf die Klimaproblematik [...].

Roser, Dominic, Seidel, Christian (2015): Ethik des Klimawandels. Eine Einführung. 2. Aufl., Darmstadt: Wissenschaftliche Buchgesellschaft. (S. 1).

M 7   Fragen zum Klimawandel

M 8   Titelbilder des Wochenmagazins „Der Spiegel"

Bevölkerungsgeographische Grundlagen

Aktuell leben ca. 7,5 Milliarden Menschen auf der Erde. Viele gesellschaftliche Herausforderungen sind mit demographischen Fragen verbunden. Die Bevölkerungsgeographie beschäftigt sich mit der räumlichen Bevölkerungsverteilung, der Bevölkerungsstruktur, der natürlichen Bevölkerungsentwicklung, räumlichen Bevölkerungsbewegungen (Migration) und mit Methoden der Bevölkerungsprognose.

1. Beschreiben Sie die Verteilung und Entwicklung der Weltbevölkerung (M 1-M 4).
2. Erklären Sie Ursachen für das Bevölkerungswachstum in Entwicklungsländern (M 4, M 5, M 8).
3. a) Erläutern Sie den Begriff der Tragfähigkeit (M 6, M 9).
   b) „Das Bevölkerungswachstum belastet die Tragfähigkeit der Erde." Nehmen Sie Stellung zu dieser Aussage, auch vor dem Hintergrund eines nachhaltigen Lebensstils (M 6, M 9).
Ⓦ 4. A Stellen Sie Ursachen und Folgen des Geburtenrückgangs in Deutschland in einem Wirkungsgefüge dar (M 7, M 10).
   B Erläutern Sie die Auswirkungen des Geburtenrückgangs auf Ihren Schulstandort (M 7, M 10).

→ Demographie, Tragfähigkeit

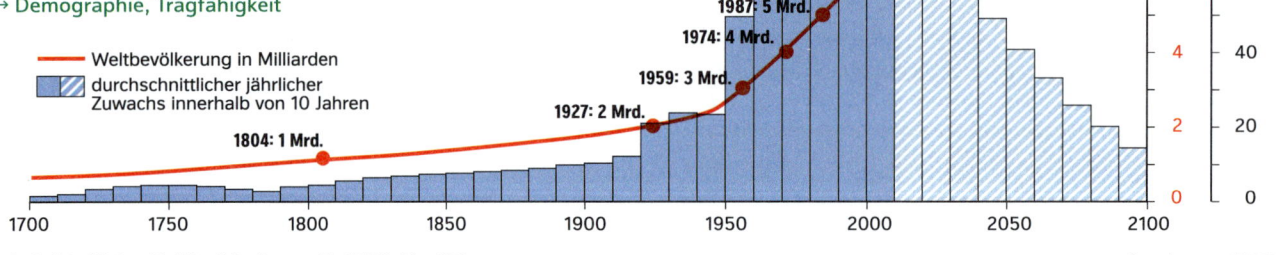

Quelle: United Nations: World Population Prospects: The 2012 Revision, 2013

© **westermann** 31510EX_1

M 1 Das Wachstum der Weltbevölkerung

Für die Szenarien der Vereinten Nationen werden unterschiedliche Varianten im Hinblick auf die Geburtenrate berechnet. Die Vereinten Nationen gehen im Prinzip davon aus, dass sich die Fertilitätsraten in jenen Ländern, in denen die Menschen viele Kinder bekommen, weiter verringern, weil dies dem Trend anderer Länder entspricht. Bereits geringe Unterschiede der durchschnittlichen Kinderzahl pro Frau haben einen erheblichen Einfluss auf die Bevölkerungsentwicklung. Die mittlere Variante geht davon aus, dass die weltweite durchschnittliche Kinderzahl von 2,5 bis zum Jahr 2100 auf zwei Kinder pro Frau sinken wird. Die niedrigere Variante wird mit einem halben Kind weniger gerechnet, die „konstante Variante" (mit konstanter Fertilität) zeigt die Entwicklung bei gleichbleibendem Wert.

M 2 Bevölkerungsprojektionen

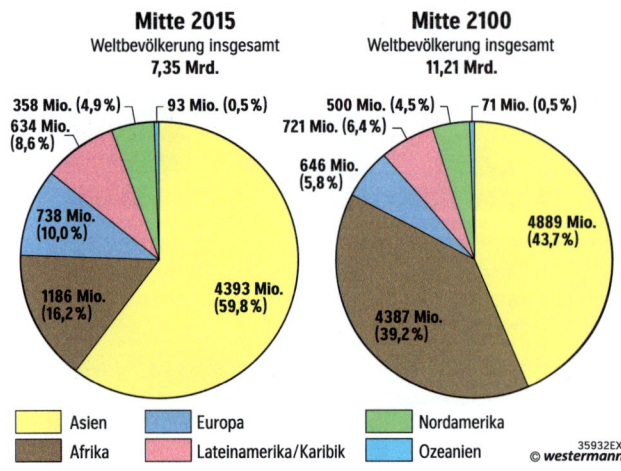

M 3 regionale Verteilung der Weltbevölkerung 2015 und 2100

	2017		2100 (Prognose)	
1	China	1388,2	Indien	1660
2	Indien	1342,5	China	1004
3	USA	326,5	Nigeria	752
4	Indonesien	263,5	USA	450
5	Brasilien	211,2	D. R. Kongo	389
6	Pakistan	196,7	Pakistan	364
7	Nigeria	191,8	Indonesien	314
8	Bangladesch	164,8	Tansania	299
9	Russland	143,4	Äthiopien	243
10	Mexiko	130,2	Niger	209
18	Deutschland	80,6	Deutschland	63

Quelle: worldometers, UN (2015)

M 4 Die zehn bevölkerungsreichsten Staaten (Angaben in Mio.)

www.diercke.de
100800-074-01

www.diercke.de
100800-276

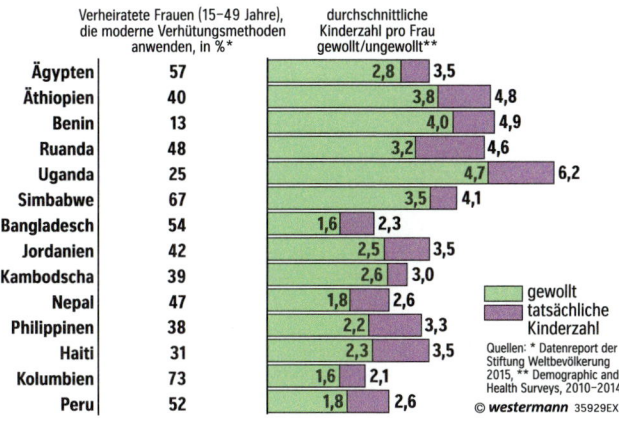

M 5 Verhütung und Kinderzahlen in Entwicklungsländern

Was zu kleinen Familien führt

Die Geburtenraten sinken nachweislich,

- wenn Frauen in Familie und Gesellschaft mehr Mitsprachemöglichkeiten erhalten und sich ihnen Alternativen zur reinen Mutterrolle eröffnen.
- wenn Mädchen und Frauen einen ungehinderten Zugang zu Sexualaufklärung, Familienplanung und Verhütungsmitteln haben.
- wenn Mädchen und Frauen eine bessere Bildung erlangen. Insbesondere der Besuch einer weiterführenden Schule führt dazu, dass Frauen später Kinder bekommen und Familienplanung aktiver betreiben.
- wenn sich neue Lebensperspektiven ergeben, etwa durch einen Umzug vom Land in die Stadt, durch bessere Verdienstmöglichkeiten oder durch neue Familienbilder, die über die Medien transportiert werden.
- wenn die Kindersterblichkeit sich verringert. Denn Paare sind erst bereit, weniger Nachwuchs zu bekommen, wenn sich die Überlebenschance für jedes einzelne Kind erhöht.

Quelle: Sippel, L. u.a.: Afrikas demographische Herausforderung. Berlin 2011

M 8 Was zu kleineren Familien führt

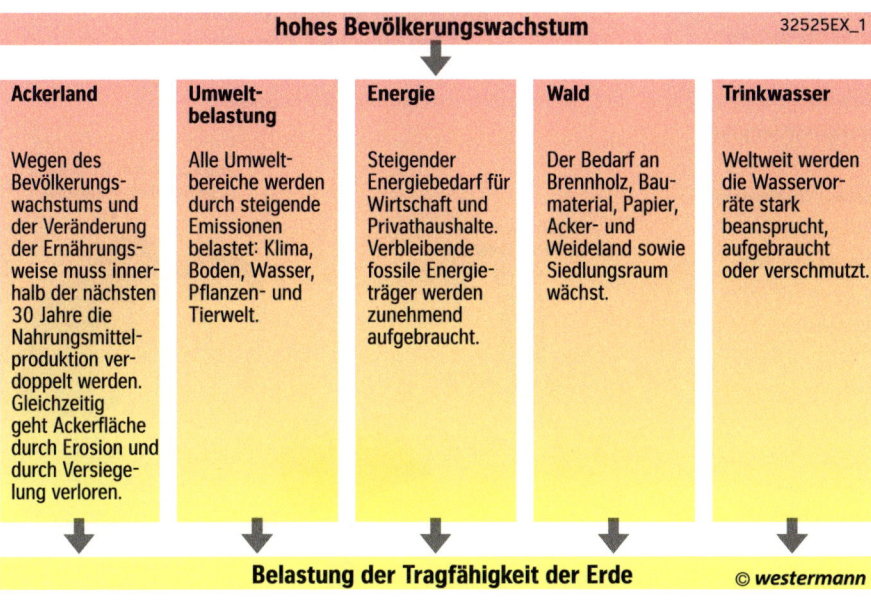

M 6 Bevölkerungswachstum als Herausforderung

„Tragfähigkeit in der Humanökologie: jene Menschenpopulation eines Raumes, die in diesem – unter Berücksichtigung des erreichten Kultur- und Zivilisationsstandes – auf agrarischer (agrarische Tragfähigkeit), natürlicher (natürliche Tragfähigkeit) oder gesamtwirtschaftlicher (gesamte Tragfähigkeit) Basis auf längere Sicht überleben und leben kann."

Definition nach: Leser, Hartmut (Hrsg.): Diercke Wörterbuch Geographie. Raum – Wirtschaft und Gesellschaft – Umwelt (2011), S. 975.

M 9 Definition „Tragfähigkeit"

Erklärungsansätze

Voraussetzungen: Es besteht Entscheidungsfreiheit bei den Frauen oder Paaren bezüglich des Kindergebärens, die Option „weniger oder keine Kinder" wird als Vorteil wahrgenommen und kontrazeptive Methoden sind bekannt, beherrscht und werden genutzt

Dimensionen:

- Säkularisierung, in Verbindung mit der Selbstbestimmtheit des Individuums
- Emanzipation und Stärkung der Rechte von Frauen, insbesondere auch der Entscheidung über den Körper
- Kulturelle Kontexte, die Werte und deren Wandel beeinflussen
- Bildung, (bezahlte) Arbeitschancen
- Sozialer Wandel z. B. individuelle Lebensgestaltung, Familienstrukturen
- Positive oder negative ökonomische Bedingungen, individuelles finanzielles Kapital, die zusammen eine längerfristige ökonomische Sicherheit bieten
- Öffentliche Unterstützung zur Vereinbarung von Familie und Beruf

M 7 Mögliche Gründe des Geburtenrückgangs in Deutschland

Wirkungen

- Ökonomische Konsequenzen in Form allgemein und regional differenzierter veränderter Nachfrage und Angebotsstrukturen
- Arbeitsmarktveränderungen (Quantität, Qualifikationen)
- Öffentliche und versicherungswirtschaftliche Haushalte sind in besonderer Weise betroffen
- Technische und soziale Infrastrukturen müssen an geänderte Bedarfe angepasst werden,
- Bildungs-, Aus- und Weiterbildungsinfrastrukturen sind umzugestalten
- Familiäre Lebenswelten ändern sich
- Haushaltsstrukturen ändern sich
- Veränderungen im Mobilitätsverhalten und bezüglich der Verkehrsinfrastrukturen sind zu berücksichtigen
- Freizeit und Tourismusangebote sind dem geänderten Nachfrageverhalten anzupassen
- Gesundheitsversorgung, -vorsorge und -nachsorge wandeln sich
- Siedlungsstrukturell sowie wohnungs- und städtebaulich sind neue Entwicklungen zu gestalten

M 10 Konsequenzen des demographischen Wandels in Deutschland

Rohstoffe und Ressourcen

Im Jahr 2016 wurden weltweit etwa 86 Milliarden Tonnen Rohstoffe für Konsumgüter, in der Bauindustrie und Metallverarbeitung sowie für die Energiegewinnung verbraucht. Im Gegensatz dazu werden nachwachsende Rohstoffe aus der belebten Natur entnommen und u.a. für Nahrungsmittelerzeugung verwendet. Der Begriff Ressource beschreibt das vorhandene und wirtschaftlich nutzbare Potential von Rohstoffen für Staaten, die damit handeln oder diese selbst nutzen. Als Wissenschaft befasst sich die Geologie mit der Entstehung und der Erkundung von natürlichen, zumeist endlichen Vorkommen von häufig industriell nutzbaren Rohstoffen auf unserer Erde. Diese werden aus Lagerstätten in unterschiedlichen Tiefen der Erdkruste abgebaut bzw. gefördert, um anschließend auf dem Weltmarkt gehandelt und zu Produkten verarbeitet zu werden.

1. a) Beschreiben Sie die Eigenschaften der dargestellten Rohstoffgruppen (M 1).
   b) Vergleichen Sie Rohstoffe einzelner Rohstoffgruppen hinsichtlich ihres Vorkommens, ihrer Verarbeitung und Verwendung (M 1).
2. Beschreiben Sie den Ansatz des ökologischen Rucksacks am Beispiel eines Mobiltelefons (M 2, M 3).
3. Erläutern Sie den Unterschied zwischen Reserven und Ressourcen (M 4).
4. a) Recherchieren Sie die Staaten, die Hauptexporteure von metallischen Rohstoffen sind (Atlas).
   b) Vergleichen Sie den Anteil der metallischen Verarbeitungsindustrie in diesen Staaten (Atlas).
   c) Erörtern Sie die Folgen eines zunehmenden Ressourcenverbrauchs für rohstoffexportierende Staaten (M 5).
5. Erläutern Sie den Zusammenhang von Technologieentwicklung und Rohstoffverbrauch (M 6).
Ⓩ 6. Nehmen Sie Stellung zu folgender Aussage: „Wir müssen den zivilisatorischen Standard ohne Wachstum, Hyperkonsum und exzessiven Naturverbrauch bewahren."

→ Energielieferant, Ressourcen, Rohstoffe

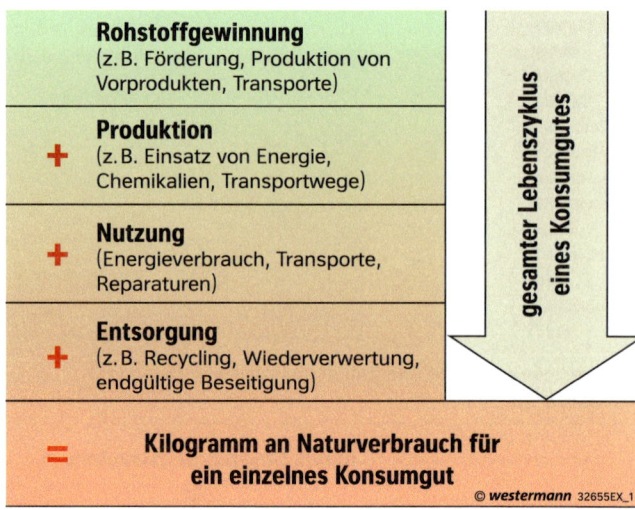

M 2   Ansatz des ökologischen Rucksacks

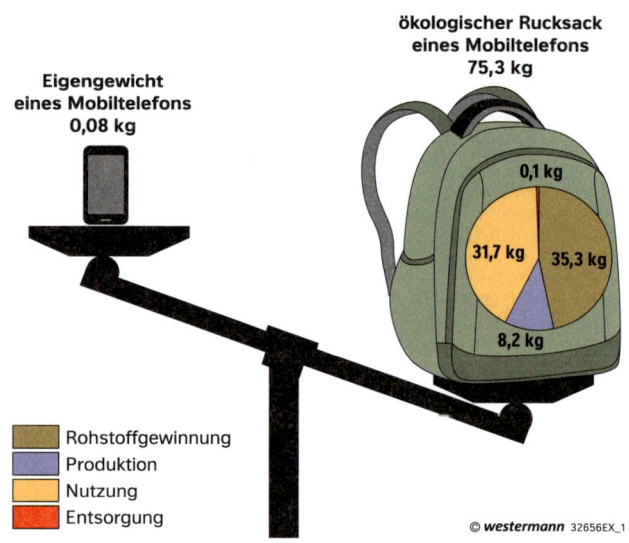

M 3   Ökologischer Rucksack eines Mobiltelefons

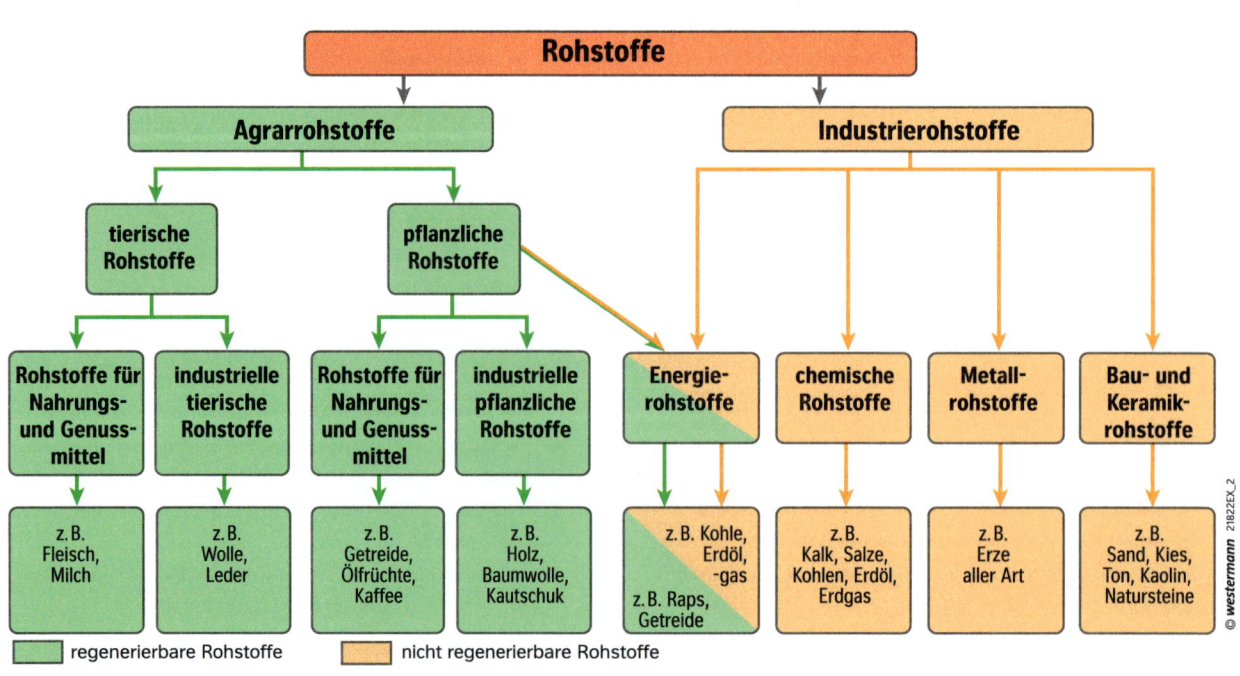

M 1   Gruppen von Rohstoffen

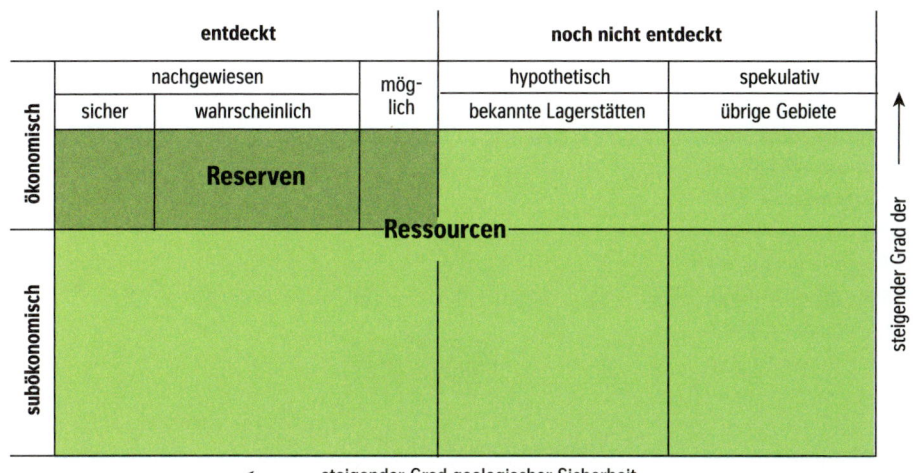

		entdeckt			noch nicht entdeckt	
		nachgewiesen		möglich	hypothetisch	spekulativ
		sicher	wahrscheinlich		bekannte Lagerstätten	übrige Gebiete
ökonomisch		Reserven				
		Ressourcen				
subökonomisch						

← steigender Grad geologischer Sicherheit

© westermann 32669EX_2

steigender Grad der Wirtschaftlichkeit

- subökonomisch:
  eine wirtschaftliche Förderung ist nicht gewährleistet, da die Förderkosten höher als die Gewinne aus dem Rohstoffhandel sind
- hypothetisch:
  eine begründete Annahme aufgrund von Kenntnissen über die Beschaffenheit von vergleichbaren Lagerstätten
- spekulativ:
  vermutete Lagerstätten ohne genaue Kenntnisse über deren Beschaffenheit
- geologische Sicherheit:
  vorhandenes geologisches Wissen aus durchgeführten Erkundungen und dem Wissen über die Beschaffenheit der Lagerstätten hinsichtlich der Menge eines Rohstoffvorkommens

M 4 Reserven und Ressourcen

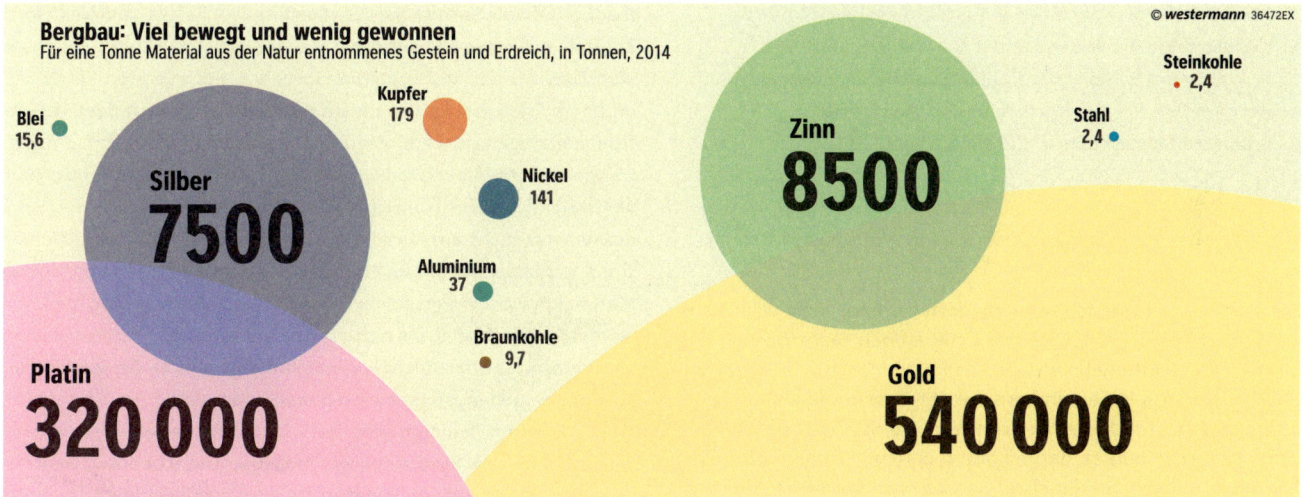

Bergbau: Viel bewegt und wenig gewonnen
Für eine Tonne Material aus der Natur entnommenes Gestein und Erdreich, in Tonnen, 2014

© westermann 36472EX

Blei 15,6
Kupfer 179
Silber **7500**
Nickel 141
Aluminium 37
Braunkohle 9,7
Zinn **8500**
Steinkohle 2,4
Stahl 2,4
Platin **320 000**
Gold **540 000**

M 5 Bergbau: Anteil „toten Gesteins" in Tonnen beim Abbau von einer Tonne Industrierohstoff

Wind und Wasserkraft dienen als Antrieb einfacher mechanischer Produktion (z. B. für Mahlwerke)

Mit Brennmaterialien betriebene Dampfmaschinen produzieren Dampfkraft als Antriebsenergie für mechanische Produktionsanlagen, z. B. für mechanische Webstühle oder im Transportwesen z. B. für Dampflokomotiven.

Mithilfe von elektrischer Energie, die in Kraftwerken produziert und über Stromleitungen weitergeleitet wird, erfolgt die Einführung arbeitsteiliger Massenproduktion (z. B. an Fließbändern in Schlachthöfen, in der Automobilproduktion usw.)

Mit dem Einsatz von Elektronik und Informationstechnologie wird die Automatisierung und Steuerung der Produktion (z. B. durch Computertechnologie) weiter ausgebaut. Diese neuen Technologien werden dabei auch für die Energieerzeugung (z. B. Fotovoltaik) eingesetzt.

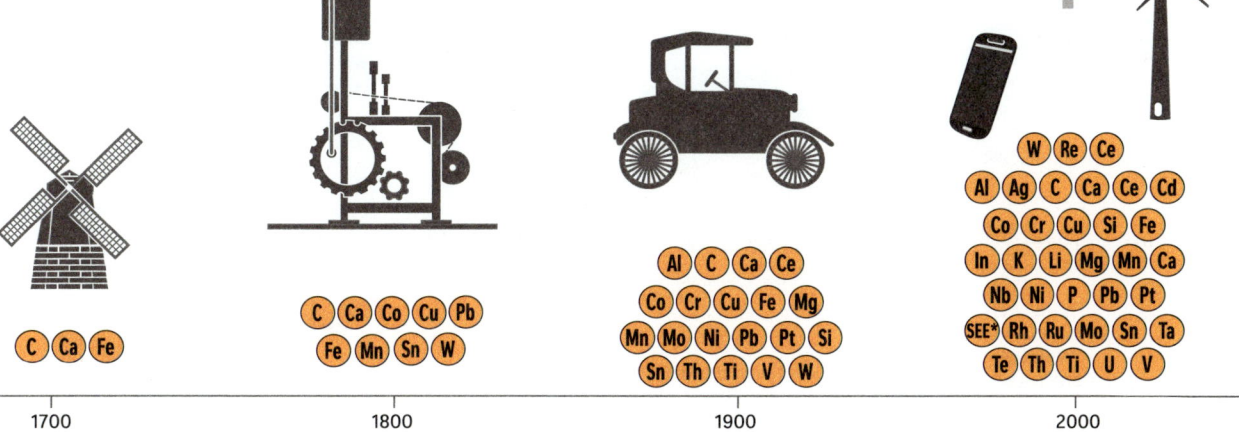

* Die Selten-Erd-Elemente (SEE) umfassen die Elemente Scandium, Yttrium und Lanthan sowie die 14 Elemente der Gruppe der Lanthanoiden.

© westermann 36471EX

M 6 Technologieentwicklung und Rohstoffverbrauch

Wirtschaftsgeographische Grundlagen

Die Wirtschaftsgeographie beschäftigt sich mit der räumlichen Dimension wirtschaftlicher Aktivitäten. Im Vordergrund stehen dabei die Wirkungen natürlicher Raumfaktoren auf das wirtschaftliche Handeln sowie die Auswirkungen wirtschaftlicher Aktivitäten auf den Raum auf unterschiedlichen Maßstabsebenen. Mittels verschiedener Theorien und Modelle versuchen Wirtschaftsgeographinnen und -geographen, Raummuster, die sich durch die Interaktion wirtschaftlich handelnder Individuen und Gruppen ergeben, zu erklären und zu beurteilen. In jüngerer Zeit spielen dabei Überlegungen zur Nachhaltigkeit eine immer größere Rolle.

1. Geben Sie die wichtigsten Aussagen der auf dieser Doppelseite dargestellten wirtschaftsgeographischen Erklärungsansätze wieder (M1 – M5).
2. Erklären Sie die Bedeutung einzelner Standortfaktoren für die Standortwahl eines Industriebetriebes (M1, M2).
3. Erläutern Sie die Aussagen der Standorttheorie nach A. Weber am Beispiel der Papierindustrie (M3, Atlas).
4. Beschreiben Sie den Wirtschaftskreislauf (M5).
5. Erläutern Sie den Begriff „Tertiärisierung" (M5).

→ Standortfaktoren, Wirtschaftskreislauf, Wirtschaftssektoren

Die Wahl eines Unternehmensstandortes erfolgt nicht willkürlich, sondern orientiert sich in erster Linie an den Bedürfnissen des betreffenden Unternehmens. In der freien Marktwirtschaft steht dabei i.d.R. das Unternehmensziel der Gewinnmaximierung im Vordergrund. Um dieses zu erreichen, wählt das Unternehmen einen Betriebsstandort, der möglichst geringe Produktionskosten bei hohen Erlösen gewährleistet und zugleich für die eigenen Mitarbeiter attraktiv ist. Dies gilt insbesondere für solche Betriebe, die mit anderen in Konkurrenz um qualifiziertes Fachpersonal stehen, z.B. Hightech-Betriebe. Diese für die Standortwahl entscheidenden räumlichen Faktoren werden in der Wirtschaftsgeographie als Standortfaktoren bezeichnet. Hierbei wird zwischen harten und weichen Standortfaktoren differenziert. Harte Standortfaktoren schlagen sich unmittelbar in Kosten nieder, weiche Standortfaktoren in besonderen Raummerkmalen, die gleichzeitig auf der subjektiven Wahrnehmung der Lebens- und Arbeitswelt durch die betroffenen Personen basieren.

M1 Standortfaktoren

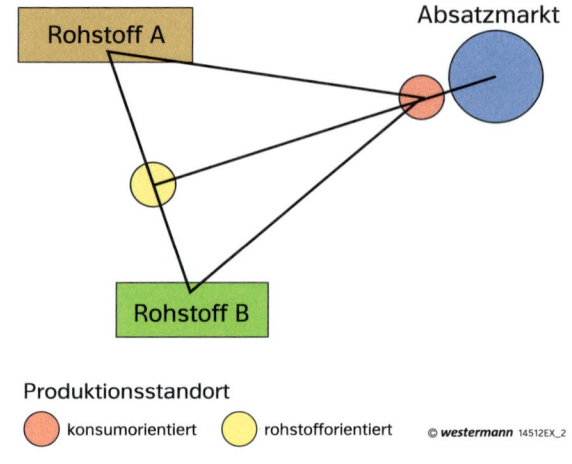

Produktionsstandort
- konsumorientiert
- rohstofforientiert

© *westermann* 14512EX_2

Im Mittelpunkt der 1909 von Alfred Weber veröffentlichten Standorttheorie steht die Suche nach dem kostengünstigsten Produktionsort. Zentrale Rolle spielen hierbei die Transportkosten. Diese hängen ab vom Gewicht der im Produktionsprozess eingesetzten Rohstoffe und dem Endprodukt. Der ideale Produktionsort liegt dort, wo die Transportkosten am niedrigsten sind. Werden im Produktionsprozess beispielsweise Materialien eingesetzt, die während der Produktion an Gewicht verlieren (Gewichtsverlustmaterialien), so liegt der Produktionsort dicht am Materialfundort (rohstofforientiert), da hier Transportkosten für das im Produktionsprozess verloren gegangene Materialgewicht eingespart werden können. Werden hingegen nur Materialien eingesetzt, die nicht an einen bestimmten Materialfundort gebunden sind oder solche, die mit ihrem gesamten Gewicht in das Produkt eingehen, so ist es am günstigsten, direkt am Konsumort zu produzieren (konsumorientiert). Da in der Regel verschiedene Materialien für die Produktion von Industriegütern benötigt werden, lässt sich anhand eines Standortdreiecks der Transportkostenminimalpunkt konstruieren. Abweichungen hiervon ergeben sich, wenn beispielsweise die Arbeitskostenersparnis durch niedrigere Lohnkosten größer ist als zusätzlich entstehende Transportkosten.

Freytag, Martin et al. (2016): Geographie S II. Ausgabe Nord. Seydlitz | Diercke. Braunschweig: Westermanngruppe. (S. 102)

M3 Standorttheorie nach Alfred Weber

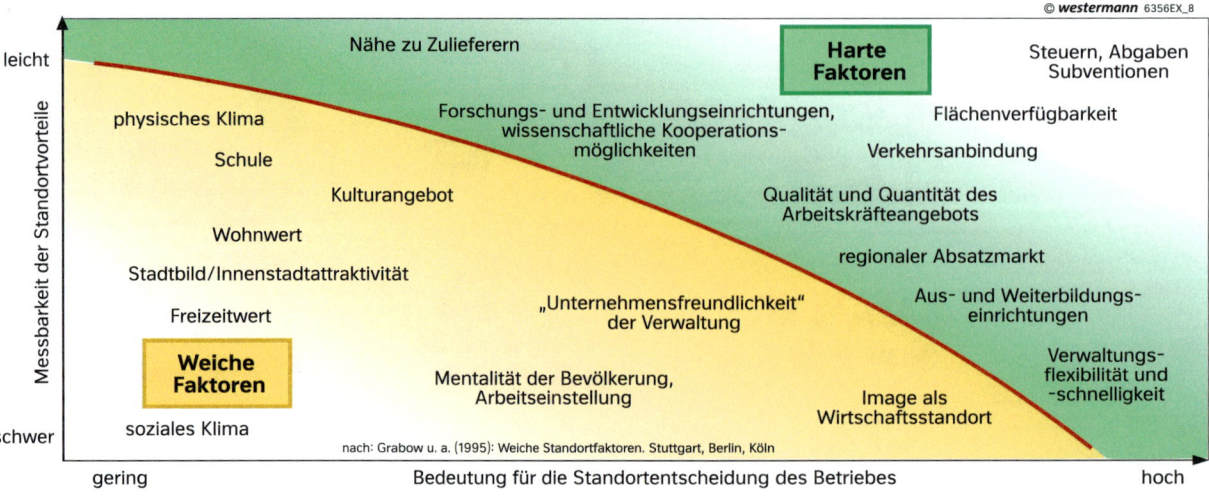

© *westermann* 6356EX_8

M2 Harte und weiche Standortfaktoren als Kriterien für Standortentscheidungen

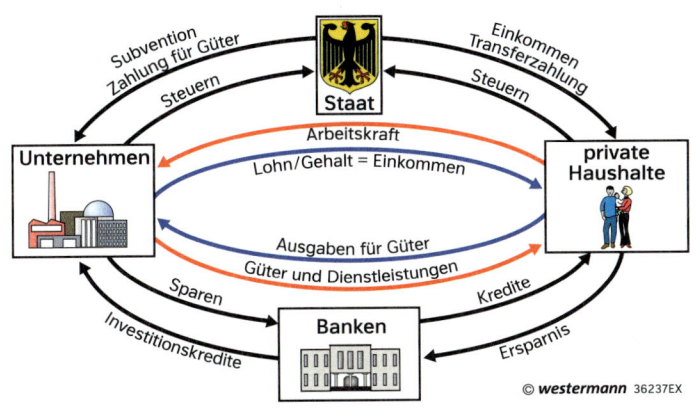

Der einfache Wirtschaftskreislauf ist ein übersichtliches, leicht verständliches Modell zur Darstellung der volkswirtschaftlichen Tauschvorgänge in der Form eines Kreislaufschemas. Ausgangspunkt bei der Kreislaufdarstellung ist der Umstand, dass es in der Volkswirtschaft zwei Wertkreisläufe gibt, den Geldkreislauf und den Güterkreislauf. Geldkreislauf und Güterkreislauf verlaufen in der Volkswirtschaft meistens entgegengesetzt, da Güter mit Geld bezahlt werden.

Saurer, Helmut (2016): Duden Wirtschaft von A bis Z: Grundlagenwissen für Schule und Studium, Beruf und Alltag. In: Bibliographisches Institut (Hrsg.), 6. Aufl. Mannheim. (Lizenzausgabe Bonn: Bundeszentrale für politische Bildung 2016)

M 4 Der einfache Wirtschaftskreislauf

Entwicklung der klassischen Wirtschaftssektoren nach Jean Fourastié

Die Wirtschaft hat zwei Grundfunktionen: Auf der einen Seite sollen Güter und Dienste produziert werden (z.B. für die Landwirtschaft, den Bergbau, die Industrie oder die Elektrizitätsgewinnung). Des Weiteren sollen diese Güter und Dienste unter den Verbrauchern verteilt werden (z. B. Einzelhandel). Demnach bedeutet Produktion die Erzeugung von Gütern und Dienstleistungen. [...] Die Aufgliederung der wirtschaftlichen Aktivitäten erfolgt allgemein in der Zuordnung der einzelnen wirtschaftlichen Unternehmen zu den drei klassischen Hauptsektoren der Wirtschaft (nach Jean Fourastié). Die Bedeutung der drei Wirtschaftssektoren hat sich in den letzten Jahrhunderten erheblich gewandelt und wird sich nach J. Fourastié im 21. Jh. noch weiter gravierend verändern. [...]. Vor der ersten industriellen Revolution, die in Großbritannien um die Mitte des 18. Jh. [...] einsetzte, lag der Anteil der Beschäftigten des primären Sektors noch bei mehr als 80 % [...].

Die Bedeutung des primären Sektors ist seitdem beständig zurückgegangen [...]. Der sekundäre Sektor ist demgegenüber in der Beschäftigtenzahl seit Beginn der industriellen Revolution erheblich angewachsen. [...]. Die relative Überproduktion sekundärer Güter führt nun nach J. Fourastié zu Krisen. Eine größere Arbeitslosigkeit kann nur durch eine vorausschauende Wirtschaftspolitik, eine hohe Mobilität der arbeitenden Menschen und ihre Überführung in den Dienstleistungssektor verhindert werden. Die Entwicklung des Dienstleistungssektors verhält sich umgekehrt proportional zu derjenigen des primären Sektors.

Das Modell ist [...] nur bedingt auf Schwellenländer, erst recht nicht auf Entwicklungsländer übertragbar. Denn hier besteht zum einen die Tendenz der Aufblähung des tertiären Sektors durch den sogenannten informellen Sektor, d.h. der unzureichenden und volkswirtschaftlich nicht integrierten, im Allgemeinen unterbezahlten Dienstleistungstätigkeiten, die mit den traditionellen und auch modernen Dienstleistungsberufen in den Industrieländern nicht vergleichbar sind. Hinzu tritt, dass in unterentwickelten, bevölkerungsreichen Staaten noch hohe Beschäftigungsanteile im primären Sektor bestehen, was auf beträchtliche Unterbeschäftigung in den übrigen beiden Sektoren hindeutet. [...]

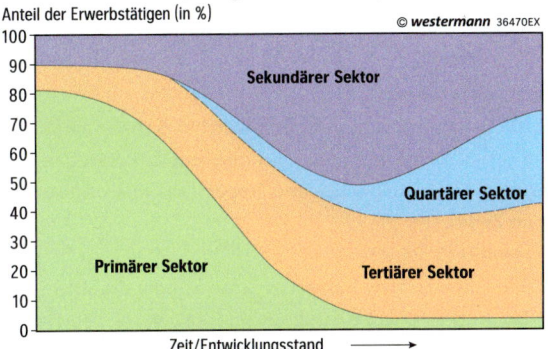

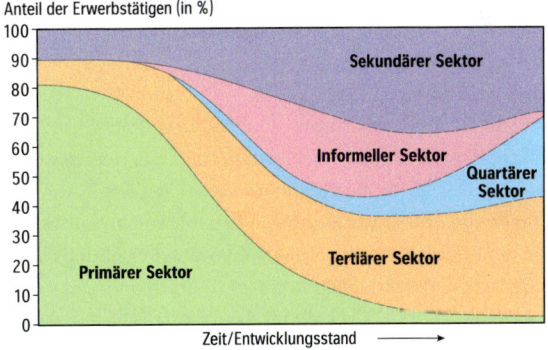

Anstelle der dreiteiligen Wirtschaftsgliederung hat Jean Gottmann (1961) eine Aufspaltung des tertiären Sektors vorgeschlagen und den Begriff „quartärer Sektor" eingeführt. [...] Der Begriff des quartären Sektors bezieht sich auf Dienstleistungsaktivitäten, für deren Ausübung höhere Ausbildung und Schulung erforderlich sind und die einen großen Beitrag zu Entscheidungsprozessen leisten, d. h. also: Einrichtungen der Regierung, der Lehre und Forschung, der Dienstleistungen, die bei Transaktionen genutzt werden (also Banken, Versicherungen etc.), gehobene personenbezogene Dienstleistungen wie Ärzte, Rechtsanwälte etc.. [...] Diese Einteilung besitzt gegenüber der klassischen den Vorteil, dass sie den Erscheinungsformen des modernen Wirtschaftsprozesses angepasst ist [...].

Heineberg, Heinz (2003): Einführung in die Anthropogeographie/ Humangeographie. Paderborn. (S. 97 ff.)

M 5 Die Wirtschaftstheorie nach Jean Fourastié

1. Glossar / Register

Agenda 2030 (S. 9)

Agrarische Tragfähigkeit (S. 70)

Agrarökologie (S. 70)

in der Landschaftsökologie verwandtes Fachgebiet, das für die Landwirtschaft ein Agroökosystem-Modell definiert, ähnlich dem Landschaftsökosystem. Die geoökologische Betrachtungsweise der Agrarlandschaft durch die Agrarökologie zielt auf standortgerechte, zugleich ökonomische Landnutzung ab, für die sie die leistungsfördernden und leistungsbegrenzenden natürlichen Eigenschaften der Standorte erkundet, um dem Prinzip der Nachhaltigkeit der landwirtschaftlichen Ertragsfähigkeit Genüge zu tun.

Anthropozän (S. 22)

Arbeitsrechte (S. 14)

„sustainability worldview" (S. 93)

Bad Governance (S. 38)

Der Begriff umschreibt eine schlechte Regierungsführung, die einer positiven Entwicklung entgegensteht. Typisch sind: Diktatur, Gewaltanwendung, Korruption, Unterdrückung jeglicher Freiheiten. Bad Governance kann zu Teufelskreisen führen und erweist sich als schweres Hindernis bei der Bekämpfung von Armut. Gegenteil: Good Governance.

Beleuchtungszonen (S. 112)

Die Erde wird aufgrund unterschiedlicher Sonneneinfallswinkel in drei große Beleuchtungszonen gegliedert: Polarzone (flacher Einfallswinkel), Mittelbreiten und Tropen (steiler Einfallswinkel bis hin zum Zenit).

Biodiversität (S. 24, 46)

Diversität lebender bzw. biotischer Systeme oder die „Diversität des Bios". Sie drückt sich in der Struktur und Funktion von Lebensgemeinschaften aus, aber auch in deren Eingehen in Umweltbeziehungen, welche die abiotischen Bestandteile der Umweltsysteme repräsentiert, die Lebensfunktionen der Organismen selbst sowie genetische Differenzierungen durch evolutionäre Vorgänge.

Biopiraterie (S. 49)

Biosphärenreservat (S. 54)

Gebiet mit besonderen Natur- und Kulturlandschaften, dessen Kernflächen unter Naturschutz stehen, und das von der UNESCO ausgewiesen wird. Für ein Biosphärenreservat werden Konzepte zu Schutz, Pflege und Entwicklung von Lebensräumen entwickelt. Sie dienen der Erforschung von Mensch-Umwelt-Beziehungen und der ökologischen Umweltbeobachtung. In Deutschland gibt es 14 Biosphärenreservate, z. B. das Biosphärenreservat Schorfheide-Chorin. (Andere Formen von Schutzgebieten: Naturpark, Nationalpark.)

Bodenart (S. 110)

Diese wird bestimmt durch die Korngröße der mineralischen Bestandteile im Boden. Hierbei unterscheidet man Sand-, Lehm- und Tonboden.

Bodenbildung (S. 110)

Boden entsteht durch die Aufbereitung von Gestein vor allem durch Verwitterung sowie durch den Abbau von organischem Material zu Humus.

Bodendegradation (S. 72)

Verschlechterung des Bodens durch landwirtschaftliche Übernutzung oder durch natürliche Einflüsse. Bodendegradation führt zur Veränderung der Struktur und stofflichen Zusammensetzung des Bodens sowie zum Nachlassen der Bodenfruchtbarkeit.

Bodenerosion (S. 36)

Abtragung des Bodens durch Wasser und Wind, wenn die schützende Pflanzendecke zerstört ist. Sie wird häufig vom Menschen durch unsachgemäße Behandlung der Böden, z. B. durch Rodung von Wäldern, das Umpflügen von Grassteppen oder Überweidung, ausgelöst. Mit verschiedenen Maßnahmen zum Bodenschutz wird versucht, die Bodenerosion einzudämmen. Hierzu gehören das Anpflanzen von Windschutzhecken und das der Landschaftsform angepasste Pflügen (Konturpflügen).

Bodengare (S. 72)

Bodenhorizont (S. 110)

unterschiedliche mächtige, mehr oder weniger parallel zur Erdoberfläche verlaufende und mit verschiedenen Merkmalen ausgestattete Bodenschichten.

Bodenqualität (S. 72)

(Bodengüte), Bodenqualität nimmt in Bezug auf die Leistungsfähigkeit bei der Pflanzenproduktion. Da Pflanzen unterschiedliche Ansprüche an die Bodengüte stellen, ist es für die Landwirtschaft wichtig, das Anspruchsniveau der Nutzpflanzen zu kennen.

Citta Slow-Bewegung (S. 82)

Cradle to Cradle (C2C) (S. 96)

CSA (S. 69)

Als Solidarische Landwirtschaft (engl. Community Supported Agriculture) wird eine Form der Vertragslandwirtschaft bezeichnet, bei der eine Gruppe von Verbrauchern auf lokaler Ebene mit einem Partner-Landwirt kooperiert.

Demographie (S. 116)

Bevölkerungswissenschaft. Diese arbeitet mit konkreten Zahlen (z. B. über Anzahl und Alter der Menschen), die präzise Aussagen sowohl über die gegenwärtige als auch zukünftige Bevölkerungsentwicklung ermöglichen. Auf Grundlage der Ergebnisse können anschließend notwendige gesellschaftliche und wirtschaftliche Maßnahmen in der Bevölkerungspolitik geplant werden.

Desertifikation (S. 32)

Vordringen der Wüste in Gebiete, die durch ihre Trockenheit besonders gefährdet sind. Das Vordringen der Sahara in die Sahelzone ist das bekannteste Beispiel. Die Desertifikation wird oft durch falsche oder zu starke Nutzung der Wüstenrandgebiete durch den Menschen ausgelöst. Dabei kann es sich um ackerbauliche Nutzung von Weidegebieten, um Überweidung der Gebiete durch Rinder und Ziegen oder um Holzeinschlag handeln. Von dieser Entwicklung sind besonders die Dornstrauchsavannen betroffen.

Destination (S. 102)

touristische Zielregion

Dürre (S. 40)

Eine ungewöhnlich lange Trockenperiode. Eine extreme Dürre kann zu Missernten und Hungersnöten führen.

Ecovillage-Design-Mandala (S. 90)

Emissionen (S. 50)

Abgabe von Stoffen, die die Umwelt belasten (z. B. Rauch, Abwasser, Wärme, Geräusche). Verursacher (Emittenten) sind z. B. Industriebetriebe, Kraftwerke und Kraftfahrzeuge.

Energielieferant (S. 114)

Nutzbarmachung von Energie.

Energieversorgung (S. 60)

Gesamtheit der Einrichtungen und Vorgänge zur bedarfsgerechten Bereitstellung von Energie. Die Energieversorgung fällt in den Bereich der staatlichen Daseinsvorsorge und ist gesetzlich geregelt.

Entwicklung (S. 94)

Veränderungen im Laufe der Zeit.

Erd-Demokratie (S. 78)

Fangquoten (S. 38)

Angabe der Fangmenge für bestimmte Fischarten in Tonnen, die in einer Übereinkunft der Europäischen Union (EU) mit Kanada festgelegt ist. Durch Fangquoten erfuhr die deutsche Fangflotte eine ständige Verkleinerung.

Fast Fashion (S. 17)

Feinstaubbelastung (S. 22, 59)

Feinstaub besteht aus einem komplexen Gemisch fester und flüssiger Partikel und wird abhängig von deren Größe in unterschiedliche Fraktionen eingeteilt. Unterschieden werden PM 10 (PM, particulate matter) mit einem maximalen Durchmesser von 10 Mikrometer (µm), PM 2,5 und ultrafeine Partikel mit einem Durchmesser von weniger als 0,1 µm. Gerade in Städten kann es zur Feinstaubbelastung durch viel Verkehr kommen.

Geothermie (S. 60)

Geopolitik (S. 52)

Wissenschaft hinsichtlich der Bedeutung geografischer Faktoren (z.B. Lage, Ressourcen) im Zusammenspiel mit politischen Vorgängen (z.B. Abgrenzung, Machtdemonstration).

Globaler Wandel (S. 22)

„Global understanding" (S. 78)

Governance (S. 84)

grüner New Deal (S. 94)

(Green New Deal) Konzept, das zukünftiges Wirtschaften am Leitbild der Nachhaltigkeit ausrichtet.

Hunger (S. 40, S. 71)

Durch mangelhafte Bereitstellung von Grundnahrungsmitteln zurückzuführende chronische Unterernährung (bzw. Mangelernährung). Hunger ist das deutlichste Sichtbarwerden von Armut, das gegen das Recht auf Nahrung sowie Leben und Menschenwürde verstößt. Hunger verursacht eine mangelnde körperliche und geistige Leistungsfähigkeit und gesundheitliche Schäden. Weltweit leiden rund 0,8 Milliarden Menschen an Hunger.

Hungersnot (S. 40)

Ein großer Anteil einer Bevölkerung leidet an Unterernährung. Diese kann zum Tod führen. Der Definition der UN zufolge haben min. 20 % der Bevölkerung Zugang zu weniger als 2100 Kilokalorien / Tag; min. 30 % der Kinder sind akut unterernährt; min. zwei von 10 000 Menschen sterben täglich an mangelnder Ernährung.

Hydraulic Fracturing (S. 56)

indigene Bevölkerung/indigene Volksgruppe (engl. *indigenous people*) (S. 47, 54, 60, 63, 71, 92)

Nationale Minderheit, die sich aus Nachfahren der Erstbesiedlung zusammensetzt, die im Lauf der Geschichte von anderen Völkern unterworfen, häufig aus ihren ursprünglichen Siedlungsgebieten verdrängt und wirtschaftlich, sozial und politisch marginalisiert wurden. Eine i. V. unterscheidet sich durch sprachliche, kulturelle, wirtschaftliche und soziale Andersartigkeit von der Mehrheit der nationalen Bevölkerung. Der Begriff ersetzt zunehmend die früher üblichen Begriffe Ureinwohner, Eingeborene bzw. Naturvolk.

industrielle Landwirtschaft (S. 42)

Auch industrialisierte Landwirtschaft. Typ von Landwirtschaft mit der Verwendung industriespezifischer Produktionsweisen. Kennzeichen derartiger Betriebe sind u.a. ein hoher Spezialisierungsgrad, die Verwendung technischer Verfahren, ein hoher Kapitaleinsatz und der Übergang zur standardisierten Massenproduktion.

Klima (S. 120)

Gesamtheit aller meteorologischen Vorgänge, die für die über Zeiträume von mindestens 30 Jahren regelmäßig wiederkehrenden durchschnittlichen Zustände der Erdatmosphäre an einem Ort verantwortlich sind. Oder anders ausgedrückt: Klima ist die Gesamtheit aller an einem Ort möglichen Wetterzustände, einschließlich ihrer typischen Aufeinanderfolge sowie ihrer tages- und jahreszeitlichen Schwankungen.

Klimaelemente (S. 112)

Messbare Erscheinungen der Atmosphäre (Luftdruck, Luftfeuchtigkeit, Temperatur, Niederschläge, Wind, Bewölkung), die über einen langen Zeitraum zusammen betrachtet das Klima eines Ortes ergeben.

Klimafaktoren (S. 108)

Eigenschaften eines Raumes, die das Klima beeinflussen (z. B. Breitenlage, Höhenlage, Exposition, Siedlungsdichte, Lage zum Meer).

Klimagerechtigkeit (S. 18)

Klimaneutralität (S. 58)

Kompensation von klimawirksamen Emissionen an einem Ort durch Klimaschutzmaßnahmen an einem anderen Ort (Quellen und Senken im Gleichgewicht).

Klimawandel (S. 10, 18, 22, 24f., 28f., 31, 37, 42, 52, 59, 66, 68, 70, 81, 87/88, 101, 114)

Begriff, der die Veränderungen des globalen Klimas zusammenfasst.

Kommunalrichtlinie (S. 18)

Richtlinie zur Förderung von Klimaschutzprojekten in Kommunen.

Komplementärwährungen (S. 68, 69)

Regionale Komplementärwährungen sind eigene Währungen in einer bestimmten Region, die die jeweilige Landeswährung ersetzen und die für Kaufgeschäfte in dieser Region akzeptiert werden. Mit ihnen soll die Wertschöpfung in der Region bleiben.

Konversion (S. 69)

Der Begriff Konversion (auch Umnutzung, Nutzungsänderung) beschreibt in der Stadtplanung die Wiedereingliederung von Brachflächen in den Wirtschafts- und Naturkreislauf oder die Nutzungsänderung von Gebäuden. Zu Beginn des 20. Jahrhunderts bezeichnete der Begriff „Konversion" meist die Umwandlung von Flächen für militärische Zwecke, später wurde er im Zuge der Umnutzung von ehemaligen militärischen Anlagen (Konversionsflächen) für zivile Zwecke verwendet. Im Laufe der Jahre fand der Begriff auch bei anderen Entwicklungsflächen Anwendung. Hierbei kann es sich je nach Lage um eine bauliche Wiedernutzung (Inwertsetzung) oder um eine freiräumliche Folgenutzung (Revitalisierung) handeln. In diesem Zusammenhang meint der Begriff lediglich die Umwandlung.

Kultur des Konsums (S. 16)

Konsumkultur. Konsum – der Kauf von auf dem Markt angebotenen Waren und Dienstleistungen – ist eine Voraussetzung für das Funktionieren des Wirtschaftskreislaufes. Um diesen in Gang zu halten, gilt es, beständig (neue) Interessen, Bedürfnisse und Wünsche zu wecken. (...) Kritiker beklagen die schädlichen Wirkungen unreflektierten Ressourcenverbrauchs für Gesellschaft und Umwelt (...). Doch es gibt auch eine Käufergruppe, die eher den moralischen Wert von Gütern schätzt und auf nachhaltigen Konsum setzt. Dabei geht es idealerweise nicht darum, die Konsumfreiheit einzuschränken, sondern diese verantwortlich(er) auszugestalten. Eine solche Haltung kann nur entwickeln, wer gut informiert ist. Bessere Verbraucherinformationen sind daher ein Schritt in die richtige Richtung.

Kulturentwicklung (S. 76)

Kulturelle Evolution: Sammelbegriff für Entwicklung der Kulturlandschaft und der technologischen Möglichkeiten des Menschen, in der Umwelt als Gestalter tätig zu sein. Dabei wird das Naturpotenzial beansprucht und das Leistungsvermögen des Landschaftshaushaltes verändert.

La Niña (S. 40)

Lokale Agenda 21 (S. 81)

Luftdruck (S. 112)

Menschenrechte (S. 14)

Jeder Mensch hat Rechte, die ihm von Geburt an zustehen, z.B. das Recht auf Leben. Menschenrechte sind unantastbar, d.h. keine Regierung darf einem Menschen diese Rechte absprechen. Sie sind z.B. im Grundgesetz der Bundesrepublik Deutschland oder in der Deklaration der Vereinten Nationen garantiert.

Mikroabenteuer (S. 103)

Mikroplastik (S. 26) Plastik-/Kunststoffpartikel mit Größen im Bereich von Nano- bis Mikrometern.

Monokultur (S. 37, 43, 46f., 48) Bodennutzung, bei der nur eine Kulturpflanze auf (überwiegend) großen Flächen angebaut wird. Monokulturen sind sowohl im Ackerbau als auch in der Forstwirtschaft verbreitet. Ihre Verbreitung wird mit ihrer hohen Wirtschaftlichkeit begründet. Monokulturen haben weitreichende ökologische Folgen, von einseitigem Nährstoffmangel im Boden über die starke Vermehrung von Schädlingen und Pflanzenkrankheiten bis zur Bodenerosion. Beim Ackerbau kommt hinzu, dass Böden und Gewässer durch hohe Gaben an Dünger und Pestiziden belastet werden.

Nachhaltiger Tourismus (S. 98)

Nachhaltige Stadtentwicklung (S. 80, 82)

Nachhaltigkeit (S. 8)

(engl. = *sustainability*) Leitgedanke für eine zukunftsfähige Entwicklung in allen Lebensbereichen. Dabei sollte so gehandelt werden, dass künftigen Generationen ein intaktes ökologisches, soziales, kulturelles und wirtschaftliches Gefüge bleibt unter geeigneten politischen Rahmenbedingungen.

Nationalpark (S. 100)

Neue Unternehmens-DNA (S. 12)

Nitrat (S. 30)

Nordostpassage (S. 52)

Ökologie (S. 10)

Wissenschaft, die sich mit der Wechselbeziehung zwischen den Tieren und Pflanzen sowie ihrer Umwelt beschäftigt.

Ökosystem (S. 34)

System, das die Gesamtheit der Lebewesen einschließlich ihrer unbelebten Lebensräume umfasst. Eine aus Tieren und Pflanzen sowie ihrer Umwelt bestehende Einheit, die sich im Gleichgewicht befindet.

Palmöl (S. 46)

Permakultur (S. 76)

Planetary Boundaries (S. 25)

(auch planetarische Grenzen)

Postwachstumsökonomie (S. 69)

Raubbau (S. 34)

Übernutzung natürlicher Ressourcen (Natur- und Bodenschätze) ohne Rücksicht auf die Folgen, so etwa die erschwerte oder nicht mehr mögliche langfristige Nutzung. Raubbau-Syndrom → S. 31

Raumwahrnehmung (S. 88, 89)

Re-Building (S. 69)

Umrüstung

Reflexive Fotografie (S. 88, 89)

Re-Manufacturing (S. 69)

Wiederaufbereitung

Renovation (S. 69)

Ausbesserung/Renovierung

Resilienz (S. 28)

Ressourcen (S. 118)

Geschätzte oder vermutete Gesamtvorratsmenge eines Rohstoffs, einschließlich des Anteils, der unter heutigen technischen und wirtschaftlichen Voraussetzungen nicht gewinnbringend gefördert werden kann.

Rohstoffe (S. 118)

Als Rohstoff bezeichnet man die unverarbeiteten Ressourcen aus der Natur. Mit der Weiterverarbeitung werden Rohstoffe nutzbar gemacht. Rohstoffe, die in der Erde liegen und durch Tage- oder Untertagebau abgebaut werden, nennt man Bodenschätze (zum Beispiel Erze, Kohle, Erdöl, Steine).

Saatgut (S. 48, 49)

Sättigungsfeuchte (S. 112)

Schifffahrt (S. 52)

(Schiffsverkehr) Transport von Personen und Gütern mit größeren Wasserfahrzeugen. Schifffahrt wird auf Flüssen, Seen und Kanälen als Binnenschifffahrt und auf dem Meer als Seeschifffahrt betrieben. Die Bedeutung der Schifffahrt für den Personenverkehr hat seit dem Aufkommen des schnelleren Kraftfahrzeug-, Eisenbahn- und Flugzeugverkehrs stark nachgelassen; sie beschränkt sich heute weitgehend auf Fährverkehr und Seetouristik.

Schlüsseldenkweise (S. 5, 78, 93)

Zentrale Denk- und Arbeitsweisen zur Erkenntnisgewinnung und Urteilsbildung, die verantwortungsbewusstem Handeln sowie übergeordneten persönlichen Orientierungen zur Deutung der Welt zugrunde liegen.

SDGs / Sustainable Development Goals (S. 8f.)

17 Ziele der Vereinten Nationen zur Einhaltung nachhaltiger Entwicklung. Diese sind: keine Armut, kein Hunger, Gesundheit und Wohlergehen, hochwertige Bildung, Geschlechtergleichheit, sauberes Wasser und Sanitäreinrichtungen, bezahlbare und saubere Energie, menschenwürdige Arbeit und Wirtschaftswachstum, Industrie, Innovation und Infrastruktur, weniger Ungleichheiten, nachhaltige Städte und Gemeinden, nachhaltige/r Konsum und Produktion, Maßnahmen zum Klimaschutz, Leben unter Wasser, Leben an Land, Frieden, Gerechtigkeit und starke Institutionen, Partnerschaften zur Erreichung der Ziele

Slow Fashion (S. 17)

Stadtplanung (S. 84)

Die Stadtplanung hat die Aufgabe, mithilfe des Flächennutzungsplanes und genauerer Planungen die bauliche Entwicklung einer Stadt zu steuern.

Stadtpolitik (S. 86)

Politik auf kommunaler (städtischer) Ebene

Standortfaktoren (S. 120)

Stoffkreislaufwirtschaft (S. 96)

(Kreislaufwirtschaft in Bezug auf Rohstoffe), umgestaltete Input-Output-Wirtschaft hin zu Kreisläufen zwischen den verschiedenen Produzenten und Konsumenten, wodurch sich sowohl Input als auch unerwünschter Output reduzieren lassen. Wichtigste Maßnahmen liegen im Recycling. Eine weitere Maßnahme stellt die Auswahl des Inputs, der weitgehend regenerierbar sowie als Abfall weitgehend abbaubar sein sollte, dar.

Stoffsenke (S. 10)

Subsidiaritätsprinzip (S. 18)

(Prinzip der Subsidiarität), Grundsatz, nach dem in der Europäischen Union alles, was sinnvollerweise in der Region oder vom Einzelstaat selbst geregelt werden kann, auch dort entschieden werden soll.

Subsistenz (S. 69)

Selbstversorgung

Suffizienz (S. 69)

Der Begriff Suffizienz (aus dem Lateinischen sufficere = ausreichen, genügen) steht für „das richtige Maß". Verstanden werden kann die Suffizienz als Änderung der vorherrschenden Konsummuster. Das Konzept der Suffizienz berücksichtigt dabei natürliche Grenzen und Ressourcen und bemüht sich somit eines möglichst geringen Rohstoffverbrauch. Suffizienz wird oft im Zusammenhang mit dem Begriff „nachhaltiger Konsum" gebraucht. Der Begriff steht hierbei für die Selbstbegrenzung und Entschleunigung sowie das richtige Maß an Konsum, Konsumverzicht und Entkommerzialisierung.

Symbiotische Landwirtschaft (S. 74, 75)

Syndrom (S. 30)

(auch: Syndrom-Konzept), Methodik zur ganzheitlichen Betrachtung globaler „Krankheitsbilder, in der Geographie mit Blick auf das Erdsystem"

Terra Preta (S. 90, 91)

Tertiärisierung (S. 120)

Tertiärisierung, kann betriebswirtschaftlich die Verringerung der Arbeitsplätze in der Produktion bei einer gleichzeitigen Zunahme der Beschäftigungen in den Bereichen Lagerhaltung, Transport, Verteilung, Organisation, Verkauf usw. bezeichnen. Dies hat räumliche Auswirkungen, daher wird unter Tertiärisierung auch der Prozess verstanden, bei dem Wohn-, Gewerbe- oder Industrieareale durch die Cityentwicklung und den damit verbundenen Funktionswandel zu tertiärwirtschaftlich genutzten Arealen umgewandelt werden. Räumlich-funktional macht sich die Tertiärisierung durch eine Zunahme von Bürogebäuden und Arbeitsplätzen im Dienstleistungssektor bemerkbar.

Tragfähigkeit (S. 50, 116)

Die Aufnahmemöglichkeit eines natürlichen Raumes für die menschliche Nutzung und der davon ausgehenden Belastungen. Die Tragfähigkeit setzt voraus, dass der Raum sich von diesen Belastungen wieder erholen (regenerieren) kann. Tragfähigkeit beschreibt auch die Menge an Menschen, die auf längere Sicht unter menschenwürdigen Lebensumständen in einem Raum (Region, Kontinent, Erde) leben kann.

Tierethik (S. 74)

Die Tierethik ist eine Teildisziplin der Bioethik. Ihr Gegenstand sind die moralischen Fragen, die sich aus dem menschlichen Umgang mit Tieren ergeben. Hierbei stehen insbesondere Fragen nach der Legitimität der Nutzung von Tieren für menschliche Interessen im Mittelpunkt.

Transition Towns (S. 68)

Treibhauseffekt (natürlich und anthropogen) (S. 114)

Der Erwärmungseffekt der Atmosphäre. Er resultiert daraus, dass kurzwellige Sonnenstrahlung an der Erdoberfläche in langwellige Wärmestrahlung umgewandelt wird. Diese wird nach Abstrahlung in Richtung Weltall bevorzugt von Wasserdampf- und Kohlenstoffdioxidmolekülen in der Atmosphäre auf die Erde zurückreflektiert. Dadurch wird die globale Mitteltemperatur in Bodennähe auf + 15°C angehoben. Man spricht vom natürlichen Treibhauseffekt. Werden die Treibhausgase durch das Zutun des Menschen vermehrt, sodass die Temperatur weiter ansteigt, wird dies als anthropogener Treibhauseffekt bezeichnet.

Trockenfeldbau (S. 36)

Methode der Bodenbewirtschaftung in Trockengebieten, wobei die geringen Niederschläge durch Umpflügen und Brachliegen des Bodens gespeichert werden.

Überfischung (S. 38)

Werden in einem Gewässer mehr Fische gefangen, als durch natürliche Vermehrung nachwachsen können, führt dies zu einer starken Verringerung des Fischbestandes. Damit die Fischgründe nicht voll ausgeschöpft werden (= Überfischung), müssen sich die Fischer an sogenannte Fangquoten halten, die vorschreiben, wie viel Fisch gefangen werden darf.

Umweltverschmutzung (S. 26)

Im engeren Sinne Folge von Umweltbeanspruchung und ausschließlich anthropogener bzw. technogener Ursache. Sie erfolgt in den Landschaftsökosystemen bzw. der Umwelt des Menschen durch Einbringen oder Emission von Abfall, Abwasser, Abwärme, Lärm, radioaktiven Substanzen, Schädlingsbekämpfungsmitteln usw. Von der Umweltverschmutzung gehen Umweltschäden und Umweltbelastungen aus. Im weiteren Sinne auch die Schädigung und Zerstörung von Naturschönheiten und Ortsbildern, also visuell-ästhetische Schädigungen der Lebensumwelt des Menschen.

unkonventionelle Lagerstätte (S. 56)

Lagerstätte, in der der Rohstoff entweder im Gestein gebunden (z. B. Erdöl in Ölschiefer oder Ölsanden) oder nur sehr schwer zu fördern ist (z. B. in der Tiefsee). Der Abbau von unkonventionellen Lagerstätten ist mit einem höheren finanziellen, energetischen und ökologischen Aufwand verbunden. Gegensatz: konventionelle Lagerstätte

Urban Gardening (S. 86)

Versalzung (S. 32)

Salzanreicherung im Boden durch hohe Verdunstung und aufsteigendes Bodenwasser.

Verwitterungsprozesse (S. 110)

Virtuelles Wasser (S. 109)

Vulnerabilität (S. 28)

Wasser-Fußabdruck (S. 109)

Wasserkreislauf (S. 108)

horizontale und vertikale Zirkulation von Wasserdampf, Wasser und Eis im System Erde-Atmosphäre infolge Verdunstung, Kondensation, Sublimation (Übergang des Wassers vom festen in den gasförmigen Zustand), Niederschlag, Abfluss und Ablation, maßgeblich hervorgerufen durch Sonneneinstrahlung und Schwerkraft. Die quantitative Beschreibung des Wasserkreislaufs erfolgt über die Wasserbilanz. Initiale Größen im Wasserkreislauf sind Verdunstung bzw. Sublimation, über die das Wasser als Wasserdampf in die Atmosphäre gelangt und dort im Rahmen der atmosphärischen Zirkulation seitlich transportiert werden kann. Dabei ist vor allem die Troposphäre in den Wasserkreislauf eingebunden, da aufsteigender Wasserdampf in der Regel vor Erreichen der Tropopause kondensiert und in Form von Niederschlag ausfällt.

Welterbestätte (S. 100)

Die UNESCO (englisch: United Nations Educational, Scientific and Cultural Organization; deutsch: Organisation der Vereinten Nationen für Erziehung, Wissenschaft und Kultur) verleiht den Titel „Welterbe" (Weltkulturerbe und Weltnaturerbe) an Stätten, die aufgrund einzigartiger Merkmale weltbedeutend sind.

Werte für eine nachhaltige Raumentwicklung (S. 67)

Wetter (S. 112)

Zusammenwirken von Temperatur, Niederschlag, Bewölkung, Wind, Luftdruck und Luftfeuchtigkeit zu einem bestimmten Zeitpunkt an einem bestimmten Ort.

Wirtschaftskreislauf (S. 121)

Wirtschaftssektoren (S. 120f.)

Wirtschaftsbereiche, in denen ähnliche Wirtschaftszweige zusammengefasst sind; unterschieden werden der primäre (z. B. Landwirtschaft), der sekundäre (z. B. Industrie und Baugewerbe) und der tertiäre Sektor (Dienstleistungssektor). Zuweilen wird auch zum tertiären Sektor ein quartärer Sektor herausgestellt, der den Teil von Dienstleistungen, zu dem vor allem höherwertige Tätigkeiten mit spezialisierten Kenntnissen der Beschäftigten zählen, beschreibt. Der informelle Sektor (alternativer Beschäftigungssektor, Schattenwirtschaft) bezeichnet wirtschaftliche Aktivitäten, die nicht staatlich registriert und kontrolliert sind und somit auch nicht über staatlichen Schutz oder Unterstützung verfügen.

Wirtschaftswachstum (S. 12)

Das Wirtschaftswachstum wird als reales Wachstum des Bruttoinlandsprodukts gemessen. In einer hoch industrialisierten Volkswirtschaft gelten Wachstumsraten von jährlich zwei bis drei Prozent real als angemessen.

Wissensgesellschaft (S. 120)

Gesellschaft, in der angereichertes Wissen als grundlegendes Kapital gilt und wesentlich für die Entwicklung dieser Gesellschaft ist.

Zielkonflikte (S. 42)

Konflikt, der entsteht, wenn zwei Ziele verfolgt werden, deren gleichzeitige Erfüllung sich gegenseitig ausschließen.

2. Hilfen und Impulse zu den Materialien

Seite 8, Aufgabe 4 c:

	Politik	Kultur	Soziales	Ökono-mie	Ökologie
SDG 1		X	X	X	
SDG 12	X	X	X	X	X
SDG 16	X	X	X		
...					

Begründung für SDG 1:

Ökonomie: Absolute bzw. relative Armut wird monetär bzw. über Einkommensverhältnisse bestimmt.

Kultur: Armut steht im übertragenen Sinn für Mangel und ist mit emotionalen und kulturell geprägten Wertvorstellungen verbunden.

Soziales: Sowohl die quantitative als auch die qualitative Bestimmung von Armut basieren auf der Wahrnehmung von gesellschaftlichen Lebenssituationen.

Begründung für SDG 12:

Kultur, Soziales, Politik: Verantwortungsvolles Handeln wird kulturell vermittelt, im Handeln der Gesellschaft umgesetzt und durch politische Maßgaben reguliert.

Soziales, Kultur: Konsumverhalten bezieht sich auf die Gesellschaft, ein Bewusstsein dafür wird kulturell vermittelt (z. B. durch Bildung für nachhaltige Entwicklung).

Ökonomie und Ökologie: Produktion wird wirtschaftlich realisiert, bedient sich dabei der Rohstoffe aus der Natur bzw. von unserem Planeten – um verantwortungsvoll zu produzieren, müssen also möglichst die Ressourcen und Kreisläufe der Natur berücksichtigt werden.

Begründung für SDG 16:

Politik: Starke Institutionen setzen sich für das Gemeinwesen ein und sind politisch wirksam.

Kultur, Soziales: Frieden und Gerechtigkeit sind Wertvorstellungen, deren Bedeutung kulturell vermittelt und in gesellschaftlichen Interkationen realisiert werden.

Seite 10, Aufgabe 4 b:

ÖKOSYSTEMLEISTUNGEN		BESTANDTEILE MENSCHLICHEN WOHLERGEHENS	
Basisleistungen: – Nährstoffkreislauf, – Bodenbildung, – Primärproduktion – ...	**Versorgungsleistungen** z. B. Nahrungsmittel, Trinkwasser, Holz und Fasern, Brennstoffe, ...	**Sicherheit:** persönliche Sicherheit, gesicherter Zugang zu Ressourcen, Sicherheit vor Katastrophen	**Entscheidungs- und Handlungsfreiheit:** – Möglichkeit, ein selbstbestimmtes Leben zu führen
	Regulierungsleistungen z. B. Klima-, Hochwasser-, Krankheitenregulierung, Wasserreinigung, ...	**Mat. Grundversorgung:** angemessene Lebensgrundlagen, ausreichende Versorgung mit Nahrung, Unterkunft, Zugang zu Gütern	
	Kulturelle Leistungen z. B. Ästhetik, Spiritualität, Bildung, Erholung, ...	**Gesundheit:** Lebenskraft, Wohlbefinden, Zugang zu sauberer Luft und sauberem Wasser	
LEBEN – BIOLOGISCHE VIELFALT		**Gute soz. Beziehungen:** sozialer Zusammenhalt, gegenseitiger Respekt, Fähigkeit, anderen zu helfen	

Die Tabelle zeigt die vielfältigen Leistungen der Natur und verdeutlicht die Abhängigkeit des Wohlergehens der Menschen von diesen Leistungen.

Seite 32, Aufgabe 3: Bei der Erstellung eines Wirkungsgefüges müssen zunächst aus den Materialien Schlüsselbegriffe herausgeschrieben werden, die dann nach Ursache-Folge-Beziehungen geordnet werden müssen. Folgende Begriffe können, ergänzt durch weitere Aspekte aus den Materialien, für die Erstellung eines Wirkungsgefüges verwendet werden: Vergrößerung der Anbaufläche, Ausbreitung schwerer Erkrankungen, Anbau von Baumwolle, Einsatz von Pflanzenschutzmitteln, Zunahme der Kindersterblichkeit, Salz- und Staubstürme, hohe Verdunstung im Sommer, Aralsee trocknet aus, Salzgehalt steigt, Arbeitsplätze gehen verloren, Verknappung von Trinkwasser, Ernteeinbußen, Aussterben der Fische, Nahrungsmittelimporte nehmen zu.

Seite 34, Aufgabe 1c: Für eine Recherche halten der Fischer Weltalmanach (www.weltalmanach.de/staaten/details/brasilien) sowie das Bundesministerium für wirtschaftliche Zusammenarbeit und Entwicklung (www.bmz.de/de/laender_regionen/lateinamerika/brasilien/profil.html) Informationen bereit. Mögliche Kriterien für eine erfolgreiche Recherche können sein: Bevölkerung – Lebenserwartung – BIP – Inflationsrate – Erwerbstätige und Bruttowertschöpfung nach Sektoren – Export – Import – HDI.

Seite 34, Aufgabe 4a: Mögliche Begriffe für das Wirkungsgefüge könnten sein: steigender Fleischkonsum, weltweit steigende Nachfrage nach Soja, Bevölkerungsdruck, staatliches Wirtschaftsprogramm, Abholzung des Regenwaldes, geringe Bodenqualität und verstärkter Düngereinsatz, Soja-Moratorium, Verdrängung der indigenen Bevölkerung, Verlust an Biodiversität, zunehmender Export, Migrationsbewegungen, Schaffung von Arbeitsplätzen.

Seite 36, Aufgabe 1b:

Siehe Seite Aufgabe 1c; www.weltalmanach.de/staaten/details/vereinigte_staaten_von_amerika; weitere Informationen hält auch das Auswärtige Amt bereit unter: www.auswaertiges-amt.de/DE/Aussenpolitik/Laender/Laenderinfos/USA/Wirtschaft_node.html. Mögliche Kriterien für eine erfolgreiche Recherche können sein: Bevölkerung – Lebenserwartung – BIP – Inflationsrate – Erwerbstätige und Bruttowertschöpfung nach Sektoren – Export/Import – HDI.

Seite 36, Aufgabe 2c:

Mögliche Begriffe für das Wirkungsgefüge: intensive Landwirtschaft, Bevölkerungsdruck, hohe Niederschlagsvariabilität, zunehmende Boden- und Winderosion, Bodendegradation, Staubstürme, abnehmende Ernteerträge, Verschuldungen, Migrationsbewegungen.

Seite 38, Aufgabe 7:

Folgend nachstehend finden sich Kriterien für eine nachhaltige Fischereiwirtschaft:

Ökonomie: Begrenzung der Fangmengen für ausländische Fischereibetriebe, Reduzierung des Verkaufs.

Soziales: Verträglicher Fischkonsum weltweit, z.B. Konsum auf Europa beschränken.

Ökologie: Erhaltung von vorhandenen Fischbeständen, Aufzucht dezimierter Fischbestände.

Politik: Weg von einer Bad Governance-Politik, hin zu einer Good Governance-Ausrichtung.

Kultur: Bewusstsein für nachhaltige Ernährung in Bezug auf Fisch vermitteln.

Seite 54, Aufgabe 3a:

Analysieren Sie die Materialien zunächst nach objektiven und subjektiven Betrachtungsweisen auf den Raum. Ordnen Sie erst danach den jeweiligen Blicken zu.

Seite 60, Aufgabe 4:

Übersetzt lautet das Zitat: „Geothermie ist die beste Option für nachhaltige Energie für Kenia."

Seite 70, Aufgabe 6a:

Die Erstellung eines Fragebogens, der zu aussagekräftigen Ergebnissen führt, ist eine sehr komplexe Aufgabe, die im Rahmen dieser Aufgabenstellung nur ansatzweise erfüllt werden kann. Zunächst müssen Sie in einem Einleitungsteil den Befragten genau verdeutlichen, für wen und zu welchem Zweck Sie die Befragung durchführen, was mit den Ergebnissen im Anschluss passiert, wie lange die Befragung dauert und wie Sie Anonymität sicherstellen können. Auch muss die Thematik der Befragung (hier das Thema Ernährungsgewohnheiten) knapp und deutlich formuliert werden. Für den eigentlichen Fragenteil müssen Sie sich nun überlegen, welchen Typ von Fragen Sie hauptsächlich verwenden möchten und wie Sie die Fragen ordnen, denn hiervon hängt zu einem großen Teil die Qualität der Ergebnisse ab. Die Fragen können beispielsweise durch Vorgeben von anzukreuzenden Antworten (Multiple Choice), durch Skalierung des Grades der Zustimmung zu einer vorgegebenen Aussage oder aber als offene Fragen gestellt werden. Die ersten beiden Fragekategorien lassen sich leichter auswerten als offene Fragen, steuern aber relativ stark die zu erwartenden Ergebnisse. Für die Befragung nach Ernährungsgewohnheiten sind sie jedoch gut geeignet, vorausgesetzt, ein hinreichend breites Spektrum an Antwortmöglichkeiten wird vorgegeben. Bei skalierten Fragen sollten Sie eine gerade Anzahl von Abstufungen (z.B. trifft voll zu/ trifft überwiegend zu/ trifft überwiegend nicht zu/ trifft nie zu) wählen, um eine klare Tendenz zu erfragen. Unter Umständen können vereinzelte offene Fragen die Ergebnisse zusätzlich qualifizieren. Der Fragebogen sollte schließlich der Höflichkeit halber mit einer Dankesformel enden.

Seite 74, Aufgabe 2 a:

Haltungsbedingungen/Stalleinrichtung, klimatische Bedingungen, Nahrungsaufnahme, soziale Interaktion, Hygiene, Gesundheit, Komfort, Bewegung, Ruhe, Ausscheidung, Gesetze zum Tierschutzvollzug

Seite 80, Aufgabe 5 a:

Für bestimmte Bereiche ist das eigene Urteil von entscheidender Bedeutung. Eine Hilfe stellt die sogenannte SWOT-Analyse dar. Folgende Bereiche sind bei einer SWOT-Analyse zu beachten:

SWOT-Analyse

S (trength) = Stärken	**W** (eakness) Schwächen
O (pportunities) = Chancen	**T** (hreats) Bedrohungen

Mithilfe der SWOT-Analyse lässt sich ein Überblick über die vorhandenen Stärken und Schwächen gewinnen, Chancen und Risiken besser gegeneinander abwägen.

Seite 84, Aufgabe 3:

Der Begriff „Do-ocra-cy" ist zusammengesetzt aus den englischen Begriffen „(to) do", also etwas konkret tun, und „Democracy", also Demokratie...

Seite 94, Aufgabe 5 A:

Wählen Sie sich einen oder mehrere Begriffe aus der Wortwolke (M 4) aus und untersuchen Sie, wie dieser Begriff in den Texten auf der Schulbuchseite aus der Perspektive der jeweiligen Autoren verstanden wird.

Seite 96, Aufgabe 6 b:

<u>Unternehmerin bzw. Unternehmer:</u> Entwicklung, Transport, Vermarktung, ...; Entwicklung > Eigenschaften der Bestandteile müssen biologisch abbaubar sein, ...; <u>Herstellung/Transport:</u> Schuh > Sohle, Schnürsenkel, ...; T-Shirt > Baumwolle, Knöpfe, ...; Schultasche > Nieten, Reißverschluss, ...; Nachfrage/Kosten > Bewusstsein bei Kunden, Produkte sind teurer, ...

3. Die vier Blicke auf einen Raum

© **westermann** 36441EX

OBJEKTIVE Betrachtung: Der RAUM als...

Merkmale von Realräumen:
- Lage im Gradnetz
- naturräumliche Ausstattung
- Wirtschafts- und Erwerbsstruktur
- Bevölkerungsstruktur
- Siedlungsstruktur
- historische Entwicklung
- aktuelle Planungen und Diskussionen

... REALRAUM „CONTAINER"

Ein Realraum wird anhand von Daten und Analysen erfasst:
- Wirkungsgefüge natürlicher und anthropogener Geofaktoren
- Ergebnis von Prozessen, die die Landschaft gestaltet haben
- Prozessfeld menschlicher Tätigkeiten

... SYSTEM VON LAGEBEZIEHUNGEN

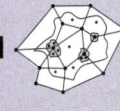

Ein Raum wird durch den Vergleich von Daten und Analysen in Beziehung gesetzt:
- Bedeutung der Standorte, Lage-Relationen und Distanzen im jeweiligen sozioökonomischen Kontext

Analyse der Lagebeziehungen:
- Erreichbarkeit und Verkehrsanbindung
- Lage in einem übergeordneten Bezugsraum (z. B. Staat, Europa)
- Einzugsbereiche
- Versorgungsleistungen
- Abhängigkeiten (z. B. Rohstoffe, Subventionen)

SUBJEKTIVE Betrachtung: Der RAUM als...

Merkmale der Akteure und ihrer Perspektive:
- Alter und Geschlecht
- ggf. Familienstand
- ggf. einheimisch oder „fremd"
- Positionierung zu einer aktuellen Problemsituation
- beruflicher oder persönlicher Hintergrund
- Einflussmöglichkeiten

... ANSCHAUUNGS-FORM

Über einen wahrgenommenen Raum werden aus unterschiedlichen Perspektiven Aussagen gemacht:
- subjektive Raumwahrnehmung und Bewertung von realen Räumen durch Individuen, Gruppen und Institutionen

... KONSTRUKTION

Ein Raum wird durch bestimmte Aussagen, Geschichten und Darstellungen „gemacht":
- Bedingungen, unter denen interessengeleitet über Räume kommuniziert wird
- fortlaufende Produktion und Reproduktion durch alltägliches Handeln

Kritische Analyse von Konstruktionen:
- Auswertung von Zeitungsberichten, Websites, Filmen usw.
- Wer (Gruppe, Institution...) kommuniziert mit welchen Intentionen über einen Raum bzw. ein Raumproblem? Wie ist die Darstellung im Vergleich zu beurteilen?

4. Bildquellenverzeichnis

ajaa! wächst natürlich nach /4e solutions GmbH, Filderstadt: 96; alamy images, Abingdon/Oxfordshire: 26 (BIOSPHO-TO), 64 (PhotoAlto), 103 (Rawdon Wyatt); Alfred-Wegener-Institut für Polar- und Meeresforschung, Bremerhaven: 26 (Vorlage); ARIES Umweltprodukte (R), Horstedt: 86; Atelier Rissler, Heidelberg: 111; Bricks, Wolfgang Prof., Erfurt: Titel u.m.; BRmedia Service GmbH, München: 114 (© Bayerischer Rundfunk/Henrik Ullmann); Brot für die Welt - Evangelischer Entwicklungsdienst, Berlin: 18 (Michael Hüter); Brück, Matthias, PERMATUR.org, Zürich: 77; Caro Fotoagentur, Berlin: 88 (Scheffbuch); Citak, Angelika, Wipperfürth: 115; Cittaslow Deutschland, Deidesheim: 82; Cittaslow Goolwa Inc. Australia, Goolwa: 82; Colourbox.com, Odense: 28; Couchsurfing International Inc./www.couchsurfing.com: 102; Cradle to Cradle e.V., Berlin: 96, 97 (Illustrationen: Christian Buchner); Cradle to Cradle Products Innovation Institute, Oakland/Amsterdam: 97; Deutsches Museum, München: 22 (http://www.deutsches-museum.de/ausstellungen/sonderausstellungen/rueckblick/2015/anthropozaen/); DFS Deutsche Flugsicherung GmbH, Langen: 50; dreamstime.com, Brentwood: 6 (Minh Tang), 21 (Gmgadani), 64 (Smontgom65); Eberth, Andreas, Hannover: 14, 60, 82, 88, 95; eoVision, Salzburg: 80 (Digital Globe, 2012, distributed by e-GEOS); Forschungszentrum Jülich GmbH/Projektträger Jülich, Nachhaltigkeit (UMW), Berlin: 45; fotolia.com, New York: Titel m.re. (ferkelraggae), Titel o.re. (finecki), Titel u.li. (Maygutyak), Titel u.re. (Visions-AD), 17 (anoli), 49 (Foto: Petra Reinartz), 58 (Vidady), 58 (Africa Studio), 58 (digitalstock), 58 (Margrit Hirsch), 58 (Petair), 58 (photobars), 58 (animaflora), 58 (juhumbert), 58 (DorSteffen), 58 (pixelkorn), 58 (Lazartivan), 58 (Didier Sibourg), 65 (Joshua Resnick), 92 (xtock), 98 (coolendelkid); Gemeinde und Kurverwaltung Juist: 101; GeoContent GmbH, Magdeburg: 80; GEPA - The Fair Trade Company GmbH, Wuppertal: 48; Getty Images, München: 46 (AFP/ROMEO GA-CAD), 78 (Blom UK), 92 (Yann Arthus-Bertrand); Glaser, Rüdiger, Freiburg: 22 (aus: Glaser, Rüdiger, Global Change. Das neue Gesicht der Erde. Darmstadt, WBG, 2014, S. 7 - Foto: panther media/David Rajeckc); Global Ecovillage Network, Beetzendorf: 90 (Attribution-NoDerivs: CC BY-ND); Global Ecovillage Network of Europe e.V., Bad Belzig: 90; Gondecki, Philip, Bonn: 55 (Fotos/www.saveyasuni.eu/); Greenpeace Deutschland e.V., Hamburg: 11 (Oka Budhi); Grüne Erde GmbH, Scharnstein: 17; Häusler, Martin, Hannover: 101; Herta GmbH, Herten: 74; hessnatur / Hess Natur-Textilien GmbH, Butzbach: 17; Hild, Claudia, Angelburg: 114, 115; Hochmann, Carmen, Bielefeld: 115; Imago, Berlin: 102 (All Canada Photos); Integrationsbeauftragter, Werdohl: Titel m.li. (VladSV); iStockphoto.com, Calgary: Titel o.li. (guenterguni), Titel o.m. (dblight), 58 (fotojog), 65 (moomusician), 93 (Amanda Rohde); Japan Aerospace Exploration Agency: Titel m.m.; Kalch, Franziska, Gornau: 3, 4, 78, 93; Karl Ludwig Schweisfurth, Glonn: 74, 75; Koufogiorgos, Kostas, Stuttgart: 12; Kruchem, Thomas, Mauer: 38; laif, Köln: 15 (Matilde Gattoni/Redux); Luftbildverlag Hans Bertram, Memmingerberg: 106; Malidoma Patrice Somé, Orlando, FL: 92; Medicine Story /Carrie Glenisk: 92; Meyer, Christiane, Hannover: 87, 91; Michalak, Kay, Bremen: 69; moa theater e.V., Hannover: 85; naha Nachhaltiger Handel GmbH, Hamburg: 17; NASA, Houston/Texas: 9; NASA - Earth Observatory: 32, 52 (Scientific Visualization Studio); Nature's Design - Produkte im Einklang mit der Natur, Wrestedt/Bollensen: 96; OKAPIA KG - Michael Grzimek & Co., Frankfurt/M.: 111 (Jean-Michel Labat / BIOS); Photography Bernhard Lang, München: 20, 21; Picture-Alliance GmbH, Frankfurt/M.: 20 (AP/Jeff McIntosh), 26 (dpa/epa Christian Thompson), 34 (esa), 36 (PictureLux/Legacy), 36 (PictureLux/Legacy), 48 (Magnus Persson/Pacific Press), 59 (OKAPIA/Harald Lange), 72 (Zentralbild/Bernd Wüstneck), 78 (Donatella Giagnori/Eidon/Maxppp), 83 (dpa/EPA/David Fernández), 88 (dpa/J. Stratenschulte); PUMA SE, Herzogenaurach: 13; raabengrün, München: 17; Reibling, Regine, Cumbayá: 54; Rotpunktverlag, Zürich: 79 (nach: Shiva, Vandana, Erd-Demokratie. Alternativen zur neoliberalen Globalisierung. Zürich 2006. Und Shiva, Vandana, Jenseits des Wachstums. Warum wir mit der Erde Frieden schließen müssen. Zürich 2014); Roux, Yvonne von: 10; Samtgemeinde Barnstorf: 44; sec GmbH, Osnabrück: 80; Shutterstock.com, New York: 34 (Alf Ribeiro), 61 (Byelikova Oksana), 78 (StudioSmart), 78 (Daxiao Production), 78 (Rob Hainer), 78 (Tim Roberts Photo), 78 (David W. Leindeck), 93 (Lightspring); Singer, Andy, Saint Paul, MN: 94; Social Fashion Company GmbH, Köln: 17; SPIEGEL-Verlag Rudolf Augstein GmbH & Co. KG, Hamburg: 115 (Nr. 45/2006), 115 (Nr. 9/2015); Stadt Wolfsburg: 19; Städtisches Gymnasium Marianum, Ökumenische Initiative Eine Welt e.V., Warburg: 93; Staino, Sergio, Scandicci (FI): 48; Süddeutsche Zeitung - Photo, München: 18, 52; The Green Belt Movement, London: 67 (Patrick Wallet); Thomson Reuters (Markets) Deutschland, Berlin: 41 (Philimon Bulawayo), 62 (Todd Korol); Tokodi, Edina/Mosstika Inc, Brooklyn, NY: 86; toonpool.com, Berlin, Castrop-Rauxel: 38 (karicartoons); Umweltbundesamt, Dessau-Roßlau: 72 (S. Marahrens); UN Bonn / Vereinte Nationen, Bonn: 9 (UNDP); United Nations Photo, New York: 32 (Eskinder Debebe); VDI Technologiezentrum GmbH, Düsseldorf: 45 (Bundesministerium für Bildung und Forschung); Verband Entwicklungspolitik Niedersachsen e.V., Hannover: 132; Verlagshaus Jacoby & Stuart GmbH, Berlin: 25 (Covergrafik Studio Nippoldt); wikimedia.commons: 56 (Chris857), 58 (Thorsten Schramm/www.thorsten-schramm.de/ Lizenz: CC-BY-SA 3.0), 58 (Nikater/Lizenz: CC-BY-SA 3.0), 87 (Assenmacher/Lizenz: CC-BY-SA 3.0); Wileman, Jim: 68; youngcaritas Deutschland, Freiburg i.Br.: 40.